Beltz Taschenbuch 101

Über dieses Buch:
„Techniken des Lehrerverhaltens" meint: um bei Schülern Lernprozesse anregen und sie erzieherisch beeinflussen zu können, müssen Lehrer soziale Verhaltensweisen, soziale Techniken beherrschen. Ein Repertoire geeigneter Verhaltensweisen können Lehrer erwerben, wenn sie Techniken kennen, die ihnen helfen, sich selbst zu verändern, neue Verhaltensweisen zu erwerben und alte zu modifizieren.
Voraussetzung dafür ist eine Analyse des eigenen Verhaltens. Der Autor erläutert ausführlich die Methoden der Selbstbeobachtung, Möglichkeiten des Feedbacks und grundlegende Verfahren der Verhaltensmodifikation. Daraus leitet er verschiedene Formen des Verhaltenstrainings ab (Interaktionsanalyse, Wahrnehmungstraining, Rollenspiel, Erfahrungstraining u.v.a.), und zeigt mit praktischen Anleitungen und anhand vieler Beispiele, wie Lehrer an ihrem Verhalten arbeiten können. Fragen und Arbeitsaufgaben vertiefen das Verständnis und fordern auf, Beobachtung und Training des Verhaltens selbst zu praktizieren.

Der Autor:
Jochen Grell, geboren 1940, ist Lehrer an der integrierten Gesamtschule Kiel-Friedrichsort. Er war mehrere Jahre als abgeordneter Lehrer an der Pädagogischen Hochschule in Kiel tätig.
Als Beltz Taschenbuch lieferbar ist auch sein Buch „Unterrichtsrezepte" (gemeinsam mit Monika Grell).

Jochen Grell

Techniken
des Lehrerverhaltens

Besuchen Sie uns im Internet
www.beltz.de

Beltz Taschenbuch 101
2001, Weinheim und Basel
Unveränderter Nachdruck der 15. Auflage
(107.-108. Tsd.) 1994

2 3 4 5   08 07 06 05

© 1974 Beltz Verlag
Umschlaggestaltung: Federico Luci, Odenthal
Umschlagillustration: Getty Images, Deutschland
Gesamtherstellung: Druckhaus Beltz, Hemsbach
Printed in Germany

ISBN 3 407 22101 0

Inhaltsverzeichnis

4. Kapitel
Funktionen, Skills und Strategien des Lehrerverhaltens   187

5. Kapitel:
Methoden des Lehrerverhaltenstrainings   215

Vorwort

Zukunftsvisionen und Heilsversprechungen, Totsagungen, Horrormeldungen, Herabsetzungen, sogar Berufsverbote hagelt es zur Zeit aus allen dreizehn Himmelsrichtungen gleichzeitig auf uns herab:
Der traditionelle Lehrer ist ein Auslaufmodell. – PC und Internet sind viel bessere Lehrer. – Lehrer verweigern sich dem Fortschritt und wollen partout nicht lernen und sind überhaupt ziemlich bequem („faule Säcke"). – Lehrer dürfen heute keine Wissensvermittler mehr sein, nur Arrangeure von Lernprozessen. – Fremdgesteuertes Lernen ist *out*, selbstgesteuertes Lernen ist *in*. – Lehrerzentrierter Unterricht ist tot. *Lernen* muß völlig neu definiert werden. – Der Konstruktivismus lehrt: Lerninhalte sind nicht von Lehrerköpfen in Schülerköpfe übertragbar. Lernende konstruieren ihr Wissen grundsätzlich selber. – „Wir Lehrerinnen und Lehrer müssen lernen, darauf zu verzichten, den Kindern dauernd etwas *beibringen* zu wollen. Die Kinder sollen lernen dürfen, sich selber zu *holen*, was sie brauchen. (...) Wir sind keine Dealer mehr, keine Stoffvermittler. Wir sind jetzt Berater, Lernberater."[1]
Wozu das Getöse? Könnten wir uns in das Jahr 2143 beamen, dann würden wir vermutlich feststellen, daß sich der Charakter der Lehrerrolle allerhöchstens um 360 Grad – und keinen einzigen mehr – gewendet hat. Die Lehrer werden immer noch versuchen, Kindern beim Lernen zu helfen. Wir werden mit unseren pädagogischen Strategien immer noch nicht *alle* pädagogischen Ziele erreichen. Immer noch werden einige von uns absolute professionelle Perfektion anstreben und sich und andere damit kaputtmachen[2]. Und es wird immer noch Kinder, Eltern, Ärzte, Pastoren, Therapeuten, Krankenschwestern, Politiker, Juristen, Handwerker, Soldaten, Journalisten, Unternehmer, Förster, Dirigenten, Tierschützer, Taschendiebe, Fußballer, Arbeitgeber und Arbeitnehmer männlichen und weiblichen Geschlechts geben, die einen Teil

---

1 Dieses flotte Berufsverbot formulierte P. M. Meyer (Die biografische Schule. Bern: Zytglogge 1994, S. 19), selber Lehrer von Beruf.
2 Ich sage mir immer: „Ich habe nur einen Fehler: Ich bin nicht perfekt."

ihrer Lebenszeit und ihrer Energie dem Lehren und Erziehen widmen, manche mehr, manche weniger professionell.

„Das ist der wichtigste Beruf auf der Welt", sagte Ruth C. Cohn zu mir, als ich ihr erzählte, daß ich ein Lehrer bin. Studium und Referendariat sind nur der Anfang. Professionelle Techniken zu lernen, ist und bleibt ein lebenslanges Projekt. Das Lehren wird in den nächsten 200 Jahren bestimmt nicht aussterben. Darum macht es immer noch Sinn, *Techniken des Lehrerverhaltens* zu studieren. Wir alle können unsere Lehrfähigkeiten jeden Tag ein Stück verbessern, wenn wir wollen. Viel Spaß beim Lesen und beim Lernen!

Jochen Grell

Was können Sie mit diesem Buch anfangen?

Bücher haben den schwerwiegenden Nachteil, daß man sie erst lesen muß, wenn man aus ihnen irgendeinen Nutzen ziehen will. Bei diesem Buch, in dem Sie gerade diesen Satz lesen, kommt ein zweiter Nachteil hinzu: Sie werden aufgefordert, Aufgaben zu bearbeiten, zu denen es noch nicht einmal richtige Lösungen gibt. Ich muß daher versuchen, Sie richtig zu *motivieren,* wie man so treffend sagt, wenn man eine Lehrerausbildung hinter sich hat.

1. Versuch

Irgendwie haben Sie das Buch „Techniken des Lehrerverhaltens" in die Hand bekommen. Lesen Sie es genau durch! Denn in einigen Wochen wird der Beltz Verlag Ihnen einen Test ins Haus schicken, den Sie ausfüllen *müssen* (Erlaß des Bundeskultusministeriums vom 32. 9. 78). Dieser Test mit etwa 451 Fragen wird prüfen, ob Sie anständig gelesen haben und ob Sie die Aufgaben oberflächlich oder sorgfältig bearbeitet haben. Die ausgefüllten Testbögen werden durch das Schulamt Ihres Kreises eingesammelt und ausgewertet. Ihre Zensur wird Ihrer Personalakte beigelegt, um bei Prüfungen, Bewerbungen, Beförderungen u. ä. berücksichtigt zu werden.
(Sind Sie schon motiviert? — Noch nicht?)

2. Versuch
Lehrerverhalten

So, äußern Sie sich mal dazu!

Na, niemand?

Können Sie denn nicht lesen?

Was ist Lehrerverhalten? Na, so schwer ist das doch nicht. — Warum habe ich dieses Wort wohl angeschrieben?
Gut, zwei melden sich schon. Ich will aber noch mehr Finger sehen! Was gibts denn da zu lachen? — Jetzt wird aber nicht mit dem Nachbarn geschwatzt!

3. Versuch

Ich möchte, daß Sie mir versprechen, die Aufgaben in diesem Buch ernsthaft und fleißig zu lösen. Mir ist es wirklich sehr ernst mit diesem Thema. Ich habe mir sehr viel Mühe gegeben, das Material zusammenzustellen, und ich finde, es wäre ganz undankbar von Ihnen, wenn Sie nun nicht mitmachen. Ich habe das Buch nicht deswegen so interessant gemacht, damit Sie sich drücken. Ich habe mir vorgenommen, daß Sie ein besserer Lehrer oder eine bessere Lehrerin werden sollen. Ich wäre sehr enttäuscht, wenn Sie das nicht einsehen.

4. Versuch

Was könnte Sie bewogen haben, sich mit diesem Buch zu beschäftigen? Vielleicht können Sie nicht aufhören, darüber nachzudenken, ob die Art, wie Sie unterrichten, verantwortbar ist. Vielleicht grübeln Sie oft darüber nach, was Sie anrichten, wenn Sie mit Ihren Schülern kommunizieren. Sie bemerken manchmal, daß Sie als Lehrer gute Absichten haben, aber daß die Schüler Ihre Absichten mißverstehen und daß Sie selbst unsicher sind, ob Sie Ihre Absichten richtig ausdrücken. Sie entdecken manchmal mit Schrecken, daß Sie sich ganz anders verhalten als Sie möchten. Sie fühlen, daß Sie irgendwie schwimmen, daß Sie keine Maßstäbe zur Beurteilung Ihres Verhaltens im Unterricht finden. Sie ahnen, welche Macht Sie als Lehrer über die Schüler haben, und Sie möchten verhindern, daß die Schüler von Ihrer Macht erdrückt, gehemmt, abhängig und unselbständig gemacht werden. Sie möchten den Schülern Erfahrungen ersparen, die sie konformistischer, gehorsamer, kritikloser und angepaßter machen.
Jedenfalls haben Sie eine Menge Probleme. Aber Sie sind mutig genug, diese Schwierigkeiten nicht durch „Erklärungen" zu beseitigen, sondern Sie wollen sich mit ihnen auseinandersetzen.

Wenn es solche und ähnliche Dinge sind, über die Sie sich den Kopf zerbrechen, dann wäre es möglich, daß Sie in diesem Buch einige Anregungen finden, die Ihnen helfen, ein paar Schritte weiterzukommen.

5. Versuch

Es ist mir gleichgültig, ob Sie dieses Buch durchlesen oder nicht und ob Sie die Aufgaben in Angriff nehmen oder sich auf die faule Haut legen. Sie müssen selbst wissen, was Sie tun. Mit den Folgen müssen *Sie* fertig werden, nicht ich. Es gibt immer einige, die sich bemühen und andere, die meinen, daß ihnen alles in den Schoß fallen muß. Wenn Sie zu den letzteren gehören wollen, bitte! Eines Tages bekommt jeder seine Quittung.

6. Versuch

Manchmal ist es sinnvoller, ein Lehrer verändert sein eigenes Verhalten, anstatt daß er täglich erfolglos versucht, 35 oder 40 Schüler zu verändern. Unterrichten ist ein sehr schwieriges Geschäft. Lehrer müssen unter anderem eine große Menge sozialer Fertigkeiten beherrschen, wenn sie erfolgreich unterrichten wollen. Weitgehend unterrichten wir jedoch, wie uns der Schnabel gewachsen ist, weil wir nicht gelernt haben (und uns fast nie die Zeit nehmen), planmäßig an der Weiterentwicklung unseres professionellen Verhaltensrepertoires zu arbeiten.

Ich habe mich gefragt: Welches Handwerkszeug braucht ein Lehrer, wenn er sein Unterrichtsverhalten verbessern möchte? Welche Forschungsergebnisse sind für ihn relevant? Wie können Lehrer ihr Verhalten objektiver wahrnehmen? Wie können sie Feedback-Informationen über ihr Verhalten einholen? Welche Funktionen haben Lehrer im Unterricht zu erfüllen? Welche Skills und Strategien können sie trainieren? Wie wird Verhaltenstraining konkret durchgeführt?

Ich hoffe, daß das Material, das ich zusammengestellt habe, Ihnen hilft, Ihre eigenen Antworten auf diese Fragen zu finden.

7. Versuch

Das Thema „Lehrerverhalten" ist ein sehr trockenes Thema, aber man muß sich mit ihm auseinandersetzen, wenn man ein anständiger Lehrer werden will. „Es bleibt nicht aus, daß man um des Zieles willen auf dieses und jenes vorübergehend verzichten muß. Und dann heißt es — arbeiten, zielstrebig und systematisch ... Arbeit ist nicht immer ein Vergnügen. Jeder Mensch braucht gelegentlich einen mehr oder weniger kräftigen Schub von außen; der Ehrliche und Wissende ist dafür dankbar" (*Raiffeisen Bild Post,* Heft 10 1973, 23. Jg., S. 5). Selbst wenn Sie dieses Buch langweilt, geben Sie nicht auf. Sie sind jetzt schon auf Seite 12. Nur noch 300 Seiten stehen vor Ihnen. Wenn Sie zu den Wissenden und Ehrlichen gehören, werden Sie nicht kneifen wollen, sondern diese auch noch durchkauen. Dies ist einfach eine Sache des inneren Anstands und der Achtung vor sich selbst.

8. Versuch

Was meine ich mit „Lehrerverhalten"? Es ist ein recht enger Begriff, den ich hier verwende. Gemeint ist der Anteil des Lehrers an der Interaktion im Unterricht, genauer: die verbalen und nichtverbalen Aktionen und Reaktionen des Lehrers, die von den Schülern oder von anwesenden Beobachtern wahrgenommen werden können. Vor allem geht es hier also um das, was Lehrer im Unterricht tun, weniger um das, was Lehrer zu tun glauben und was sie jeweils mit ihrem Tun gemeint haben. Denn Schüler reagieren nicht auf das, was ein Lehrer gemeint hat, sondern auf das, was er tut.
Einige Beispiele für Lehrerverhalten in diesem Sinne: wenn ein Lehrer im Unterricht „Aha" murmelt, nachdem ein Schüler „Ich hab das Rechnen vergessen" geflüstert hat; oder wenn ein Lehrer vor der Tafel stehend, mit der rechten Hand ein Stück Kreide umklammernd, erstere siebenmal in schneller Folge auf den eigenen Oberschenkel schlägt, während er darauf wartet, daß einige Schüler ihre Hand heben und dabei den Zeigefinger ausstrecken; oder wenn ein Lehrer seinen Zeigestock schwungvoll auf den Tisch niedersausen läßt, um den Schülern durch das entstehende Geräusch mitzuteilen, daß er sie bittet, sich etwas leiser mit ihren Mitschülern zu unterhalten; oder wenn ein Lehrer betont „Man muß sich in die Gemeinschaft einfügen, wenn man in ihr leben will, Ehrhard", um auch Ehrhard zu helfen, die demokratische Grundordnung gründlich zu internalisieren.
Ich weiß, daß es sehr viele andere wichtige Dinge gibt, die Lehrer tun (Auf-

sätze korrigieren, Gespräche mit Eltern führen, Unterrichtsstunden vorbereiten, bei Konferenzen Anträge stellen, einer politischen Partei beitreten oder im Tennisklub mitarbeiten u. v. m.) und manche, die sie tun müssen, obwohl jeder weiß, daß sie unsinnig oder schädlich sind (z. B. Zensuren geben). Es ist sehr wichtig, sich auch mit diesen Aspekten des Lehrerverhaltens zu beschäftigen, aber hier sind sie nicht das eigentliche Thema. Ist das soweit klar geworden? Haben Sie dazu noch eine Frage? Gut, dann können wir weitergehen. Nehmen Sie jetzt einen Zettel raus und schreiben Sie zehn Beispiele für Lehrerverhalten im Sinne unserer Definition auf. Aber jeder für sich!

9. Versuch

So, wir haben jetzt Pädagogik. Ich schlage vor, daß wir heute über das Thema diskutieren *Was können Lehrer tun, die sich nicht immer wieder über die gleichen Dinge ärgern möchten?*
Was meinen Sie zu diesem Diskussionsthema? Und wie sollen wir die Diskussion durchführen, wenn Sie mit dem Thema einverstanden sind? Oder haben Sie ein besseres Thema? Wir können auch was ganz anderes machen.

10. Versuch

Sie beschäftigen sich wahrscheinlich mit diesem Buch, weil Sie Interesse am Thema haben. Was möchten Sie über dieses Thema wissen? Welche Teilprobleme möchten Sie gern zuerst diskutieren?

(Hinweis: Falls Sie jetzt immer noch nicht motiviert sein sollten, kann es eigentlich nur an Ihnen selbst liegen. Lesen Sie vielleicht nicht gern?)

Sie haben schon bemerkt, daß ich in diesen „Einstiegen" Techniken nachzuahmen versuche, die manchmal von Lehrern zum Motivieren von Schülern eingesetzt werden. In einem Buch wirken solche Versuche lächerlich, denn Leser sind ja nicht wie Schüler Teilzeitgefangene in einem vom Lehrer bewachten Klassenraum, sondern sie können das Buch jederzeit in die Ecke werfen und sich der Befriedigung eigener Motive zuwenden[1]. Ich hoffe allerdings, daß Sie das nicht tun werden. Mein Vorschlag ist, daß Sie sich jetzt mit einigen der folgenden Aufgaben beschäftigen. Bearbeiten Sie nur solche Aufgaben, zu denen Sie sich Lernziele vorstellen können, deren Erreichung für Sie nützlich ist.

1. Geben Sie jedem der 10 Einstiege einen Namen, der ihn charakterisiert.
2. Versuchen Sie, innerhalb jedes Einstiegs einzelne Verhaltensweisen zu unterscheiden und zu benennen.
3. Welche Einstiege oder Verhaltensweisen beurteilen Sie als günstig, welche als ungünstig und warum? Nach welchen Gesichtspunkten urteilen Sie?
4. Wie wirken die einzelnen Einstiege auf Sie persönlich? Welche Äußerungen erscheinen Ihnen unglaubwürdig, unecht? (Vielleicht wissen Sie nicht immer genau, was ernst gemeint ist und was nicht. Das geht Schülern mit Lehrern auch oft so.)
5. Wenn Sie Schüler wären, wie würden Sie auf diese Unterrichtseinstiege reagieren? Was würden Sie antworten?
6. Welche Normen und Wertvorstellungen des Lehrers werden in den Einstiegen sichtbar? Welche Erwartungen über das Verhalten der Schüler (= Leser) werden ausgedrückt?
7. Wieweit haben die angeführten Einstiege Ähnlichkeit mit wirklichen Unterrichtseinstiegen? Beobachten Sie die Unterrichtseinstiege verschiedener Lehrer. Welche Verhaltensweisen werden dabei verwendet?
8. Untersuchen Sie, wie Sie selbst Unterrichtsstunden beginnen. Verwenden Sie viele verschiedenartige Muster oder gleichen sich Ihre Einstiege ziemlich?
9. Denken Sie sich verschiedene Einstiegsformen aus, die Sie günstig finden.
10. Schreiben Sie die einzelnen Einstiege (oder bestimmte Äußerungen in ihnen) um, wenn sie Ihnen ungünstig erscheinen. Notieren Sie sich wörtlich, wie Sie Unterrichtsstunden beginnen wollen.
11. Wie denken Sie überhaupt über die „Stufe der Motivation" beim Unterrichtsbeginn?
12. Überlegen Sie sich selbst weitere Aufgaben.

Bearbeiten Sie bitte jetzt einige dieser Aufgaben, bevor Sie weiterlesen. Bewahren Sie die Notizen auf. Wenn Sie die gleichen Aufgaben noch einmal

---

1 Der Unterricht in unseren Schulen wäre in mancher Hinsicht anders, wenn mehr Lehrer wüßten, daß es ihre Arbeit in Wirklichkeit gar nicht erleichtert, wenn die Schüler Gefangene sind.

lösen, nachdem Sie das Buch gelesen haben, können Sie durch den Vergleich beider „Klassenarbeiten" kontrollieren, ob Sie etwas dazugelernt haben.

„Techniken des Lehrerverhaltens" meint: Um bei Schülern Lernprozesse anregen und sie erzieherisch beeinflussen zu können, müssen Lehrer soziale Verhaltensweisen, soziale Techniken, beherrschen. Ein Repertoire geeigneter Verhaltensweisen können Lehrer erwerben, wenn sie Techniken kennen, die ihnen helfen, *sich selbst zu verändern,* neue Verhaltensweisen zu erwerben und alte zu modifizieren.

Dies sind sozialtechnologische Probleme. Sozialtechnologische Bestrebungen werden von vielen emphatisch abgelehnt und als Manipulation, als Mechanismen zur Verschleierung struktureller Konflikte, als Techniken zur Erzeugung von Zufriedenheit, wo Unzufriedenheit geboten wäre, denunziert. Dabei sollte man nicht verkennen, daß die Funktionen, die man Sozialtechnologien, zu recht oder zu unrecht, unterstellt, schon immer von sozialen Institutionen und Verhaltenserwartungen wahrgenommen werden, ohne daß wir es recht zur Kenntnis nehmen. Das heißt, wir leben in einer Gesellschaft, die unser Verhalten manipuliert, wir sind Opfer und Anwender von Techniken der Verhaltenssteuerung, und wir leiden nicht selten unter den Auswirkungen undurchschauter Beeinflussung. Techniken zum Training des Instruktions- und Erziehungsverhaltens von Lehrern können so eingesetzt werden, daß Lehrer lernen, sich freier, kreativer, kritischer zu verhalten und den Freiheitsspielraum für ihre Schüler zu vergrößern. Ich bin überzeugt, daß solche Ziele nicht dadurch erreicht werden können, daß man sich einfach vornimmt, sie zu verwirklichen, sondern daß wir in kleinen Schritten lernen können und müssen, mit unseren alltäglichen Unterrichtsproblemen fertig zu werden, ohne dabei gleichzeitig unsere Ideale zu verraten, uns Ausreden zu zimmern und praktischen Rezepten zu verfallen, von denen wir im Grunde nicht überzeugt sind.

Natürlich müssen Lehrer auch Menschen sein dürfen. Ich kann verstehen, daß Lehrer manchmal enttäuscht sind, mit Schülern schimpfen, sie bedrohen, strafen. Was ich nicht verstehen will, ist, daß aus solchen Erlebnissen Philosophien gemacht werden müssen, die von der Schlechtigkeit der Menschen handeln. Zweifellos haben Lehrer ein Recht auf Ausreden. Aber sie sollten sich nicht mit Ausreden zufrieden geben, an die sie selbst nicht glauben können.

Es gibt einige einfache Prinzipien, von denen ich ausgehe, und ich nenne sie hier, damit Sie sich, wenn Sie dies für richtig halten, von ihnen distanzieren können:

1. daß sich das Verhalten von Lehrern in einzelne Fertigkeiten aufgliedern läßt, die isoliert geübt werden können;
2. daß es sinnvoll ist, diese Fertigkeiten zeitweise losgelöst von ihren Inhalten und Bedeutungen zu analysieren;
3. daß Lehrer lernen müssen, solche Verhaltensweisen bei anderen und vor allem bei sich selbst wahrzunehmen;
4. daß es kein „richtiges", „effektives" oder „optimales" Muster des Lehrerverhaltens gibt, das für alle Situationen und Fälle empfohlen werden könnte, sondern daß jeder Lehrer sich selbst entscheiden muß, welche Mischung er bevorzugt;
5. daß Lehrer Fertigkeiten, die sie zum Unterrichten und Erziehen brauchen, nicht lernen, wenn sie nichts weiter tun als über sie zu diskutieren;
6. daß Lehrer sich fortwährend selbständig und selbstkritisch darum bemühen müssen, ihr berufliches Verhalten weiterzuentwickeln und daß es in diesem Prozeß nicht darum geht, wissenschaftliche Befehle auszuführen, sondern auch darum, selbst Erfindungen zu machen;
7. daß es auf die Frage „Wie sollen Lehrer sich verhalten?" viele Antworten gibt und daß jede Antwort viele neue Fragen aufwirft. Darum werden hier viele Fragen offen bleiben. Zweifel sind berechtigt und erwünscht; und das Weiterdenken — auch in ganz anderen Richtungen — ist nicht nur erlaubt, sondern notwendig. Ich hoffe, daß Sie nach dem Lesen mehr wissen als in diesem Buch steht.

Was können Sie mit diesem Buch anfangen?

Kapitel 1:
Die Notwendigkeit von Verhaltenstraining

Die folgenden Kurzberichte stehen stellvertretend für Erlebnisse, wie sie die meisten Lehrer mehr oder weniger häufig im Unterricht haben.

Beispiel 1

Eine Lehrerin hat sich auf eine Biologiestunde im 7. Schuljahr vorbereitet. Dabei hat sie sich sehr viel Mühe gegeben. Sie hat sich nicht nur die entsprechenden Seiten im Biologiebuch durchgelesen, sondern aus Büchern und Zeitschriften weitere interessante Einzelheiten zusammengetragen. Sie hat sich Lernziele überlegt, sie hat für anschauliche Medien gesorgt. Die geplante Unterrichtsstunde müßte die Schüler eigentlich fesseln. Aber die Schüler reagieren gelangweilt. Niemand meldet sich. Schüler, die aufgerufen werden, antworten einsilbig. Die übrigen bekommen anscheinend nicht mit, was einzelne ihrer Klassenkameraden sagen. Dazu wird die Klasse immer unruhiger. Die Lehrerin ist enttäuscht.

Beispiel 2

Klaus hat die ganze Stunde nicht aufgepaßt und den Unterricht absichtlich gestört. Der Lehrer hat ihn einige Male erfolglos ermahnt. Jetzt, nach der Stunde, will der Lehrer einmal mit Klaus reden. Das gutgemeinte Gespräch wird ein Fehlschlag. Klaus wirkt völlig verstockt, und dies verstärkt sich noch im Laufe des Gesprächs. Der Lehrer bedauert, daß er diesen Klärungsversuch überhaupt unternommen hat. Alles ist nur viel schwieriger geworden.

Prävention + Reaktion von U-Störungen?
Konstruktive Gesprächsführung
Was für ein S ist Klaus? → Ist das gutgemeinte   17
Gespräch sinnvoll?

Beispiel 3

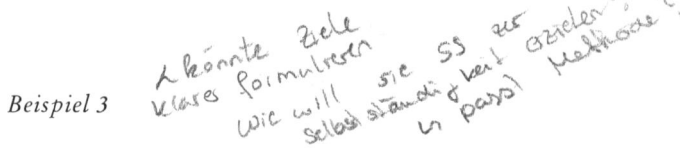

Eine Lehrerin möchte ihre Schüler zur Selbständigkeit erziehen. Die Schüler verstehen dies nur als Schwäche, die es auszunutzen gilt. Die Lehrerin weiß nicht, was sie tun soll. Sie lehnt es ab, wie die anderen Kollegen Strafarbeiten zu verteilen. Sie möchte auch nicht dauernd „meckern". Aber vielleicht geht es einfach nicht anders.

Beispiel 4

Ein Lehrer fordert seine Schüler auf zu fragen, wenn sie etwas nicht verstanden haben. Lisa fragt. Der Lehrer erklärt ihr geduldig die Rechenaufgabe noch einmal. Er sieht Lisa an, daß sie noch immer nicht versteht, und er fängt von vorne an. Die anderen langweilen sich schon. Lisa hat auch die zweite Erklärung nicht verstanden. Langsam wird der Lehrer ungeduldig. Allmählich regt ihn diese Lisa auf.

Beispiel 5

Eine Lehrerin kommt mit einem Schüler ihrer Klasse einfach nicht zurecht. Der Junge ist überaus empfindlich und reagiert auf Kleinigkeiten unverhältnismäßig stark. Er schlägt dann um sich, verkriecht sich unter dem Tisch, weint und bockt anschließend stundenlang. Die anderen Kinder in der Klasse lehnen ihn ab. Die Lehrerin hat es schon mit Güte, mit Strenge und mit den verschiedensten Tricks versucht. Jetzt ist sie ratlos. Wie soll sie dem Jungen helfen? Wie kann sie erreichen, daß eine geordnete Durchführung des Unterrichts möglich wird, wenn es dauernd zu Szenen kommt?

Die unerfreulichen Erfahrungen der Lehrer wiederholen und vervielfältigen sich in den Erlebnissen der Schüler:

Beispiel 6

Frau Möller kann nicht gut erklären. Bei der versteht man gar nicht, was sie eigentlich meint. Außerdem redet sie wie ein Wasserfall.

18

Beispiel 7

Der brüllt uns immer so an. Sogar die Mädchen. Oft verspottet er uns. Gestern sollte Petra was anschreiben, da sagte er zu ihr: „Ist es zu viel verlangt, wenn du dich an die Tafel bequemen mußt?" Da haben wir uns alle vorgenommen, uns nicht mehr zu melden.

Beispiel 8

Neulich sagte sie mal was Falsches, daß eine Stadt in Frankreich liegt, und dabei liegt sie in Belgien. Das merkten wir und sagten es ihr. Da sagte sie: „Das hab ich ja auch gesagt." Sie wollte nicht die Schuld zugeben. Wir mögen gar nichts mehr zu ihr sagen.

Beispiel 9

Er hatte ein Bild mit, das hängte er bei der Tafel auf. Da hab ich ihn gefragt: „Haben Sie das selbst gemalt?" Da sagte er: „Das steht hier nicht zur Debatte!"

Beispiel 10

Herr Peters macht es immer so geheimnisvoll. Man weiß gar nicht, worauf er hinaus will. Erst erzählt er irgendwas, und dann fragt er so komisch, daß man nicht weiß, was man antworten soll. Wenn dann einer was sagt, dann sagt Herr Peters: „Kannst du das nicht noch anders ausdrücken?" Dann müssen wir wieder raten, was er hören will.

Beispiel 11

Da sagte er zu mir: „Bleib bitte noch einen Augenblick in der Klasse, ich will mit dir reden." Ich bekam einen Schreck. Als alle draußen waren, sagte er: „Warum hast du die ganze Stunde lang gestört? Erklär mir das mal. Willst du nicht lernen?" Ich wußte nicht, was ich sagen sollte. „Warum antwortest du nicht? Findest du das lustig?" Und dann ging es so weiter. Ich war froh, als ich endlich draußen war.

Beispiel 12

Bei ihm mag man überhaupt nichts sagen. Bei jeder Antwort grinst er so, daß man ganz unsicher wird. Dann macht er auch noch Witze über uns.

Aufgaben:

1. Welche Berichte sind präzise und brauchbar, welche weniger und warum?
2. Welche zusätzlichen Informationen brauchten Sie zur Beurteilung der einzelnen Berichte?
3. In welchen Berichten finden Sie Unterstellungen, ungeprüfte Annahmen?
4. An welchen Stellen erkennen Sie einen Blinden Fleck?
5. Was können Sie über die Ursachen der beschriebenen Schwierigkeiten vermuten?
6. Wo finden Sie Hinweise auf ungünstige Verhaltensweisen der Lehrer?
7. Welche Verhaltensweisen fehlen den Lehrern? Stellen Sie eine Liste von Verhaltensweisen zusammen, die die Lehrer trainieren könnten.
8. Machen Sie Vorschläge, **wie** Lehrer diese Verhaltensweisen trainieren können.
9. Welches sind die Funktionen, mit denen die Lehrer Schwierigkeiten haben?
10. Welche Lehrer- und Schülerberichte entsprechen sich?
11. Erkennen Sie eigene Probleme oder Probleme von Kollegen wieder? Beschreiben Sie Ihre eigenen Probleme. Beachten Sie dabei einige der Gesichtspunkte, die in den oben angeführten Fragen angedeutet sind.
12. Vergleichen Sie, ob Sie mehr Ideen haben, nachdem Sie mehr in diesem Buch gelesen haben. (Vielleicht verstehen Sie besser, worauf diese Aufgaben zielen, wenn Sie erst weitergelesen haben.)

Schwierigkeiten in der Interaktion zwischen Lehrern und Schülern können die unterschiedlichsten Ursachen und Hintergründe haben. In jedem Fall ist

20

das Lehrerverhalten eine wichtige Komponente der Situation, und es hängt sehr weitgehend von den Verhaltensweisen des Lehrers ab, ob sich solche Interaktionsstörungen zu Dauerproblemen entwickeln oder nicht. Wenn Lehrer immer wieder starr die gleichen ungeeigneten Verhaltensmuster verwenden, gerät die unterrichtliche Situation leicht in eine Sackgasse. Verhaltenstraining ist ein Weg, aus solchen Sackgassen wieder herauszukommen. Das heißt nicht, daß Störungen und Konflikte im Unterricht völlig verschwinden werden, wenn die Lehrer nur ihr Verhalten trainieren. Aber Verhaltenstraining kann doch mithelfen, die unfruchtbaren Konflikte zu vermeiden, die nur Stagnation statt Befreiung bewirken[2].

Konflikte mit Schülern werden von Lehrern oft nur als unangenehme Störungen wahrgenommen. Dabei können gerade Konflikte die wertvollsten Lernsituationen sein. Aber selbst dort, wo die Bereitschaft vorhanden ist, Konflikte als Lerngelegenheiten zu begreifen und sie pädagogisch zu nutzen, fehlen oft geeignete Verhaltensfertigkeiten und -strategien zum Umgang mit Konflikten. Verhaltenstraining kann einen Beitrag zur Entwicklung und Einübung solcher Fertigkeiten leisten, ohne gleichzeitig Konflikte zu zähmen und sie in Scheinkonflikte zu verwandeln.

Man kann sich nicht darauf verlassen, daß mit wachsender Berufserfahrung das Verhalten von Lehrern automatisch vielseitiger und flexibler wird (vgl. *Weber,* 1972, 87 f.). Wie jeder aus seiner eigenen Schulzeit weiß, kann das Lehrerverhalten manchmal so schematisch werden, daß die Schüler die Lehrerreaktionen teilweise wörtlich vorhersagen und geradezu experimentell auslösen können. Die Berufssituation begünstigt eher Rigidität des Verhaltens als Variabilität und Flexibilität. Schon *Waller* (1967, 384; zuerst 1932) führte die Persönlichkeitsstarre, die er bei Lehrern zu beobachten glaubte, auf ihre Kontrollfunktion im Unterricht zurück: „In Gegenwart von Schülern muß der Lehrer eine konsequente Pose aufrechterhalten." Was viele Lehrer als ihre Berufserfahrung verstehen, erscheint unter einem anderen Blickwinkel als „Deformation professionnelle" (vgl. *Döring,* 1971, 167 ff., 183 ff.). Verhaltenstraining kann solchen Tendenzen entgegenwirken.

---

2 Ich glaube, daß Konflikte „unfruchtbar" sind, aus denen Schüler Dinge lernen wie „Ich darf mir nicht anmerken lassen, wenn ich etwas nicht verstanden habe" oder „Es ist besser, wenn man nur das sagt, was der Lehrer hören möchte" oder „Es hat keinen Zweck, mit Lehrern (Vorgesetzten, Mächtigeren) zu argumentieren. Sie sitzen ja doch am längeren Hebel" oder „Lernen ist unangenehm. Man sollte sich möglichst davor drücken".

Mehr oder weniger sind wir alle Lehrer, denn Lehren ist ein Bestandteil unseres Alltagslebens: wir unterrichten unsere Kinder, unsere Geschwister, Ehepartner oder Kollegen. Von ausgebildeten Lehrern wird erwartet, daß sie die Tätigkeit des Lehrens besser beherrschen als die „Durchschnittsbürger", um es mit leicht statistischem Flair auszudrücken. *Popham* und *Baker* (1968; zit. nach *Stones/Morris*, 1972, 4) gaben 13 Lehrern und Nicht-Lehrern eine Liste von Lernzielen und Hinweisen für die Gestaltung einer vierstündigen Unterrichtseinheit über sozialwissenschaftliche Forschungsmethoden. Nach dem Unterricht wurde gemessen, was die Schüler gelernt hatten. Beide Gruppen von „Lehrern" erzielten bei ihren Schülern vergleichbare Lernergebnisse. „Mit anderen Worten, Hausfrauen unterrichteten in dieser Situation ebenso effektiv wie ausgebildete Lehrer" (*Stones/Morris*, 1972, 4). *Popham* (1969; zit. nach *Stones/ Morris*, 1972, 4) wiederholte diesen Versuch in zwei unabhängigen Experimenten mit insgesamt 44 Lehrern, 44 Nicht-Lehrern und 1900 Schülern. Auch hier gab es keine signifikanten Unterschiede in den Lernleistungen der Schüler. Man kann aus diesen Untersuchungsergebnissen sicher folgern, daß es bisher kaum so etwas wie ein professionalisiertes Instruktionsverhalten gibt. Lehrer sind zwar Spezialisten für Schulerziehung, aber ihr Verhalten ist relativ unspezialisiert — und das, obwohl sie im Vergleich zu den Nicht-Lehrern einen ungeheuren Informationsvorsprung haben. Alles Faktenwissen über Lerntheorien, Unterrichtsplanung, Entwicklungs- und Differentielle Psychologie, Curriculumforschung, Lehrerverhalten usw. usw. scheint sich jedoch kaum dahingehend auszuwirken, daß Lehrer in ihrem konkreten Lehrverhalten effektiver werden als Nicht-Lehrer. Man kann dies damit erklären, daß die Informationen, die Lehrer während ihrer Ausbildung erwerben, für ihre spätere Berufstätigkeit nicht relevant sind. So meint *Gage* (1968) sicher nicht zu unrecht, daß die Unterrichtsforschung bis vor kurzem nicht die Informationen geliefert hat, die Lehrer benötigen, um angemessene Entscheidungen über ihr Instruktionsverhalten treffen zu können. *Spanhel* (1971, 18 f.) schreibt: „Aller Unterricht geht im Medium der Sprache vor sich. Diese Tatsache ist so grundlegend, so selbstverständlich, daß sie den Pädagogen bisher kaum zu Bewußtsein gekommen ist. So könnte man den Lehrer mit einem Handwerker vergleichen, der noch nicht einmal alle seine Handwerkszeuge kennt, nicht genau weiß, welche er bei bestimmten Tätigkeiten verwenden soll und wie er sie zweckmäßig und wirkungsvoll anwenden muß." Diese Unkenntnis ist für die nichtverbalen Kommunikationsmittel wahrscheinlich noch viel größer.

Das Fehlen konkreter Informationen über die Instrumente des Lehrens ist gewiß auch eine wesentliche Ursache für die unentwickelte Professionalität des Lehrverhaltens. Hinzu kommt aber, daß es in vielen Fällen nicht genügt, über erwünschte Verhaltensweisen informiert zu sein, weil das richtige Bewußtsein durchaus nicht von selbst schon das entsprechende Verhalten produziert (*Tausch/Tausch* 1970, 123 f.). Die meisten Lehrer *wissen*, daß es in bestimmten Unterrichtssituationen ungünstig ist, fortlaufend enge Fragen zu stellen, auf die Schüler nur mit „Ja" und „Nein" oder mit isolierten Wörtern antworten können. Aber obwohl sie dies wissen, gelingt es ihnen oft nicht, ihr Frageverhalten zu verändern und enge Fragen häufiger durch andere Fragen oder Impulse zu ersetzen. Zu den Informationen müssen geeignete Übungsmöglichkeiten kommen, wenn das Wissen praktische Konsequenzen haben soll. Die Professionalisierung des Lehrerverhaltens ist ohne Verhaltenstraining nicht denkbar.

Die Lehrer bedauern selbst oft, daß es ihnen unter dem Druck, ein Pensum erledigen zu müssen, einfach unmöglich ist, sich Erziehungsaufgaben zuzuwenden, einzelnen Schülern zu helfen und die Individualität der Kinder zu berücksichtigen.

R. und A. Tausch (1970, 17 f.) führten einen Versuch durch, dessen Ergebnis die Frage aufwirft, ob Lehrer überhaupt genügend vorbereitet sind, größere Freiheitsräume erzieherisch sinnvoll auszufüllen. „Verschiedene Lehrer ... wurden gebeten, einzeln eine Stunde lang mit einem in der Schule schwierigen Kind in einem kindertherapeutischen Spielraum zusammen zu sein und sich nur der Erziehung dieses einzelnen Kindes zuzuwenden. ... Die Auswertung ergab folgenden Tatbestand: Steht Zeit in größerem Maße zur Verfügung und sind keine Aufgaben und Tätigkeiten durchzuführen, so wissen Lehrer ... meist nicht, wie sie eine derartige Zeit, frei von Anforderungen und Leistungen, adäquat erzieherisch nutzen sollen ..."

In die Lehrerrolle sind Konflikte eingebaut. Mehr oder weniger intensiv erlebt wahrscheinlich jeder Lehrer, daß sich der Wunsch zu erziehen, Schülern zu helfen, sie zu verstehen und ihr Leben zu bereichern, nicht immer mit dem vereinbaren läßt, was sie *auch* tun müssen, nämlich Disziplin halten, Leistungen beurteilen und oft genug verurteilen, Spontaneität hemmen und Bedürfnisse von Schülern unterdrücken. Es wäre aber falsch, diesen Rollenkonflikt als anthropologisches Faktum, als unveränderbares Naturereignis, zu akzeptieren. Immerhin sind Lehrer keine von Rollenerwartungen und Situationszwängen gelenkten Marionetten. Es ist zwar richtig, daß die Schule als eine semitotale Institution bei Lehrern bestimmte Verhaltensmuster begünstigt, die für die Erziehung und das Lernen hinderlich oder sogar schädlich sind. Aber ebenso richtig ist, daß es in der Schule Freiheitsräume gibt, die nur besser genutzt werden müssen.

Die passive Anpassung an unpädagogische Rollenerwartungen und Verfahrensweisen als Resignation oder als unkritische Identifizierung mit dem Bestehenden, stabilisiert traditionelle Unterrichtsformen und traditionelles Lehrerverhalten. Lehrer brauchten nicht unsicher, unzufrieden oder unglücklich zu sein, weil sie ahnen oder wissen, daß ihr aktuelles Unterrichtsverhalten nicht mit den Ideen und Werten übereinstimmt, denen sie sich verpflichtet fühlen, wenn sie sich aktiv und kreativ an die Schule und ihre Bedingungen anpassen würden. Dies würde bedeuten, daß Lehrer durch ihr eigenes Verhalten im Unterricht innovierend wirken würden, und dabei wären ihnen Techniken des Verhaltenstrainings nützlich. Verhaltenstraining hilft Lehrern bei ihren alltäglichen Problemen: Wie kann ich Schüler anregen, sich stärker am Gespräch zu beteiligen? Wie kann ich eine Mathematik-Aufgabe so erklären, daß Lisa sie versteht? Was kann ich tun, wenn ich häufiges „Meckern" und Strafen vermeiden möchte? Wie kann ich erreichen, daß ich als Lehrer weniger spreche und dafür die Schüler mehr?

Es ist noch keine Bildungsreform, wenn Lehrer lernen, solche Probleme besser zu lösen. Aber jede Reform von Fächern und Strukturen wird nur Teilerfolge bringen, wenn sie nicht auch die Interaktion in der Schulklasse verändert. Es ist nicht gleichgültig, wie sich Lehrer im Unterricht verhalten. Denn die Art der Interaktion im Unterricht bestimmt wesentlich mit, was Schüler lernen. Ich glaube, daß die Schule nicht zuletzt deswegen eine gigantische Institution zur Erzeugung spezifischer Lernhemmungen ist, weil dieser Gedanke selten verstanden wird. Die fortschrittlichsten Themenkataloge (manche nennen sie „Curricula") verdünnen sich zu rückschrittlichen Stoffsammlungen, wenn das Lehrerverhalten hauptsächlich darin besteht, daß die Lehrer den Schülern „Wissen" häppchenweise zum Durchkauen zuteilen und die Schüler nur dann an die „geistigen Werte" herangelassen werden, wenn sie laut Stoffplan „dran" sind.

Einstellungen, die das Lehrerverhaltenstraining behindern

Daß soziale Verhaltensweisen genauso trainiert werden müssen, wie motorische Fertigkeiten, ist noch keineswegs eine sehr verbreitete Überzeugung. Jeder begreift, daß man eine schlichte Tätigkeit wie das Lenken eines Autos solange üben muß, bis man sie fehlerfrei beherrscht; aber nur wenigen scheint es einzuleuchten, daß die für das Unterrichten und Erziehen von Schülern notwendigen Fertigkeiten geübt werden sollten.

Stellen Sie sich vor, Sie lesen in einem Lexikon die Definition des Wortes „Ballett". Können Sie dann tanzen? Ballett-Fertigkeiten lernt man nicht,

24

indem man darüber Bücher liest, Referate hält und sich Erklärungen und Ratschläge geben läßt. Und auch wenn Sie 200 Ballettabende beobachtet und diskutiert haben, werden Sie sich in der Regel nicht auf die Bühne wagen, um den Sterbenden Schwan zu geben.

Versuchsweise könnte man von der Hypothese ausgehen, daß von den beiden Tätigkeiten, die ich hier — zugegeben: hinkend — vergleiche, das Unterrichten die weitaus kompliziertere ist. Bewegungen unter Kontrolle zu halten und sie nach einem bestimmten Plan einer Musik anzupassen, das ist sicher eine einfachere Tätigkeit als all das, was ein Lehrer gleichzeitig leisten soll: *über* bestimmte Gegenstände und *mit* Schülern sprechen, agieren und reagieren, eine geplante Richtung verfolgen und doch von dieser Richtung abweichen können, seine Gestik, Mimik und Körperbewegungen kontrolliert einsetzen, auf 30 bis 40 Kinder gleichzeitig achten und dabei auch einzelne beachten, Unterrichtsstoffe souverän beherrschen und vieles mehr. Dabei hat der Lehrer keinen Regisseur, der ihm Anweisungen gibt, und kein Textbuch, an das er sich halten kann, seine Rolle ist nicht fertig und nicht hundertmal durchgespielt, wenn er in die Schulklasse kommt, sondern er muß improvisieren, aus der Situation heraus das richtige Verhalten finden und es der Situation angepaßt einsetzen.

Denkt man an diese Komplexität der Lehrertätigkeit, so wird man nicht mehr erstaunt sein können, daß viele Lehrer sich überfordert fühlen und sich an relativ wenige Verhaltensweisen klammern, die sie im Unterricht abwechselnd einsetzen. Erstaunlich ist auch nicht, daß dies häufig solche Verhaltensweisen sind, die die Komplexität des Unterrichtsprozesses reduzieren, indem sie ein relativ glattes Funktionieren des Ablaufs erleichtern und die Beteiligung der Schüler in gewissem Umfang einschränken. So ergibt sich das überaus weit verbreitete Interaktionsmuster, in dem der Lehrer dominiert und durch einen fast ununterbrochenen Ausstoß an Fragen und Anweisungen das Verhalten der Schüler steuert, wobei ganze Dimensionen menschlichen Verhaltens sorgfältig ausgeklammert werden, etwa der Bereich der Emotionen. Angesichts der Komplexität der Anforderungen an einen Lehrer wird man sich eher darüber wundern, was viele Lehrer positiv leisten, obwohl sie entsprechende Verhaltensweisen nicht durch ein präzises Training erwerben und festigen konnten. Lehrer finden sich in der gleichen Lage wie Mütter, die plötzlich mehrere Kinder erziehen müssen, ohne auf diese Aufgabe vorbereitet worden zu sein. Allerdings: die grundlegenden Verhaltenstechniken des Erziehens sind nicht grundsätzlich von den Techniken des Sozialverhaltens verschieden, die wir im Umgang mit unseren Mitmenschen von früher Kindheit an verwenden. Während die Tanzbewegungen des Balletts doch sehr „künstlich" sind und im Alltag nur in sehr rudimentären Ansätzen vorkommen und daher kaum vorgeübt werden können, beherrschen Lehrer (und Eltern) schon viele soziale Techniken. Vielleicht sind wir deswegen so tief davon überzeugt, daß wir kaum noch etwas dazulernen müssen. Ohne daß es den meisten von uns richtig bewußt ist, gehen wir davon aus, daß erzieherisches Verhalten eine selbstverständliche Fähigkeit ist, die nicht gesondert geübt werden muß. Diese kaum reflektierte Annahme ist eine Fehleinstellung und mit dafür verantwortlich, daß die Notwendigkeit beruflichen Verhaltenstrainings von vielen nicht eingesehen wird.

Vielen scheint ein Training des Lehrerverhaltens auch deswegen nicht nötig, ja überflüssig, weil sie davon überzeugt sind, daß angemessenes Lehrerverhalten lediglich ein Informationsproblem sei. Ich habe schon darauf hingewiesen, daß Informationen *allein* das Verhalten kaum entscheidend beeinflussen. Vorträge, Diskussionen, Informationsaufnahme durch Lesen sind unersetzliche Formen des Lernens, aber das Lehrerverhalten wird kaum beeinflußt, wenn man bei der Informationsaufnahme stehen bleibt (vgl. *Argyle*, 1969a, 394).

Ein sehr ernsthaftes Hemmnis für Verhaltenstraining ist ein Komplex von Vorstellungen, den ich als „Persönlichkeitstheorie" vom Lehrerverhalten bezeichnen möchte. Dies ist ein buntes Gemisch von Wahrheiten, Halbwahrheiten, Dummheiten und Selbstverständlichkeiten. Sie drückt sich in so fundamentalen Grundsätzlichkeiten aus, wie „Die erfolgreiche Arbeit des Lehrers wird von der Gesamtstruktur seiner Persönlichkeit bestimmt . . ." (*Fuchs* et al., 1970, 29), und sie steckt in den Ratschlägen erfahrener Lehrer, der junge Kollege müsse versuchen, als Lehrer „den seinem Wesen gemäßen Stil" zu finden. Nach dieser Theorie sind die nicht weiter unterteilbaren Persönlichkeitszüge, das Wesen, der Charakter eines Lehrers von entscheidender Bedeutung. Ein Lehrer „verhält" sich nicht, sondern er „ist" irgendwie, und wie und was er „ist", das determiniert, was er tut oder läßt. Ein Lehrer kann folglich nur solche Verhaltensweisen zeigen, die zu seiner Persönlichkeit „passen"; und welche Verhaltensweisen das sind, das kann er nur finden, aber kaum suchen und ganz und gar nicht trainieren. In dieser volkstümlichen Theorie ist das Unterrichten und Erziehen eine Kunst und der „echte" Lehrer ein Künstler. Und nur derjenige kann ein „wirklicher" Lehrer sein, dem das Talent dazu schon in die Wiege gelegt worden ist. Das Unterrichten bleibt eine letztlich rätselhafte „ganzheitliche" Begabung, über die der eine aus unerklärlichen Gründen verfügt und die dem anderen — ebenso schicksalhaft — fehlt. Die Persönlichkeitstheorie zeigt alle Merkmale eines statischen Menschenbildes: zum Lehrer muß man geboren sein;

was man lernen kann, sind höchstens Nebensächlichkeiten, das „Eigentliche" muß man eben von vornherein „haben".

Für Anhänger dieser Theorie ist es absurd, das Lehrerverhalten in lernbare Verhaltensweisen zu zerlegen; sie fürchten, daß hierdurch der Lehrer als Persönlichkeit zerrissen werden könnte. Es gibt verschiedene Spielarten der Persönlichkeitsideologie. Manche sind mit dem für viele Lehrer traumatischen Thema „Disziplin" verbunden. Das Zauberwort „Autorität" spielt hier eine prominente Rolle. Es gibt bis auf den heutigen Tag an Pädagogischen Hochschulen Dozenten, die ihren Studenten erklären, die Erscheinung, daß einige Lehrer in ihren Klassen Disziplin halten können und andere nicht, beruhe darauf, daß die erste Gruppe mit „innerer Autorität" ausgestattet sei, während diese nicht genau beschreibbare Eigentümlichkeit der anderen Gruppe abgehe. Es versteht sich, daß „innere Autorität" nicht geübt werden kann, aber man kann auf sie warten. In einem 1972 erschienenen Aufsatz lese ich, daß die Persönlichkeit des Lehrers der Stimulus für die Lernerfahrungen der Schüler ist, und daß die konkrete Methode, eine Beziehung zwischen zwei Personen herzustellen, der „pädagogische Takt" sei (*Fišer*, 1972, 467, 471). In derartigen Theorien — unsere pädagogische Trivialliteratur, und nicht nur diese, ist voll davon — erscheint der Lehrer als eine Sammlung aller möglichen Tugenden. Die Essenz solcher Lehren ist im schlimmeren Falle „Wer es nicht hat, der wird es nie bekommen" und im günstigsten „Man muß nur richtig wollen, dann kann man schon."

Ich möchte die Persönlichkeitsideologie und ihre Spielarten zu den gefährlichen Formen des Aberglaubens rechnen. Ich denke dabei an Studenten oder junge Lehrer, die von Ängsten und Zweifeln geplagt werden, ob sie mit einem ausreichenden Quantum „innerer Autorität" begabt worden sind. Und ich denke an diejenigen Lehrer, denen deutlich gemacht worden ist oder die sich selbst einreden, daß ihnen bestimmte grundlegende „Lehrereigenschaften" fehlen. Ihnen muß es sinnlos erscheinen, sich um eine Verbesserung ihres Verhaltens zu bemühen. Der Glaube an die grundsätzliche Unveränderbarkeit des „Temperaments" oder des „Charakters" ermutigt nicht zu konstruktivem Training, rechtfertigt aber Passivität und das Festhalten an ungeeigneten Verhaltensmustern. Es hat eben keinen Sinn, sich noch anzustrengen, wenn man doch nur einen IQ von 92 hat.

Theorien wie die vom geborenen Erzieher dokumentieren eine Kapitulation vor den Komplexitäten der Lehrer-Schüler-Interaktion; sie bieten keine Erklärung, sondern befriedigen nur den Wunsch nach Einfachheit und Eindeutigkeit, indem sie Leerformeln als Lösungen präsentieren. Denn „auf dem Gebiet des Unterrichts (führt) die chemisch reine Logik sehr leicht auf

Irrwege, weil sie das nur erspür-, nicht berechenbare Schwingen der Seelen und des Geistes außer acht läßt" (*Fikenscher,* 1963, 14)..

Die Destruktion solcher Theorien ist notwendig, wenn man für Verhaltenstraining plädiert, denn Verhaltenstraining ist nur sinnvoll, wenn man von der Hypothese ausgeht, daß das soziale Verhalten von Lehrern eben nicht durch bleibende Persönlichkeitsstrukturen und unberechenbare Seelenschwingungen von vornherein festgelegt ist. Die Annahme *dieser* Hypothese wird für viele befreiend sein; schmerzlich und unsympathisch wird dies nur bei denen wirken, die sich für einen geborenen Erzieher halten und die nun plötzlich auch aufgefordert sind, über die Angemessenheit ihres Verhaltens nachzudenken und ihr Verhalten vielleicht sogar zu verändern.

Das ergebene Warten auf einen besseren Zustand zeigt sich auch in dem Glauben vieler Lehranfänger, sie würden sich schon richtig verhalten, wenn sie nur erst die Schüler richtig kennengelernt hätten. Diese Erwartung wird oft geäußert, wenn man beim Training von Verhaltensweisen auf erdachte Konfliktsituationen reagieren soll. Viele Teilnehmer erklären dann, sie wüßten nicht genug über den Schüler und die Situation, um eine sinnvolle verbale Äußerung machen zu können. Hier zeigt sich die Erwartung, man könne Schülern gegenüber verständnisvoller und richtiger handeln, wenn man viel über sie weiß. Diese Erwartung ist schon deshalb unrealistisch, weil sich durch den täglichen Umgang mit den Schülern nicht automatisch das Wissen über sie vermehrt, sondern sich häufig nur Stereotype verfestigen, die manchen Schülern während ihrer ganzen Schulzeit anhängen (vgl. *Division on Child Development,* 1945, 7 ff.). Das „Kennen" besteht dann darin, daß Lehrer sich ein Bild von einem Schüler gemacht haben und auf der Basis dieses Vorurteils beinahe automatisch reagieren. So schrieb eine Lehrerin einem Mädchen ihrer Klasse ins Heft: „Hans, Du hast die Wörter schon wieder nicht unterstrichen!" und dokumentierte mit dieser Fehlleistung, wie sehr Lehrer die Erwartung eines bestimmten Fehlverhaltens an bestimmte Schüler knüpfen können. Ich hörte einmal einen Lehrer sagen: „Klaus, halt endlich mal den Mund da hinten!" Gleich darauf fügte er überrascht hinzu: „Ach, der ist heute gar nicht da." Es sind eben immer dieselben, die negativ oder positiv auffallen (*Höhn,* 1967). Im übrigen sind Lehrer im Unterricht in den meisten Fällen gezwungen, auf einer recht schmalen Informationsbasis zu handeln. Bei einer schwierigen Situation fehlen eigentlich immer wichtige Informationen. Wenn ein Schüler während des Unterrichts plötzlich einen Schmerzensschrei ausstößt, weil ihm ein anderer ans Schienbein tritt, kann ein Lehrer froh sein, wenn er wenigstens diesen Angriff beobachtet hat. Die ganze Entwicklung, die zu dieser Aggression führte, muß dem Lehrer meist verborgen bleiben. „Kennt" er einen der beteiligten Schüler bereits als „Rüpel", so ist die Wahrscheinlichkeit groß, daß dieser für den Vorfall verantwortlich gemacht und vielleicht bestraft wird. Daß man die Schüler kennt, ist kein Schutz vor schematischen Reaktionsweisen, sondern begünstigt diese vielleicht sogar.

Manchen erscheint das Training des Lehrerverhaltens deswegen sinnlos, weil im Unterricht keine Situation zweimal in der gleichen Weise auftritt. Eine Vorbereitung auf zukünftige Situationen wird daher für unmöglich gehalten. Der Tatsache, daß jede Situation neu und eigentümlich ist und ihre unwiederholbaren komplexen Hintergründe hat, steht jedoch die Beobachtung gegenüber, daß Lehrer in ihrem Verhalten diese Komplexität nicht angemessen widerspiegeln, sondern ein erstaunlich schmales und eintöniges Verhaltensrepertoire verwenden, immer wieder das Gleiche sagen und tun. Die begnadeten Pädagogen, die im rechten Augenblick intuitiv das Richtige sagen oder tun, sind nicht übermäßig häufig. Das Vertrauen in die spontane Erfindungskraft und unbegrenzte Reaktionsfähigkeit ist nicht gerechtfertigt.

Viele Lehrer stehen dem Training von Verhaltensweisen auch deswegen skeptisch gegenüber, weil sie eine Abneigung gegen „bewußtes", kontrolliertes Verhalten haben. Sie wollen sich so geben, wie sie sind und möchten auch einmal zornig sein oder schlechte Laune haben dürfen. Eine ständige Kontrolle des eigenen Verhaltens empfinden sie als zu anstrengend und psychisch belastend. Dabei vergessen oder übersehen sie oft, daß sie von den Schülern meist sehr weitgehend kontrolliertes Verhalten verlangen.

Häufig findet man auch ein Unbehagen über das Wort „Training". Man verbindet mit diesem Wort die Vorstellung, daß „niedere", wenig komplizierte, geistig anspruchslose Tätigkeiten eingeübt werden. Es scheint manchen beinahe so etwas wie Lästerung zu sein, wenn vorgeschlagen wird, ein Verfahren, das für Fußballspieler angemessen sein mag, für die Ausbildung von Lehrern zu fordern. Tatsächlich gibt man sich heute bei vielen Zeitgenossen als eine Art Banause zu erkennen, wenn man sich für Verhaltenstraining von Lehrern ausspricht. Die Verachtung des „reinen" Wissenschaftlers für die unsaubere, schmuddelige, schlechtere Praxis scheint sich hier auch auszudrücken. Von der Theorie aus gesehen müssen viele Formen der Anwendung als naiv-unwissenschaftliche Rezeptsucherei erscheinen. Und es gehört ja zu den Topoi im Sprachgebrauch vieler „Theoretiker", derartige Motive zu denunzieren.

So beeilt sich *Robinsohn* (1972, 14) in einem Aufsatz über Lehrerbildung zu beteuern: „Es ist hoffentlich aus dem bisher Gesagten klar, daß ich nicht jene ‚ausübungsgerichtete Lehrerbildung' (‚Performance-Based Teacher Education') im Auge habe, in der Lehrer für ‚korrekte' Entscheidungen programmiert werden." Und — um noch ein zweites Beispiel zu nennen —

Dietrich (1967, 11) leistet sein Bekenntnis ab, indem er rhetorisch fragt: „Aber welcher Einsichtige, der mit dem Studium *wirkliches* Studieren und *nicht nur Kenntnissammlung und Training von Fertigkeiten* meint, wollte denn mehr als eine subsidiäre Wirkung (von der Wissenschaft) erwarten?" (Hervorhebung von mir, Grell).

Man kann sich fragen, wieweit die Tabuierung des Praktischen durch viele Wissenschaftler der Ausdruck von Bescheidenheit und Sorge über zu frühe oder falsche Anwendung wissenschaftlicher Befunde ist und wieweit nur ein Symptom für die Arroganz, mit der Wissenschaftlichkeit sich bis heute vom Gewöhnlichen zu distanzieren beliebt. Gibt es vernünftige Gründe, auf jemanden herabzusehen, der nicht nur „wirklich" studieren, sondern darüber hinaus auch seine Fertigkeiten entwickeln möchte, um im Beruf erfolgreich zu sein? Wieweit verwirklichen Hochschullehrer in Vorlesungen und Seminaren den Gedanken, daß wissenschaftliche Ergebnisse immer vorläufig bleiben und keine Sammlung von Fakten darstellen, die es für Prüfungen auswendigzulernen gilt?

Aufgaben:

1. Beobachten Sie, welche Einstellungen in Gesprächen über Lehrerverhalten, Verhaltenstraining u. ä. zum Ausdruck gebracht werden.
2. Es gibt nicht nur Einstellungen, die Verhaltenstraining behindern, sondern auch solche, die es fördern. Beide Arten von Einstellungen können falsch sein. Welche Einstellungen haben Sie?
3. Neben Einstellungen (= relativ diffuse Meinungen) gibt es auch Argumente, die gegen Verhaltenstraining sprechen. Sie sollten sorgfältig geprüft werden, denn sie können dabei helfen, ungünstige Auswirkungen von Verhaltenstraining zu vermeiden. Sammeln Sie solche Argumente, um sie mit Freunden oder Kollegen zu diskutieren.
4. Welches sind Ihre Einwände?

Sozialisationsfaktoren in der Schulwirklichkeit oder: Wie Lehrerverhalten tradiert wird

An der Hochschule hören sich die zukünftigen Lehrer vorwiegend Beschreibungen und Definitionen an und lernen, über Unterricht und Lehrerverhalten zu diskutieren. Aber wann und wo lernen sie Verhaltensweisen, die sie brauchen, um einen Schüler, der immer schweigt, zum Sprechen zu ermutigen? Wann trainieren sie, mit einem Schüler, der etwas ausgefressen hat, ein hilfreiches Gespräch zu führen? Wann üben sie das Erklären von Rechenaufgaben? Es scheint, daß sie für solche Übungen während ihrer Ausbildung und auch später fast keine Gelegenheit haben und daß daher solche Fertigkeiten nicht absichtlich erworben werden können, sondern mehr oder weniger zufällig gefunden oder imitiert werden müssen. In vielen Fällen bleiben die Fertigkeiten darum relativ unentwickelt. Da sie nicht planmäßig ausgebildet werden können, werden sie im Verlauf der beruflichen Sozialisation tradiert. Die Folge ist, daß das übliche Lehrerverhalten sich nur in geologischem Tempo verändert, aber durch wissenschaftliche Erkenntnisse kaum beeinflußbar erscheint. Offenbar ist die Lehrerrolle ein gegen Änderungsversuche außerordentlich resistentes kulturelles Verhaltensmuster. Jedenfalls reagiert dieses Muster kaum auf Medikamente wie Propaganda und „Bewußtseinsänderung". Möglich wäre es, daß werdende Lehrer die beruflichen Verhaltensweisen lernten, indem sie das Verhalten ihrer Hochschullehrer beobachteten. Aber einerseits ist die Interaktion zwischen Dozenten und Studenten in vielem anders als die Interaktion in der Schulklasse, und andererseits sind Hochschullehrer oft keine geeigneten Modelle für erzieherisches Verhalten. Zwar sind sie in ihrem Wissen oft auf dem neuesten Stand, aber ihre Lehrpraxis entspricht meist nicht dem, was sie wissen. Auch die Formen des Hochschulunterrichts sind vielfach wenig nachahmenswert. Noch zu oft wird Studenten *erzählt*, daß sie Gruppenunterricht machen sollten und so gleichzeitig *bewiesen*, daß Erzählen letztlich doch die wirksamste Unterrichtsform ist. Das offizielle Curriculum propagiert neue Formen des Lehrens, während das versteckte Curriculum die Studenten mit den traditionellen Unterrichtsweisen indoktriniert. Wer sich zum Lehrer ausbilden lassen will, gerät unweigerlich in diese „Beziehungsfalle" (*Watzlawick* et al., 1969). Dieser Widerspruch zwischen Information und Erfahrung spiegelt sich in der Diskrepanz zwischen Theorie und Praxis, den die Studenten bald am eigenen Leib erleben werden. Im Studium ist diese Diskrepanz schon angelegt. Und im Praktikum wird sie nicht aufgehoben.

Denn im Praktikum, das eine Phase des Entdeckens, Erfindens und Einübens professioneller Verhaltensweisen sein könnte, muß ein Student eigentlich schon alle Verhaltensweisen beherrschen, die er als Lehrer braucht. Hier soll er wirkliche Schüler unterrichten, nicht mit ihnen experimentieren, was gleichzeitig heißt, daß er keinen Spielraum hat, mit sich selbst zu experimentieren. Die Schüler sollen etwas lernen, und der Praktikant muß sich bewähren. Natürlich, er ist selbst ein Lernender und darf Ratlosigkeit und Unsicherheit zeigen, aber dies ist eher die Ideologie; in Wahrheit ist die Toleranzgrenze für Unsicherheit sehr niedrig. Denn die Thematik des Praktikums lautet nicht „Entwickeln, Ausprobieren und vielleicht Einüben erzieherischen und instruktionellen Verhaltens", sondern „Durchstehen des Praktikums und den Beweis erbringen, daß man zum Lehrer taugt". In vielen Fällen wird die Praktikumsleistung auch zensiert, und die Zensur entscheidet mit darüber, ob man den angestrebten Beruf ergreifen kann oder nicht. Aber selbst dort, wo keine Beurteilung gegeben wird, gleicht das Lernen im Praktikum mehr der Verteidigung eines Verhaltens-Besitzes als der Exploration neuer Verhaltensbereiche. Der Praktikant steht unter Leistungsdruck und muß Angst empfinden. Ich kann mein Verhalten nicht verändern, ich kann nichts Neues probieren, wenn ich bedroht bin und dafür sorgen muß, aus der Bedrohungssituation ungeschoren hervorzugehen. Ein Lernen, das meine Verhaltensmöglichkeiten erweitert und mich flexibler macht, kann nur in angstfreien Situationen stattfinden (vgl. *Rogers*, 1965, 390).

Im Praktikum muß der Lehranfänger vollständige Unterrichtsstunden zeigen, und das bedeutet, einen Prozeß zu steuern, der so kompliziert ist, daß bis heute die damit befaßten Wissenschaften keine befriedigenden Modelle liefern konnten, um diesen Prozeß zu strukturieren und verständlich zu machen (*Loser*, 1973).

„Die Anforderungen an den Lehranfänger in der schulischen Unterrichtssituation sind so komplex und unübersichtlich, daß er das, was zuvor über das Unterrichten theoretisiert wurde, in der Bedrängnis der Unterrichtssituation nicht zu realisieren vermag" (*Zifreund*, 1966, 10). Durch die anschließende Stundenbesprechung werden die Nachteile dieser Methode nicht in Vorteile verwandelt. „Trainiert wird dabei nicht selten die Technik, das Stolpern des Lehranfängers von Klippe zu Klippe im Nachhinein als ein konsequentes Verhalten zu rationalisieren . . ." (*Zifreund*, 1968 a, 418). Solche Veranstaltungen sind für Studenten oder Junglehrer unangenehm und belastend. Manche brauchen Wochen oder Monate, um das Erlebnis zu verarbeiten oder zu verdrängen und das Selbstwertgefühl zu restaurieren. Vielleicht ist der Haupteffekt bei diesen Besprechungen die emotionale Verunsicherung der zukünftigen Lehrer. *Thiersch* (1969) schreibt: „Der Lehrer braucht bei aller Fähigkeit zur Selbstkritik das zuverlässige Wissen, etwas zu können. . . . Besitzt er dieses elementare Selbstvertrauen nicht, ist es für ihn fast unmöglich, den Schülern gerecht zu werden."

Bei den Unterrichtsbesprechungen entwickelt sich eine intensive Abneigung dagegen, sich im Unterricht beobachten zu lassen, und diese Abneigung ist eine wesentliche Ursache für die Isoliertheit des Lehrers in der Schulklasse, jene ambivalente Robinson-Situation, in der viele Lehrer Schutz suchen, und die sie verteidigen, aus der sie sich aber andererseits verzweifelt heraussehnen. Das Unterrichten wird zu einer Intimsphäre, in die niemand eindringen darf, und doch wünschen wir uns, daß jemand in unseren Unterricht kommt und mit uns über unser Verhalten spricht.

Diese „Rühr-mich-nicht-an-Mentalität" verhindert, daß Lehrer sich gegenseitig helfen, ihr Unterrichtsverhalten zu verbessern. Es ist durchaus nicht üblich, daß Lehrer sich im Unterricht besuchen und intensiv über die dabei gemachten Beobachtungen sprechen. Und obwohl es überall die Absicht ist, Junglehrern Mentoren zur Seite zu stellen, existieren solche Helfer in vielen Schulen nur auf dem Papier. Der Junglehrer bemerkt schnell, daß sein Mentor eine tiefe Abneigung dagegen empfindet, sich in die Karten schauen zu lassen, und so wird die Zusammenarbeit oft stillschweigend eingestellt, noch bevor sie richtig begonnen hat.

Die Meinung, im Schulpraktikum könne der zukünftige Lehrer auf effektive Weise ein Repertoire professioneller Verhaltensweisen erwerben, ist eine ungeprüfte Hypothese, und es spricht viel dafür, daß sie falsch ist (*Stones/ Morris*, 1972, 3, 5; *Smith*, 1972, 232). Vor allem: Das Lernen in der Praxis führt nicht über den Rahmen des in der Praxis Üblichen hinaus (*Stolurow*, 1972). Nur eine permanente Rückkoppelung zwischen Praxis und Theorie könnte den unerwünschten Wirkungen des Lernens in der Schulpraxis entgegenwirken. Praktika in Schulen würden dann weniger traditionelles Lehrerverhalten und konservative Einstellungen reproduzieren und stattdessen mehr Raum für Experimente und Innovationen bieten.

Die wissenschaftliche Lehrerausbildung versorgt die künftigen Lehrer nicht mit einem professionellen Verhaltensrepertoire, und es gelingt dieser Ausbildungsform nicht, Lehrer hervorzubringen, die in der Schule als Agenten des sozialen Wandels wirken und die Lehrerrolle erneuern, indem sie wissenschaftliche Erkenntnisse in entsprechendes Unterrichtsverhalten umsetzen. Der Wandel der Lehrerrolle, von dem heute so viel die Rede ist, findet im wesentlichen auf verbaler Ebene statt: er wird von den Hochschulen propagiert. Die Lehrerrolle, definiert als die Summe der Erwartungen, die den Inhabern der Position „Lehrer" von den Inhabern anderer Positionen (Schüler, Eltern, Schulaufsichtsbeamte, Politiker, Unternehmer, Wissenschaftler usw.) entgegengebracht werden (*Klose*, 1971; *Banks*, 1971, 8 f.), verändert sich nur in einem ihrer Sektoren: an den Hochschulen und in den Schriften der Hochschullehrer wurden und werden die Erwartungen formuliert, die man mit dem Schlagwort „Wandel der Lehrerrolle" gekennzeichnet hat.

All diese Ideen und Erwartungen haben jedoch für die in der Schule tätigen Lehrer höchstens die Verbindlichkeit von Gesprächsthemen: man sollte zwar davon gehört haben und darüber diskutieren können, aber damit endet dann auch die Verpflichtung, und man kann sich den Realitäten zuwenden. Diese Realitäten — reichend von der finanziellen Ausstattung der Schulen bis zur „Natur des Menschen" — lassen es eben nicht zu, daß die Lehrer die Ideen, die sie für richtig halten, auch in ihrem Verhalten realisieren. Bei der Größe der Klassen sei Gruppenunterricht nicht möglich (dabei ist es gerade wegen der Klassengröße so wichtig, Gruppen zu bilden), die Schüler brauchten eben doch einen gewissen Druck und müßten zum Lernen gezwungen werden, Demokratisierung und Erziehung seien sowieso grundsätzlich unvereinbar usw.

Die Lehrerausbildung hat enttäuschende Effekte, weil die Bezugsrollen, mit denen es die Lehrer im Beruf zu tun haben, andere Rollenerwartungen an die Lehrer haben als diejenigen, die die Lehrer ausbilden. Zwar erwerben die meisten Studenten im Laufe ihres Studiums eine Selbstrolle, zu deren wesentlichen Kennzeichen die Bereitschaft zur Innovation in der Schulklasse gehört, aber diese von den Erziehungswissenschaften geprägte Rollenvorstellung macht sich in der Schule auf einmal wie eine Antirolle (*Ruddock*, 1969, 35) aus. Was jetzt an Erwartungen von seiten der Eltern, Rektoren, Schulräte, und auch der Schüler, vom Junglehrer wahrgenommen wird, kontrastiert scharf mit den im Studium erworbenen Einstellungen und verstärkt Verhaltensmuster, die mit der traditionellen Lehrerrolle übereinstimmen. Innovationshemmend wirken sich auch die Zwänge aus, die von der Schule als einer bürokratisch organisierten Institution mit rigiden Verfahrensvorschriften ausgehen (vgl. *Fürstenau*, 1968; *Rumpf*, 1969).

Die verschiedenen formellen und informellen Kontrollmechanismen, denen sich Junglehrer vom ersten Schultag an ausgesetzt sehen, machen die Sozialisation in die Berufsrolle zu einem Bekehrungsprozeß. Der Student war noch überzeugt, daß Hausaufgaben abzuschaffen oder mindestens zu individualisieren seien; der Junglehrer stellt seinen Schülern schematisch Hausaufgaben, weil seine Einstellung von den Kollegen als naiv belächelt wird, von den Schülern als Aufforderung zum Nichtstun und als Zeichen der Schwäche aufgefaßt und von den Eltern als schlimmes Anzeichen pädagogischer Verantwortungslosigkeit beurteilt wird. Der Junglehrer, der sich als Student einen nicht-autokratischen Erziehungsstil zur Leitvorstellung gewählt hatte, legt in der Schulklasse alsbald Listen an, um die pünktliche Ablieferung von Strafarbeiten zu kontrollieren, die verschämt als „Übungsarbeiten" ausgegeben werden.

Ähnlich entwickelt sich in vielen Fällen die Praxis der Prügelstrafe. Für viele Studenten ist die Prügelstrafe indiskutabel. Sie können sich nicht vorstellen, daß sie dieses Mittel selbst anwenden würden. Im Praktikum erfahren sie vielleicht, daß einige Lehrer Schüler ohrfeigen. Sie hören von erfahrenen

Kollegen „Dompteurgeschichten": wie der Lehrer eines Tages in die neue Klasse kam, mit der alle anderen Kollegen nicht zurechtgekommen waren, wie die Schüler den Neuling aggressiv und schadenfroh musterten, wie Raubtiere auf den kleinsten Fehler des Dompteurs lauernd, um über ihn herfallen zu können; wie dann der größte Rüpel der Klasse seinen Angriff starten will, aber durch eine schallende Ohrfeige in seine Schranken verwiesen wird und überrascht und beschämt feststellen muß, daß der neue Lehrer sich zu wehren weiß; wie von diesem Zeitpunkt ab keine nennenswerten Disziplinschwierigkeiten mehr aufgetaucht seien. Solche Lehrer-Folklore stärkt das Bewußtsein, daß Lehrer sich durchboxen müssen, und daß Schulklassen auf ihren Lehrer dressiert werden müssen wie ein Hund auf seinen Herrn. In diesen Geschichten erscheint die Prügelstrafe als ein wirksames Erziehungsmittel, das von den Kollegen toleriert wird; so ist es für einen Anfänger leichter, vorhandene Hemmungen abzubauen; und dadurch vergrößert sich die Wahrscheinlichkeit, daß der Junglehrer, wenn er in seinem Unterricht Disziplinschwierigkeiten erlebt, aus Angst oder Hilflosigkeit schlägt. Die Reaktion der Schüler — betroffene Stille, augenblicklicher Gehorsam, kurzfristige Diszipliniertheit u. ä. — wirkt auf den Lehrer verstärkend, und so gewöhnt er sich vielleicht daran, mit Schlägen für Disziplin zu sorgen. Gleichzeitig ist er mit sich selbst unzufrieden, empfindet Schuldgefühle und reduziert diese Dissonanz, indem er sich bestimmten Ideologien zuwendet, die die Prügelstrafe legitimieren. So kann er sich zum Beispiel einreden, daß es unterschiedliche Schülerpersönlichkeiten gibt: die einen sind nur durch Körperstrafen zur Einsicht zu bringen, während andere auch auf weniger starke Erziehungsmittel positiv reagieren. Die Berufskultur stellt viele solcher „Erfahrungen" zur Verfügung und begünstigt die Entstehung von Überzeugungen, die irrationale Verhaltensweisen als rationale Entscheidung erscheinen lassen (*Grell*, 1970 a).

Eine ganze Reihe empirischer Untersuchungen bestätigt den Wandlungsprozeß vom Studenten zum Lehrer. *Koch* und *Peifer* (1971) stellen fest: „Wir können mit einiger Sicherheit behaupten, daß die an der Hochschule (ob Universität oder Pädagogische Hochschule) betriebene Form der Lehrerausbildung keinerlei nachhaltigen Einfluß auf die Werthaltungen, Einstellungen und Verhaltensrichtlinien ihrer Absolventen hat, soweit diese für Schul-, Erziehungs- und Unterrichtsbelange von Betracht sind" (S. 440). Nach ihren Untersuchungen nehmen Studenten während ihres Studiums in der Regel „progressive" Einstellungen an; diese Einstellungen verändern sich aber nach dem Verlassen der Hochschule und dem Eintritt in die Schule innerhalb von wenigen Monaten in generell konservativer Richtung (S. 439). Dieser Befund stimmt mit Ergebnissen der Einstellungsforschung überein:

Was Menschen wissen und glauben, wird durch das modifiziert, was sie tun (*Fishbein*, 1971, 52). Wir suchen oder konstruieren uns die Überzeugungen, Meinungen, Erfahrungen und Alltagstheorien, die zu unserem Verhalten passen, und wo Verhalten und Kognitionen nicht zueinander passen, da wechseln wir eher unsere Ansichten als unsere Verhaltensweisen (vgl. *Thomas*, 1971; *Festinger/Carlsmith*, 1969).

Ein Lehrer, der seinen Schülern täglich Vorwürfe macht, sie auf das drohende schlechte Zeugnis hinweist, absichtlich „scharf" zensiert, häufiger tadelt und kritisiert als lobt, *muß* glauben, daß Schüler unter solchen Bedingungen mehr leisten werden als unter Bedingungen, die durch Freundlichkeit, Geduld, Verständnis, Höflichkeit usw. gekennzeichnet sind. Er wird auch eher ein pessimistisches Menschenbild haben und die Meinung vertreten, daß der Durchschnittsmensch nur dann etwas Sinnvolles tut, wenn man ihn dazu zwingt.

Weil Lehrern in ihrer Ausbildung fast ausschließlich (kognitive) Einstellungen vermittelt und im Studium keine Gelegenheiten geboten werden, die dazu passenden Verhaltensweisen zu erwerben, bleiben Lehrer weitgehend von dem Verhaltensrepertoire abhängig, das sie als Schüler und als Studenten beobachten konnten und das sie mehr oder weniger modifiziert reproduzieren. Da Lehrer keine Verhaltenssicherheit haben, wenn sie ihre Arbeit in den Schulen aufnehmen, und weil sie keine Methoden kennen, wie sie sich selbst verändern können, müssen sie sich an Rezepte klammern, die ihnen die fehlende Sicherheit vermitteln. Die Unsicherheit macht sie zu willfährigen Objekten für die von Kollegen und Vorgesetzten ausgeübte soziale Kontrolle. Der Junglehrer fühlt sich gezwungen, sich ihren Erwartungen entsprechend zu verhalten, um als ernstzunehmender Kollege anerkannt zu werden. So müssen junge Lehrer ihre Kollegen zu überzeugen suchen, daß sie es verstehen, in ihrer Klasse Disziplin herzustellen und daß sie den Schülern gegenüber eine ausreichende soziale Distanz einhalten (*Hoy*, 1972, 160).

Die vorhandene Unsicherheit wird durch allerlei einschüchternde Bräuche im Lehrerkollegium verstärkt. Dazu gehören Kontrollen und Unterrichtsbesuche durch Schulleiter, die oft nicht vorher angekündigt werden und Gespräche, in denen den Junglehrern Angst vor Schulratsbesuchen gemacht wird. Und schließlich steht jungen Lehrern der Initiationsritus bevor: die 2. Prüfung. Auch in dieser Phase der Lehrerbildung lernen viele Junglehrer eine ängstliche Grundhaltung, die manche von ihnen ihr ganzes Berufsleben hindurch begleitet wird.

Durch Berufserfahrung verbessert sich das Lehrerverhalten oft nur langsam und zufällig, manchmal gar nicht. Die Einstellungen und Ansichten, die sich dabei herausbilden, stabilisieren wie eine Art Zement das Muster der Lehrer-Schüler-Interaktion. Ein Gleichgewicht von Resignation und Zufriedenheit pendelt sich ein, in dem der Lehrer oft wie in einem unsichtbaren Käfig gefangen ist. Wie so ein Käfig im konkreten Fall aussehen kann, zeigt das folgende Beispiel.

L hat selbst Abneigung gegen Fach

1. Gute Absichten

Ein Lehrer hat sich besonders auf den Geschichtsunterricht spezialisiert, weil er es besser machen will als seine eigenen Lehrer, die bei ihm nur eine Abneigung gegen dieses Fach erzeugten. Bei seinen Schülern möchte er dagegen Verständnis, Interesse und Freude für das Fach Geschichte wecken.

2. Beurteilung des eigenen Unterrichtsverhaltens im Lichte dieser Absichten

Er glaubt auch, daß ihm dies ganz gut gelingt, daß er auf die Schüler eingeht und sein Unterricht lebendig und anregend ist. Man könne in seinen Stunden häufig lachen, und die Schüler machten gut mit.

wie ist dies meßbar? Meßbare Kriterien?

3. Negative Erfahrungen werden mit Rechtfertigungen für das eigene Verhalten vorgetragen und mit kulturkritischem Ideengut „erklärt"

Andererseits klagt er darüber, daß die Schüler so schlecht reden könnten, daß sie in einfachen Fragenarbeiten völlig versagten und die unmöglichsten Antworten niederschrieben. Er sagt: „Ich möchte auch einmal dazu kommen, daß die Schüler Referate halten, aber der Stoff ist ja zu schwierig." Die Schüler seien im Grunde überfordert. Das liege an der heutigen Zeit. Die geistige Kapazität der Schüler sei heute geringer als früher. „Ich muß den Schülern alles erzählen, dauernd reden. Eigentlich sollten die Schüler darüber diskutieren. Sie können aber nicht einmal einen einfachen Sachverhalt wiedergeben. Ich muß die ganze Zeit reden. Die Schüler können es nicht."

L gibt S keine Möglichkeit, wählt nicht. Bietet keine geeigneten Methoden + Materialien an!

4. Das beobachtbare Unterrichtsverhalten

Der Geschichtsunterricht bei diesem Lehrer besteht fast ausschließlich
darin, daß Abschnitte aus dem Geschichtsbuch vorgelesen und anschließend
„schwierige Wörter" erklärt werden. Der Lehrer stellt dazu einfache Fragen,
bekommt von den Schülern einzelne Wörter als Antworten, erklärt den
Begriff ausführlich selbst, und dann wird der nächste Schüler aufgerufen
und der nächste Abschnitt vorgelesen.

*Fragen so formulieren, daß keine einsilbigen
Antworten möglich sind → andere Methoden,
Abwechslung im U.*

5. Der blinde Fleck

Erstaunlich ist, daß der Lehrer nicht erkennt, wie wenig stimulierend sein
Unterricht ist; daß er den Schülern gar keine Gelegenheit gibt, Sachverhalte
wiederzugeben; daß sie sich nicht mit Problemen auseinandersetzen können,
weil es dem Lehrer wichtiger ist, daß Begriffe geklärt werden, die für das
Verständnis der Geschichte und für das Leben der Schüler mehr oder weniger unwichtig sind („Was heißt ‚Grenadier'?"). Er kann darum auch nicht
auf den Gedanken kommen, daß er sein starres Unterrichtsmuster — Vor-
lesen-Abfragen-Erklären-Vorlesen-Abfragen-Erklären — ändern müßte,
um besser zu erreichen, was er sich vorgenommen hat.

6. Das Ergebnis: Gleichgewicht und Stillstand

Für ihn steht fest, daß sein Unterricht gut ist, jedenfalls besser als der Unterricht, den er selbst als Schüler erlebte. Und sein Bezugssystem bestätigt ihm,
daß es an den Schülern und an ihren Eigenschaften liegt, daß sie nicht in
erwünschter Weise reagieren.

Aufgaben:

1. Diesmal keine! Sie haben bis zu dieser Seite gelesen. Das zeigt, daß Sie fleißig und gewissenhaft arbeiten. Belohnen Sie sich selbst! Gehen Sie Pizza essen oder lesen Sie ein interessantes Buch[3].
2. Sie sind mit diesem Kapitel schon fertig? Dann fangen Sie bitte schon das nächste an.
3. Wenn Sie unbedingt noch etwas denken wollen, dann schlage ich vor, daß Sie sich überlegen, was an der 1. und 2. Äußerung (beide sind Äußerungen nachgebildet, die Lehrer oft im Unterricht gebrauchen) ungünstig sein könnte.

---

3 Ich weiß zwar nicht, welchen Geschmack Sie haben, aber einer der folgenden Titel ist für Sie bestimmt genau der richtige: Günther Clauss, Heinz Ebner: Grundlagen der Statistik für Psychologen, Pädagogen und Soziologen; Jane van Lawick-Goodall: Wilde Schimpansen; Dorothy Sayers: Der Tote in der Badewanne; Oscar Lewis: Die Kinder von Sanchez; Jürgen Habermas: Theorie und Praxis; Dieter Christensen, Gerd Koch: Die Musik der Ellice-Inseln (Mit Noten!); Walter Möller, Fritz Vilmar: Sozialistische Friedenspolitik für Europa; Josefine Mutzenbacher; Urs Jaeggi: Kapital und Arbeit in der Bundesrepublik. Es fällt mir schwer, hier aufzuhören. Aber ich will die Fußnote nicht überladen.

Kapitel 2:
Informationen über Lehrerverhalten

Die Suche nach dem „effektiven Lehrer"

Sucht man nach wissenschaftlich fundierten Maßstäben und Prinzipien für wirksames Lehrerverhalten, so wird man vom Stand der Forschung enttäuscht sein. Die Frage, was effektives Lehrerverhalten eigentlich ist und wie sich erfolgreiche Lehrer in ihrem Verhalten von weniger erfolgreichen unterscheiden, beschäftigt die Erziehungswissenschaften seit vielen Jahrzehnten, ohne daß bisher befriedigende Antworten gefunden wurden. Und es ist zumindest fraglich, ob solche Antworten überhaupt jemals gefunden werden können (vgl. *Ebel*, 1967). Die Suche nach einem Muster effektiven Lehrerverhaltens läßt sich als Umherirren in einem Labyrinth beschreiben, in dem eine Richtung nach der anderen sich als Sackgasse herausstellt.

Das Problem scheint einfach: „Da man annehmen kann, daß der Erfolg oder Mißerfolg eines Lehrers von seinem Verhalten abhängt, ist es lediglich notwendig, die entscheidenden Verhaltensweisen herauszufinden, sie zu protokollieren und sachgemäß in Punktwerte zu übertragen, um den Lehrerfolg während des Unterrichtsprozesses messen zu können" (*Schulz/ Teschner/ Voigt*, 1970, 672 f.). Tatsächlich hat es sich bisher aber als eine unlösbare Aufgabe erwiesen, Verhaltensmuster zu identifizieren, von denen der Lehr- und Erziehungserfolg eines Lehrers abhängt.

Beispielsweise hat der Vergleich verschiedener Führungsstile kein brauchbares Rezept für effektives Lehrerverhalten erbracht. Seit den klassischen Experimenten von *Lewin, Lippitt* und *White* (1939) und den Beobachtungen von *Anderson* (1939) untersuchte man immer wieder die Auswirkungen verschiedener Führungsstile auf Lernleistung und Sozialverhalten von Schülern.

Wie schwierig es dabei war, einen bestimmten Führungsstil so präzise zu definieren, daß er in neuen Experimenten exakt reproduzierbar war, erkennt man vielleicht daran, daß viele Forscher es vorzogen, den von ihnen untersuchten Führungsstilen eigene Benennungen zu geben, obwohl die inhaltlichen Unterschiede unbedeutend waren.

So haben wir eine ganze Reihe klangvoller Namen: dominativ und integrativ, autoritär und demokratisch (*Lewin/Lippitt/White*), lehrerzentriert und schülerzentriert, direktiv und nicht-direktiv, inclusive und preclusive (*Cogan*, 1967), direkt und indirekt (*Flanders*), autokratisch und sozialintegrativ (*Tausch/Tausch*, 1968), aber die Ideen, die dahinterstecken, sind sich ziemlich ähnlich (vgl. *Anderson*, 1959, 607; *Flanders*, 1967, VIII).

In der DDR führte die Unzufriedenheit mit der „bürgerlichen Führungsstilforschung" dazu, daß man neuerdings von „kollektiven", „sozialistischen" oder „demokratisch-zentralistischen" Führungsverhaltensformen spricht (*Polzin*, 1970).

Im Grunde steckt in den meisten Führungsstilkonzeptionen der alte Wunsch, gut und böse säuberlich unterscheiden zu können, und so steht eigentlich schon unabhängig von jeder wissenschaftlichen Untersuchung fest, welcher Stil vorzuziehen ist. „Man stelle sich nur die Konsequenzen vor", schreiben *A. E.* und *S. L. Guskin* (1970, 81), „wenn gesagt wird, daß etwas ‚Demokratisches' nicht funktioniert." Die Führungsstil-Untersuchungen haben insgesamt — wenn man ihre breitere Wirkung betrachtet — eher ein Dogma aufgerichtet als die Einsicht in Zusammenhänge vertieft (vgl. *Anderson*, 1959).

Die Frage nach dem einen Muster effektiven Lehrerverhaltens führt in die Irre, weil sie zu einfach gestellt ist. Es ist naiv, anzunehmen, es gäbe ein paar Merkmale oder Regeln, mit denen effektives Lehrerverhalten von ineffektivem zu unterscheiden ist. Man vergißt dabei, daß es Lehrer mit verschiedenen Klassen und verschiedenen Schülern, mit verschiedenen Themen, Zielen und Unterrichtsfächern zu tun haben, und daß es kein einheitliches Verhalten geben kann, das in all diesen verschiedenen Situationen gleichermaßen sinnvoll ist. Ein Lehrer, der Biologie unterrichtet und seine Schüler anregen möchte, selbständig Entdeckungen zu machen und Verallgemeinerungen zu finden, wird andere Verhaltensweisen einsetzen müssen und zu trainieren haben als ein Lehrer, der seinen Schülern beibringen soll, lateinische Sätze ins Deutsche zu übertragen. Wahrscheinlich läßt sich effektives Lehrerverhalten auch nicht in statischen Merkmalsbegriffen beschreiben, weil es nichts Gleichbleibendes ist, sondern sich nach bestimmten Regeln und Rhythmen wandelt (vgl. *Rogers*, 1965, 399—402; s. S. 78). Vielleicht gibt es Verhaltensbereiche, die bei einem guten Lehrer stabil bleiben und andere, die von Situation zu Situation variieren.

Gage (1968) betont besonders, daß die Lehrer-Effektivitätsforschung mit zu globalen Einheiten der Analyse gearbeitet hat. Methoden wie „Projektverfahren", „Diskussionsunterricht", „Vorlesung" und komplexe Typologien wie Erziehungsstile sind nicht definierbar: es gibt zu viele Operationalisierungsmöglichkeiten. Die Diskussionsmethode sieht bei dem einen Lehrer ganz anders aus als bei dem anderen, und was unter dem Namen „demokratisch" im Unterricht geschieht, läßt sich in ein Kontinuum einordnen, das vom Anarchismus bis zur Diktatur reicht.

Gage will darum den „global criterion approach" aufgeben und nach dem Vorbild der Naturwissenschaften die zu analysierenden Einheiten verkleinern. Seine Suche gilt Mikrokriterien der Lehrereffektivität. Solche Mikrokriterien könnten die „technical skills" sein, die mit dem in Stanford, USA, entwickelten Verfahren des Microteaching trainiert und erforscht werden. In Experimenten mit einzelnen Skills könnten Beziehungen zwischen dem, was ein Lehrer tut und dem Lernverhalten der Schüler aufgedeckt werden. Ob dieses Vorgehen zu theoretisch vertretbaren und praktisch brauchbaren Modellen effektiven Lehrerverhaltens führen wird, bleibt abzuwarten. Manche zweifeln daran, daß es solche Modelle jemals geben wird. *Ebel* (1967, 50 f.) vermutet, daß das Phänomen der Erziehung von ähnlich komplexer Struktur ist wie das Phänomen des Wetters. In beiden Bereichen lassen sich bisher keine exakten Vorhersagen machen. Dabei ist anzunehmen, daß die Probleme der Erziehung die bei weitem schwierigeren sind. *Ebel* bestreitet nicht die Annahme, die allen Verhaltenswissenschaften zugrunde liegt, daß das Verhalten prinzipiell voraussagbar ist; er meint aber, daß Voraussagen im Bereich der Erziehung zu kompliziert wären, um noch eine praktische Bedeutung haben zu können. Wer einmal versucht hat, sich einen Überblick darüber zu verschaffen, welche „gesicherten Befunde" die Unterrichtsforschung bisher erbracht hat, wird vielleicht zu ähnlicher Skepsis neigen. Lehrer, die ihr Verhalten in ähnlicher Weise nach wissenschaftlichen Gesichtspunkten ausrichten können wie Ärzte, wird es in absehbarer Zeit also kaum geben. Aber obwohl die wissenschaftlichen Grundlagen für Entscheidungen über das Lehrerverhalten fehlen, müssen heute Lehrer ausgebildet werden und täglich Lehrer unterrichten. Wir wollen deswegen hier die Suche nach dem anspruchsvollen theoretischen Modell effektiven Lehrerverhaltens aufgeben, auf ein logisch einwandfreies und empirisch überprüfbares System verzichten, und stattdessen eklektisch verschiedene Gesichtspunkte zusammenstellen, die geeignet erscheinen, Lehrern Entscheidungen über ihr Unterrichts- und Erziehungsverhalten zu erleichtern. Dabei wird es sich nur um vorläufige Hinweise handeln, bestenfalls um Hypothesen, keinesfalls aber um „wertfreie" Sachaussagen.

Elemente der Interaktion im Unterricht

Unterricht ist Interaktion (= Kommunikation) zwischen Lehrern und Schülern. Wenn man die Verhaltenselemente der Interaktion kennt, kann man diejenigen Verhaltensweisen auswählen, die man als Lehrer verwenden und trainieren will.
Die menschliche Kommunikation verwendet eine große Anzahl verbaler und nichtverbaler Signale.

Nichtverbale Signale

Nichtverbale Signale werden vor allem taktil und visuell übermittelt. Elemente der nichtverbalen Kommunikation sind:

Körperkontakt,
Nähe zum Interaktionspartner („proxemisches Verhalten"; *Hall,* 1969),
Körperhaltung,
körperliche Erscheinung (Körpergestalt, aber auch Kleidung, Haarschnitt usw.),
Gesichtsbewegungen,
Blickrichtung,
Gesten der Hände,
Kopfbewegungen
u. a. m.

(vgl. *Argyle,* 1969 a, 91 ff.; *Scherer,* 1972; *Galloway,* 1971; *Lifton,* 1972, 50 ff.).
Das nichtverbale Verhalten verdient aus mehreren Gründen die Beachtung von Lehrern:

1. In der Kommunikation zwischen Menschen sind die nichtverbalen Signale häufig wirksamer als die verbalen. Gesichtsausdruck und Körperhaltung sprechen eine überzeugendere Sprache als Worte.
2. Verbale und nichtverbale Ausdrucksmittel können sich gegenseitig ergänzen und bestätigen, aber auch widersprechen. Freundliche Worte können durch begleitende nichtverbale Signale zu Drohungen werden. Nichtübereinstimmung zwischen nichtverbalen und verbalen Signalen kann den Eindruck von Unechtheit erzeugen.

3. Das nichtverbale Verhalten ist in der Regel weniger stark durch das Bewußtsein kontrolliert als das verbale. So können Lehrer, ohne es zu beabsichtigen, durch nichtsprachliche Signale beispielsweise negative Erwartungen und Einstellungen über bestimmte Schüler kommunizieren und dadurch das Verhalten dieser Schüler im sozialen und im Leistungsbereich negativ beeinflussen (vgl. Seite 302 ff.).

4. Lehrer können nichtverbale Verhaltensweisen im Unterricht zur Steuerung der Interaktion verwenden, dadurch das Ausmaß ihres Sprechens vermindern und eine stärkere Beteiligung der Schüler am Unterricht erreichen.

5. Nichtverbale Signale können wirksame soziale Verstärker sein (siehe S. 98). Beispielsweise kann ein Lehrer einen Schüler durch Blickkontakt, Lächeln, Kopfnicken usw. für ein bestimmtes Verhalten „belohnen" und dadurch die Wahrscheinlichkeit vergrößern, daß der Schüler dieses Verhalten häufiger äußert.

6. Manche Lehrer haben sich gewisse nichtverbale Verhaltensweisen angewöhnt, die sich in der Kommunikation ungünstig auswirken. Häufig sind solche Eigenarten dem Lehrer selbst nicht bewußt. So verwandelt sich bei manchen Lehrern das Gesicht beim Betreten des Klassenraums in eine grimmige „Lehrermaske" oder es werden bestimmte nichtverbale Verhaltensweisen gezeigt, die die Schüler irritieren (vgl. *Waller*, 1967, 230 f.).

7. Es gibt Hinweise dafür, daß ein gewisses Ausmaß an Lebendigkeit und Beweglichkeit des Lehrerverhaltens Schülern das Lernen erleichtert (*Rosenshine*, 1970). Ob das Verhalten eines Lehrers steif und unbeweglich wirkt, hängt mit davon ab, wie abwechslungsreich sein nichtverbales Verhalten ist.

Ich nenne jetzt einige Beispiele für nichtverbale „cues" im Unterricht.
Unter der Überschrift „Schweigen und nichtverbale Signale" wurden in Stanford im Rahmen des Microteaching-Programms unter anderem die folgenden Verhaltensweisen genannt (*Allen/Ryan*, 1969, 139 ff.):

1. Schweigen (des Lehrers) nach einer eigenen verbalen Äußerung, um deren Bedeutsamkeit zu unterstreichen;

2. Schweigen nach einer Schülerfrage, um selbst nachdenken zu können und die Schüler zum Nachdenken anzuregen;

3. Schweigen, nachdem den Schülern eine Frage gestellt wurde;

4. Schweigen nach einer Schüleräußerung, um den Schüler zum Weiterdenken und Weitersprechen anzuregen.

Manchem wird es lächerlich erscheinen, daß derartige Verhaltensweisen besonders trainiert werden sollten. Der kontrollierte Gebrauch von Gesprächspausen durch Lehrer ist aber durchaus keine einfache Selbstverständlichkeit. Die meisten Lehrer scheinen „Leerlauf" im Unterrichtsgespräch zu fürchten und neigen dazu, entstehende Pausen schnell mit Worten zu füllen. Dieses Verhalten ist nicht leicht zu modifizieren. *Borg* et al. (1972) fanden, daß nach einem Verhaltenstrainingsprogramm, das sonst zu beträchtlichen Veränderungen des Lehrerverhaltens führte, sich gerade die Länge der Pausen, die Lehrer nach Fragen an die Schüler entstehen ließen, kaum veränderte, obwohl die Trainierenden zu diesem Verhalten besonders angeleitet worden waren (*Borg/Langer/Kelley,* 1972, 228). Im durchschnittlichen Unterricht wird Schülern kaum Zeit gelassen, sich die Antwort auf eine Lehrerfrage zu überlegen.

Schweigen allein reicht meist nicht aus, um Schüler zum Nachdenken oder zum Weitersprechen anzuregen. Das Schweigen wird deswegen von nichtverbalen Signalen begleitet sein, die Aufforderungscharakter haben. Dazu eignen sich

Gesichts-Signale: Lächeln, Stirnrunzeln, den Schüler ernst, fragend, nachdenklich anschauen;
Kopfbewegungen: Kopfnicken oder -schütteln;
Körperbewegungen: z.B. sich dem sprechenden Schüler zuwenden oder nähern;
Gesten: durch Handbewegungen zum Sprechen oder Weitersprechen auffordern, dazu anregen, weitere Gesichtspunkte hinzuzufügen; mit der Hand einen Sprechenden unterbrechen, von einem Schüler zu anderen zeigen, damit sie auf die Argumente des anderen eingehen u.ä. (*Allen/Ryan,* 1969, 139 ff.).

All diese Signale werden gewöhnlich kombiniert auftreten.

Nichtverbale Aspekte des Verbalverhaltens

Zu den Elementen der Interaktion gehören auch verschiedene nichtverbale Aspekte des Verbalverhaltens. Solche „paralinguistischen" Elemente sind:

Sprechtempo,
Sprachmelodie,

Phrasierung und Artikulation,
emotionaler Ausdruck (Klangfarbe, Tonhöhe, Lautstärke),
Länge der Äußerungen,
Pausen und Unterbrechungen

(vgl. *Argyle*, 1969a, 110 ff.; *Spanhel*, 1971, 104 f.).
Viele dieser Sprachmerkmale sind persönlichkeitsspezifisch („Sache des Temperaments"), was aber nicht bedeutet, daß sie nicht durch Training verändert werden könnten. Es leuchtet ein, daß Lehrer fähig sein sollten, Merkmale wie das Sprechtempo oder die Länge ihrer Äußerungen kontrolliert zu variieren. Von solchen nichtverbalen Eigentümlichkeiten des Sprechens hängt es in starkem Ausmaß ab, ob eine erfolgreiche Kommunikation zwischen Lehrern und Schülern zustande kommt. Ein Lehrer, der seine verbalen Äußerungen nur in barsch-aggressivem Ton vorbringen kann, erzeugt schon dadurch Kommunikationsstörungen, ebenso wie Lehrer, die so schnell sprechen, daß die Schüler nicht folgen können oder die so langsam reden, daß die Schüler einschlafen. Es kann zu dramatischer Verbesserung des Unterrichtsverhaltens und zu größerer beruflicher Zufriedenheit führen, wenn Lehrer lernen, ihre nichtverbalen Sprecheigenarten zu kontrollieren.

Elemente des Verbalverhaltens im Unterricht

Von überragender Bedeutung für die Interaktion im Unterricht ist das sprachliche Verhalten des Lehrers. In welche „Elemente" läßt sich das Verbalverhalten zerlegen?
Viele Systematisierungsversuche sind in dem Sinne Literatur geblieben, daß sie sich in der pädagogischen Fachsprache nicht durchgesetzt haben; sie wurden weder zu Fachtermini der Erziehungswissenschaft noch drangen sie in den Sprachgebrauch der Lehrer ein. Eine Übersicht über verschiedene Konzepte zur Analyse der Lehrersprache gibt *Spanhel* (1971).
Ich stelle im folgenden einige interaktionsanalytische Kategoriensysteme zusammen. Die Verwendung dieser Systeme als Feedback-Instrumente, die Techniken der Beobachtung und der Datenanalyse, sind Themen des 3. Kapitels, und über Trainingsmöglichkeiten der Interaktionsanalyse wird im 5. Kapitel berichtet.

Interaktionsanalytische Kategoriensysteme

Das bekannteste System zur Beobachtung der Interaktion im Unterricht stammt von *N. A. Flanders* (1970; *Amidon/Hough*, 1967; *Klausmeier/ Ripple*, 1971, 277 ff.). Das FIAC (= Flanders' Interaction Analysis Categories) enthält 10 Kategorien:

Flanders' Interaction Analysis Categories

Lehreräußerungen	reaktiv	1	Akzeptiert Gefühle
		2	Lobt oder ermutigt
		3	Akzeptiert oder verwendet Gedanken von Schülern
		4	Stellt Fragen
	initiativ	5	Lehrervortrag
		6	Gibt Anweisungen
		7	Kritisiert oder rechtfertigt Autorität
Schüleräußerungen	reaktiv	8	Schüler antwortet (dem Lehrer)
	initiativ	9	Schüler spricht aus eigener Initiative
		10	Stille oder Durcheinander

Ursprünglich hatte *Flanders* die Kategorien 1 bis 4 als „indirekten Lehrereinfluß" den Kategorien 5 bis 7 („Direkter Einfluß") gegenübergestellt (*Amidon/Hough*, 1967, 121 ff.). Da diese Unterscheidung an die traditionellen Führungsstil-Dichotomien erinnert, wird sie später aufgegeben. *Flanders* will sein System heute dazu verwenden, das Ausmaß an „initiative" bzw. „response" bei Lehrern und Schülern zu analysieren (*Flanders*, 1970, 35, 102).

Die FIAC-Kategorien sind nicht in dem Sinne Elemente des Verbalverhaltens, daß sie tatsächlich kleinste, nicht weiter unterteilbare Verhaltenseinheiten bezeichnen. Vielmehr werden in jeder Kategorie recht unterschiedliche verbale Äußerungen zusammengefaßt. Dies wird schon aus den Definitionen der einzelnen Kategorien deutlich. Die Definition für Kategorie 2 „Lobt oder ermutigt" lautet z. B.:

„Lobt oder ermutigt den Schüler für eine Aktion oder ein Verhalten. Scherze, die die Spannung vermindern, jedoch nicht auf Kosten eines einzelnen; zustimmendes Kopfnicken und die Aufforderung fortzufahren (Hm! Weiter!) sind eingeschlossen." (*Flanders*, 1970, 34)

„Oft besteht Lob nur aus einem einzigen Wort: „Gut", „Fein" oder „Richtig". Manchmal sagt der Lehrer einfach: „Es gefällt mir, was du tust." Ermutigung ist hiervon etwas verschieden und schließt Äußerungen ein wie „Mach weiter", „Führ das näher aus", „Aha", „Erzähl uns mehr über deine Gedanken" (*Amidon/Flanders*, 1967, 122).

(Die vollständigen Definitionen der FIAC-Kategorien sind zu finden in: *Frech*, 1971; *Walz*, 1969; *Lutz/Ronellenfitsch*, 1971, 14 f.; *Schulz/Teschner/Voigt*, 1970, 702; *Weber*, 1972, 42; *Hanke/Mandl/Prell*, 1973.)

Daß die FIAC-Kategorien sehr umfassend sind, ist kein prinzipieller Nachteil, denn das System erlaubt es, Kategorien nach Bedarf jederzeit in feinere Einheiten aufzugliedern. *Flanders* selbst hat eine solche Untergliederung für seine Kategorien 1 und 3 vorgeschlagen (*Flanders*, 1970, 289 f.). Danach können Lehrer die Gedanken und Gefühle von Schülern „akzeptieren oder verwenden", indem sie die folgenden verbalen Verhaltensweisen benutzen (die entweder als Fragen oder als Aussagen formuliert sein können):

1. Bestätigen oder Anerkennen von Gedanken oder Gefühlen
Der Lehrer wiederholt einfach, was ein Schüler sagt und benutzt dabei etwa die gleichen Wörter; der Lehrer benennt ein Gefühl, das der Schüler ausdrückte.

2. Modifizieren von Gedanken oder Gefühlen
Der Lehrer formuliert Gedanken oder Gefühle von Schülern mit eigenen Worten, aber so, daß der Schüler sich verstanden fühlt.

3. Anwenden von Gedanken oder Gefühlen
Der Lehrer benutzt die von Schülern geäußerten Gedanken, um einen Schluß zu ziehen oder die logische Analyse einen Schritt weiterzuführen. Er äußert z. B. Vermutungen darüber, wie sich die von den Schülern gezeigten Gefühle auf die Arbeit auswirken könnten.

4. Vergleichen von Gedanken oder Gefühlen
Der Lehrer stellt Beziehungen her zwischen den Gedanken oder Gefühlen von Schülern und dem, was er selbst denkt, was in Texten formuliert ist oder was ein anderer Schüler früher sagte. Manchmal vergleicht er auch mit früheren Äußerungen desselben Schülers.

5. *Zusammenfassen von Gedanken oder Gefühlen*

Hierbei kann der Lehrer auch die Gedanken oder Gefühle mehrerer Schüler berücksichtigen.

Aufgaben:

Notieren Sie Schüleräußerungen, und versuchen Sie nach den oben angegebenen Kategorien, verschiedene Lehrerantworten zu formulieren.
Vielleicht entdecken Sie dabei auch neue Kategorien. Verwenden Sie Äußerungen dieser Art in passenden Situationen Ihres Unterrichts.
Beobachten Sie, wie Schüler darauf reagieren.

Das FIAC kann auch zur Analyse von Denkprozessen im Unterricht benutzt werden. *Measel* und *Mood* (1972) erweiterten das FIAC, indem sie einige Kategorien nach drei verschiedenen Abstraktionsniveaus unterteilten:

Stufe A
bezieht sich auf reine Gedächtnisleistungen. Es geht um die Wiedergabe gelernter Informationen, um einfache Beschreibungen, um Was-, Wo- und Wann-Informationen; konkrete Ereignisse oder Gegenstände stehen im Mittelpunkt.

Stufe B
bezieht sich auf etwas abstraktere Operationen des Gruppierens von Sachverhalten. Es werden Gemeinsamkeiten verschiedener Gegenstände angesprochen, Oberbegriffe gebildet, Ganzheiten in ihre Teile zerlegt, einfache Erklärungen versucht.

Stufe C
bezieht sich auf schlußfolgerndes Denken. Es geht um logisches Herleiten, aus bekannten Tatsachen werden Folgerungen gezogen, Gründe werden angegeben, Phänomene werden erklärt, vorliegende Informationen werden zur Formulierung von Beziehungen benutzt, Ursache-Wirkung-Zusammenhänge werden festgestellt.

Das so erweiterte FIAC enthält 18 Kategorien:

1   Lehrer akzeptiert Gefühle von Schülern
2   Lehrer lobt oder ermutigt

3   Lehrer akzeptiert Gedanken von Schülern
4-A   Lehrerfrage zu konkreten Gegenständen oder Ereignissen
4-B   Lehrerfrage, die zum Gruppieren von Sachverhalten auffordert
4-C   Lehrerfrage, die zu Schlußfolgerungen auffordert
5-A   Lehrervortrag über konkrete Gegenstände und Ereignisse
5-B   Lehrervortrag mit Gruppierung von Sachverhalten
5-C   Lehrervortrag mit Schlußfolgerung
6   Lehrer gibt Anweisung
7   Lehrer kritisiert
8-A   Schülerantwort mit konkreten Gegenständen und Ereignissen
8-B   Schülerantwort mit Gruppierung von Sachverhalten
8-C   Schülerantwort mit Schlußfolgerung
9-A   Schüler spricht aus eigener Initiative über konkrete Gegenstände
        und Ereignisse
9-B   Schüler spricht aus eigener Initiative mit Gruppierung
        von Sachverhalten
9-C   Schüler spricht aus eigener Initiative mit Schlußfolgerung
10   Stille oder Durcheinander

(*Measel/Mood*, 1972, 100; *Flanders*, 1970, 146 f.)

Das Beispiel zeigt, in welcher Weise in ein existierendes System neue Kategorien eingebaut werden können, wenn man an Informationen zu besonderen Problemen interessiert ist.
Eine andere Modifikation des *Flanders*schen Schemas wird von *Amidon* und *Hunter* (1967 c, 388 ff.) vorgeschlagen:

Modifiziertes FIAC

Lehrer	1	Akzeptiert Gefühle
	2a	Lobt
	2b	Lobt unter Verwendung sachlicher (public) Kriterien
	2c	Lobt unter Verwendung persönlicher Kriterien
	3	Akzeptiert Gedanken durch
	a	Beschreibung
	b	Folgerung
	c	Verallgemeinerung
	4a	Kognitive Gedächtnisfragen
	4b	Konvergente Fragen
	4c	Divergente Fragen
	4d	Evaluative Fragen (s. Seite 57)

	5	Lehrervortrag
	6	Anweisungen
	7a	Kritisiert
	7b	Kritisiert unter Verwendung sachlicher Kriterien
	7c	Kritisiert unter Verwendung persönlicher Kriterien
Schüler	8	Schülerantwort
	a	Beschreibung
	b	Folgerung
	c	Verallgemeinerung
	9	Schülerinitiative
	a	Beschreibung
	b	Folgerung
	c	Verallgemeinerung
	10a	Stille
	10b	Durcheinander

Frech (1972, 226 ff.) hat, ausgehend von *Flanders* und anderen Autoren, ein Kategoriensystem vorgeschlagen, dessen Kategorien sowohl für das Verhalten des Lehrers als auch für das der Schüler gelten sollen.

Verbal Interaction Category System (VICS)

Kategorien

Vom Lehrer ausgehendes Verbalverhalten	1	Gibt Informationen oder Meinungen
	2	Gibt Anweisung
	3	Stellt enge Frage
	4	Stellt weite Frage
Lehrer-Erwiderung	5	Akzeptiert a) Gedanken, b) Verhalten, c) Gefühle
	6	Ablehnung von a) Gedanken, b) Verhalten, c) Gefühlen
Schüler-Erwiderung	7a	Voraussagbare Antwort an Lehrer
	7b	Nicht-voraussagbare Antwort an Lehrer
	8	Antwort an Mitschüler
Vom Schüler ausgehendes Verbalverhalten	9	Beginnt Gespräch mit Lehrer
	10	Beginnt Gespräch mit Mitschüler
Anderes	11	Stille
	Z	Durcheinander

Ein weiteres Kategoriensystem zur Beobachtung der Interaktion im Unterricht ist das „Verbal Interaction Category System" (= VICS) (*Amidon/ Hunter*, 1967 a und b). (s. Seite 52)

Ich zitiere dieses Beobachtungssystem mit den vollständigen Kategorien-Definitionen, um zu zeigen, wie Beobachtungskategorien gegeneinander abgegrenzt und durch Beispiele illustriert werden können.

Erläuterungen zu den Kategorien

1 Gibt Informationen oder Meinungen: Diese Kategorie wird verwendet, wenn der Lehrer der Klasse Fakten, Meinungen, eigene Ideen präsentiert, und zwar als kurze Feststellungen oder als längere Ausführungen (Lehrervortrag). Ganz allgemein ist die Stoffvermittlung durch den Lehrer gemeint. Auch Erklärungen und Äußerungen im Hin und Her der Diskussion fallen in diese Kategorie. Ebenso rhetorische Fragen wie „Hätte man erwarten können, daß die Regierung freiwillig auf ihre Macht verzichtet?"

2 Gibt Anweisung: Der Lehrer sagt den Schülern, was sie tun sollen, gibt Anordnungen oder Befehle. Beispiele: „Schlagt Seite 171 in eurem Buch auf." — „Setzt euch." — „Addiere so schnell wie möglich diese Zahlen." Anweisungen können auch in Frageform gegeben werden, z.B. „Könnt ihr euch jetzt alle mal umdrehen?" oder „Beate, kannst du mal nach vorn kommen?"

3 Stellt enge Fragen: Bei diesen Fragen kann die Art der Antwort vorausgesagt werden. Fragen, die der Übung dienen (drill questions, „Abfragen"), gehören in diese Kategorie; ebenso Fragen, die mit Ja oder Nein oder mit ein oder zwei Wörtern beantwortet werden können. Beispiele: „Was ist 3 mal 7?" — „Wie heißt die Hauptstadt von Japan?" — „Ist das richtig?" — „Was geschah dann in der Geschichte?" — „Welches sind die Hauptexportgüter Brasiliens?" — „Hat dir dieser Plan gefallen?"

4 Stellt weite Fragen: Relativ offene Fragen, die eine Antwort erfordern, die nicht voraussagbar ist. Weite Fragen sollen zum Nachdenken anregen; sie fordern von den Schülern, daß sie urteilen, Schlüsse ziehen oder Beweise führen oder daß Gefühle und Meinungen ausführlicher dargestellt werden. Die Antworten auf diese Fragen werden meist länger sein als Antworten auf Fragen der Kategorie 3. Beispiele: „Könnt ihr mir davon erzählen, was ihr über die Zahl 3 wißt?" — „Aus welchen Gründen wurde Paris die Hauptstadt Frankreichs?" — „Was hätte der Autor als Nächstes in der Geschichte schreiben können?" — „In welcher Hinsicht könnten die Geschichte und die Natur Brasiliens die Wirtschaft und den Export des Landes beeinflußt haben?" — „Was hältst du von diesem Plan?" — „Wie denkst du über das, was er uns da eben sagte?"

5a Akzeptiert Gedanken: Diese Kategorie wird verwendet, wenn der Lehrer den Gedanken eines Schülers klärt, reflektiert, ermutigt oder lobt; wenn er die Äußerungen eines oder mehrerer Schüler zusammenfaßt oder kommentiert, ohne sie abzulehnen; wenn er Gedanken dadurch reflektiert, daß er sie einfach wiederholt. Beispiele: „Ja." — „Gut." — „Das ist eine interessante Idee." — „Du denkst, der Gouverneur hat sich klug verhalten."

5b Akzeptiert Verhalten: Lobende, ermutigende Reaktion des Lehrers auf Verhaltensweisen von Schülern. Beispiele: „Diese Gruppe arbeitet gut zusammen". — „Billy weiß, wie man Bücher am besten benutzen kann." — „Du hast diese Geschichte sehr spannend erzählt." — „Dein Bild hat so hübsche Farben." — „Wir können stolz darauf sein, wie wir uns bei der Wanderfahrt verhalten haben." — „Eine ausgezeichnete Arbeit."

5c Akzeptiert Gefühle: Wenn der Lehrer akzeptierend auf Gefühle der Schüler reagiert oder Gefühle der Schüler reflektiert, widerspiegelt. Beispiele: „Ich weiß, es ist heute sehr heiß, und viele von euch wären jetzt lieber draußen." — „Es ist verständlich, daß ihr enttäuscht seid, weil unsere Spiele heute ausfallen." — „Wenn mir das passiert wäre, würde ich mich genau so darüber freuen wie du." — „Bei so einem Erlebnis hätte bestimmt jeder geweint." — „Du bist sehr wütend darüber."

6a Ablehnung von Gedanken: Wenn der Lehrer Schüler wegen der von ihnen geäußerten Gedanken kritisiert, ignoriert oder entmutigt oder die Gedanken ablehnt. Beispiele: „Das ist falsch." — „Weiß jemand von euch die *richtige* Antwort?" — „Das ist nicht richtig." — „Wo hast du das bloß wieder aufgeschnappt?" — „Darüber solltet ihr euch aber nicht unterhalten." — „Italien gehört nicht zu den Benelux-Staaten." Obwohl die Äußerungen als Fragen formuliert sein können, würden die Schüler sie als Kritik und als Ablehnung ihrer Gedanken empfinden.

6b Ablehnung von Verhalten: Lehrerbemerkungen, die das Verhalten von Schülern kritisieren und Schüler entmutigen können. Beispiele: „Ich sagte doch: Hinsetzen!" — „Wir sollen unsere Bücher jetzt nicht aufgeschlagen haben!" — „Was denkst du eigentlich, wo du hier bist?" — „Du hörst sofort damit auf!" — „So eine Arbeit gibst du mir nicht noch einmal ab." — Einige dieser Beispiele könnten auch als Fragen oder Anweisungen kategorisiert werden. Entscheidend für die Kategorisierung als 6b ist der Ton, mit dem der Lehrer spricht, die Wirkung auf die Schüler und die Absicht des Lehrers, Schüler durch die Äußerung dazu zu bringen, mit einem bestimmten Verhalten aufzuhören.

6c Ablehnung von Gefühlen: Wenn der Lehrer auf den Ausdruck von Gefühlen durch Schüler reagiert, indem er kritisiert und entmutigt. Beispiele: „Schämst du dich nicht, deswegen zu weinen?" — „Daß wir heute keine Spiele machen, ist noch lange kein Grund, schlechte Laune zu haben." — „Es ist nicht nötig, daß wir unsere persönlichen Gefühle da reinbringen." — „Du hast absolut keinen Grund, dich zu ärgern."

7a Voraussagbare Antwort an Lehrer: Folgt meist auf Kategorie 3 und ist in der Regel relativ kurz. Kann aber auch auf Kategorie 2 folgen, z. B. wenn der Lehrer sagt: „Heiner, lies den ersten Satz vor!" Auch falsche Antworten können zu dieser Kategorie gehören.

7b Nicht-voraussagbare Antwort an Lehrer: Folgt meist auf Kategorie 4. Es kann aber auch vorkommen, daß ein Schüler auf eine enge Frage eine nicht-voraussagbare Antwort gibt. Fragt der Lehrer etwa: „Was war der Grund für euren Streit?", so könnte ein Schüler antworten: „Mir scheint, es gibt da nicht einen bestimmten Grund. Da spielten viele Ursachen mit." Antworten dieser Art sind allerdings in Schulen wohl selten. Häufiger kommt es vor, daß die nicht-voraussagbaren Antworten von Schülern auf enge Fragen von unpassender oder irrelevanter Art sind, wie in dem folgenden Beispiel. Lehrer: „Wer von euch hat heute Milch zum Frühstück getrunken?" Schüler: „Gestern abend hatten wir Eis zum Nachtisch."

8 Antwort an Mitschüler: Diese Kategorie wird immer dann verwendet, wenn ein Schüler auf die Frage oder die Feststellung eines Mitschülers antwortet. Bei allen Gesprächen zwischen Schülern gehören die Antworten in diese Kategorie.

9 (Schüler) beginnt Gespräch mit Lehrer: Wenn ein Schüler von sich aus den Lehrer anredet oder eine Unterhaltung mit ihm beginnt. Beispiele: „Haben wir heute Zeichnen?" — „Ich weiß nicht, wie ich das machen soll." — „Ich hab diese Blume hier für die Biologie-Stunde mitgebracht." — „Können Sie das noch mal erklären?"

10 (Schuler) beginnt Gespräch mit Mitschüler: Wenn ein Schüler einen anderen anredet, ohne von diesem dazu veranlaßt worden zu sein.

11 Stille oder Schweigen: Pausen, kurze Perioden des Schweigens während der verbalen Interaktion im Unterricht. Treten längere Perioden der Stille auf (z. B. bei Stillarbeit, stillem Lesen usw.), so notiert der Beobachter dies und hört mit den Eintragungen auf.

Z Durcheinander: Starker Lärm, der die geordnete Durchführung der beabsichtigten Aktivitäten verhindert. Diese Kategorie wird benutzt, wenn der Beobachter durch das Durcheinander gehindert wird, sich für die einzelnen Kategorien zu entscheiden. Z kann auch neben einer anderen Kategorie stehen und bedeutet dann, daß Lärm oder Durcheinander entstand, während der Lehrer mit einzelnen Schülern den Unterricht fortführte (*Amidon/ Hunter*, 1967 a, b).

Manchmal ist es nützlich, ein und dasselbe Verhalten nach mehr als einem Gesichtspunkt zu kodieren. Über Möglichkeiten der Mehrfachverschlüsselung vgl. *Flanders*, 1970, 1971; *Bellack/Davitz*, 1972. Es gibt auch Kategoriensysteme, die versuchen, neben dem verbalen gleichzeitig das nichtverbale Verhalten zu erfassen. Ein Beispiel ist das System von *Heger* (1969). Hier werden die verbalen Ereignisse einer von 7 Kategorien zugeordnet, und außerdem entscheidet der Beobachter fortlaufend, welchen Charakter die begleitenden nichtverbalen Ereignisse haben und notiert entweder ein „ + " oder ein „ − " hinter die Kodezahl.

Beispiel:

Bei Kategorie 4 „Lehrer kontrolliert Schüler" ist zu entscheiden, ob die kontrollierenden Worte von nichtverbalen Signalen begleitet sind, die

+	vs.	−
helfend	vs.	strafend
ausgleichend	vs.	zurechtweisend
interessiert, beteiligt	vs.	geringschätzend

wirken (*Heger*, 1969, 32).
Dieses System protokolliert keine konkreten nichtverbalen Verhaltensweisen wie Stirnrunzeln oder Heben des Zeigefingers, sondern es ist in Wahrheit ein Einschätzungsverfahren, das allerdings den Vorteil hat, daß das beobachtbare Verhalten *fortlaufend* eingeschätzt wird, und daß das Lehrer- und Schülerverhalten *nicht erst nachträglich* global aus der Erinnerung beurteilt wird.

Typen von Lehrerfragen im Unterricht

Wie viele Möglichkeiten zur Formulierung von Verhaltenskategorien es gibt, wird deutlich, wenn man sich ansieht, wie ein spezifisches, leicht identifizierbares Verhalten in die verschiedensten Unterkategorien aufgeteilt werden kann. Am Verhalten „Lehrerfrage" läßt sich dies zeigen.

In *Flanders'* FIAC gibt es nur eine einzige Kategorie für dieses Verhalten. Das VICS von *Amidon* und *Hunter* macht die Unterscheidung zwischen *engen* und *weiten Fragen,* wobei als Kriterium die Breite der Antwortmöglichkeiten und die Vorhersagbarkeit der Antwort gelten. Das modifizierte FIAC hat vier Fragetypen:

1. Kognitive Gedächtnisfragen: hier wird vom Schüler verlangt, Fakten wiederzugeben, die er gelernt hat;

2. Konvergente Fragen: der Schüler muß nachdenken, wenn er die Antwort finden will; die Frage verlangt eine „richtige" oder „angemessene" Antwort;

3. Divergente Fragen: die Schüler werden angeregt, eine unbegrenzte Vielzahl von Antworten zu finden, divergente Fragen fordern kreatives Denken;

4. Evaluative Fragen: die Schüler sind aufgefordert, Werturteile zu formulieren und zu begründen.

Measel und *Mood* definieren in ihrem Kategoriensystem drei Fragetypen, die jeweils unterschiedlich abstraktes Denken verlangen. Sie lehnten sich dabei z. T. an *Taba* an, die Lehrerfragen nach den durch sie auslösbaren Denkvorgängen gliederte (*Taba,* zit. nach *Verduin,* 1972, 189 ff.):

A   Begriffsbildung

1. Fragen, die zum Aufzählen auffordern (Was hast du gesehen, gehört, bemerkt?);

2. Fragen, die dazu auffordern, Sachverhalte zu ordnen und Gemeinsamkeiten festzustellen (Was gehört zusammen? Nach welchen Gesichtspunkten?);

3. Fragen, die zum Kategorisieren und zum Einordnen auffordern (Wie würdest du diese Gegenstände nennen? Was gehört unter diesen Oberbegriff?).

B   Daten interpretieren, Schlüsse ziehen, Verallgemeinern

1. Fragen, die dazu auffordern, Informationen zu sammeln (Was hast du bemerkt, gesehen, gefunden?);

2. Fragen, die dazu auffordern, zu erklären und zu begründen (Warum geschah das?);

3. Fragen, die dazu auffordern, Schlüsse zu ziehen und zu verallgemeinern (Welche Bedeutung hat dies? Was schließt du daraus?).

C Anwendung von Prinzipien

1. Fragen, die dazu auffordern, Konsequenzen vorauszusagen, unbekannte Phänomene zu erklären, Hypothesen zu entwickeln (Was würde geschehen, wenn . . .?);
2. Fragen, die dazu auffordern, Hypothesen zu stützen (Warum, glaubst du, würde das geschehen?);
3. Fragen, die dazu auffordern, die Hypothesen zu verifizieren (Wann wäre bewiesen, daß die Erklärung richtig oder wahrscheinlich ist?).

Lippitt et al. (1969, 19) stellen eine Liste von Fragentypen zusammen, die im Sozialkundeunterricht (Social Studies) verwendet werden sollen, um ein wissenschaftlich-experimentelles Problemlösen zu ermöglichen. Die Fragen können, dem jeweiligen Problem angepaßt, zu geordneten Sequenzen zusammengefaßt werden. Jeder Fragentyp zielt auf einen besonderen Schritt im Prozeß methodischer Problemlösung:

1. Beschreibung (Was geschah? Was tun sie?);
2. Vergleich (Worin ähneln sie sich? Wie würde ein Forscher hier vorgehen?);
3. Historische Frage (Was hat sich gegenüber früher verändert? Wie begann es?);
4. Kausale Frage (Was waren die Ursachen? Warum ist es so gekommen?);
5. Vorhersage (Wie wird es ausgehen? Was wird als nächstes geschehen?);
6. Experimentelle Hypothese (Was würde geschehen, wenn . . .?);
7. Methodologische Frage (Wie können wir das herausfinden?);
8. Prüfung von Werten (Welches ist der beste Weg? Ist es immer schlecht, wütend zu werden?);
9. Frage nach der Bedeutsamkeit oder Anwendbarkeit (Wie kann dieser Gedanke auf andere Situationen übertragen werden? Inwiefern kann ich diese Erkenntnis für mich verwerten?).

Barnes (1969, 17 f.) analysierte Lehrerfragen nach den folgenden Kategorien:

1   Faktenfragen (Was-Fragen)
1.1 Fragen nach dem Namen eines Phänomens
1.2 Informationsfragen
2   Denkfragen (fordern vom Schüler, laut zu denken, einen logischen Zusammenhang zu konstruieren oder aus dem Gedächtnis zu rekonstruieren; Wie- und Warum-Fragen)

2.1 Geschlossene Denkfragen — Zusammenhang muß erinnert werden (nur *eine* richtige Antwort)

2.2 Geschlossene Denkfragen — Zusammenhang muß selbst gefunden werden (nur eine richtige Antwort)

2.3 Offene Denkfragen (viele verschiedene Antworten werden vom Lehrer akzeptiert; es handelt sich um „Pseudofragen", wenn die Formulierung Offenheit andeutet, der Lehrer aber nur *eine* Antwort akzeptiert)

2.4 Beobachtungsfragen (Fragen über Gegenstände, die im Unterricht zu beobachten sind; die Schüler sind aufgefordert, ihre Wahrnehmungen zu interpretieren)

3 Offene Fragen, die kein Denken verlangen

4 „Soziale" Fragen

4.1 Kontrollfragen (der Lehrer versucht, die Schüler nach seinen Vorstellungen zu beeinflussen: Könntet ihr mal . . .?)

4.2 Appellfragen (die Schüler werden aufgefordert, zuzustimmen, eine Ansicht zu teilen, sich an etwas zu erinnern; sie können aber ablehnen)

4.3 Andere Fragen.

Claus (1969) hat Lehrerfragen nach der *Bloom*schen Taxonomie kognitiver Lernziele klassifiziert (vgl. *Becker,* 1971, 176; 1973, 48). Weitere Fragentypen sind dargestellt in: *Schulz/Teschner/Voigt,* 1970; *Lehrerkolleg,* Teil 2.

Viele Kategorien überschneiden sich mehr oder weniger. Das bedeutet aber nicht, daß schon alle möglichen Ordnungsgesichtspunkte und Äußerungstypen erfaßt worden wären. Es gibt im Bereich der „Elemente des Verbalverhaltens" noch viel zu entdecken, zu erfinden und zu konstruieren. Wichtig ist, daß die Beobachtungskategorien nicht als (positive oder negative) Verhaltensvorschriften verstanden werden (obwohl manche sicher so gemeint sind). Lehrer sollten sich vor allem nicht zum Sklaven eines bestimmten Beobachtungssystems machen, sondern sich des allgemeinen Verfahrens der Interaktionsanalyse bedienen, um diejenigen Verhaltensweisen zu identifizieren und verfügbar zu machen, die ihren Intentionen entsprechen. Kein Beobachtungssystem ist so vollkommen, daß es zur Analyse aller wichtigen Aspekte des Lehrer- und Schülerverhaltens taugte. Ein Lehrer, der erreichen möchte, daß seine Schüler denken und nicht nur gelernte Fakten wiedergeben, wird sich mit entsprechenden Fragentypen beschäftigen. Aber er wird auch zu überlegen haben, welche verschiedenen Typen und Formen der Informationsvermittlung er benutzen kann. Andere Kategorien des Verbalverhaltens werden einen Lehrer interessieren, der erreichen möchte, daß die Schüler *miteinander* diskutieren, statt nur über die Schaltstation Lehrer zu kommunizieren. Es geht nicht darum, das eine perfekte System zu finden, das auf jede beliebige Unterrichtsstunde angewendet werden kann und alle irgendwie wesentlichen Informationen liefert. Interaktionsanalytische Verfahren können aber sinnvoll eingesetzt werden, um Teilbereiche des Unterrichtsverhaltens hervorzuheben und zu analysieren. Man gewinnt so „Mikrokriterien" für das Lehrerverhalten: Begriffe, mit denen man sich über die Feinheiten des Lehrens verständigen kann und die den Vorteil haben, daß sie sich auf sichtbares Verhalten beziehen statt auf unsichtbare Ideen, die sich verflüchtigen, sobald man sie im Unterricht verwirklichen möchte. In gewissem Umfang ist die Beobachtung des Unterrichtsprozesses schon eine Methode, die „Effektivität" des Unterrichts zu messen. Wo es ein wesentliches Lernziel ist, daß die Schüler bestimmte Verhaltensweisen erwerben, läßt sich durch Beobachtung der Interaktion besser überprüfen, ob die erwünschten Verhaltensweisen von den Schülern ausgeführt werden, als durch Papier-und-Bleistift-Tests (vgl. *Soar*, 1972, 516f.).

Aufgaben:

(Denken Sie bitte daran, daß Sie sich bessere Aufgaben ausdenken, wenn Ihnen diese nicht gefallen oder Sie keine Lernziele in ihnen erkennen können?)

1. Suchen Sie aus den angeführten Beobachtungskategorien einige heraus, die Sie trainieren möchten.

2. Definieren Sie einige Kategorien so genau, daß ein Beobachter weiß, welche verbalen Äußerungen gemeint sind. Illustrieren Sie die Kategorien durch Beispieläußerungen.

3. Versuchen Sie ein Beobachtungssystem für wichtige nichtverbale Verhaltensweisen oder Dimensionen zu erstellen.

4. Überlegen Sie, welche Informationen Sie über Ihr nichtverbales Verhalten im Unterricht wünschen. Formulieren Sie Fragen und Beobachtungsaufgaben. Bitten Sie einen Kollegen, Ihren Unterricht zu beobachten und Informationen zu Ihren Fragen zu sammeln.

5. Formulieren Sie ein Beobachtungssystem zur Erfassung kritischer Schüleräußerungen.

6. Welche Beobachtungskategorien könnte ein System haben, mit dem untersucht werden soll, wie weit ein Lehrer ein Modell für nicht-vorurteilhaftes Verhalten ist? Lesen Sie hierzu in:**Adorno**, 1973; **Steinkamp,** 1968; **Höhn**, 1967; **Allport**, 1958.

7. Konzipieren Sie ein Beobachtungssystem, dessen Zweck es ist, die Auswirkungen verschiedener Typen von Lehrerfragen auf die Gesprächsbeiträge und Antworten von Schülern zu untersuchen. Sie können dazu

ein vorhandenes Beobachtungssystem verkleinern und es dann wieder durch die Ihnen wichtigen Kategorien vergrößern.

8. Beobachten Sie ein Unterrichtsgespräch über eine Kurzgeschichte u. ä. und versuchen Sie, einige Kategorien zu entdecken, die in einem Beobachtungssystem für eine solche Stunde verwendet werden könnten. Ist es möglich, die inhaltlichen Aspekte des Gesprächs durch Beobachtungsmethoden festzuhalten? Wie?

9. Welche Elemente des Verbalverhaltens beobachten Sie beim Argumentieren, in politischen Auseinandersetzungen und Konflikten? Welche Verhaltensweisen sollten Lehrer und Schüler lernen, um sich an Auseinandersetzungen beteiligen zu können?

10. Notieren Sie bei Unterrichtsbeobachtungen Lehrer- und Schüleräußerungen und bestimmen Sie, welchen Beobachtungskategorien die Äußerungen zugeordnet werden können.

11. Prägen Sie sich einige Kategorien ein, die Sie wichtig finden. Notieren Sie sich während des Unterrichts verschiedenartige Beispielsäußerungen zu diesen Kategorien.

12. Untersuchen Sie, welche unausgesprochenen Annahmen über angemessenes und unangemessenes Lehrerverhalten in den verschiedenen Beobachtungssystemen (FIAC, VICS u. a.) stecken.

13. Werden in diesen Kategoriensystemen traditionelle Unterrichtsformen konserviert? Können sie nur dann sinnvoll verwendet werden, wenn lehrerzentrierter Belehrungsunterricht stattfindet?

14. Wie läßt sich die Tatsache rechtfertigen, daß in vielen Beobachtungssystemen für das Lehrerverhalten mehr Kategorien vorgesehen sind als für das Verhalten der Schüler?

15. Formulieren Sie Beobachtungskategorien für Partnerarbeit, Stillarbeit, Gruppenarbeit, Schülerzentrierten Unterricht, Team Teaching o. ä.

Untersuchungen über die Interaktion im Unterricht

Bisher habe ich im wesentlichen Verhaltensweisen aufgezählt, die Lehrer im Unterricht verwenden *können*, ohne viel darüber zu sagen, ob und wann sie diese verwenden *sollten*. Auch die Befunde, die im folgenden dargestellt werden, enthalten keine wissenschaftlich fundierten Ratschläge für richtiges Lehrerverhalten, aber es sind Informationen, die einem Lehrer die Orientierung erleichtern können und Richtungen andeuten, in denen das Lehrerverhalten verändert werden kann. Es sind Entscheidungshilfen, aber entscheiden muß sich jeder Lehrer selbst auf der Grundlage der Ziele und Werte, die er anstrebt.

1. Untersuchungen über die Interaktion im Unterricht ergeben ein erstaunlich einheitliches Bild. Obwohl die Zahl möglicher Verhaltensweisen unbegrenzt zu sein scheint, verwenden Lehrer *im allgemeinen* nur einen kleinen Ausschnitt aus diesem Spektrum. Beobachtet man Unterrichtsstunden nach einem interaktionsanalytischen Kategoriensystem und erstellt man eine Matrix (vgl. Kap. 3), so bleiben sehr viele Zellen leer. *Flanders* (1971, 137) fand, daß bei Verwendung eines Beobachtungssystems mit 20 Kategorien (was eine Matrix mit 400 Feldern ergibt) „nach sechs Stunden (Unterrichtsbeobachtung) 300 Felder nicht in Gebrauch waren, und bei den 100 Feldern, die tatsächlich Eintragungen aufwiesen, (...) 80 Prozent der Interaktion in etwa 12 Feldern" erschienen. Die im Unterricht auftretenden Interaktionsmuster sind nicht sehr abwechslungsreich. Unterricht ist ein hochritualisiertes Interaktionsmuster, das in der Grundstruktur nur wenig variiert.

2. Vergleicht man den Anteil der Schüler an der Interaktion mit dem Anteil des Lehrers, so kommt man zu dem Eindruck, daß der Lehrer die wichtigste Person ist, und daß Lernen in Schulklassen hauptsächlich eine Lehreraktivität ist. Es sieht so aus, als ob der Lehrer stellvertretend für die Schüler lernt, als ob er *für sie* die Aufgaben löst und *selbst* die Gedanken äußert, die eigentlich die Schüler äußern sollten. Die dominierende Lehreraktivität hat *Flanders* (1967, 285) das „Gesetz der zwei Drittel" genannt: zu etwa zwei Drittel der Zeit einer durchschnittlichen Unterrichtsstunde spricht irgendjemand. Die Wahrscheinlichkeit, daß dies der Lehrer ist, ist zwei zu eins. Und wenn der Lehrer spricht, dann bestehen in der Regel zwei Drittel seines Verbalverhaltens aus Lehrervortrag, Anweisungen und Kritik an Schülern. In Zahlen ausgedrückt: der Durchschnittsunterricht setzt sich zu 68 Prozent aus Lehreräußerungen, zu 20 Prozent aus Schüleräußerungen und zu 11 bis 12 Prozent aus „Schweigen und Durcheinander" zusammen (*Flanders*, 1970, 101).

3. Die Interaktion im Unterricht ist asymmetrisch. Boshaft ausgedrückt: im Normalfall vollstreckt der Lehrer den Unterricht an den Schülern. Lehrer setzen im Unterricht ihren Plan durch, den Schülern fällt die Aufgabe zu, an den vorgesehenen Stellen zu antworten. *Bellack* et al. (1972, 110 f.) fanden, daß 85 Prozent aller Interaktionssequenzen in den von ihnen untersuchten Stunden vom Lehrer initiiert worden waren. Für Schüler gibt es wenig Gelegenheit, Initiative zu zeigen. Ihre Haupttätigkeiten sind Zusehen und Zuhören (*Dunkin*, 1972, 570). Was von ihnen erwartet wird, ist „gute Mitarbeit". Die Fähigkeit, selbständig zu arbeiten, traut man ihnen nicht zu. Es erstaunt daher nicht, wenn man liest, daß ein Schüler durchschnittlich

alle 3 Wochen einmal von sich aus einen Beitrag leistet (*Good/Brophy*, 1973, 27).

4. Schüler stellen erstaunlich wenig Fragen an die Lehrer (*Barnes*, 1969, 44; *Adams*, 1972, 444; *Tausch/Tausch*, 1970, 210). 80 Prozent der Schülerfragen sind Fragen dieser Art: „Dürfen wir auch mit dem Kugelschreiber schreiben?" — „Sollen wir das ins Hausheft oder ins Schulheft eintragen?" — „Können Sie das Wort bitte noch mal sagen?" Höchstens 20 Prozent aller Schülerfragen beziehen sich auf den Unterrichtsgegenstand und deuten darauf hin, daß Schüler über den Gegenstand nachdenken (*Flanders*, 1970, 13 f.).

5. Mit 3 bis 9 Prozent ihrer Äußerungen reagieren Lehrer auf die Gedanken von Schülern. „Das bedeutet: Lehrer berücksichtigen Gedanken und Meinungen, die von Schülern vorgebracht werden, nur recht wenig, sie befassen sich nicht angemessen mit den Schülerideen" (*Flanders*, 1970, 13). *Jason* fand in einer Untersuchung über das Verhalten von 380 Lehrern, „daß die meisten dieser Lehrer durch subtile Anzeichen zu erkennen gaben, daß Schülermeinungen nicht besonders erwünscht waren" (zit. nach *Adams*, 1972, 444).

6. Das häufigste Lehrerverhalten ist die verbale Informationsvermittlung. An zweiter Stelle folgen Äußerungen zur Organisation des Unterrichts. Für die Besprechung emotionaler Probleme bleibt weniger als 1 Prozent des Verbalverhaltens (*Adams*, 1972, 445). Schulklassen sind emotional steril (*Dunkin*, 1972, 570). „. . . in der Schule gibt es kaum Möglichkeiten, Emotionen zu analysieren und zu differenzieren. Der Lehrer richtet vielmehr einen guten Teil seiner Energie darauf, seine Emotionen und die der Schüler zu „verdrängen", zu bekämpfen, zu tabuieren und zu ignorieren" (*Feldmann-Duda/Feldmann*, 1972, 20; vgl. *Fürstenau*, 1964; *Schlee*, 1971). Die Schüler selbst, ihre Gedanken und Gefühle, gehören nicht zu den Themen des Unterrichts (*Goldhammer*, 1969, 8); „personal studies" ist kein Schulfach und „steht nicht zur Debatte".

7. Lehrer stellen pro Minute 2 bis 4 Fragen an die Schüler (*Tisher*, 1970; zit. nach: *Adams*, 1972, 445; *Tausch/Tausch*, 1970, 207 f.). Zu etwa 80 Prozent sind die Lehrerfragen von sehr niedrigem intellektuellem Niveau, fordern von den Schülern nur, Fakten zu erinnern und wiederzugeben (*Becker*, 1973, 22 f.; *Measel/Mood*, 1972, 99). Unterrichtsstunden ähneln oft genug

Quizveranstaltungen: die Schüler sind aufgefordert, die richtigen Wörter zu raten (*Beispiele* bei *Tausch/Tausch*, 1970, 206 f.).

8. Um auch ein nichtverbales Verhalten zu erwähnen: Lehrer zeigen im Unterricht oft ein ausgesprochenes Territorialverhalten. In der Regel besetzen sie ein Revier an der Frontseite der Klasse, zu dem sie meist eilig zurückkehren, wenn sie es einmal für kurze Zeit verlassen haben (*Adams*, 1972, 444; *Zehrfeld/Zinnecker*, 1973, 37 f.).

Zur Illustration seien einige Ergebnisse eigener Unterrichtsbeobachtungen nach dem *Verbal Interaction Category System* von *Amidon* und *Hunter* angeführt.

1. Bei Stichproben aus 25 Unterrichtsstunden war das Verbalverhalten der Schüler dreimal häufiger reaktiv als initiativ, d. h. etwa nur ein Viertel aller Schüleräußerungen waren nicht vom Lehrer (oder von Mitschülern) angeregt, sondern beruhten auf Spontaneität und Freiwilligkeit des einzelnen Schülers.

2. Die verbale Interaktion lief fast ausschließlich über den Lehrer (vgl. *Adams*, 1972, 444). Nur etwas über ein Zwanzigstel aller Schüleräußerungen waren nicht an den Lehrer, sondern an Mitschüler gerichtet. In acht Stunden konnte keine einzige Schülerantwort auf die Äußerung eines Mitschülers registriert werden, und in 10 Stunden blieb die Kategorie 10 (Schüler beginnt Gespräch mit Mitschüler) unbenutzt.

3. Von den Kategorien, die akzeptierendes Lehrerverbalverhalten erfassen, tritt Kategorie 5a am häufigsten auf. 5b ist dagegen erheblich seltener, dafür wird öfter das Verhalten 6b verwendet. In Worten ausgedrückt: Lehrer akzeptieren oder verstärken vor allem richtige oder angemessene *Antworten* von Schülern. Schüler*verhalten* wird selten akzeptiert, aber häufig bemängelt, kritisiert, abgelehnt. Lehrer „suchen" eher nach unangemessenen Verhaltensweisen und neigen dazu, positives Schülerverhalten zu ignorieren.

4. Extrem selten werden Gefühle von Schülern akzeptiert. Dieses Verhalten war nur in 8 von 25 Stunden zu beobachten und nur in drei Stunden häufiger als einmal. Dieses Ergebnis bestätigt, was ich oben unter Punkt 6 sagte. *Amidon* und *Giammatteo* (1967, 186) fanden, daß „Akzeptieren von Gefühlen" bei Lehrern, die von Schulaufsichtsbeamten als besonders befähigt eingeschätzt worden waren, dreimal häufiger auftrat als bei „Durchschnitts-

lehrern". In beiden Lehrergruppen war dieses Verhalten insgesamt aber sehr selten.

5. In keiner Stunde konnte beobachtet werden, daß Lehrer und Schüler gemeinsam Lerninhalte oder Lernaktivitäten planten. Jede Stunde begann mit Lehreräußerungen wie „Wir wollen heute . . ." oder „Jetzt haben wir . . ." Vielleicht gab es keine gemeinsame Planung, weil die Lehrer sich in der Beobachtungssituation verpflichtet fühlten, eine in sich geschlossene, abgerundete Lektion zu zeigen und sich nicht in Abenteuer einlassen wollten, während Beobachter anwesend waren. Wahrscheinlich ist es aber ganz allgemein selten, daß Lehrer im Unterricht mit Schülern zusammen Themen und Lernziele auswählen oder Arbeitsverfahren planen.

Interessante Informationen bringt auch die eben zitierte Arbeit von *Amidon* und *Giammatteo* (1967, 187 f.):

1. *Lob und Ermutigung* wurden von den besonders befähigten Lehrern etwa ebenso oft verwendet wie von den Lehrern der Kontrollgruppe. Aber die befähigten Lehrer lobten besonders dann, wenn die Schüler *aus eigener Initiative* Beiträge brachten. Außerdem begründeten sie ihr Lob häufiger.
2. *Akzeptierung und Verwendung von Schülergedanken* trat bei den befähigten Lehrern doppelt so oft auf wie in der Vergleichsgruppe, besonders oft nach schüler-initiierten Äußerungen. Die Vergleichsgruppen-Lehrer tendierten mehr dazu, enge Fragen zu stellen, die vorhersagbare Antworten erforderten. Die befähigten Lehrer verwendeten Fragen häufiger, wenn sie für Ruhe sorgen wollten und auch, um Schüler anzuregen, ihre Gedanken noch klarer zu formulieren.
3. *Lehrervortrag* war in beiden Gruppen etwa gleich häufig. Die befähigten Lehrer ließen sich beim Vortragen aber öfter von Schülerfragen unterbrechen. (Daß die Schüler bei diesen Lehrern bereit waren, mehr Fragen zu stellen, läßt sich wahrscheinlich daraus erklären, daß die Lehrer Schülerinitiative oft verstärkten.)
4. *Anweisungen* waren doppelt so häufig in der Vergleichsgruppe, ebenso *Kritisieren.* Die Lehrer dieser Gruppe benutzten Kritik meist, um für Ruhe zu sorgen. Daß Kritisieren oft in Anschluß an Anweisungen vorkam, deutet auf Disziplinprobleme hin.
5. In den Klassen der befähigten Lehrer zeigten die Schüler wesentlich mehr Initiative und beteiligten sich stärker am Unterrichtsgespräch.

Wohlgemerkt, dies sind keine Aussagen über effektives oder richtiges Lehrerverhalten, sondern Beispiele dafür, welche Verhaltensweisen und Interaktionsmuster man im Unterricht beobachten kann, wenn man mit interaktionsanalytischen Verfahren arbeitet. Aber diese Beispiele können Lehrer anregen, auf ähnliche Sachverhalte und Zusammenhänge zu achten, wenn sie ihr *eigenes* Unterrichtsverhalten erforschen.

Die Aussage, daß ein Lehrer 60 oder 70 Prozent der Unterrichtszeit spricht, und daß die Schüler entsprechend wenig zu Worte kommen, besagt für sich genommen natürlich nicht sehr viel. Vielleicht ist das Unterrichtsthema so komplex, daß der Lehrer sehr ausführlich erklären *muß*, oder der Lehrer kann so interessant und spannend erzählen, daß es den Schülern keine Mühe macht, lange Zeit zuzuhören. Zu bedenken ist auch, daß die Sprache von Lehrern für die Schüler ein Modellverhalten ist, von dem sie durch Nachahmung lernen können.

Viele Lehrer möchten ihren Schülern beibringen, sich in vollständigen Sätzen verständlich und klar auszudrücken. Nicht selten versuchen sie, diesem Ziel dadurch näher zu kommen, daß sie die Schüler immer wieder auffordern: „Sprich im Satz!" Betrachten wir eine kurze Sequenz aus einer Stunde, in der diese Aufforderung besonders oft zu hören war (es handelt sich um eine Sachkundestunde im 3. Schuljahr, die Schüler sollen im Arbeitsheft abgebildete Gegenstände benennen):

Lehrer: Wie heißt das erste, was hier oben rot kariert ist?
Schüler: Ein Stück Stoff.
Lehrer: Zweite Reihe! Als erstes?
Schüler: Nagel.
Lehrer: Und wenn es mehrere sind?
Schüler: Nägel.
Lehrer: Und in der Mitte?
Schüler: Radiergummi.

Dieser Ausschnitt, typisch für das Verbalverhalten der ganzen Stunde, zeigt, daß der Lehrer selbst kein Modell für das Sprechen in vollständigen Sätzen ist. Die Interaktionsanalyse läßt erkennen, daß sein Verbalverhalten zum größten Teil aus Anweisungen und engen Fragen besteht, auf die die Schüler knapp, aber präzise mit einzelnen Wörtern antworten. In dieser Stunde gibt es kaum kommunikative Situationen, die das Sprechen in ganzen Sätzen notwendig machen, und außerdem führt der Lehrer den Schülern fortgesetzt genau das Verbalverhalten vor, das er ihnen abgewöhnen möchte.

In einer anderen Stunde spricht ein Lehrer sehr viel. In wohlformulierten

Sätzen stellt er Meinungen dar und informiert die Schüler über Sachverhalte. Anweisungen gibt er kaum, und Fragen stellt er ausgesprochen selten. Aber die Schüler dieser Klasse formulieren ihre Gedanken wie der Lehrer in „ganzen" Sätzen, und oft sprechen einzelne Schüler, ebenso wie der Lehrer, längere Zeit. Es ist nicht grundsätzlich schlecht, wenn Lehrer mehr reden als die Schüler.

Allerdings reden Lehrer zu viel, wenn sie sich unpräzise und langatmig ausdrücken; wenn sie sich minutenlang mit der Beschreibung eines Gegenstandes aufhalten, von dem sie nur ein Bild zu zeigen brauchten; wenn sie sich von der Absicht leiten lassen, einen Stoffplan vollständig zu erfüllen und jedes Thema umfassend abzuhandeln, ohne die Aufnahmefähigkeit der Schüler zu berücksichtigen; wenn sie glauben, Schüler verstünden einen Sachverhalt erst, nachdem er vom Lehrer selbst in allen Einzelheiten dargestellt worden ist. Es sieht so aus, als ob die dominierende Lehreraktivität im Unterricht oft darauf beruht, daß die Lehrer ein besonderes Pflichtbewußtsein und Verantwortungsgefühl empfinden. Sie wollen „im Stoff weiterkommen" und glauben daher, dozieren zu *müssen*.

Der heute übliche Unterricht scheint nach einigen Annahmen konstruiert zu sein, die selten ausgesprochen werden. Um diese Hintergrundtheorien geht es im nächsten Abschnitt.

Heimliche Theorien des Lehrerverhaltens

Das Verhalten, das Lehrer im Unterricht praktizieren, scheint heimlichen Theorien zu folgen, und diese Theorien setzen sich durch, obwohl sie keine Anhänger haben. Welches sind die einzelnen Sätze dieser heimlichen Theorien des Lehrerverhaltens?

Verschiedene Autoren haben versucht, die Grundsätze der verborgenen Unterrichtstheorie ans Licht zu fördern. *Lindgren* (1962, 197—224) beschreibt sie als populäre Ansichten über das Lernen:

1. Lernen ist das Ergebnis von Belohnung und Bestrafung.
2. Lernen ist im wesentlichen die Ansammlung von Wissen.
3. Was man einmal gelernt hat, hat man für immer gelernt.
4. Man lernt hauptsächlich dadurch, daß einem etwas erzählt wird.
5. Lernen hat deduktiv zu geschehen.
6. Gelerntes wird automatisch auf neue Situationen übertragen.
7. Lernen muß schmerzhaft sein.
8. Lernen muß Freude machen.

Lindgren kommentiert diese Liste mit den Worten: „Wir scheinen eine erstaunliche Fähigkeit zu besitzen, Ansichten zu entwickeln und Standpunkte zu beziehen, die sich vollständig widersprechen . . .“ (1962, 217). Diese Ansichten sind jedoch keine durchdachten Überzeugungen, sondern Regeln, die sich aus einer weitgehend undurchdachten Praxis abstrahieren lassen. Kaum ein Lehrer wird die These verteidigen wollen, daß Lernen vor allem durch Zuhören ausgelöst wird. Und doch ist beinahe jede Unterrichtsstunde, die man beobachtet, ein Beispiel für die Anwendung dieser These. *Cantor* (1953; zit. nach *Flanders*, 1970, 15) meint, die meisten Lehrer handelten so, als seien sie überzeugt

1. daß es allein Aufgabe des Lehrers sei, den Lernstoff festzusetzen;
2. daß der Lehrer (und nicht die Schüler selbst) dafür verantwortlich sei, daß die Schüler Wissen erwerben;
3. daß Schüler zur Arbeit gezwungen werden müßten;
4. daß Wissen wichtiger sei als Lernen;
5. daß Erziehung im wesentlichen ein kognitiver Prozeß sei.

Und *Rogers* (1969b, 174) beschreibt die heimliche Theorie des herkömmlichen Unterrichts so:

1. Man muß daran zweifeln, daß die Schüler von sich aus lernen wollen und bereit sind, sich anzustrengen.
2. Die Darbietung von Informationen ist gleichbedeutend mit Lernen.
3. Das oberste Ziel der Erziehung ist die Anhäufung von Faktenwissen.
4. Die Wahrheit steht fest und ist bekannt.
5. Aus Schülern, die passiv lernen, werden konstruktive und kreative Staatsbürger.
6. Erziehung ist Beurteilung und Beurteilung ist Erziehung. (Vgl. auch *Postman/Weingartner,* 1972.)

Grundlegend für heimliche Unterrichtstheorien scheint die Hypothese zu sein, daß Lehrer unbedingt notwendig sind, und daß Schüler nicht lernen, wenn sie nicht von Lehrern angeleitet und angetrieben werden. Nur wenn der Lehrer belohnt oder bestraft, lernen die Schüler. Bleiben solche Anreize aus, dann gibt es auch kein Lernen. Das Lernen wird der Verantwortung des Schülers entzogen, und Lehren wird gleichbedeutend mit Kontrolle (vgl. *Lindgren*, 1962, 201).
Eine Folge ist, daß viele Schüler schließlich selbst davon überzeugt sind, nur dann lernen zu können, wenn ein Lehrer da ist, der ihnen vorschreibt, was

und wie sie lernen sollen. Statt das Lernen zu lernen, internalisieren sie die Überzeugung, daß Lernen grundsätzlich ein fremdbestimmtes Verhalten ist. Das Einengen der Lernfähigkeit auf angeleitetes Lernen, die Domestizierung des Neugierverhaltens, das Abdressieren der Fragelust, all dies ist ein sehr wirksamer Schutz vor der Gefahr, daß zu viele Menschen zu viele Ideen lernen, die die Stabilität gesellschaftlicher Ordnungssysteme und Machtstrukturen bedrohen könnten. Da Lernen ein so persönlicher (und außerdem weitgehend unsichtbarer) Prozeß ist, muß sichergestellt werden, daß alle so ziemlich das Gleiche lernen und daß alle so ziemlich das Gleiche *nicht* lernen. Vor allem aber dürfen nicht zu viele Menschen wissen, daß man auch von sich aus lernen kann. Um diese Ziele zu erreichen, braucht man nun nichts weiter als Schulen und Lehrer, die allein durch ihre Anwesenheit für jedermann täglich die Richtigkeit der „Lehrer-sind-notwendig-und-ohne-Lehrer-lernt-man-nichts-Theorie" beweisen, so daß der Mehrzahl der Lernenden nicht viel übrigbleibt als die „Ich-kann-nur-unter-Druck-lernen-Überzeugung" zu verinnerlichen. Und schon sind alle Lernprozesse sozial kontrolliert. Ich bin mißtrauisch gegen jeden eigenen Gedanken; ich fürchte mich zu glauben, was ich wahrnehme; ich lerne nur noch Fakten, von denen andere wollen, daß ich sie lerne.

Bevor ich in die Schule kam,
konnte ich alles.
Ich war
Sheriff
Indianer
und Räuber.
Aber seitdem ich in die Schule gehe,
weiß ich überhaupt nichts mehr.   (Albert Cullum)

Vieles, was Lehrer im Unterricht tun, läßt sich auf den Satz zurückführen: Schüler sind unfähig zu erkennen, was „wesentlich" ist, und darum brauchen sie Lehrer, die dafür sorgen, daß sie das „Wesentliche" lernen.
Offensichtlich gibt es keine verbindlichen Maßstäbe, nach denen das Wesentliche eines Unterrichtsstoffes bestimmbar wäre. Und wenn es welche geben sollte, so werden sie im Unterricht nicht sichtbar. Was in Unterrichtsvorbereitungen und Lehrbüchern als „Struktur des Gegenstandes" ausgegeben wird, ist im besten Falle eine allgemein akzeptierte Tradition oder die gut durchdachte Überzeugung einzelner Lehrer und im schlimmsten Falle eine Mischung aus Voreingenommenheit, Blindheit, Unwissenheit und Willkür. Wird in der Grundschule „Der Apfel" behandelt, so geschieht das fast

immer unter morphologischen (anatomischen) Aspekten: die Schüler untersuchen oder der Lehrer erklärt ihnen, wie ein Apfel *gebaut* ist. Daß mit diesem Thema auch physiologische, chemische, ökologische, ökonomische, historische und viele andere Probleme verbunden sind, ist vielen Lehrern vielleicht gar nicht bewußt. Die Theorie vom Wesentlichen, ob sie unter dem Namen „Kategoriale Bildung" oder als „Prinzip des Exemplarischen" daherkommt, ob sie sich als Lehrbuchtext, als Lehrplan oder als Curriculum manifestiert, verdinglicht die Lerninhalte zu fertigen Wahrheiten und verkleinert die erfahrbare und erforschbare Wirklichkeit. Für jedes Schulfach und für jedes Thema besteht dauernd die Gefahr, daß sie zu Dogmen versteinern und zu „Schulwissen" werden. Dies gilt nicht nur für „Meinungsfächer" wie Geschichte oder Literaturbetrachtung, sondern ebenso für die Mathematik. Gerade dieses Fach, das bis vor kurzem immer als dasjenige galt, dessen logische Struktur eindeutig und für immer vorgegeben war, demonstriert heute als Neue Mathematik, daß es unsinnig ist, das Wesentliche ein für allemal und für andere bestimmen zu wollen.

Es gibt so viel, was man wissen *könnte*, daß jede Auswahl, was man wissen *sollte*, nur zufällig und willkürlich sein kann. Daher lautet die Gegenthese: Es darf nicht den Lehrern allein überlassen bleiben, für die Schüler zu bestimmen, was wesentlich ist, sondern Schüler müssen von Anfang an mitbestimmen und mitplanen, was gelernt werden soll. Die Auswahl der Lerninhalte kann nur in der Diskussion zwischen Lehrern und Schülern geschehen, und was als wesentlich, wahr oder richtig zu gelten hat, ist immer nur ein vorläufiges Ergebnis kommunikativer Prozesse.

Ein weiterer Grundsatz, der das Verhalten vieler Lehrer zu steuern scheint, lautet: Schüler können erst dann über einen Sachverhalt mitreden, wenn sie über einen bestimmten Satz von Informationen verfügen. Schüler dürfen erst dann über die aktuelle Politik diskutieren, wenn sie in allen Einzelheiten nacherzählen können, wie ein Gesetz entsteht, welche Bestimmungen das Grundgesetz enthält, wie das Regierungssystem funktioniert usw. Das Prinzip „Erst lernen, dann reden" ist falsch, weil es niemanden gibt, der einen Sachverhalt vollständig begreift, weil Sachverhalte nie vollständig verstanden werden können und vor allem weil ein tieferes Verständnis von Sachverhalten gerade dadurch erreicht wird, daß man über sie spricht. Die Gegenhypothese zu diesem Prinzip heißt demnach: Schüler müssen gerade über solche Gegenstände diskutieren und Meinungen bekunden dürfen, von denen sie wenig wissen, denn nur indem sie dies tun, erwerben sie ein tieferes Verständnis.

In der heimlichen Unterrichtstheorie sind Schüler zu seltsamen Wesen reduziert. *Metzger* (1965, 3, 6) bezeichnete dieses verkürzte Schülerbild sarkastisch als „homo scholasticus", das Wesen, das „nichts tut, als Bildungsgut in sich einfüllen zu lassen und es bei Gelegenheit wieder von sich zu geben". Der homo scholasticus funktioniere wie ein Schwamm: man drückt ihn, um ihn zu Leistungen zu veranlassen.

Bestimmte wiederkehrende Situationen im Unterricht, tradierte Verfahren scheinen derartige Theorien zu transportieren. Die Idee „Man darf den Schülern nicht trauen" steckt in den Details der täglichen Hausaufgabenkontrolle wie im Ritual der Klassenarbeiten oder in der stereotypen Floskel „Aber jeder für sich", die bei vielen Lehrern fast wie eine Reflexbewegung auf jede Arbeitsanweisung folgt.

Studenten, die zum ersten Mal in ihrem Leben unterrichten, die unsicher und hilflos sind und denen man anmerkt, daß sie oft nicht so recht wissen, was sie sagen sollen, können die Schüler doch mit größter Selbstverständlichkeit, ohne zu überlegen und ohne jedes Zögern auffordern: „Schreibt den Tafeltext in euer Heft. *Und zwar jeder für sich!*" Dabei kann man davon überzeugt sein, daß sie die Schüler zur Hilfsbereitschaft und zur Kooperationsfähigkeit erziehen möchten.

Aber in dieser Situation spielen Erziehungsziele keine Rolle, das traditionelle Verhaltensmuster läuft einfach ab, weil es von der Situation ausgelöst wurde. Das Beispiel mag unbedeutend sein, aber hier wird Kooperation *verboten* und der Lehrer bringt Mißtrauen zum Ausdruck, auch wenn er selbst gar nicht mißtrauisch ist. Es gibt viele solcher Standardsituationen, die Lehrer zu Werkzeugen einer pädagogischen Tradition machen. Die heimliche Theorie beherrscht über solche Situationsmuster das Verhalten von Lehrern und setzt ihre eigenen Erziehungsziele durch.

Lehrer, die ihr Verhalten auf Grund bestimmter Erziehungsziele und Leitvorstellungen selbst steuern und nicht zu Handlangern einer funktionalen Erziehung werden möchten, müssen versuchen, solche Mechanismen zu erkennen und sich aus ihnen zu lösen. Sie müssen erforschen, in welchen Unterrichtsbereichen und Erziehungssituationen ihr Verhalten gleichsam mechanisch abläuft, um dann zu überlegen, welches Verhalten sie — gemessen an ihren Erziehungszielen — in diesen Situationen für angemessen ansehen.

Aufgaben

1. Überlegen Sie, in welchen Unterrichtssituationen einige der oben angeführten Grundsätze von heimlichen Theorien zur Geltung kommen.
2. Versuchen Sie, die heimliche Theorie zu entdecken, die in einigen Ihrer eigenen Verhaltensweisen versteckt sein könnte.

3. An welchem Verhalten eines Lehrers könnte man ablesen, daß er im Grunde überzeugt ist, was einmal gelernt wurde, müsse für immer gelernt sein?
4. Welche Regelmäßigkeiten Ihrer Unterrichtsstunden deuten darauf hin, daß die heimliche Theorie, alles Lernen müsse deduktiv geschehen, im Hintergrund steht?
5. Wie drückt das Lehrerverhalten die verborgene Überzeugung aus, daß der Lehrer weiß, was für die Schüler wesentlich ist?
6. Was würde sich im Unterricht ändern, wenn er auf der Hypothese beruhte, daß die Entscheidung über Lernziele und Themen des Unterrichts grundsätzlich von Schülern und Lehrern gemeinsam getroffen werden muß?

Theorien zur Konstruktion des Lehrerverhaltens

Der Begriff der heimlichen Theorie ist eine Metapher für den Tatbestand, daß im Lehrerverhalten oft Tendenzen zum Ausdruck kommen, die die Lehrer selbst nicht intendiert haben.

Von der heimlichen Theorie bis zu den expliziten Überzeugungen von Lehrern gibt es alle Übergänge. Zwar würde kein Lehrer von sich behaupten, er sei im Besitze der Wahrheit (obwohl er sich oft so verhält), aber viele Lehrer würden den Standpunkt verteidigen, daß sie für die Schüler das Wesentliche auszuwählen haben und dafür verantwortlich sind, und nicht die Schüler selbst, daß etwas gelernt wird und was gelernt wird.

So sind manche Anschauungen in der berufsspezifischen Mentalität der Lehrer, in ihren Erfahrungen und Einstellungen, verankert und steuern als explizite Überzeugungen und Theorien das Lehrerverhalten. Ein Beispiel für eine Erfahrung, die viele Lehrer gewonnen zu haben glauben, ist die Meinung, daß Menschen ja doch nur unter Druck etwas leisten können. Die pessimistische Tendenz dieser Erfahrung wiederholt sich in vielen anderen „praktischen Erfahrungen" von Lehrern. Der Verdacht drängt sich auf, daß die Erfahrungen die Funktion haben, für die Lehrer als Gruppe wie für einzelne Lehrer, Verhaltensmuster zu rechtfertigen, die bei distanzierter Betrachtung als ungünstig beurteilt werden. Da es Lehrern nur unvollkommen gelingt, ihre „idealistischen" Vorstellungen, die sie ursprünglich hegen, zu verwirklichen, benötigen sie Argumente, mit denen sie dieses Scheitern rationalisieren können. Wenn diese Argumente aber erst einmal existieren, beeinflussen sie die Wahrnehmung und das Verhalten von Lehrern und tragen bei zur sozialen Konstruktion (*Berger/Luckmann*, 1969) der Schulwirklichkeit: die Erfahrungen und Erwartungen schaffen die Bedingungen dafür, daß sie schließlich durch die Wirklichkeit bestätigt werden (vgl. *Merton*, 1967).

Jeder Lehrer wird mehr oder weniger oft Situationen erleben, in denen er sich anders verhält als er es eigentlich möchte. Jeder Lehrer wird manchmal verständnislos sein, wo er Verständnis haben wollte, tadeln, wo Lob besser, strafen, wo Verstärkung angemessener gewesen wäre. Es macht einen Unterschied, ob ein Lehrer aus solchem Verhalten eine Theorie macht, ob er es zu unangreifbaren Erfahrungen stilisiert und es so rechtfertigt und stabilisiert, ob er die „Schuld" und die „Verantwortung" für dieses Verhalten den Schülern zuschiebt, indem er ihnen „natürliche" Mängel wie „Unreife", „Lernunwilligkeit", „Faulheit" usw. attribuiert, oder ob er eine optimistische Theorie beibehält, die Verantwortlichkeit bei sich selbst sucht und den eigenen Handlungsspielraum erweitert.

Denkbar wäre, daß die Mehrzahl der Lehrer unerfreuliche Erlebnisse nicht kurzerhand zu pessimistischen Erfahrungen verarbeitete, sondern trotz entmutigender Erlebnisse eine optimistische Theorie beibehielte. Diese optimistische Theorie könnte, wenn sie als Basis für das Lehrerverhalten im Unterricht wirkt, den oben geschilderten Prozeß umkehren. Negative Erwartungen, die negative Realitäten (mit)produzieren, würden durch positive Erwartungen ersetzt, und dies würde bewirken, daß die Schulpraxis in größerem Umfang nach diesen Erwartungen konstruiert wird. Welche Bestandteile könnte eine optimistische Theorie des Unterrichts haben?

Im folgenden möchte ich beispielhaft einige Sätze einer optimistischen Theorie darstellen. Für die „Richtigkeit" dieser Sätze ebenso wie für die „Richtigkeit" pessimistischer Formulierungen der gleichen Sachverhalte lassen sich viele wissenschaftliche und vorwissenschaftliche Argumente anführen. Die prinzipielle Vorläufigkeit wissenschaftlicher Aussagen erlaubt es nicht, die optimistischen Sätze als Wahrheiten auszugeben. Aber es ist im Zweifelsfall besser, sich die optimistischen Versionen zu eigen zu machen und das Handeln nach ihnen auszurichten.

Die optimistische Version einer Theorie des Lernens und der Bedingungen, die Lernen begünstigen, läßt sich in einem Satz zusammenfassen:

Vom Lernenden selbst gesteuertes Lernen ist in der Schule möglich.

Im einzelnen könnte diese Theorie aus folgenden Hypothesen bestehen:

1. Menschen sind *von sich aus motiviert*, ihre Umwelt zu erforschen, ihr Wissen zu erweitern, intellektuelle Stimulation zu suchen und neue

Fertigkeiten zu erwerben. Menschen haben z.B. ein „Bedürfnis nach Kompetenz" (R. W. White). Es gibt einen „Neugiertrieb", den Menschen befriedigen möchten, der Mensch ist ein Neugierwesen. Diese Bedürfnisse wirken als primäre Motivationen zum Lernen.

2. Lernaktivitäten, die primär (intrinsisch) motiviert sind, führen zu besseren Lernleistungen als fremdgesteuerte Lernaktivitäten. Verhaltensänderungen sind nachhaltiger, wenn das Individuum sich selbst motiviert.

3. Neugier, Explorationsverhalten, Lernen werden durch bestimmte Umweltreize ausgelöst, z.b. durch Gegenstände oder Informationen, die als neu, widersprüchlich, komplex, überraschend, unregelmäßig, lückenhaft oder schwierig erlebt werden.

4. Menschen lernen erfolgreicher, wenn sie sich die Auslöser für Lernverhalten selbst auswählen und wenn sie ihre Lernaktivität nach dem individuellen Aktivitätsrhythmus gliedern können. Lernende, die über die Lernziele und die Wege, wie sie zu erreichen sind, mitbestimmen können, lernen eher aus primärer Motivation.

5. Die primären Lernmotivationen gehören zu den Überflußmotiven. Das bedeutet: Lernmotivationen sind nicht vollständig zu befriedigen. Je mehr ich gelernt habe, desto mehr möchte ich lernen.

6. Lernen geschieht nur, wenn der Lernende selbst tätig ist, selbst Fragen stellt, selbst Informationen sucht, selbst Antworten formuliert, selbst Experimente ersinnt und durchführt usw. Die *Tätigkeiten* des Lernens können dem Lernenden nicht abgenommen werden.

7. Die Motivation zum Lernen kann sehr leicht gehemmt werden. Lernen findet nur im „entspannten Feld" statt.

Neugierverhalten wird durch jede Bedrohung sofort unterdrückt. Angst verhindert Lernen: „Angst macht dumm" (*Zulliger*, 1969, 29). Die Lernmotivation gehört zu den Motiven, die erst dann wirksam werden, wenn andere, „wichtigere" Motive befriedigt sind, z.B. die physiologischen Bedürfnisse, das Sicherheitsbedürfnis, das Bedürfnis nach Kontakt und Zuneigung, das Bedürfnis nach Wertschätzung und Selbstrespekt (*Maslow*, 1943; zit. nach: *Krech/Crutchfield/Ballachey*, 1962, 77). Lernen wird erschwert, wenn der Lernende einen niedrigen Rang in der Gruppe hat, wenn er durch Strafen zum Lernen gezwungen werden soll, wenn er sich belehren lassen soll, oft schon, wenn er einen Lernauftrag erhält (*Schröder*, 1969), wenn der Lehrende so mächtig ist, daß er Vermeidungs- und Verteidigungsverhalten aktiviert. Umgekehrt wird Lernen also erleichtert, wenn der Lernende akzeptiert wird, Verstärkungen erfährt, sich in einer gut integrierten

Gruppe befindet und die Interaktion als lohnend erlebt, wenn er von der Gruppe geschätzt wird und weder als Außenseiter noch als Rangniederer gilt.

So wie Pädagogen von der Voraussetzung ausgehen, daß Menschen nicht durch ihre Chromosomen mit angeborenen und unveränderlichen Eigenschaften versehen sind (obwohl die Fragen nach dem relativen Einfluß von Erbfaktoren oder Umwelteinflüssen für viele Verhaltensbereiche keinesfalls als geklärt angesehen werden können), so können sie sich auch bei anderen Aspekten für die optimistischeren Theorien entscheiden. (Ich vermute, daß Sie zu diesem, aber auch zum vorigen Abschnitt viele Bedenken und Gegenbeispiele haben. Es tut mir leid, daß ich diese Fragen und diese Kritik nicht jetzt gleich mit Ihnen diskutieren kann.)

Eine optimistische Theorie: Schülerzentrierter Unterricht

Als Beispiel für eine optimistische Theorie des Unterrichts will ich im folgenden *Rogers'* Vorstellungen zum „Schülerzentrierten Unterricht" darstellen. Dazu referiere ich das 9. Kapitel „*Student-Centered Teaching*" seines Buches (*Rogers,* 1965, 384—428), wobei ich mich eng an den Wortlaut halte. *Rogers* überträgt die zentrale Hypothese seiner klient-zentrierten Therapie, daß der Klient fähig sei, sich selbständig und konstruktiv mit der eigenen Lebenssituation auseinanderzusetzen, und daß es die Aufgabe des Therapeuten sei, diese Fähigkeit freizusetzen, auf das Unterrichten. Er meint, die Atmosphäre von Akzeptierung, Verständnis und Respekt, die die Basis des Lernprozesses in der Therapie ist, könnte gleichermaßen nützlich für das Lernen in Schule und Hochschule sein (S. 384).

Einige vorläufige Prinzipien und Hypothesen

1. Wir können eine Person nicht direkt unterrichten; wir können nur ihr eigenes Lernen erleichtern und fördern.
Jeder Lehrer weiß im Grunde, daß dieser Satz richtig ist, handelt aber so, als wäre Lehren und Lernen identisch. Folglich konzentriert er seine ganze Aufmerksamkeit auf *seine eigenen* Probleme, statt auf die Frage „Wie ist das selbständige Lernen der Schüler zu erleichtern?" (S. 389).
(In Diskussionen mit Lehrern kommt dieses „lehrerzentrierte" Interesse am

Unterricht oft schon in den Formulierungen zum Ausdruck, etwa wenn ein Lehrer sagt: „Diese Ideen über Schülerzentrierten Unterricht sind ja ganz schön, aber *ich* muß doch dafür sorgen, daß *ich* (!) *meine* Lernziele (!) erreiche.")

2. Bedeutsames Lernen findet nur statt, wenn der Lernende den Lerngegenstand als etwas erlebt, was der Erhaltung oder der Erweiterung des Selbst dient (S. 389).
Zum Beispiel wird man in einem Statistik-Kurs mehr lernen, wenn man die Kenntnisse für die eigene Arbeit benötigt, als wenn man ihn nur besucht, weil es vorgeschrieben ist.

3. Muß der Lernende sich selbst verändern, um eine Lernerfahrung annehmen zu können, so wird er sich gegen die Veränderung wehren und stattdessen den Lerninhalt leugnen oder verzerren.

4. Bedrohung scheint die Rigidität der Persönlichkeit zu verstärken. Nur wenn Bedrohung fehlt, kann die Persönlichkeit ihre Grenzen ausdehnen. Werden neue Lernerfahrungen als mit dem Selbst unvereinbar wahrgenommen, so können sie erst dann vom Lernenden assimiliert werden, wenn sein Selbst entspannt ist und die Grenzen ausdehnt, um die neuen Erfahrungen aufzunehmen.
Rogers meint, daß die Konfrontation mit neuen Lernstoffen in sehr vielen Fällen für das Individuum etwas Bedrohliches ist. Die neuen Inhalte können z. B. Werte in Frage stellen, mit denen sich das Individuum identifiziert hat, und so den erreichten Gleichgewichtszustand stören (390). Wir wären ziemlich überrascht, schreibt *Rogers,* wenn wir wüßten, bei wie vielen Schülern in jedem Augenblick des Unterrichts eine skeptische, widerstrebende Haltung, ein innerer Widerstand gegen den Lernstoff, vorherrscht.

5. Bedeutsames Lernen wird durch eine Erziehungssituation erleichtert, in der (1) die Bedrohung für das Selbst des Lernenden auf ein Minimum reduziert ist und in der (2) eine differenzierte Wahrnehmung des Erfahrungsfeldes möglich ist.
Man kann einwenden, daß im wirklichen Leben Lernen oft gerade durch bedrohliche Situationen ausgelöst wird. Daraus läßt sich aber kein Modell für den Unterricht ableiten. Eine Bedrohung aus der Realität kann zwar Lernen anregen, aber dieses Lernen dient der Selbsterhaltung und nicht der Veränderung und dem Wachstum der Persönlichkeit (391).

Die Anwendung dieser Prinzipien im Unterricht

Schaffung eines Klimas der Akzeptierung

Die Schüler akzeptieren, wie sie sind; ihnen den Ausdruck ihrer Einstellungen und Gefühle erlauben ohne Beurteilung und Verurteilung; Lernaktivitäten *mit ihnen* statt *für sie* planen; eine Atmosphäre, die frei von Spannungen und Belastungen ist — all dies ermöglicht selbstbestimmtes Lernen (392).

In einem schülerzentrierten Kurs werden die Schüler Erfahrungen machen, die allen früheren Erfahrungen widersprechen.

Der Lehrer sitzt im Kreis wie ein normales Gruppenmitglied. Die Schüler beschreiben oder diskutieren die Probleme des Themas, formulieren ihre Absichten und Erwartungen. „Vielleicht können wir gemeinsam den Kurs so gestalten, daß unsere Erwartungen erfüllt werden." Die Klasse beginnt, ihr eigenes Curriculum zu konstruieren.

Dieses Vorgehen ist für die Schüler, die an Passivität gewöhnt sind (393), zuerst sehr seltsam und frustrierend. Oft zeigen sich starke negative Gefühle, die erst nach einer Weile ausgedrückt werden: „Wir vergeuden nur Zeit. Sie sind doch der Lehrer. Wir wollen hier nicht nur diskutieren."

Wenn solche negativen Gefühle vom Lehrer verstanden und akzeptiert werden, fangen die Schüler an zu erkennen, welches Klima herrscht. In diesem Klima beginnt sich das Denken der Schüler zu ändern (394). Viele Lehrer wagen derartige Experimente nicht, weil sie einen bestimmten Stoff schaffen müssen und Prüfungen oder Tests durchzuführen sind. Jede Gruppe hat jedoch äußere Begrenzungen dieser Art zu verarbeiten. Bedeutsam ist die Freiheit, die *innerhalb dieser Grenzen* herrscht. Nur extreme Begrenzungen, die mehr vom Wunsch des Lehrers als von äußeren Zwängen abhängen, können ein schülerzentriertes Klima hemmen (396).

Die Entwicklung individueller und Gruppenziele

Ein schülerzentrierter Kurs beginnt bei den Absichten der Schüler. Die extremste Methode: „Was wollen wir heute diskutieren oder tun?" Meist ist in diesem Fall die Frage oder der Beitrag eines einzelnen der Ausgangspunkt; aber die Diskussion stockt bald oder wechselt auf Themen, die allgemein interessieren. Dies sieht aus wie Zeitverschwendung. Aber schülerzentriert arbeitende Klassen erreichen Themen, die der Lehrer wegen ihrer

Schwierigkeit für einen viel späteren Zeitpunkt vorgesehen hat, schon nach kurzer Zeit. Während an der Oberfläche Konfusion und Zeitverschwendung zu herrschen scheinen, ergibt sich tatsächlich für den einzelnen ein beschleunigter Lernprozeß (397), wenn der Kurs nach den wechselnden Absichten der Schüler durchgeführt wird.

Der Lehrer weist die Gruppe auf Hilfsmittel und methodische Möglichkeiten hin. Er bemüht sich kontinuierlich, die Schüler dazu zu ermutigen, daß sie ihre Absichten formulieren (398).

Die sich wandelnde Rolle des Lehrers

Wenn der Lehrer nur die Gefühle verbalisiert, klärt und Verständnis zeigt, tendiert dies zur reinen Therapie. Ein gewisses Maß an Strukturierung ist nötig. Aber wenn der Lehrer auf Fragen direkt antwortet, ist er sofort wieder in der Expertenrolle und die Gruppe ist von ihm abhängig.

Die Lehrerrolle wechselt im Lauf des Kurses. Anfangs steht die Schaffung eines angemessenen Klassenklimas im Vordergrund (399). Später kann der Lehrer stärker an der Diskussion teilnehmen. Wenn die Interaktion der Schüler untereinander intensiv ist, hält sich der Lehrer zurück (400). Ein flexibles Lehrerverhalten ist wesentlich. Der Lehrer muß fähig sein, sich von der Gruppe „ausnutzen" zu lassen. Je nach Wunsch der Gruppe muß er fähig sein, eine kontrollierte Diskussion zu führen, vorzutragen, eine Sitzung mit einigen Schlüsselfragen zu beginnen, völlig freie Diskussion zu erlauben[4]. Wenn der Lehrer sich unecht verhält, stört das die Atmosphäre. Der Lehrer hat also die folgenden Aufgaben:

1. der Gruppe ein Klima des Vertrauens kommunizieren;
2. die Mitglieder zum Formulieren ihrer Absichten anregen, die Absichten klären und akzeptieren;

---

4 Es gibt Untersuchungen, die nahelegen, daß Schülerzentrierter Unterricht nicht für alle Schüler gleich geeignet sein könnte (vgl. *Peters*, 1970, 1860). Der Idee des Schülerzentrierten Unterrichts widerspricht es keineswegs, diesen Schülern zu geben, was sie brauchen und fordern. *Rogers* (1969a, 11 ff.) zitiert das Tagebuch einer Lehrerin, die mit ihrem 6. Schuljahr ein Experiment durchführte, in dessen Verlauf die Klasse in kleinen Schritten zu selbständigem Lernen überging. Dabei ergab sich, daß eine kleinere, wechselnde Anzahl von Schülern lehrergelenktes Unterrichten bevorzugte, und die Lehrerin kam diesem Bedürfnis entgegen, indem sie diese Schüler unterrichtete, während der größere Teil der Klasse selbständig lernte.

3. die Absichten der Schüler als Motivation einsetzen, auf der aufgebaut wird;
4. Hilfsmittel verfügbar machen (401);
5. sich selbst, soweit es mit dem persönlichen Wohlbefinden vereinbar ist, als flexibles Hilfsmittel bereithalten, das von den Schülern benutzt werden kann;
6. auf das reagieren, was die Gruppe ausdrückt; akzeptieren des intellektuellen Inhalts und der emotionalen Einstellungen, wobei beiden ein angemessenes Gewicht gegeben wird;
7. wenn das akzeptierende Klima etabliert ist, kann der Lehrer seine individuellen Ansichten ebenso äußern wie eines der Gruppenmitglieder;
8. der Lehrer bleibt offen für den Ausdruck von Gefühlen durch die Schüler und kommuniziert Verständnis;
9. er behält eine neutrale, verstehende Rolle, wenn die Gruppenatmosphäre mit Emotionen besetzt ist;
10. er erkennt, daß seine eigenen Einstellungen seinem Verhalten Grenzen setzen, und daß es schädlich wäre, Verständnis zu heucheln, wo ihm Verständnis fehlt (402).

Der Prozeß des Lernens in einer schülerzentrierten Klasse (402)

Im herkömmlichen Unterricht fällt es dem Lehrer schwer, längere Gesprächspausen zu ertragen (406). Ein Schüler, der sich überhaupt nicht am Gespräch beteiligt, kann trotzdem bedeutsame Lernerfahrungen machen (408). Beim schülerzentrierten Lernen findet ein sehr persönliches Problemlösen statt. Im Vergleich zum üblichen Unterricht ist die Diskussion locker und springt von Thema zu Thema. Es ist aber wahrscheinlich so, daß dieses fließende, explorative oder gar konfuse Vorgehen mehr mit wirklichem Lernen zu tun hat und eher für wirkliches Lernen charakteristisch ist als die tote Systematisierung von Fakten. Wenn es dem Lehrer unangenehm ist, etwas offen zu lassen (408) und er deswegen am Schluß zusammenfaßt, ist dies für die Gruppe eine Erleichterung, aber die Notwendigkeit zum weiteren Nachdenken ist damit verschwunden.
Wenn der Lehrer Unsicherheit, ungelöste Probleme usw. toleriert, dann haben die Schüler nur die Alternative, selbst weiterzudenken und selbst weiterzulernen. Das Ergebnis ist nicht fixiert, es bleibt ein Schritt in einem Lernprozeß und wird keine Barriere für zukünftiges Lernen. Ein Student nach dem Besuch eines schülerzentrierten Kurses: „Bisher hab ich nach

einem Kurs immer ein Fest daraus gemacht, meine Notizen zu verbrennen, um zu zeigen, daß ich damit fertig bin. Aber diesmal merke ich, daß ich gerade erst angefangen habe zu lernen, und daß ich weitermachen will." Schülerzentrierter Unterricht ist nicht an bestimmte Themen gebunden. Er wurde z.B. auch bei Statistik- und Mathematik-Kursen angewendet (409). Der Inhalt des Kurses scheint wenig Einfluß auf die Art des Lernens zu haben (414).

Das Problem der Evaluation

In einem schülerzentrierten Unterricht gibt es nur eine Person, die entscheiden kann, ob das Ziel erreicht wurde, und das ist der Schüler selbst. Die Selbstbeurteilung ist die logische Prozedur, um herauszufinden, ob ein Kurs zu fruchtbaren Erfahrungen führte bzw. ein Mißerfolg war. Hier zeigt sich, wie revolutionär dieses Konzept von Erziehung ist; denn das Herz der herkömmlichen Erziehung ist die rigorose (man kann fast sagen: unbarmherzige) Beurteilung der Schüler durch Lehrer oder Tests.
Wem sollen die Schüler etwas vormachen, wenn sie sich selbst beurteilen? Sollen sie sich selbst bemogeln (415)?
In den heutigen Schulen muß der Schüler „motiviert" werden. Ob das gelungen ist, hat eine Prüfung zu beweisen.
Prüfungen und Versetzungen sind ein Problem des äußeren Rahmens, für das die Gruppe eine Lösung finden muß. Die Schüler beteiligen sich an der Notenfindung (416). Persönliches Wachstum wird durch Prüfungen von außen eher behindert als gefördert (417). (In der Gesellschaft ist Evaluation bisweilen nötig. Bei bestimmten Berufen ist der Nachweis unerläßlich, daß die Person für die Aufgabe kompetent ist.) (418)

Ergebnisse des schülerzentrierten Unterrichts

In schülerzentrierten Kursen werden die Teilnehmer gewöhnlich gebeten, am Ende ein persönliches Dokument einzureichen (418): eine Selbstbewertung oder die eigene Reaktion auf den Kurs. Ergebnis: Jeder Schüler besuchte einen anderen Kurs. Wiederkehrende Trends in solchen Berichten:

— Erstaunen, Verwirrung, Frustration,
— die meisten Studenten tendieren dazu, mehr zu arbeiten als sonst,

— tiefere Lernerfahrungen, die das Leben der Teilnehmer verändern, nicht nur ihr Wissen (420).

Schlußbemerkungen

Die gegenwärtige Erziehung scheint operational auf der Annahme zu basieren „Den Schülern kann man nicht trauen". Der Lehrer muß motivieren, informieren, Material organisieren, prüfen, um die Schüler zu den gewünschten Aktivitäten zu zwingen.

Der schülerzentrierte Unterricht basiert auf dem Satz: Man kann den Schülern trauen — nämlich, daß sie lernen wollen, Hilfsmittel anwenden, sich selbst optimal beurteilen, sich positiv entwickeln, wenn hierfür die angemessene Atmosphäre besteht. Diese Atmosphäre ist weitgehend eine Folge des Lehrerverhaltens.

Ein schülerzentrierter Kurs ist der Beginn, nicht das Ende des Lernens (427) (vgl. auch *Rogers*, 1969a).

Nach der optimistischen Theorie des schülerzentrierten Unterrichts hat der Lehrer die Aufgabe, zu helfen und Lernprozesse zu erleichtern, aber nicht, die Schüler zum Lernen zu verführen oder zu zwingen. Schüler werden nicht als unmündige Wesen gesehen, die zur Mündigkeit geführt werden müssen, sondern als selbstverantwortlich Handelnde, die ihren Handlungsspielraum selbständig erweitern.

Natürlich ist der schülerzentrierte Unterricht mehr als eine optimistische Theorie, nämlich eine Unterrichtsmethode, die ausprobiert wurde und zwar mit weitgehend positiven Ergebnissen (vgl. die bei *Rogers*, 1965, 424—426, zitierten Untersuchungen; sowie: *Simons*, 1971, 3387—3410)[5]. Trotzdem halte ich es für richtiger, von einer optimistischen Theorie zu sprechen und nicht von einer Methode, denn was ich oben über die Unmöglichkeit sagte, komplexe Erziehungsstile und Unterrichtsmethoden exakt zu definieren, das gilt auch für den schülerzentrierten Unterricht (*Rogers*, 1965, 426; *Simons*, 1971, 3387): Untersuchungen, die die Auswirkungen von schüler- oder

---

5 R. *Tausch*s Film „Soziales und unterrichtsmethodisches Lehrerverhalten" (Erdkunde, 9. Schj., Thema: Italien, FT 2220) zeigt einen Versuch, schülerzentriert zu unterrichten. Aufschlußreich sind die Reaktionen von Lehrern, die diesen Film sahen (vgl. *Zehrfeld/Zinnecker*, 1973, sowie: betrifft: erziehung, Heft 6, 1973, S. 16).

lehrerzentriertem Unterricht vergleichen, bleiben fragwürdig, weil zu viele unkontrollierte Variablen in die Versuchsanordnungen eingehen.

Es kommt nicht darauf an, nach Entweder-Oder-Manier den schülerzentrierten Unterricht als einzig richtige oder als völlig verfehlte Unterrichtsmethode zu kennzeichnen, sondern man sollte dieses Modell als Aufforderung und als Korrektiv verstehen: als Aufforderung, manche eingefahrene Erfahrung in Frage zu stellen und nach Verhaltensweisen und Unterrichtsstrategien zu suchen, die mehr Raum für Schülerinitiative bieten, und als Korrektiv für die Einseitigkeiten anderer Unterrichtstheorien.

Die Idee des schülerzentrierten Unterrichts ist schon deswegen wichtig, weil sie uns anregen kann, einige unserer unausgesprochenen Annahmen wahrzunehmen und anzuzweifeln. Vielleicht erkennen wir, was an unserer Vorstellung von „Kindgemäßheit" fragwürdig ist: Ist es „kindgemäß", wenn *Lehrer* sich Geschichten konstruieren, in denen Kinder vorkommen oder wäre dieser Ausdruck eher dann am Platz, wenn die Lehrer ihren Unterricht *auf den Produkten ihrer Schüler* aufbauten, auf Bildern, die sie gemalt haben, auf Erlebnissen, die sie berichten, auf ihren Fragen, Ängsten, Hobbies und Abneigungen? Vielleicht stellen wir uns die Frage, ob *Adorno*s Gedanke „Erfolg als akademischer Lehrer verdankt man offenbar der Abwesenheit einer jeden Berechnung auf Einflußnahme, dem Verzicht aufs Überreden" (1969, 74) nicht auch für Vorschul-, Grundschul-, Hauptschul- oder Gymnasiallehrer zu gelten hätte, von Gesamtschullehrern ganz zu schweigen.

Schülerzentrierter Unterricht ist nicht nur das genaue Gegenteil des vorherrschenden Unterrichts, sondern er widerspricht auch der Konzeption der Verhaltensmodifikation (s.u.). Ich glaube, daß es gut ist, wenn Lehrer bei der Konstruktion ihres eigenen Verhaltens von verschiedenen rivalisierenden, sich gegenseitig korrigierenden Leitvorstellungen und Theorien ausgehen und sich nicht einer einzigen richtigen oder widerspruchsfreien Theorie verschreiben. Die präzise Beschreibung eines Unterrichts, in dem Schüler handeln, statt nur behandelt zu werden, könnte dazu beitragen, daß Unterricht sich nicht in Instruktion und Dressurversuchen erschöpft.

Für Verhaltenstraining-Kurse, in denen es nicht nur um Faktenvermittlung geht, sondern darum, daß die Teilnehmer selbständig ihre Wahrnehmung ändern und neue Verhaltensweisen probieren, scheint schülerzentriertes Vorgehen günstiger zu sein als direktive Lenkung, denn da die Verantwortung beim Lernenden bleibt, wird die selbständige Auseinandersetzung und die eigene Entscheidung stimuliert. Schülerzentrierter Unterricht reizt weder zum blinden Übernehmen vorgefertigter Inhalte noch zum unreflektierten Abstoßen und Abwehr von Lerninhalten.

82

Erwähnt werden soll noch, daß es verschiedene Konzeptionen gibt, die der Theorie des schülerzentrierten Unterrichts ähneln. Eine davon ist die „Themenzentrierte-interaktionelle Methode" von *R. Cohn* (1970), bei der versucht wird, im Unterricht einen dynamischen Ausgleich zwischen sachbezogenen bzw. mehr personen- und gefühlsbezogenen Interaktionen herzustellen: „Unterbrich das Gespräch, wenn Du nicht wirklich teilnehmen kannst, z. B. wenn Du gelangweilt, ärgerlich oder aus einem anderen Grund unkonzentriert bist" (256). „Wenn die Gruppe sich umgekehrt nur für eine Person oder für ein Aufwallen von verschiedenen Gefühlen in der Gruppe zu interessieren scheint und sich damit in eine Therapie- oder Sensitivitätsgruppe zu verwandeln droht, schlage ich die Brücke zum Thema" (255). (Vgl. *Heigl-Evers/Heigl*, 1973.)

Sowohl das Unterrichtsthema wie auch die Gefühle und Bedürfnisse der Lernenden zur Geltung kommen zu lassen, das ist eine Aufgabe jeden Lehrers. Allerdings wird sie in der Schule oft so gelöst, daß der zweite Bereich geleugnet oder tabuiert wird, so daß auftretende Konflikte mit disziplinierenden Lehreraktivitäten beantwortet werden.

Mager (1967) hat einen „Schülerkontrollierten Unterricht" (= SKU) beschrieben, der darin besteht, daß die Schüler sich ihre eigene „Instruktionsreihe" suchen. Die Schüler konnten den Lehrer nach Gutdünken „ein- und ausschalten": sie stellten ihm nur Fragen zum Unterrichtsthema und hörten damit auf, wenn sie genug zu wissen glaubten. „Sie fragten bei weitem nicht nach all der Information, von der ich (= *Mager*) *wußte,* daß sie unbedingt notwendig war, und trotzdem schnitten sie beim Leistungstest erstaunlich gut ab" (23). Nach dieser Methode lernten die Vpn durchschnittlich um die Hälfte schneller als mit einem Lernprogramm. Die Schwierigkeit des SKU liegt darin, daß es *für Lehrer* schwer zu sein scheint, Schülern die Informationen zu liefern, die sie anfordern. *Mager* war auch „befremdet darüber, daß eine Anzahl von Kollegen sie (= die Methode) nicht akzeptieren wollten. Der wiederholt geäußerte Zweifel an der Fähigkeit des Schülers, die *rechten* Fragen zu stellen, das wiederholte In-Frage-Stellen eines Rechts des Schülers, bei der Festlegung von Unterrichtsmethoden mitzureden sowie der Zweifel an der Verwendbarkeit dieser Methode in der Schule offenbart die Hartnäckigkeit, mit der viele Berufspädagogen an der Ansicht festhalten, sie wüßten genau, was für einen Schüler gut ist, während der Schüler keine Ahnung davon habe, was für ihn gut oder weniger gut sei" (*Mager,* 1967, 25; vgl. auch: *Eckert/Issing*, 1971).

Man könnte *Magers* SKU auch als „Expertenbefragungsmethode" bezeichnen. *Postman* und *Weingartner* (1972) plädieren in ihrem Buch „Unterrichten als subversive Tätigkeit" (so der englische Titel) für eine andere

Frage-Methode und geben praktische Ratschläge wie „Beschränken Sie die Tätigkeit jedes Lehrers auf drei Behauptungs- und 15 Fragesätze pro Unterrichtsstunde. Jeder Satz darüber hinaus würde eine Buße von 25 Cents kosten. Das Zählen und Einsammeln können die Schüler übernehmen" (192).

Wünschenswert wäre auch eine Leitvorstellung oder Theorie, in deren Mittelpunkt der Begriff „Konflikt" steht. Dies ist noch immer ein Desiderat der Pädagogik, obwohl die Zahl der Diskussionsbeiträge zunimmt. Praktisch wird die Problematik noch zu oft dadurch erledigt, daß Konflikte entweder als Störungen dem Oberbegriff „Disziplin" zugeordnet werden oder daß man sich mit den bekannten verbalen Appellen begnügt, man möge Konflikte nicht verdrängen, sondern „austragen". Opposition, Auseinandersetzung, Streit sind aus keiner Institution wegzudenken. Das Fehlen von Konflikten ist für gesellschaftliche Institutionen ein Merkmal von Devianz. Die Verteidigung einer von der bösen Gesellschaft abgeschirmten Schonwelt Schule ist nicht weniger absurd als die wortreichen Bekenntnisse zum Konflikt als Wert an sich, die als modische Abzeichen für kritisches Bewußtsein dienen.

Worüber sollte ich nachdenken und diskutieren, wenn ich überzeugt bin, daß Konflikte im Unterricht und in der Schule legitim sind und daß Schüler wertvolle Lernerfahrungen machen, wenn sie Konflikte (mit)erleben? (Diese Überzeugung steht m. E. nicht in Widerspruch zu dem, was oben über Lernen und Bedrohung gesagt wurde.)

Könnte es einen „Konfliktorientierten Unterricht" geben?

Dürfen Lehrer Konflikte methodisch erzeugen?

Dürfen Lehrer fürsorglich alle Konflikte für die Schüler beseitigen?

Erkenne ich als Lehrer, daß ich in Konflikten mit Schülern meine eigene Partei nicht verlassen kann, ohne mir etwas vorzumachen?

Geht es nur darum, im Unterricht Zeit für das Diskutieren und vielleicht Lösen konkreter Konflikte zur Verfügung zu stellen?

Können Schulen zulassen, daß die Schüler in ihren Mauern Politik machen?

Dürfen die Schüler nur „Schülerpolitik" treiben oder dürfen sie auch eine Meinung über den amerikanischen Präsidenten und über den deutschen Bundeskanzler haben?

Dürfen Schüler die Erfahrung machen, daß sie gemeinsam die Schulverhältnisse verändern können oder ist es besser, daß sie gar nicht erst auf solche Ideen kommen?

Was ist ein Konflikt und was nicht? Wer bestimmt in der Schule, was ein Konflikt ist? Gibt es objektive Konflikte?

Wie lernen Menschen politische Apathie und Konformität?

Wie lernen Menschen, Partei zu ergreifen, sich mit anderen zusammenzutun, nicht nachzugeben, Gehorsam zu verweigern, eigene Bedürfnisse zu erkennen, Interessen zu artikulieren und Probleme zu beschreiben? Ist es möglich, diese Fähigkeiten außerhalb von Konflikten zu erwerben? Wie lernen Menschen, die Zwei- und Mehrdeutigkeit sozialer Normen zu durchschauen?[6] Was nützt das Austragen von Konflikten auf der psychischen, individuellen Ebene, wenn die Konfliktursachen auf der überindividuellen Ebene erhalten bleiben, wie bei den Zensuren, der Lehrerherrschaft, der Abhängigkeit von bürokratischen Prozeduren? Auf viele dieser Fragen weiß ich keine befriedigenden Antworten. Ich weiß noch nicht einmal, ob dies sinnvolle Fragen sind und man nicht ganz andere Fragen zu stellen hätte.

Schülerzentrierter Unterricht ist für viele ein Musterbeispiel für konflikt-beschwichtigenden, unpolitischen Unterricht. Falls das stimmt, dann stimmt es genau so für den Unterricht, den die meisten von uns täglich machen. Nach meinen eigenen Erfahrungen ist die Chance groß, daß bei Schüler-zentriertem Unterricht Konflikte, die sonst tabuiert werden, an die Oberfläche kommen und zu Auseinandersetzungen führen, vor allem aber, daß die Schüler beginnen, Interessen zu erkennen und zum Ausdruck zu bringen. Außerdem wird ein Lehrer, der zeitweise einigermaßen konsequent schüler-zentriert unterrichtet, nicht lange auf Konflikte mit Kollegen, Vorgesetzten, Eltern und auch Schülern zu warten haben.

Aufgaben:

1. Formulieren Sie Ihre Bedenken gegen Schülerzentrierten Unterricht. Diskutieren Sie diese Bedenken mit einem Partner oder in einer Gruppe.

---

6 Ich will einige Normen nennen, die gerade in der Schule oft eine Rolle spielen: „Man darf alles sagen, aber man muß die angemessene Form wahren." Wie kann jemand die angemessene Form wahren, dem das Herz bis zum Halse schlägt, weil er es gewagt hat, sich zu wehren und Mächtigere herauszufordern? Auf wessen Seite steht diese Norm? — „Man muß den anderen immer ausreden lassen." Wenn der andere sowieso mehr zu sagen hat? Wenn er filibustert, Leerformeln wiederholt, mit Killer-Phrasen, Sprichwörtern und „Erfahrungen" Demagogie betreibt? Gilt die Norm auch für Erwachsene, die mit Kindern und für Chefs, die mit Untergebenen reden? — „Man muß zuhören können." Soll man Unsinn, Verleumdungen, falsche Darstellungen anhören? Soll man geduldig zuhören, wenn nichtssagendes oder überflüssiges Zeug geredet wird? — Toleranz, Taktgefühl, Meinungsfreiheit, Pluralismus usw. — wie weit soll ich diesen Normen und Werten folgen? Wann muß ich einen anderen Namen für sie finden?

2. Welche Argumente sprechen für Schülerzentrierten Unterricht?
3. Welche Einstellungen haben Lehrer, die häufiger schülerzentriert unterrichten?
4. Warum werden viele Lehrer anfangs unzufrieden sein, wenn sie beginnen, schülerzentriert zu unterrichten?
5. Für welche Unterrichtsthemen, in welchen Stunden und Fächern scheint Ihnen schülerzentriertes Vorgehen angemessen? Für welche nicht?
6. Probieren Sie einmal eine Stunde lang die schülerzentrierte Unterrichtsform und sammeln Sie dabei Beobachtungen und Schülerurteile, die Ihnen helfen können, das Ergebnis dieses Versuchs zu beurteilen.
7. Führen Sie einen längeren Versuch durch. Sie können etwa zu den Schülern sagen: „Wir haben zusammen zwei Stunden Geschichte (Erdkunde, Biologie, Zeichnen usw.) in der Woche. In einer von diesen beiden Stunden werde ich jedesmal bestimmen, was gelernt werden wird. In der zweiten Stunde könnt ihr selbst bestimmen, mit welchem Thema wir uns befassen und wie wir arbeiten." Stellen Sie den Schülern Hilfsmittel zur Verfügung (Stoffpläne, Bücher, Listen von Bild- und Filmmaterial usw.), die ihnen bei der Wahl von Themen und Arbeitsweisen helfen. Überlassen Sie den Schülern einen Teil der Wandtafel zum Notieren von Plänen usw. Oder hängen Sie dazu Tapeten an die Wand. — Überlegen Sie, wie Sie mit den Schülern zusammen feststellen können, ob der Versuch erfolgreich war oder nicht. Legen Sie vorher fest, wie lange der Versuch laufen soll. Brechen Sie ihn erst wieder ab, wenn diese Zeit abgelaufen ist.
8. Führen Sie bei Themen, die Ihnen geeignet erscheinen, manchmal schülerkontrollierten Unterricht (SKU) durch. Lassen Sie sich von den Schülern ausfragen; beantworten Sie ihre Fragen aber nicht zu ausführlich, damit weitere Fragen gestellt werden können.
9. Seien Sie kritisch, wenn Sie zu Erfahrungen kommen, die Ihnen beweisen, daß Schüler bei diesen Unterrichtsformen gar nichts lernen. Untersuchen Sie einfach mal, was die Schüler beim herkömmlichen Unterricht lernen. Bitten Sie die Schüler einfach, aufzuschreiben, was sie in einer Stunde gelernt haben. Was lernen Sie selbst, wenn Sie sich diese Texte durchlesen?
10. Verzichten Sie einmal wöchentlich in der Woche auf eine Pausenzigarette im Lehrerzimmer, und unterhalten Sie sich in dieser Zeit mit einem Ihrer Schüler über dies und das. Welche Schallplatten sammelt er/sie? Wohin will er/sie in den Sommerferien fahren? Wie kommt man als Schüler am besten zu Geld? Wie geht es seinem/ihrem Bruder?

Ein Verhaltensmuster aus der klientenzentrierten Therapie

In diesem Abschnitt geht es um ein einziges Verhalten: das sogenannte Reflektieren von Emotionen aus der klientenzentrierten Therapie.
„Im allgemeinen füllen Lehrer diese Rolle von allen Rollen am schlechtesten aus. Sie tendieren dazu, Moralisten, Polizisten oder Strafvollzieher zu sein, in der Annahme, daß ein guter Charakter durch Verordnungen entwickelt wird." So äußern sich *Trow* et al. (1970, 292) zu der Tatsache, daß jeder Lehrer, ob er es weiß oder nicht und ob er will oder nicht, immer auch in der Rolle des Helfers, Beraters oder Therapeuten ist.
Lehrer verhalten sich gegenüber Schülern oft recht wenig helfend und therapeutisch. In vielen Untersuchungen fand man, daß Lehrer zu einigen Schülern ihrer Klasse fast überhaupt keinen Kontakt hatten (*Adams*, 1972, 446). Und gerade die Schüler, die die Hilfe des Lehrers am meisten benötigen, scheinen oft am wenigsten Hilfe zu bekommen: die sogenannten „schwierigen Schüler" (vgl. *Höhn*, 1967).
Good und *Brophy* (1973, 29) fanden, daß schlechte Schüler, wenn sie richtige Antworten gaben, nur halb so oft gelobt wurden wie gute Schüler, die richtig antworteten. Und nach falschen Antworten wurden sie dreimal so häufig kritisiert wie gute Schüler (vgl. auch: *Jackson/Lahaderne*, 1972).
Osterloh und *Roland* befragten 46 „schwierige Schüler" und die Lehrer, die von diesen Schülern als „beliebt" bzw. „unbeliebt" genannt worden waren. Fast alle unbeliebten Lehrer meinten, daß die schwierigen Schüler „faul" wären und fanden keine positiven Eigenschaften an ihnen. Auch unterhielten sie sich nach ihren eigenen Angaben mit diesen Schülern kaum über deren private Dinge. Beide Lehrergruppen wußten wenig über die Interessen der schwierigen Schüler und hatten fast keinen Kontakt zu deren Eltern (S. 20 f.).
Auf die Frage „Glaubst Du, daß Dir manchmal andere Aufgaben gestellt werden als den meisten anderen Schülern?" antwortete ein Schüler: „Ich bekomme schwerere Aufgaben als andere Schüler, da ich sowieso keine beantworte und der Lehrer dann schimpfen kann." Einige Antworten zur Frage „Wie verhält sich der Lehrer, wenn Du seine Frage richtig beantworten kannst?" waren: „Er grient bloß höhnisch" — „Sie lächelt nur süßsauer, bei ihren Lieblingsschülern hält sie wahre Lobreden" — „Er beginnt zu spotten — endlich ist mal der Groschen gefallen" — „Eine zynische Antwort kommt bestimmt jedesmal" (S. 25). Weiter gaben die schwierigen Schüler in dieser Befragung an, daß die unbeliebten Lehrer meist ungeduldig, oft mit Schimpfen und sogar mit Spott reagierten, wenn der Schüler eine Frage nicht beantworten konnte (S. 26).

Schüler wünschen sich Lehrer, die Verständnis haben, und die meisten Lehrer möchten Schülern gegenüber verständnisvoll sein. Was ist Verständnis? Man kann idealtypisch zwei verschiedene Begriffe von „Verständnis" unterscheiden. Oft wird Verständnis als Ergebnis einer Informationssammlung gesehen. Lehrer sollen versuchen, möglichst viel über den Schüler, seine Entwicklung, seine Probleme, seine sozialen Beziehungen, seine häusliche Umwelt usw. zu erfahren, um dann von diesen Informationen auf die Ursachen seines Verhaltens zu schließen. Dahinter steht die Erwartung, daß mit der Einsicht in die Ursachen auch die Fähigkeit der Lehrer wachse, sich den Kindern gegenüber „verständnisvoll" zu verhalten. (Dieser Begriff von Verständnis wird lesenswert dargestellt in: *Division on Child Development.*)

(Was wissen Sie über Ihre Schüler? Notieren Sie Beispiele dafür, wie dieses Wissen Ihr Verhalten zu einzelnen Schülern verständnisvoller macht.)

Nun ist der Weg über die Sammlung vieler präziser Beobachtungen, die Zusammenfassung dieser Beobachtungen, die Bildung von Hypothesen, die erneute Beobachtung, die Bildung neuer Hypothesen usw. sehr aufwendig, und die Praxis zeigt, daß nur sehr wenige Lehrer diesen Weg wählen. Meist wird daher das Verhalten von Schülern sehr schnell gedeutet und eingeordnet, ohne daß vorher methodisch Daten erhoben wurden. Lehrer berufen sich dann auf ihre Menschenkenntnis und auf ihr psychologisches Wissen und bemerken oft nicht, daß sie nur ihre eigenen Vorstellungen dem Schüler, den sie zu verstehen vorgeben, überstülpen. Wer nur einige psychologische Begriffe gelernt hat, findet schnell ein paar passende „Ursachen" und gibt sich mit diesen Ursachen leicht zufrieden. Noch häufiger wird einem auffälligen Schüler einfach eine Eigenschaft zugeschrieben („Faul", „Könnte, wenn er nur wollte", „Geltungsbedürftig" usw.), und diese Kennzeichnung bleibt dann an ihm hängen und beeinflußt seine weitere Schulkarriere. (Daß dieses Etikettieren — „labeling" — auch ein wichtiger Faktor bei der Entstehung einer devianten Karriere sein kann, sei am Rande erwähnt; vgl. *Homfeldt*, 1972; 1973).
Die zweite Konzeption sieht Verständnis nicht als etwas, was ein Lehrer auf Grund seiner Ausbildung oder Menschenkenntnis „hat" oder sich durch Informationssammlung erwirbt, sondern als einen Interaktionsprozeß, in dem der Lehrer dem Schüler kommuniziert, daß er bereit ist, nicht nur die eigene, sondern auch die Wirklichkeit des Schülers in Betracht zu ziehen. Verstehen heißt hier nicht, alles über den Schüler zu wissen und auf der

Grundlage dieses Wissens (möglichst noch ohne daß der Schüler dies merkt) zu handeln, sondern in einer Weise mit dem Schüler zu interagieren, daß dieser sich verstanden und akzeptiert fühlt und bereit ist, sich offen zu äußern und sich selbst besser zu verstehen, statt sich zu verteidigen und abzukapseln. Verständnis in diesem Sinne ist eher ein Prozeß als ein Produkt. Dieses verständnisvolle Verhalten braucht kein abgerundetes Bild von der Persönlichkeit des Schülers und erst recht kein fixes abschließendes Urteil über seinen „Charakter". Das Reflektieren von Emotionen ist *eine* Gesprächstechnik, die Lehrern ermöglicht, Verständnis dieser zweiten Art zu verwirklichen.

Das Reflektieren setzt voraus, daß sich der Lehrer in den Schüler hineinversetzt und so genau wie möglich zu verstehen versucht, was *in diesem Augenblick* in ihm vorgeht. Dann kann er seine Wahrnehmung in Worten ausdrücken und dem Schüler „zurückspiegeln". Dabei versucht er, das Verhalten oder die Worte des Schülers vom Standpunkt des Schülers aus zu sehen und möglichst nichts hineinzuinterpretieren. Beispiele für reflektierende Äußerungen sind:

Du möchtest gern als Erster fertig sein.
Es ist dir unangenehm, wenn ich in dein Heft schaue.
Du findest es schlecht, was Doris macht.
Ihr möchtet jetzt am liebsten alle ein Magnet haben.
Du bist so wütend auf Arndt.

Lehrer werden viele Einwände gegen solche Äußerungen haben. Welchen Zweck soll es haben, daß man zu einem Schüler sagt „Du möchtest Erster werden"? Warum schaut der Lehrer ins Heft, wenn es dem Schüler unangenehm ist? Sollte man dem Schüler, der alles schlecht findet, was Doris macht, nicht lieber raten, erst einmal seine eigenen Werke zu begutachten, die auch nicht viel besser sind? Ist es nicht besser, allen Schülern ein Magnet zum Probieren zu geben, wenn sie es so gern möchten? Und müßte man Klaus nicht fragen, warum er Arndt geschlagen hat; müßte man ihm dies nicht verbieten oder ihn dafür zurechtweisen? Müßte man ihn nicht durch Erklärungen zu der Einsicht bringen, daß Schlagen kein angemessenes Mittel für die Lösung eines Konflikts ist? Ist es nicht ein gewaltsames Eindringen in die Intimsphäre der Schüler, wenn man sie auf ihre Gefühle und Gedanken anspricht? Mischt man sich nicht in etwas ein, was einen nichts angeht? Werden sachliche Probleme nicht auf eine Gefühls- und Beziehungsebene verschoben, wo sie nichts zu suchen haben?
Jeder einzelne Einwand kann im konkreten Fall durchaus berechtigt sein. Insgesamt sind die vielen Einwände, die Lehrer gegen die Technik des

Reflektierens von Gefühlen vorbringen, aber vielleicht ein Symptom dafür, wie sehr diese Art zu sprechen von den Verhaltensgewohnheiten der meisten Lehrer abweicht und wie wenig sie mit der üblichen Berufsmentalität vereinbar zu sein scheint. Es ist wohl sehr schwer, das Bedürfnis zurückzustellen, ein Problem sofort *für die Schüler* zu lösen, indem man ihnen Fragen stellt, Ratschläge oder Befehle gibt, Vorwürfe macht, sie bestraft oder belehrt. Die meisten Lehrer haben sich angewöhnt, schnell zu intervenieren und Einfluß auszuüben, und gerade hierfür ist das Reflektieren von Gefühlen am wenigsten geeignet.

Ein Lehrer, der zu einem Schüler sagt „Du magst nicht mehr stillsitzen" und damit meint „Setz dich sofort anständig hin und laß das Zappeln", wird wahrscheinlich von der Wirkung seiner Worte enttäuscht sein. Das Reflektieren ist kein Mittel, mit dem sich augenblicklich Gefügigkeit bei den Schülern herstellen läßt.

Diese Äußerung ist gerade dadurch gekennzeichnet, daß sie dem angesprochenen Schüler die Freiheit läßt, sehr verschieden zu reagieren. Er kann schweigen, ja oder nein sagen, er kann stillsitzen oder weiterzappeln, er kann protestieren oder Wünsche äußern, sich Gedanken über das machen, was der Lehrer sagte, oder auch nicht. Das Reflektieren von Emotionen ist nur sinnvoll, wenn beim Lehrer die Bereitschaft besteht, verschiedene Schülerreaktionen zu akzeptieren und wenn er den Schüler und seine Individualität wirklich respektiert und ihm zutraut (und zumutet), daß er sich selbständig entscheidet. Ohne diese Hintergrundüberzeugung wäre reflektierendes Lehrerverhalten unecht.

Für Schüler, die ernsthafte Probleme haben, kann es eine Hilfe bedeuten, wenn ein Lehrer, statt gute Ratschläge zu erteilen, einfach ihre Gefühle reflektiert. Sie erfahren dabei: „Ich bin nicht allein. Ich bin nicht der einzige Mensch auf der Welt, der dieses Problem hat." Sie erfahren, daß sie akzeptiert werden, wie sie sind; und sie werden ermutigt, sich auszudrücken, über Bedrückendes zu sprechen und nachzudenken. Sie finden jemanden, der ihnen zuhört und sie verstehen will. Und schon dies erleichtert ihre Belastung. Lehrer nehmen sich oft vor, mit einem Schüler, der sich unangemessen verhalten hat, nach der Stunde unter vier Augen zu sprechen. Sie erhoffen sich von solchen Gesprächen, daß der Schüler einsichtig wird und sein Verhalten überdenkt. Aber oft gelingt es Lehrern nicht, Zugang zu dem Schüler zu finden. Und falls der Schüler anfangs bereit ist, mit dem Lehrer zu sprechen, so geht diese Bereitschaft während des Gesprächs oft verloren. Am Ende hält der Lehrer eine Moralpredigt, von der er genau weiß, daß sie nichts bewirken wird. Das Reflektieren von Emotionen könnte helfen, solche Mißerfolge zu vermeiden.

Vielleicht noch wichtiger als die verbale Äußerung über die Gefühle des Gesprächspartners ist die Tatsache, daß sich der Lehrer darum *bemüht*, den inneren Zustand von Schülern zu verstehen. Wenn ich darüber nachdenke, was ein Schüler in einer bestimmten Situation wohl denkt und empfindet, dann brauche ich das Ergebnis dieses Nachdenkens oft noch nicht einmal mit Worten zu formulieren, weil es sich in dem, was ich tue oder unterlasse, was ich sage oder was ich eben nicht sage, niederschlägt. Diese Fähigkeit, die Wirklichkeit des Schülers zu berücksichtigen, ist eine wichtige Verhaltensänderung, auch wenn sie sich nicht in entsprechenden Verbalisierungen ausdrückt.

Es ist leider nicht selbstverständlich, daß Lehrer geduldig zuhören können und eine ausgeprägte Fähigkeit besitzen, auf Schüler einzugehen.

Das Verhalten „Reflektieren von Emotionen" ist vielseitig verwendbar und trotzdem nur ein winziger Baustein des Lehrerverhaltens. Man kann dieses Verhalten verwenden, um den Unterricht schülerzentriert zu gestalten, aber es ist keine Universaltechnik und vor allem kein Patentrezept zur Disziplinierung von Schülern. Ohne die grundsätzliche Einstellung des Respekts vor der Individualität der Schüler und ohne die Philosophie der Selbständigkeit und Selbstverantwortung wird das Reflektieren zu einer fragwürdigen Manipulationstechnik oder zu einer Marotte des Lehrers.

Literaturhinweise: Rogers, 1965; *Axline,* 1969; *Mucchielli,* o. J.; *Tausch,* 1968; *Tausch/Tausch,* 1970.

Es gibt viele Versuche, andere therapeutische Konzeptionen auf den Schulunterricht zu übertragen. Zahlreich sind die psychoanalytisch orientierten Erziehungskonzeptionen (vgl. z. B. *A. Freud; Neill,* 1969; *Zulliger; Richter,* 1967; *Bittner/Rehm,* 1966). Vielfach bleiben die Übersetzungen psychoanalytischer Ideen in erzieherisches Handeln problematisch (vgl. *Bittner,* 1973). *Redl* (1971) setzt der klassischen Analyse im „abgedichteten Raum" das Konzept einer umfassenden Milieutherapie entgegen (*Redl,* 1971, 50) und entwickelt Gedanken über das „situationsbezogene therapeutische Gespräch im aktuellen Lebenskontext", das dazu dienen soll, Ereignisse aus dem täglichen Leben (z. B. auch in der Schule) therapeutisch auszuwerten und Kindern sofortige emotionale „Erste Hilfe" zu leisten (S. 52 f.). Diese und andere Ideen in *Redls* Buch können für Lehrer Anregungen bieten, die ihr Verhalten in diesem Bereich erweitern möchten.
Einer ganz anderen therapeutischen Richtung wollen wir uns im nächsten Abschnitt zuwenden.

Aufgaben

1. Untersuchen Sie die oben angeführten Kategoriensysteme der Interaktionsanalyse. In welchen finden sich Kategorien, die dem Verhaltensmuster „Reflektieren von Emotionen und Gedanken" ganz oder teilweise
   entsprechen?
2. Stellen Sie einige Situationen zusammen, in denen Schüler sich verbal
   oder nichtverbal äußern. Wählen Sie am besten Situationen, die Sie selbst
   im Unterricht erlebt haben.

Zum Beispiel:

— Als die Stunde vorbei ist, merke ich, daß Petra die ganze Zeit vor der Tür
  gestanden hat, weil sie nicht wagte, zu spät in den Unterricht zu kommen.
— Ernst fragt, als ich ein Bild an die Tafel hänge: „Haben Sie das selbst
  gemalt?"
  Versuchen Sie sich vorzustellen, was alles in einem Kind vorgehen kann,
  das sich so verhält. Notieren Sie sich alle Möglichkeiten, die Ihnen einfallen.
  Versuchen Sie dann in einem zweiten Schritt einige dieser Gefühls- oder
  Gedankeninhalte durch eine verbale Äußerung zu reflektieren.
3. Versuchen Sie dasselbe in passenden Unterrichtssituationen.
4. Versuchen Sie das Reflektieren in Gesprächen unter vier Augen anzuwenden, die Sie mit Schülern haben. Haben Sie Geduld und seien Sie
   nicht enttäuscht, wenn Pausen entstehen, weil der Schüler nicht sofort
   antwortet. — Versuchen Sie weitere reflektierende Äußerungen, wenn
   Sie das Gefühl haben, daß die erste Äußerung nicht das ausgedrückt hat,
   was der Schüler in diesem Augenblick empfindet.

Verhaltensmodifikation im Unterricht

Die Idee des schülerzentrierten Unterrichts und das Verhaltensmuster
„Reflektieren von Emotionen" beruhen auf dem Gedanken, daß Schüler
von sich aus lernen und daß es die Aufgabe des Lehrers ist, den Lernprozeß
zu erleichtern. Die Initiative geht nicht vom Lehrer aus, sondern es wird
versucht, die Initiative der Schüler zu wecken und mehr auf ihre Initiativen
zu reagieren, statt sie zum Ausführen vorgeplanter Aktivitäten abzurichten.
Eine stärker kontrollierende Rolle kommt dem Lehrer zu, der die Grundsätze der Verhaltenstherapie (Verhaltensmodifikation) im Unterricht anwendet. Hier kontrolliert der Lehrer die Bedingungen, unter denen die

Schüler lernen oft bis in winzige Einzelheiten, verteilt Lob, ignoriert oder gibt Zuwendung nach einem relativ starren Plan. Die Vertreter der „psychodynamischen" Richtungen verurteilen dies als Dressur, Manipulation und Verhinderung von Selbstbestimmung. Befürworter der Verhaltensmodifikation werfen den psychodynamisch orientierten Therapeuten vor, daß die Ziele der Behandlung unklar definiert werden (Was ist z.B. „Selbst-Aktualisierung", „Ich-Stärke", „Einsicht", „Selbstbehauptung", wenn es nicht als sichtbares Verhalten definiert wird? Vgl. *Krumboltz/Thoresen*, 1969, 2; *Bandura*, 1969, 70 ff.), daß der Therapeut dem Patienten bewußt oder unbewußt nur die eigene Ideologie vermittelt, also noch viel bösartiger manipuliert usw. (vgl. *Bachmann*, 1972).

Die Verhaltensmodifikation hat ein anderes Modell von psychischer Gesundheit bzw. Krankheit als die psychodynamischen Theorien, für die die auftretenden Symptome nur Anzeichen tieferliegender Krankheitszustände sind (*Whitman/Whitman*, 1971, 177). Nach der psychodynamischen Vorstellung würde die Behandlung der „äußerlichen" Symptome nur zu neuen Symptomen führen, da die tieferen Ursachen nicht behoben worden sind. *Ullmann* und *Krasner* (1965, 13) weisen darauf hin, daß es für diese Hypothese der Symptom-Substitution wenig empirische Beweise gibt und daß in den (recht seltenen) Fällen, in denen nach einer Symptombehandlung neue Symptome auftreten, dies nicht unbedingt psychodynamisch interpretiert werden muß. So kann das Auftreten eines neuen „unangepaßten" Verhaltens damit erklärt werden, daß die durch die Entfernung des ersten Symptoms entstandene „Verhaltenslücke" Raum für das neue Verhalten geschaffen hat; ein tieferliegendes Übel braucht dagegen nicht angenommen zu werden (*Whitman/Whitman*, 1971, 178).

Die Verhaltensmodifikation nimmt die auftretenden „Symptome", die äußerlichen Verhaltensstörungen (die auch darin bestehen können, daß bestimmte Verhaltensweisen dem Klienten [Schüler] nicht zur Verfügung stehen), als die „Krankheit". Sie sieht menschliches Verhalten — ob „gesundes" oder „krankes", „angepaßtes" oder „unangepaßtes", „angemessenes" oder „unangemessenes" — als Ergebnis von Lernprozessen und arbeitet nach dem Prinzip: Was gelernt wurde, kann auch verlernt werden. Bei Verhaltensmodifikationsprogrammen liegt die Hauptverantwortung beim Therapeuten (Lehrer), der aktiv und systematisch den Lernprozeß lenkt. Der besondere Vorteil der Verhaltensmodifikation für Lehrer besteht darin, daß die Techniken recht einfach sind und leicht erlernt werden können (*Hosford*, 1969). Außerdem sind Verhaltensmodifikationsprogramme innerhalb des normalen Klassenunterrichts durchführbar; es ist nicht notwendig, daß der Lehrer alle anderen Kinder vernachlässigt und sich nur auf das eine

Kind konzentriert, dessen Verhalten verändert werden soll (*Whitman/ Whitman,* 1971, 180).

Verhaltensmodifikationstechniken lassen sich auf ein breites Spektrum von Problemen erfolgreich anwenden. Man kann sie benutzen, um die Lernfähigkeit von Schülern zu verbessern, um Schulangst abzubauen, um Hyperaktivität, aggressives Verhalten, Schüchternheit zu vermindern, um Schülern zu helfen, in und vor einer Gruppe zu sprechen und mit anderen Gruppenmitgliedern zu kooperieren, um den Status „Schlechter Schüler", „schwarzer Schafe" und „Außenseiter" in der Klassengruppe zu verbessern.

Viele Lehrer stellen durch soziometrische Erhebungen fest, daß bestimmte Kinder in ihrer Klasse von den Mitschülern abgelehnt werden. Aber bei dieser Feststellung bleibt es dann oft, weil viele Lehrer nicht wissen, wie sie die Lage der unbeliebten Schüler verbessern können (vgl. *Reiß,* 1969). Hängt die Unbeliebtheit eines Schülers z.B. damit zusammen, daß ihm bestimmte soziale Fertigkeiten fehlen, dann können Lehrer ihm diese Fertigkeiten durch ein entsprechendes Programm vermitteln (vgl. *Allen* et al., 1965). Natürlich können Lehrer die Verfahren der Verhaltensmodifikation dazu mißbrauchen, die Schüler effektiv und kurzsichtig zu disziplinieren, Gefügigkeit und Konformität zu verstärken, aber die gleichen Techniken können auch benutzt werden, den Freiheitsspielraum der Schüler zu erweitern und Voraussetzungen für mehr Selbstbestimmung zu schaffen. Die wirklich „schwierigen" Schüler sind ja diejenigen, die sich in sich selbst verkriechen und regressiv reagieren (vgl. *Höhn,* 1967, 70; *Buckley/Walker,* 1970, 81), obwohl dieses Verhalten manchen Lehrern eher angenehm zu sein scheint. Solchen Schülern aus ihrem Schneckenhaus herauszuhelfen, sie zur Selbstbehauptung und zu einer gewissen Aggressivität zu befähigen, bedeutet, sie freier zu machen als sie sind.

Zu den Techniken der Verhaltensmodifikation gehören: positive und negative Verstärkung (Bekräftigung), Extinktion (Nicht-Verstärkung, Ignorieren), Gegenkonditionierung und systematische Desensibilisierung, die Verwendung lebender, gefilmter oder Tonband-Modelle (Imitationslernen), Rollenspiel und Simulation, Restriktion und systematische Exklusion (*Keirsey,* 1969; *Shier,* 1969), Verhaltensverträge (*Dinoff/Rickard,* 1969), Inhibition und Unterbrechung (time-out) (*Ackermann,* 1972, 16, 97 ff), aber auch „kognitive Techniken" wie Planen oder Konfrontation. (Zu den verschiedenen Techniken der Verhaltensmodifikation vgl. *Bandura,* 1969; *Meyer/Chesser,* 1971; *Krumboltz/Thoresen,* 1969; *Buckley/Walker,* 1970; *Ullmann/Krasner,* 1965; *Fargo/Behrns/Nolen,* 1970; *Belschner* et al., 1973; *Tausch/Tausch,* 1970.)

Oft ist es nützlich, eine Kombination verschiedener Techniken anzuwenden.

Im nächsten Abschnitt stelle ich einige dieser Techniken etwas ausführlicher dar.

Strafe, Ignorieren und Verstärkung im Unterricht

Beginnen wir mit einer Geschichte:

Ein junger Lehrer bemüht sich, einem seiner kleinen Schüler beizubringen, ihn nicht ständig zu duzen. „Du schreibst bis morgen zehnmal den Satz ,Ich darf meinen Lehrer nicht duzen'."
Am nächsten Morgen überreicht der Junge strahlend seine Strafarbeit.
„Warum hast du den Satz zwanzigmal geschrieben, ich hatte doch nur zehnmal gesagt?"
„Ich wollte dir eine kleine Freude machen." (Aus: „Die Zeit".)

Moral: Strafen haben nicht selten unerwartete Konsequenzen.

Ein Schüler, der für sein Verhalten bestraft wurde, hört vielleicht mit dem Verhalten auf, vielleicht aber auch nicht. Vielleicht beginnt er, den Lehrer oder die Schule zu hassen und das Lernen selbst als Strafe anzusehen; vielleicht bekommt er Angst vor der Schule, zeigt schlechtere Schulleistungen; vielleicht wird er gleichgültig oder gefügig, oder er paßt sich nach außen an, um sich innerlich zu distanzieren und das Verhalten, für das er bestraft wurde, „extra" fortzusetzen, wenn der Lehrer es nicht kontrollieren kann. Strafen sind ein schlechtes Mittel der Verhaltenslenkung (vgl. *Bachmann,* 1972, 99, 162 f.; *Ackermann,* 1972, 17—19; *Correll,* 1971, 36).
Eine sehr milde Form der Strafe ist die Ermahnung. *Mager* (1970, 53) meint: „Ermahnungen werden öfter angewandt und bewirken weniger als beinahe jedes andere dem Menschen bekannte Mittel zur Verhaltensänderung." Vorwürfe, Ablehnung, Entmutigung, Herabsetzung, Bloßstellen, Lächerlichmachen, Sarkasmus, bösartiges Kritisieren und viele andere Strafen lösen gewöhnlich Vermeidungsverhalten aus. Schüler versuchen sich — real oder symbolisch — aus Situationen fortzubewegen, in denen sie Bestrafungen erleben. Die Meinung ist falsch, man müsse den Menschen nur ihre Fehler vorhalten, damit sie sie freudig aufgeben.
In vielen Fällen ist das Ignorieren unangemessener Verhaltensweisen wirksamer als Bestrafung. Die Lehreraufmerksamkeit, die ein Schüler durch sein Verhalten erzielt, ist in der Regel für ihn schon eine Belohnung (vgl. *Acker-*

mann, 1972, 41). Ignoriert der Lehrer nun dieses Verhalten, so entzieht er den gewohnten Verstärker, und das Verhalten kann dadurch „ausgelöscht" werden (Extinktion). Manche Lehrer benutzen dieses Mittel sehr erfolgreich, um die Disziplin in der Klasse zu erhalten (vgl. *Madsen/Becker/Thomas*, 1972).

Es fällt vielen Lehrern schwer, unangemessenes Verhalten zu ignorieren, da sie sehr stark auf intervenierendes Verhalten „eingestellt" sind. Ein Schüler, der konzentriert arbeitet, wird gewöhnlich vom Lehrer ignoriert. Aber sobald er beginnt, „Unsinn" zu treiben, wird er meist vom Lehrer beachtet. Wahrscheinlich wird nichterwünschtes Verhalten von Schülern nach diesem Muster in der Schule sehr häufig unabsichtlich verstärkt.

Ein Lehrer ärgert sich vielleicht darüber, daß viele Schüler ihn laut beim Namen rufen und nach vorne laufen, wenn sie drangenommen werden möchten. Aber: je lauter ein Schüler ruft, desto eher nimmt ihn der Lehrer dran, damit das Rufen und Nach-vorn-Laufen aufhört. Der Lehrer verstärkt so gerade die Verhaltensweisen bei den Schülern, die er ihnen eigentlich abgewöhnen möchte. Umgekehrt verstärken die Schüler den Lehrer dafür, daß er sie trotz des lauten Rufens und Nach-vorn-Laufens drannimmt, denn sobald der Lehrer in der erwünschten Weise reagiert, belohnen sie ihn dadurch, daß sie mit dem Rufen und Nach-vorn-Laufen aufhören. Die Schüler dressieren den Lehrer.

Schüler kontrollieren das Lehrerverhalten recht häufig. *Allen* und *Ryan* (1969, 139) bringen das folgende Beispiel: Stellt ein Lehrer einem Schüler eine Frage und der Schüler schweigt und macht ein gequältes Gesicht, so ist dies dem Lehrer unbehaglich, und er bricht vielleicht das Schweigen, indem er selbst weiterspricht, die Frage selbst beantwortet, sie umformuliert, einen anderen Schüler fragt, zu schimpfen beginnt usw. Der Schüler hat durch sein Schweigen den Lehrer gezwungen weiterzusprechen.

Man kann vermuten, daß in der Schule „Faulheit", Passivität, Einfallslosigkeit, Desinteresse, Frechheit, Unaufmerksamkeit, Unaufrichtigkeit und viele andere unerwünschte Verhaltensweisen häufiger unbeabsichtigt verstärkt werden.

Auch das Phänomen, daß die Anwendung von Strafen so oft einen eskalierenden Verlauf nimmt, läßt sich als Verhaltensmodifikationsprozeß beschreiben: Ein Lehrer brüllt die Schüler an. Sofort sind alle leise und aufmerksam und verstärken so das Brüllen des Lehrers. Nach und nach werden die Zeitabschnitte, in denen die Schüler als Reaktion auf das Brüllen leise und aufmerksam sind, kürzer, und der Lehrer muß stärkere Mittel einsetzen, um den gleichen Effekt zu erzielen. So entsteht eine Eskalationskette von Strafmaßnahmen, die vom Ermahnen zum Meckern, vom Meckern zum

Brüllen, vom Brüllen zum Verteilen von Strafarbeiten bis schließlich zum Schlagen fortgesetzt werden kann (vgl. *Ackermann*, 1972, 41, 85).

Diese Beispiele zeigen, daß Verhaltensmodifikation im Unterricht dauernd betrieben wird, und zwar von Lehrern wie von Schülern, ohne daß es beiden Gruppen bewußt sein muß. Dabei produziert die „natürliche", undurchschaute Verhaltensmodifikation allerlei Teufelskreise. Solche Teufelskreise können in der Regel erst aufgelöst werden, wenn Lehrer von der unbewußten (nicht intendierten) auf bewußte Verhaltensmodifikation umschalten und das Ignorieren und Verstärken gezielt einsetzen.

Was ist Verstärkung?

Eine Verstärkung wird definiert als ein angenehmer Reiz oder Zustand, der auf ein Verhalten folgt. Ein bestimmter Reiz wirkt als Verstärker, wenn er die Wahrscheinlichkeit erhöht, daß ein Verhalten von einer Person häufiger geäußert wird.
Welche Reize und Zustände wirken als Verstärker?
Wie kann ein Lehrer Schülerverhalten verstärken?

1. Mit Worten: Prima! — Schön, daß du so gut mitarbeitest. — Das ist ein guter Gedanke, so können wir es versuchen. — Ich freue mich, daß du so gut aufpaßt. — Klaus hatte den wichtigen Einwand gebracht . . . — Du bist freundlich zu Ilse.

2. Ohne Worte: freundlich anschauen, aufmerksam zuhören, in erwünschter Weise reagieren, Kopfnicken, Interesse, Freude zeigen usw.

3. Mit Gegenständen: kleine Bilder, Bonbons u. v. a.; symbolische Verstärker, z. B. Marken oder Plättchen, die später gegen Belohnungen oder Vergünstigungen eingetauscht werden können.

4. Durch die Zuteilung von Vergünstigungen und Privilegien (Du darfst dir für die letzten 10 Minuten der Stunde ein Spiel wünschen. — Wenn du diese Aufgabe gelöst hast, kannst du dir aussuchen, was du tun willst.)

5. Schriftlich: z. B. als Kommentare zu Aufsätzen und anderen Arbeiten, in denen das Positive hervorgehoben wird oder als Briefe an einzelne Schüler oder als Anschreiben einer Schüleräußerung an die Wandtafel.

Man unterscheidet materielle Verstärker von sozialen Verstärkern. Zu den letzteren gehören Lob, das Kommunizieren von Wertschätzung, Anerkennung und Hochachtung usw. Verstärkungen können sich auf Teile eines Verhaltens beziehen (z.B. ein Schüler, der sich sehr selten am Gespräch beteiligt, meldet sich und gibt eine — falsche oder unpassende Antwort. In diesem Fall kann die Beteiligung verstärkt werden, ohne daß die unangemessene Antwort verstärkt oder bestraft wird). Man kann einzelne Schüler, eine Gruppe von Schülern oder die ganze Klasse für ihr Verhalten verstärken. Man kann eine Verstärkung verzögert geben (z.B. einen Schüler für ein Verhalten verstärken, das vor 10 Minuten in der Pause stattfand; vgl. aber unten: Regel 3). Lehrer werden sich bemühen, für einzelne Schüler oder für eine Klasse die wirkungsvollsten Verstärker zu entdecken.

Ausgehend von *Premacks* Prinzip, daß Verhaltensweisen, die häufiger auftreten, als Verstärkungen für weniger häufige Verhaltensweisen dienen können, hat *Daley* (1969) für eine Gruppe von 8- bis 11jährigen geistig retardierten Kindern ein „Verstärkungs-Menu" entwickelt. Zuerst wurde beobachtet, welche Verhaltensweisen bei diesen Kindern am häufigsten auftraten. Dann wurden die häufigsten Verhaltensweisen zu einem Bilderbuch zusammengestellt, das 22 Items wie die folgenden enthielt: Sprechen — Schreiben — Anmalen — Zeichnen — Eine Schallplatte hören — Telefonieren — Puzzle-Spiel — Mit Bauklötzen bauen. Immer, wenn die Kinder eine Lernaufgabe erfolgreich bearbeitet hatten, durften sie sich für 4 Minuten mit einer selbstgewählten Verstärkungs-Aktivität beschäftigen.
Das Verfahren erwies sich als sehr wirksam: die Kinder lernten, längere Zeit konzentriert zu arbeiten und verbesserten im Laufe von 15 Sitzungen ihre Leistungsfähigkeit beträchtlich. *Daley* fand in weiteren Versuchen, daß später Schulaufgaben in das Verstärkungsmenu aufgenommen werden konnten, so daß es möglich war, die Kinder mit Rechenaufgaben für Leseübungen zu verstärken (*Krumboltz/Thoresen*, 1969, 45). Zeit ist ein Verstärker, über den jeder Lehrer in ausreichendem Maße verfügt (vgl. *Ackermann*, 1972, 69 ff.; *Buckley/Walker*, 1970, 81).

Regeln für das Verstärken

1. Verhaltensweisen, die häufiger auftreten sollen, müssen verstärkt werden.

2. Verhaltensweisen, die seltener auftreten sollen, dürfen nicht verstärkt werden.
3. Verhaltensweisen, die häufiger auftreten sollen, müssen möglichst *sofort*, nachdem sie geäußert wurden, verstärkt werden.
4. Verhaltensweisen, die häufiger werden sollen, müssen öfter verstärkt werden.
5. Inkonsequenz beim Ausschalten von Verstärkern festigt unerwünschtes Verhalten (vgl. *Bandura/Walters*, 1963, 226 f.).
6. Verhaltensweisen, die eine Vorstufe zu dem gewünschten Endverhalten darstellen, müssen verstärkt werden. (Z.B. ein Schüler, der nie spricht, wird verstärkt, wenn er zögernd seinen Finger hebt, um sich zu melden.)
7. Statt unerwünschtes Verhalten zu bekämpfen (und durch die damit verbundene Beachtung evtl. zu verstärken), sollten Lehrer ihre Aufmerksamkeit erwünschten Verhaltensweisen zuwenden und diese verstärken.
8. Wenn das erwünschte Verhalten gefestigt ist und häufiger auftritt, sind die Verstärkungen langsam abzubauen. Regelmäßiges Verstärken sollte langsam in unregelmäßiges übergehen, denn dadurch wird das Verhalten langfristig noch mehr gefestigt und gleichzeitig die Abhängigkeit vom Verstärkenden (Lehrer) langsam abgebaut

(vgl. *Minsel*, 1970; *Florin/Tunner*, 1970).

↳ Was genau will ich verstärken, welche Verhaltensweisen sind erwünscht (nur leider nicht oft anzutreffen?)

Beispiele für Verstärkungsprogramme

Brown und *Elliot* (1965) modifizierten aggressives Verhalten bei 27 „normalen" Jungen des Vorschulalters. Die Lehrer wurden angewiesen, (1) Aggressionen zu ignorieren und (2) alles Verhalten zu beachten, das mit Aggression unvereinbar war. Dies führte zu einer starken Verringerung physischer und verbaler Aggression. Die Lehrer waren anfangs sehr skeptisch, aber am Ende von der Wirksamkeit des Vorgehens überzeugt (zit. nach: *Whitman/Whitman*, 1971, 183).
Verstärkungsprogramme können sich sowohl auf einzelne Schüler wie auch auf eine ganze Klasse beziehen. *Allen* et al. (1965) verstärkten ein einzelnes Kind, das zwar Kontakt mit Erwachsenen aufnahm, anderen *Kindern* gegenüber aber völlig isoliert blieb. Die Erwachsenen wendeten dem isolierten Kind immer dann ihre Aufmerksamkeit zu, wenn es sich in der Nähe anderer Kinder befand und mit ihnen in Interaktion trat. Das Kind lernte

sehr schnell, sich anderen Kindern häufiger zu nähern und aktiv mit ihnen zu spielen.

Mit älteren Schülern oder mit Studenten (aber nicht nur bei ihnen) kann ein Verstärkungsprogramm geplant und mit einem größeren Ausmaß an Selbstkontrolle durchgeführt werden. *Scoresby* (1969) berichtet von einer Studentin, die mit Hilfe des Counselors (Beratungslehrers) ihre Studiengewohnheiten verbesserte, indem sie lernte, planmäßig zu arbeiten, die Ausführung des Planes selbst zu kontrollieren und sich selbst dafür zu verstärken.

Nicht selten werden Kinder (Schüler) *durch ihre Mitschüler* für bestimmte Verhaltensweisen verstärkt. Es gehört daher oft mit zu einem wirksamen Verhaltensmodifikationsprogramm, diese Verstärker auszuschalten. So können die Mitschüler lernen, einem verhaltensgestörten Kind dadurch zu helfen, daß sie es nicht beachten, wenn es im Unterricht wieder einmal „in Fahrt" ist (*Whitman/Whitman*, 1971, 183).

Umgekehrt sind Verstärkungsprogramme in Schulklassen oft auch darum sehr wirksam, weil die Verstärkung, die ein einzelnes Kind erhält, bei den anderen Schülern als stellvertretende Verstärkung wirken kann. Manche Schüler werden sich bemühen, das Verhalten des verstärkten Kindes nachzuahmen.

Nicht immer wirken Verstärker in der erhofften Weise, ja, die Verstärkungsbemühungen eines Lehrers können „nach hinten losgehen" und das Gegenteil des Erwarteten bewirken (vgl. *Varenhorst*, 1969; *Korn*, 1969). Häufig läßt sich dies damit erklären, daß Verstärkungen gewählt wurden, die bei den Schülern nicht als Verstärkungen wirken. Ein Schüler, der seinen Mitschülern dadurch imponieren will, daß er mit dem Lehrer Streit anfängt, kann es als Strafe auffassen, wenn der Lehrer ihn lobt.

Verhaltensmodifikationstechniken sind überhaupt nur dann zu rechtfertigen, wenn sie die Selbständigkeit und Entscheidungsfähigkeit des Individuums fördern (vgl. *Kelman*, 1970). Es wäre nicht gut, wenn ein Lehrer bis zum letzten Schultag jede Schüleräußerung mit Lob oder Bonbons verstärkte. Dies würde die Schüler von Verstärkungen durch andere abhängig machen und die Entwicklung von Unabhängigkeit und Kritikfähigkeit behindern. Aber manche Schüler würden gar nicht lernen, in einer Gruppe eigene Gedanken vorzutragen, die eigenen Gedanken selbst zu bewerten und von den Urteilen anderer relativ unabhängig zu werden, wenn sie nicht vorher lernten, überhaupt einmal etwas zu sagen. Für diese Schüler ist eine Phase, in der sie für Gesprächsbeiträge verstärkt werden, notwendig, damit sie freier und unabhängiger werden können.

Viele empfinden Verstärkungsprozeduren als unmoralisch, weil Menschen dadurch zu Reiz-Reaktions-Maschinen degradiert würden und weil man mit ihnen ähnlich verfahre wie mit Ratten oder Tauben in Dressurexperimenten. Wir möchten gern, daß Verhaltensänderungen kognitiv, durch Nachdenken, Diskussion und rationale Argumentation, zustande kommen. Verstärkung kann jedoch ein Mittel sein, Menschen gerade hierzu zu befähigen.

Eine Variante des Manipulationsvorwurfs (die gleichzeitig eine Rationalisierung für unfreundliches, strafendes Verhalten ist) lautet: Verstärkung sei ein unehrliches Verfahren, es sei ehrlicher, wenn Lehrer die Schüler tadelten, ausschimpften oder bestraften, falls ihnen danach zumute ist. Außerdem könnten die Schüler diese Verhaltensweisen des Lehrers als Erziehungsmittel erkennen und sich gegebenenfalls von ihnen distanzieren, ihnen ausweichen oder sich gegen sie wehren, während dies bei unterschwellig wirkenden Verstärkungen nicht möglich sei.

In der unterrichtlichen Interaktion beeinflussen Lehrer die Schüler und modifizieren ihr Verhalten. Wenn diese Beeinflussung überlegter, zielstrebiger und „technischer" geschieht als es bisher im Unterricht meist der Fall ist, so ist diese Tatsache allein noch kein Argument gegen die Beeinflussung. Entscheidend ist, welche Ziele angestrebt und erreicht werden.

Traditionelle Verstärkung

Viele Lehrer werden sagen: Verstärkung ist ja nichts Neues. Das tun wir ja längst. Wir loben die Schüler doch viel häufiger als wir sie tadeln. Aber nützen tut das wenig.

Tatsächlich wird Lob von Lehrern oft in wenig wirksamer Weise benutzt. Eine häufige Verwendung von Lob und Ermutigung besteht darin, daß es gleichsam als Trostpflaster eingesetzt wird: ein Schüler, der gerade ein Scheitern erlebt, hört den Lehrer sagen „Das war ja schon ganz gut", „Du kannst es bestimmt" usw. Im Lichte der negativen Erfahrung mag das Lehrerlob wie ein mitleidiger Trostversuch, wie Spott oder Lüge wirken und vergrößert vielleicht nur das Gefühl der Unfähigkeit.

Lob wird meist eher mechanisch eingesetzt als gezielt und systematisch. Das traditionelle Loben bezieht sich fast ausschließlich auf „richtige" oder „gute" Schülerantworten, also auf Aspekte der Schulleistung und des Unterrichtsstoffes. Bei Beobachtungs-Stichproben aus 23 Unterrichtsstunden fand ich, daß die Lehrer 359mal „Gedanken von Schülern" akzeptierten und nur 37 mal das Schüler*verhalten*. Dagegen wurde 165 mal Schülerverhalten *abgelehnt*.

Unter dem Aspekt der Verstärkung beobachtet, wirkt eine Unterrichtsstunde oft wie eine kontinuierliche Folge verpaßter Gelegenheiten: ein Schüler, der vom Lehrer ermahnt oder kritisiert wird, hat sich in den meisten Fällen vorher lange Zeit „verstärkungswürdig" verhalten, ohne daß dies dem Lehrer aufgefallen ist. Die traditionelle Verstärkung durch Lehrerlob ist im Vergleich zur Verstärkung im Sinne der Verhaltensmodifikation ein zufälliges Verfahren mit inkonsistenten Ergebnissen.

Schritte eines Verstärkungsprogramms

Für die Durchführung eines Verstärkungsprogramms ist es von untergeordneter Bedeutung, ob der Lehrer die Entstehungsgeschichte und die Ursachen des kindlichen Verhaltens, das er verändern möchte, kennt. *Clarizio* und *Yelon* (1970, 648) meinen, daß es keine Hilfe für Lehrer bedeutet, wenn man ihnen rät, nach den Ursachen für Fehlverhaltensweisen zu suchen, da dies oft selbst für Experten eine kaum lösbare Aufgabe sei. Trotzdem wird Lehrern immer wieder nahegelegt, erst nach der Ursache zu fragen und dann zu handeln. Das Problem bei dieser Ursachenorientierung ist, daß man selten entscheiden kann, welches die „wirklichen" Ursachen sind und daß man häufig auf Ursachen trifft, die vom Lehrer nicht manipuliert werden können (*Clarizio/Yelon*, 1970, 648). In den meisten Fällen kommen Lehrer zu dem Schluß, daß Verhaltensmängel von Schülern auf Probleme des Elternhauses zurückzuführen sind (vgl. *Barnes*, 1970, 142), und diese Erkenntnis begründet dann den Verzicht auf weitere Therapieversuche. *Barnes* fand, daß die häufigste Behandlungsmethode für Verhaltensprobleme darin bestand, daß die Lehrer *nichts* unternahmen (1970, 141). Dabei kann man Kindern auch dann helfen, wenn es nicht möglich ist, die wirklichen oder vermeintlichen Ursachen, die ihr Fehlverhalten bedingen, abzustellen. Gerade für Kinder, die ein ungünstiges Zuhause haben, wäre es wichtig, in der Schule eine Umwelt vorzufinden, in der andere Lernerfahrungen möglich sind als im Elternhaus.
Ein Verstärkungsprogramm hat bestimmte wiederkehrende Schritte.

1. Beobachtungsphase

Zuerst muß der Lehrer das Grundverhalten des Schülers feststellen. Dazu beobachtet er, wie oft das unerwünschte Verhalten auftritt und in welchen

Situationen bzw. wie selten das erwünschte Verhalten oder Verhaltensweisen, die in die Richtung des erwünschten Verhaltens führen, auftreten. Diese Beobachtung kann z.B. nach folgendem Schema durchgeführt werden:

Vorausgehende Ereignisse (Auslösende Reize)	Verhalten des Schülers	Nachfolgende Ereignisse (Verstärker)
1. Eine Gruppe liest an der Tafel. Die übrige Klasse macht Stillarbeit (John eingeschlossen)	2. John verläßt seinen Platz, springt zwischen den Sitzreihen umher	3. Lehrer: John, setz dich wieder hin!
	4. John: Will ich nicht!	5. Lehrer geht zu John
	6. John rennt lachend durch die Reihen	7. Lehrer läuft sichtlich erregt und wütend hinter John her usw.

(*Ackermann*, 1972, 36)

Es genügt, wenn in dieser Weise das Verhalten des Schülers im Zusammenhang des Unterrichts etwa 5 mal 5 Minuten lang (möglichst an verschiedenen Tagen) beobachtet wird (*Ackermann*, 1972, 37 f.). In der schon zitierten Arbeit von *Allen* et al. (1965) wurde das Verhalten des Kindes alle 10 Sekunden durch Beobachter nach 4 Kategorien klassifiziert:

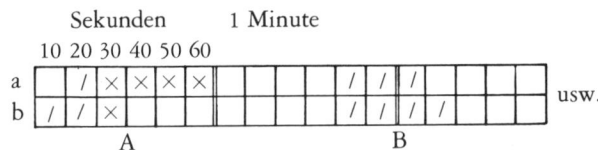

a = Erwachsener (Lehrer), b = Kinder; / = das Kind hält sich in der Nähe von Kindern oder Erwachsenen auf (etwa im Umkreis von einem Meter); × = das Kind interagiert mit Erwachsenen oder Kindern (unterhalten, lächeln, berühren, helfen, Blickkontakt u. a.).

Leere Stellen im Protokoll zeigen an, daß das Kind weder interagierte noch sich in der Nähe anderer Personen befand. Das im obigen Protokollausschnitt kodierte Verhalten könnte konkret so abgelaufen sein:
Episode A: Ann stand nahe bei einem Kind — die Lehrerin näherte sich sofort (Verstärkung) — Ann spricht mit dem Kind — die Lehrerin lächelt Ann zu und spricht mit beiden Kindern (Verstärkung) — Ann wendet ihre

Aufmerksamkeit ganz der Lehrerin zu und folgt ihr, als sie weggeht (Ignorieren) — die Lehrerin beschäftigt sich ausschließlich mit anderen Kindern (Ignorieren) — Ann geht zu ihrem Platz zurück und spielt allein.

Episode B: Ann nähert sich einigen Kindern und der Lehrerin und bleibt etwa eine halbe Minute bei dieser Gruppe, ohne zu interagieren (*Allen* et al., 1965, 308 f.).

Lehrer, die ein Verhaltensmodifikationsprogramm durchführen möchten, müssen sich passende Beobachtungsverfahren ausdenken. Die beiden Beispiele sollen dazu anregen.

Die Beobachtung ist eine wichtige Voraussetzung für ein Verhaltensmodifikationsprogramm, weil dadurch (1) Hypothesen über wirksame Auslöser und Verstärker gefunden werden können, (2) die konkreten Verhaltensweisen entdeckt werden, aus denen die Störungen oder Leistungsmängel entstehen und (3) die Operationalisierung der Behandlungsziele erleichtert wird. Viele Probleme werden von Lehrern deswegen nicht gelöst, weil sie sie nicht bis hin zu den Verhaltensweisen verfolgen, aus denen sie entstehen. Man bleibt bei Verallgemeinerungen stehen — „Er stört den Unterricht" — „Er kommt nicht mit" — „Frechheit" — „Faulheit" — „Schlechte Mitarbeit" — „Langsamkeit" usw. — ohne das entsprechende Verhalten im Zusammenhang und im Ablauf zu erkennen. Aber erst, wenn man eine oder zwei sichtbare Verhaltensweisen identifiziert, ergibt sich die Möglichkeit, mit einer Therapie zu beginnen, die dem Schüler hilft.

Die Beobachtung gibt auch Aufschluß darüber, durch welche Mitschüler das störende Verhalten verstärkt wird. Sollten sich die anfänglichen Annahmen über wirksame Verstärker für das störende Verhalten als falsch herausstellen, so kann die Beobachtung jederzeit wiederholt werden, so daß die Diagnose dauernd überprüft wird und die Behandlungsstrategie entsprechend abgewandelt werden kann.

2. Verstärkungsphase

Durch die Beobachtung wurde der Teufelskreis aufgedeckt, in dem das unangemessene Verhalten immer wieder verstärkt wird. In der zweiten Phase versucht der Lehrer nun, die üblichen Verstärker auszuschalten, z.B. indem er auf ein bestimmtes Schülerverhalten nicht mehr mit Aufmerksamkeit und Zuwendung reagiert. Er bittet gegebenenfalls auch die Mitschüler, sich ebenso zu verhalten. Der Entzug der gewohnten Verstärker wirkt sich meist so aus, daß das nicht mehr verstärkte Verhalten für eine kurze Zeit an Häufigkeit und Intensität zunimmt (*Ackermann*, 1972, 88), dann aber recht schnell seltener und schwächer wird. Gleichzeitig mit der Extinktion des unerwünschten beginnt der Aufbau des erwünschten Verhaltens durch gezielte Verstärkungen. Dazu muß der Lehrer vorher angemessene Verstärker gewählt und ihre Anwendung trainiert haben. Außerdem sind Situationen zu schaffen und Reize bereitzustellen, die das Auftreten des angestrebten Verhaltens oder einer Vorstufe dieses Verhaltens begünstigen. Der Lehrer kann z. B. mit dem Kind besprechen, welches Verhalten es zeigen soll, das Verhalten vormachen usw.

3. Auslöschungsphase

In dieser Phase werden die Verstärkungen für das erwünschte Verhalten eingestellt. Auf diese Phase kann dann eine zweite Verstärkungsphase folgen.

4. Überprüfen des Erfolgs des Verstärkungsprogramms

Das Ergebnis des Vorgehens wird durch Beobachtung überprüft (vgl. *Minsel*, 1970, 28).
Lehrer, die im Unterricht Verhaltensmodifikationsprogramme durchführen möchten, sollten mit einfachen Problemen beginnen. Sie könnten beispielsweise versuchen, bei einem einzelnen Schüler, der sich nicht sehr oft im Unterricht beteiligt, die Beteiligungsrate durch Verstärkungen zu erhöhen. Ein solcher Versuch ist gleichzeitig ein Trainingsprogramm für den Lehrer, und wenn der Versuch erfolgreich verläuft, ermutigt dies den Lehrer, schwierigere Programme zu verwirklichen (vgl. *Hosford*, 1969).

Was können Lehrer trainieren?

1. Lehrer können trainieren, positive Verhaltensweisen von Schülern häufiger wahrzunehmen, damit sie diese Verhaltensweisen verstärken können statt sie zu ignorieren.
2. Lehrer könnten trainieren, gewisse abweichende Verhaltensweisen zu

ignorieren, um sie nicht unbeabsichtigt zu verstärken. (Beispiel für die Extinktion eines erwünschten Verhaltens: Jeden Morgen, wenn ich aus dem Haus gehe, treffe ich einen Nachbarn, den ich freundlich grüße. Aber der Nachbar reagiert nie auf meinen Gruß. Schließlich höre ich mit dem Grüßen auf.)

3. Lehrer könnten trainieren, möglichst vielfältige Formen von Verstärkern für angemessene Verhaltensweisen zu benutzen.

4. Lehrer könnten trainieren, die Verhaltensweisen der Schüler zu beachten, statt die Schüler nach „Charakterzügen", „Eigenschaften", „Wesensmerkmalen" usw. zu beurteilen und zu behandeln.

5. Lehrer könnten trainieren, für bestimmte Schüler Verhaltensmodifikationsprogramme zu entwickeln, um ihnen besser helfen zu können (z. B. Schüler, die nicht sprechen wollen; Schüler, die immer Streit bekommen; Schüler, die mit ihrer Arbeit nicht fertig werden).

Aufgaben:

1. Schreiben Sie 20 Verhaltensweisen auf, die Ihnen bei Schülern besonders aufgefallen sind, die Sie unterrichtet haben. Lesen Sie bitte erst weiter, wenn Sie mit dieser Aufgabe fertig sind.

Haben Sie die 20 Verhaltensweisen notiert? Schreiben Sie jetzt hinter jedes Verhalten ein „ + " oder „ – ", je nachdem, ob es sich um ein „positives" oder „negatives" Verhalten handelt. Wie viele positive Verhaltensweisen haben Sie im Vergleich zu negativen notiert? Wie viele Verhaltensweisen (im Gegensatz zu Eigenschaften, Charakterzügen u. ä.) haben Sie notiert?

2. Welche verbalen und nichtverbalen Verhaltensweisen könnten als Verstärkungen wirken? Gehen Sie die oben zitierten interaktionsanalytischen Beobachtungskategorien durch und formulieren Sie Beispielsäußerungen zu Kategorien, die als Verstärkungen verwendet werden können.

3. Welche Verhaltensweisen müßte ein Lehrer häufiger verstärken, der sich die folgenden Äußerungen sparen möchte?
Du hast schon wieder nicht genau aufgepaßt!
Ruhe jetzt endlich!
Du hast es zu Hause wohl wieder nicht gelesen?
Zu sehr geschmiert! Zu morgen noch einmal.
Denken Sie sich weitere ähnliche Äußerungen aus oder erinnern Sie sich an eigene Äußerungen.

4. Bodo (7. Schj.) sagt zum Lehrer: „Sie haben mir 'ne Fünf im Aufsatz gegeben. Warum? Erklären Sie mir das mal."[7]
   Ein Lehrer beurteilt dieses Verhalten als kritisch und selbständig und möchte es verstärken. Notieren Sie verschiedene verbale und nichtverbale Möglichkeiten der Verstärkung dieses Verhaltens. Welche Verstärkung erscheint Ihnen am angemessensten?

5. Stellen Sie selbst Situationen wie die oben dargestellte zusammen und formulieren Sie Verstärkungen.

6. Stellen Sie sich Listen von Schülerverhaltensweisen zusammen, die Sie im Unterricht beobachtet haben.

Beispiel: 1. Schuljahr
— Maren flüstert ihrer Nachbarin etwas zu.
— Peter wackelt mit seinem Stuhl.
— Elke schaut nach vorn und sitzt still.
— Maren zeigt ihrer Nachbarin, an welcher Stelle sie in der Fibel weiter-lesen soll.
— Peter hebt den Tuschkasten auf, der dem hinter ihm sitzenden Schüler vom Tisch gefallen ist.
— Inge steht während der Stunde neben ihrem Stuhl.
— Peter liest unter dem Tisch ein Comic-Heft.
— Klaus sagt: „Ich kann das nicht" und beginnt zu weinen, als er eine Stelle aus der Fibel vorlesen soll usw.

A Beurteilen Sie die einzelnen Verhaltensweisen danach, wieweit sie Ihren Erziehungszielen entsprechen. Welche Verhaltensweisen sind selbständig (kooperativ, hilfsbereit, kritisch, freundlich usw.)?

B Ein bestimmtes Verhalten kann je nach dem Beurteilungsgesichtspunkt positiv oder negativ beurteilt werden, z.B. unhöflich und frech, aber gleichzeitig auch kritisch und selbständig sein. In solchen Fällen sollten Sie sich entscheiden, welche Erziehungsziele für Sie am wichtigsten sind: Ist es mir wichtiger, daß dieser Schüler höflich und artig ist oder daß er lernt, Kritik zu üben und sich selbständig zu verhalten?

C Je nach den unterschiedlichen Situationsfaktoren kann das Verhalten auch verschieden beurteilt werden. Stellen Sie sich zu einzelnen Schüler-verhaltensweisen unterschiedliche Situationen vor.

D Welche Verhaltensweisen würden Sie verstärken wollen und wie?

E Welche Verhaltensweisen müßten sofort unterbunden werden (z.B. um Gefahren abzuwenden)?

---

7 Viele Lehrer würden dieses Verhalten als „frech" oder „unverschämt" klassifi-zieren und dem Schüler entsprechend antworten, wodurch sie möglicherweise „Frechheit" und „Unverschämtheit" verstärken könnten.

7. Notieren Sie möglichst viele verschiedenartige Verhaltensweisen von Schülern in bestimmten wiederkehrenden Situationen des Unterrichts (z.B. bei der Stillarbeit, beim Gespräch in Sachkunde, beim Vorlesen usw.).
Ordnen Sie dann die Verhaltensweisen den folgenden Kategorien zu:
1. Das Erziehungsziel ... (Selbständigkeit, Kritikfähigkeit, Kreativität usw.) wird vom Schüler nicht erreicht.
2. Der Schüler ist auf dem Wege, das Erziehungsziel ... zu erreichen.
3. Der Schüler hat das Erziehungsziel ... erreicht.
4. Das Verhalten des Schülers ist in bezug auf das Erziehungsziel ... neutral.

Was Sie tun können

1. Notieren Sie sich 10 verschiedene Äußerungen, mit denen Sie die Schüler Ihrer Klasse für bestimmte Verhaltensweisen verstärken können.

2. Überlegen Sie, wie Sie Schüler nichtverbal oder durch besondere unterrichtliche Gegebenheiten verstärken können.

3. Notieren Sie nach einer Unterrichtsstunde oder nach einem Unterrichtstag alle wünschenswerten Verhaltensweisen von Schülern Ihrer Klasse, an die Sie sich erinnern. Führen Sie das nicht nur einmal, sondern häufiger durch. Überlegen Sie sich Verstärkungen. Versuchen Sie, am folgenden Tag auf solche positiven Verhaltensweisen zu achten und verstärken Sie sie.

4. Notieren Sie sich alle positiven Verhaltensweisen, die Sie bei einem Schüler, über den Sie sich ärgern, beobachten können. Verstärken Sie ihn für diese Verhaltensweisen, wenn Sie sie beobachten.

5. Schreiben Sie zu Aufsätzen und anderen Schülerarbeiten Kommentare, die Gelungenes verstärken.

6. Wählen Sie ein Verhalten, das Sie verstärken wollen (z.B. Schüler stellen Fragen zum Unterrichtsthema, Schüler antworten auf Argumente ihrer Mitschüler, Schüler bezweifeln die Richtigkeit von Informationen, Schüler begründen ihre Meinungen) und verstärken Sie es im Unterricht. Beobachten Sie die Wirkungen und verändern Sie gegebenenfalls die Art Ihrer Verstärkungen.

7. Machen Sie sich eine Liste störender Verhaltensweisen, die Sie im Unterricht ignorieren wollen. Überlegen Sie sich, welche erwünschten Verhaltensweisen Sie verstärken können, damit die unerwünschten durch sie ersetzt werden.

8. Sammeln Sie Beispiele für selbständiges, kritisches usw. Schülerverhalten.

9. Führen Sie für einen einzelnen Schüler Ihrer Klasse ein einfaches Verhaltensmodifikationsprogramm durch, z.B. für einen Schüler, der sich selten am Gespräch beteiligt.

10. Planen Sie gemeinsam mit Kollegen, die in derselben Klasse unterrichten, ein Modifikationsprogramm für einen „schwierigen Schüler". Überlegen Sie, welche Verhaltensweisen Sie konsequent ignorieren und welche Sie verstärken wollen. Wählen Sie einen nicht zu schwierigen Fall hierzu aus. Berichten Sie sich gegenseitig über die Verhaltensweisen, die der Schüler zeigt und wie Sie darauf reagiert haben. Verändern Sie Ihr Programm, wenn es nicht zu dem erwarteten Erfolg führt.

11. Trainieren Sie das Verstärken auch außerhalb der Schule. Verstärken Sie Ihre Kollegen, Ihren Ehepartner, Ihre Kinder, Ihren Chef, aber auch sich selbst.

Verstärken kann man nur das, was bereits beherrscht wird → das dazu Verhalten muß demonstriert werden.

Verhaltensmodifikation durch Modellernen

Ein Verhalten kann erst dann verstärkt werden, wenn es wirklich aufgetreten ist. Verstärkungsprogramme sind deswegen nur sinnvoll, wenn der Lernende das Verhalten, das häufiger werden soll, bereits beherrscht und es wenigstens ab und zu einmal zeigt. Soll der Lernende dagegen ein Verhalten erwerben, das für ihn völlig neu ist (z.B. Wörter einer Fremdsprache richtig auszusprechen), so ist es zweckmäßig, ihm dieses Verhalten ein oder mehrere Male zu demonstrieren, damit er es imitieren kann. Gelingt die Nachahmung, so können entsprechende Verstärkungen gegeben werden.

Beim Modellernen werden Verhaltensweisen also dadurch gelernt, daß das Verhalten von Vorbildern (= Modellen) beobachtet und — sofort oder später, absichtlich oder unabsichtlich — imitiert wird. Durch Modellernen können auch komplexere Fertigkeiten und längere Verhaltenssequenzen relativ ökonomisch gelernt werden.

Als Modelle kommen nicht nur unmittelbar anwesende lebende Personen in Frage, sondern auch z.B. Filmfiguren oder Romanhelden. Für das Lernen sozialer Verhaltensweisen scheinen realistische lebende Modelle besser geeignet zu sein als symbolische Modelle. (Symbolische Modelle sind z.B. schriftliche und mündliche Beschreibungen von Verhaltensweisen, Gebrauchsanweisungen und Bilder) (vgl. *Bandura/Walters*, 1963, 49 ff.). Was man gesehen hat, kann man imitieren. Schwieriger ist es, Verhaltensweisen auszuführen, von denen man nur gelesen oder gehört hat. Filme sind oft wirksamere Modelle als lebende Menschen (*Tausch/Tausch*, 1970, 52). Die Wirksamkeit eines Modells kann wahrscheinlich auch dadurch beträchtlich erhöht werden, daß ein Kommentator während der Beobachtung des Modells auf die wesentlichen Züge des Modellverhaltens hinweist (*Lange*, 1971, 153). Dadurch wird sichergestellt, daß der Lernende nicht unwichtige Merkmale des Modellverhaltens nachahmt.

In der Schulklasse ist der Lehrer ein wichtiges Verhaltensmodell. Es können aber auch „künstliche" Modelle zur Verhaltensmodifikation eingesetzt werden. Wichtige Modelle sind in der Regel die Mitschüler.

Mitschüler als Verhaltensmodelle

Quay et al. (1970, 204) berichten von einem Versuch mit Kindern, die verschiedene Verhaltensprobleme hatten, z.B. besonders häufig aggressives Verhalten zeigten. Sie schlagen vor, daß die Klassengruppe nach und nach vergrößert wird: ein neues Kind soll erst dann in die Schulklasse eingeführt werden, wenn die anderen Kinder ein angemessenes Modellverhalten gelernt haben. Verhaltensgestörten Kindern fehlen manchmal bestimmte soziale Fertigkeiten, was oft zur Ablehnung durch die Mitschüler führt. Neben der Verwendung von Mitschüler-Modellen können auch Kombinationen von Modellernen und Verstärkung vom Lehrer gezielt eingesetzt werden, um den Kindern die fehlenden Sozialfertigkeiten zu vermitteln. Dies geschieht in mehreren Phasen:

I. Phase

1. Das erwachsene Modell demonstriert das erwünschte Verhalten;
2. wenn das Kind das Verhalten erfolgreich nachgeahmt hat, wird es
3. durch einen Ersatzverstärker (Punkte, Marken u.ä.) belohnt, der
4. später in wirkliche Verstärker umgetauscht werden kann.

II. Phase

Hier übernimmt der Erwachsene die Rolle eines zweiten Kindes und verstärkt das abgelehnte Kind, wenn es akzeptierbare soziale Verhaltensweisen zeigt.

III. Phase

Jetzt nimmt ein Kind an den Übungen teil, das ebenfalls soziales Verhalten des lernenden Kindes verstärken kann (und gleichzeitig als Modell wirkt).

IV. Phase

Das Kind sucht sich jetzt seine eigenen Spielgefährten, wird aber noch vom Erwachsenen überwacht, bis es von der Peer Group in einem gewissen Maße akzeptiert wird.

V. Phase

Das gelernte Sozialverhalten wird nun durch die Spielgruppe verstärkt, so daß es beibehalten und weiterentwickelt werden kann. Der Erwachsene zieht sich zurück (*Quay* et al., 1970, 206 f.).

Derartig komplizierte Verstärkungs- und „Modellierungs"programme sind bei Kindern angezeigt, die in ihrem Verhalten stärker gestört sind. Auch in „normalen" Schulklassen wird es aber oft einzelne Kinder geben, die ein ähnlich sorgfältiges Verhaltensmodifikationsprogramm benötigen, wenn ihnen geholfen werden soll. *Immisch* (1972) zeigte, daß stärker ängstliche Schüler, die in der Klasse mit relativ angstfreien Schülern zusammengesetzt werden, wahrscheinlich dadurch ein weniger ängstliches Verhalten lernen. Dies spricht dafür, daß Lehrer Sitzordnung und Gruppenbildung in der Schulklasse als Technik der Verhaltensmodifikation auch in anderen Bereichen einsetzen könnten. Setzt man beispielsweise einen Schüler, der sich nur schlecht ausdrücken kann, mit Schülern zusammen, die flüssiger sprechen, so wird dem „schlechteren" Schüler eine Möglichkeit für Modellernen geboten.

Künstliche Modelle

Als künstliche Modelle bezeichne ich in diesem Zusammenhang solche Modelle, die mit der Absicht „angefertigt" oder bereitgestellt werden, Schülern das Lernen bestimmter Verhaltensweisen zu erleichtern. Ein künstliches Modell kann eine Diskussion zwischen Schülern sein, die der Klasse als Tonbandaufnahme vorgespielt wird und an der bestimmte Verhaltensweisen des Diskutierens zu beobachten sind („Ich möchte noch mal auf das zurückkommen, was Doris sagte . . ." — „Deine Begründung habe ich nicht verstanden . . ." — „Ich möchte mal zusammenfassen . . ."). Ein solches Tonbandmodell wird es Schülern erleichtern, aufeinander einzugehen, zuzuhören, Rückfragen zu stellen, Begründungen zu fordern, Beiträge zusammenzufassen usw. All diese Verhaltensweisen lernen Schüler oft deshalb nicht, weil sie ihnen vom Lehrer zwar oft vage vorgeschrieben („Warum sagt ihr alles nur zu *mir*? Ihr müßt doch auch mal auf das eingehen, was die anderen gesagt haben!") aber selten konkret vorgemacht werden. Vielfach haben Lehrer auch keine genaueren Vorstellungen darüber, welche Verhaltensweisen Schüler bei Diskussionen oder bei der Gruppenarbeit beherrschen müssen. Man verlangt von Schülern einfach, in Gruppen zusammenzuarbeiten und ist hinterher enttäuscht darüber, daß Schüler die notwendigen Fertigkeiten nicht sofort von selbst erfinden können.

Lehrer wissen oft nicht, wie eine Anweisung von Schülern verstanden wird. Die Anweisung „Lernt die Vokabeln bis morgen auswendig" kann z.B. von einem Schüler, der noch nie Vokabeln lernen mußte, so aufgefaßt werden wie die Anweisung „Lernt das Gedicht auswendig". Der Schüler glaubt dann vielleicht, er müsse alle Wörter mit ihren Übersetzungen wie ein Gedicht aufsagen können und weiß nicht, daß er nur die Bedeutungen zu lernen hat, daß er beim Üben immer die eine Seite verdecken kann, daß es aber nicht auf die Reihenfolge der Wörter ankommt usw. Lehrer müssen sich bemühen, Konzepte wie „Diskussion", „Gruppenarbeit", „Partnerarbeit", „Notizen machen" zu operationalisieren, damit sie Schülern die Verhaltensweisen zeigen können, die dazu unerläßlich sind.

Auch Rollenspiele können als künstliche Modelle dienen. Manche Schüler haben keine Verhaltensweisen zur Verfügung, mit denen sie bestimmte einfache Probleme lösen können. Sie ziehen sich darum in eine Art Verhaltensstarre zurück und warten ab, was passiert. Ein Schüler, der zu spät kommt, bleibt vielleicht die ganze Stunde vor der Klassentür stehen, weil er nicht weiß, wie er sich verhalten soll. In Rollenspielen können ihm für solche Situationen geeignete Modelle geboten werden. So können Schüler lernen, sich zu entschuldigen, sich zu verteidigen, mit anderen Kontakt aufzunehmen usw.

Lehrer als Modelle

Ein Leserbrief aus der Illustrierten „Eltern" (Nr. 3, 1972) lautet:

„Wer weiß Rat?
Ich bin völlig verzweifelt, weil mein achtjähriger Sohn Wolfgang ständig maßlos übertreibt. Dabei habe ich ihm das schon mindestens hunderttausendmal verboten."

Warum übertreibt Wolfgang nur so schrecklich?
Es ist sehr wahrscheinlich, daß sich der hier am Beispiel des Übertreibens gezeigte Mechanismus täglich in vielen Unterrichtsstunden viele Male wiederholt, etwa wenn ein Lehrer einen Schüler anmeckert: „Mecker nicht so viel!"
Ilse zeigt dem Lehrer ein von ihr gemaltes Bild. Rolf steht daneben und sagt: „Das taugt nichts, alles was du machst ist schlecht." Der Lehrer ist empört: „Das find ich aber nicht schön, daß du sowas sagst. Du darfst nicht so unhöflich sein. Dein eigenes Bild ist auch nicht gerade gelungen." Um Rolf beizubringen, daß man einen anderen Menschen oder etwas, was er gemacht hat, nicht ablehnt, lehnt der Lehrer Rolf und was er getan hat ab, demonstriert also genau das Verhalten, das sich der Schüler abgewöhnen soll.
In manchen Klassen sieht es so aus, als seien die Schüler darauf dressiert, bei ihren Mitschülern Fehler zu finden und sie für Fehlleistungen auszulachen. Oft bietet der Lehrer selbst hierfür das Modell. Wahrscheinlich möchte er erreichen, daß die Klasse nicht lacht, wenn ein Kind etwas falsch macht oder sich ungeschickt anstellt. Dabei merkt er nicht, daß die Scherze, mit denen er die Schüler zum Lachen bringt und mit denen er den Unterricht fröhlicher, „lustbetonter", machen möchte, häufig auf Kosten einzelner Schüler gehen.
Daß Menschen mit ihren Absichten und in ihren Worten ganz andere Ten-

denzen verfolgen als mit ihrem Handeln, ist oft zu beobachten. Wie wirkt es sich auf das Lernen aus, wenn ein Modell anders redet als es handelt? *Bryan* und *Walbek* (1969; zit. nach: *Lück*, 1970, 389) ließen Kinder Modellpersonen beobachten, die Gutes predigten und Gutes taten oder Schlechtes predigten und Gutes taten oder gar nichts predigten und Schlechtes taten usw. Das Ergebnis dieser Versuche war: das faktische *Handeln* der Modelle bestimmte das Verhalten der Kinder, nicht aber das, was die Modelle mit Worten sagten.

Lehrer sind potentiell immer Modelle für das Verhalten der Schüler. Lehrer sollten sich daher, wenn es irgend geht, reversibel verhalten, d. h. den Schülern gegenüber so handeln und sprechen, daß die Schüler dem Lehrer gegenüber in gleicher oder ähnlicher Weise antworten können (*Tausch/Tausch*, 1970, 368—375). Ein Lehrer kann zu einem Schüler sagen: „Halte mal deinen Mund jetzt." Aber die meisten Schüler würden sich hüten, zu einem Lehrer zu sagen: „Halten Sie mal Ihren Mund!" Dafür werden sie vielleicht untereinander in dieser Weise sprechen.

Lehrer sollten häufiger daran denken, daß Schüler ihr Verhalten imitieren können. Wenn ich Kindern über den Mund fahre und ihnen ins Wort falle, erziehe ich sie dazu, sich ebenso zu verhalten. Sage ich aber zu einem sprechenden Kind „Darf ich dich mal unterbrechen?", dann lernen die Schüler vielleicht eine Möglichkeit, wie man sich höflicher in ein Gespräch einschalten kann.

[handschriftliche Notiz: ↳ Sahmen L-Verhalten nach ↳ vorbildhaft reagieren !]

Aufgaben:

1. Verwandeln Sie die folgenden Lehreräußerungen in reversible Äußerungen, falls Sie sie für irreversibel halten. Was könnte ein Schüler in der gleichen Situation zu einem Lehrer sagen?

So, stopp jetzt mal mit dem Reden wieder.
Wo haben wir den Raben gesehen? Alle!
So, hopp hopp! In zwei Minuten sind wir fertig. *[handschr.: Versucht in 2 min fertig zu werden]*
Du bist zwar fleißig gewesen, aber das war nicht das, was du tun solltest.
Noch nicht aufmachen, nur hinlegen. *[handschr.: ← ein Bild einkaufen!]*
Habt ihr das schon mal erlebt, daß ich nicht halte, was ich verspreche? *[handschr.: Provokation]*
Sag das mal laut. *[handschr.: Wieder hole das nochmal etwas lauter für alle,]*
Es wird noch nicht geschrieben, erst wenn ich sage: Schreibt! *[handschr.: Stille.]*
Auch du, Hein Appel! *[handschr.: Hein auch du solltest dich an]*
Ihr habt geschlafen eben. *[handschr.: die Abmachg/Aussage]*
Man spricht nicht mit vollem Mund. *[handschr.: halten]*

[handschr. am rechten Rand: ↓ sollte ihrs an Ab= kommen erinnern]
[handschr.: × schafft ihr das?]

114

2. Schüler können aus Lehreräußerungen lernen, wie man Menschen vor anderen bloßstellt und verspottet oder wie man rücksichtsvoll und nachsichtig sein kann. Wie beurteilen Sie unter diesem Aspekt die folgenden Äußerungen? — Stellen Sie sich vor, wie der Lehrer die Äußerungen ausspricht (begleitendes nichtverbales und paralinguistisches Verhalten).

   1. Wenn du den Ärmel vom Tisch nehmen würdest, würden wir uns freuen. Das gibt immer so Druckstellen — im Tisch. *Spott*
   2. Lehrer: Hab ich das gesagt?
      Schüler: Ja.
      Lehrer: Dann entschuldige. *nachsichtig / rücksichtsvoll*
   3. Hast du den (= Aufsatz) allein gemacht? *evtl. bloßstellen*
   4. Schüler (kommt zu spät): Mein Vater hat die Zeit verschlafen.
      Lehrer: Dein Vater? Schläft er so lange? Da sprechen wir nachher noch mal drüber. *bto gespottet*
   5. Aber du hast diesmal sogar eine Drei, hast dir Mühe gegeben. *bloßstellen*
   6. (Zur Klasse, als ein Schüler auf eine Frage nicht antworten kann): So, nun haltet euch etwas zurück, ich versteh den Sven ja nicht. —
   7. Ich weiß nicht, woran es gelegen hat. Es kann auch meine Schuld sein. +
   8. Jörn, sei mir nicht böse. +
   9. Er denkt zu schnell, und du denkst zu langsam. —
   10. Lisa, hör jetzt auf zu quaken. —
   11. Mecker nicht so viel. —
   12. Ronald, guten Morgen! Wir sind hier! (Der Schüler hatte beim Lesen die falsche Stelle erwischt.) —
   13. Bettina, hast du die Geschichte zu Hause gelesen? Dann müßtest du es aber wissen. Und wir haben es eben noch mal gesagt! —
   14. Ich weiß nicht genau, was du vorhin gemeint hast. Kannst du selbst noch mal das, was du gesagt hast, anders ausdrücken? +
   15. Drück das mal anständig aus! —
       Welche Äußerungen würden Sie umformulieren wollen? Wie?

3. Analysieren Sie Lehreräußerungen nach den untenstehenden Gesichtspunkten.
   Welche Äußerungen sind geeignete Modelle für eine klare, knappe, präzise Ausdrucksweise? X
   Welche Äußerungen sind Modelle für unhöfliches, unfreundliches Verhalten? ◯
   Welche Äußerungen zeigen Nervosität und Gehetztheit? ⊓
   Aus welchen Äußerungen können Schüler Rechthaberei, Kleinlichkeit, Besserwisserei lernen? →
   Welche Äußerungen sind Modelle für Nachdenklichkeit, Neugier, Lernbereitschaft, Zweifelnkönnen? △
   (Falls Ihnen eine aus dem Zusammenhang gerissene Äußerung nichts

sagt, stellen Sie sich einen oder mehrere Zusammenhänge vor.)
Welche Gesichtspunkte könnten zur Beurteilung von Modelleigenschaften noch wichtig sein?
Versuchen Sie, Äußerungen umzuformulieren, so daß sie positivere Modelleigenschaften bekommen.

Verstärkung und Modellernen sind nur zwei Verhaltensmodifikationsverfahren, die Lehrer in der Schule verwenden können. Meist tun sie es, ohne es zu wissen, schon längst, oft in disfunktionaler Weise.

Techniken der Verhaltensmodifikation sind für Lehrer wertvoll, weil sie dazu zwingen, die Unterrichtswirklichkeit präziser zu sehen und sich selbst kontrollierter zu verhalten. Lehrer müssen sich überlegen, welche *Verhaltensweisen* es sind, die Schüler lernen sollen. Sie können sich nicht mit schönen Formeln wie Kritikfähigkeit, Kooperation, Kreativität usw. zufrieden geben, sondern sie müssen diese Ziele im Verhalten der Schüler wiedererkennen können. Beispielsweise müssen sie lernen, kritische Äußerungen und Handlungen von Schülern wahrzunehmen (statt sie zu übersehen oder sich durch sie gestört zu fühlen), um sie verstärken zu können, wenn sie wirklich Kritikfähigkeit fördern wollen.

Viele Schüler erhalten während ihrer ganzen Schulzeit niemals eine echte Chance. Jahr für Jahr wird ihnen in den Zeugnissen ihre Unfähigkeit und ihre „Abartigkeit" bescheinigt. Kein Lehrer findet sich, der ihnen aus diesem Teufelskreis heraushelfen kann. In vielen solcher Fälle könnte ein Verhaltensmodifikationsprogramm die negative Entwicklung aufhalten oder eine positive Entwicklung herbeiführen. „Schwierige Schüler" — ob es die „unbegabten", „verhaltensgestörten", „unterprivilegierten" oder die kreativen, hochintelligenten, kritischen sind — werden nicht unreflektiert abgelehnt und wegen ihrer Besonderheit gestraft, sondern der Lehrer wird auch bei ihnen Verhaltensweisen entdecken, die es wert sind, verstärkt zu werden.

Verhaltensmodifikation ist nicht notwendig ein kaltes, unpersönliches, mechanisches Verfahren, wie viele annehmen. Vom Lehrer wird zwar ein hohes Maß an Selbstkontrolle verlangt, aber die Interaktion im Unterricht wird eher positiver, wärmer und herzlicher, die Atmosphäre für Lehrer und Schüler angenehmer.

Ein Verhaltensmodifikationsprogramm macht Schüler auch nicht zwangsläufig zu Dressurobjekten und schließt Lernen aus Einsicht nicht aus. Schüler können aktiv mitplanen und mitarbeiten und dabei unabhängiger und selbständiger werden.

Dimensionen des Lehrerverhaltens

Verhaltensmerkmale lassen sich mit Hilfe von Dimensionen beschreiben. Ein bestimmtes Verhalten kann z.B. nach der Geschwindigkeit, mit der es ausgeführt wird, als Punkt auf einer Linie dargestellt werden, die von „schnell" bis „langsam" reicht. Die Geschwindigkeitsdimension ist für das Verhalten in bestimmten Situationen und Bereichen außerordentlich wichtig, man denke nur an eine Rettungsaktion oder an den Sport.

Nach welchen Dimensionen können Verhaltensweisen von *Lehrern* diskutiert und beurteilt werden? *R.* und *A.-M. Tausch* (1970) haben versucht, die Vielfalt der Befunde zu ordnen und zusammenzufassen, indem sie Dimensionen identifizierten, die für das Lehrerverhalten wichtig scheinen. Als wichtig wurden solche Dimensionen ausgewählt, für die nachgewiesen oder wahrscheinlich gemacht werden konnte, daß sie das Verhalten von Schülern im Sinne der Erziehungs- und Lernziele günstig beeinflussen (*Tausch/Tausch*, 1970, 143—145).

Als Hauptdimensionen gelten eine „Emotionale Dimension" und eine „Lenkungs-Dimension". Es fällt auf, daß eine kognitive Hauptdimension fehlt. Dies entspricht allerdings dem Stand der Forschung, die erst in allerletzter Zeit begonnen hat, das kognitive (intellektuelle, logische) Niveau des Unterrichts und des Lehrerverhaltens zu analysieren (*Gage*, 1972, 127). (Bei der Darstellung der interaktionsanalytischen Systeme wurden einige Beispiele für kognitive Beobachtungskategorien angeführt.) Die Dimension „Verständlichkeit in der Wissensvermittlung" (s. u.) entschädigt jedoch etwas für das Fehlen kognitiver Kriterien.

Die emotionale Dimension läßt sich durch die folgenden Sub-Dimensionen genauer beschreiben:

1. Wertschätzung — Wärme — Zuneigung versus Geringschätzung — Kälte — Abneigung;
2. Verständnis vs. Verständnislosigkeit;
3. soziale Reversibilität vs. soziale Irreversibilität;
4. Ermutigung vs. Entmutigung;
5. ruhiges Verhalten vs. erregtes Verhalten;
6. Optimismus vs. Pessimismus;
7. Freundlichkeit vs. Unfreundlichkeit;
8. Höflichkeit vs. Unhöflichkeit.

Die Lenkungsdimension reicht von „Maximaler Lenkung, Dirigierung und Kontrolle" bis zu „Minimaler Lenkung, Dirigierung und Kontrolle". Sie läßt sich auch auf zwei unabhängige Dimensionen — „Lenkend-dirigierende Aktivität" und „Nicht-dirigierende, stimulierende Aktivität" — verteilen (*Tausch/Tausch/Fittkau*, 1972, 16).

Stärkere Lenkung äußert sich unter anderem darin, daß Lehrer häufig Befehle und Anordnungen geben, sehr viele Fragen an die Schüler richten, lange und viel sprechen, häufiger tadeln, kritisieren und strafen. Verhaltensweisen von weniger stark lenkendem Charakter, die mehr die selbständige Aktivität der Schüler stimulieren bzw. ermöglichen, sind etwa die folgenden: Äußerungen, mit denen Lehrer die Unterrichtssituation strukturieren, indem sie über Ziele und Arbeitsweisen informieren; Bitten und Vorschläge statt Befehle und Anweisungen; sachliches Informieren über erwünschtes Verhalten statt persönlich gehaltener Befehle (z. B. „Man kann nichts verstehen, wenn alle reden" vs. „Haltet jetzt mal euren Mund!").

Es ist sicher von erheblicher Bedeutung, wie weit das Verhalten von Lehrern den Schülern die Freiheit zu eigenen Entscheidungen und zu selbständiger Aktivität läßt. Dieses Merkmal des Lehrerverhaltens wird in der Dimension *„Förderung der Selbständigkeit vs. Förderung der Unselbständigkeit von Schülern"* erfaßt (*A.-M. Tausch, Aban* et al., 1970). Das Beurteilen von Lehreräußerungen nach dieser Dimension kann Lehrer dafür sensibilisieren, daß die Erziehung zur Selbständigkeit, Selbstverantwortung und Initiative in vielen unbedeutend scheinenden Situationen vor sich geht, die von Schülern verantwortliches Entscheiden und eigene Ideen fordern. Oft ist es freilich bequemer und ökonomischer, wenn Lehrer dem Kind eine Entscheidung abnimmt oder für das Kind tut, was es selbst tun könnte, wenn es genügend Zeit zur Verfügung hätte. Es scheint auch in vielen Fällen freundlicher und liebevoller zu sein, wenn Lehrer anstelle von Schülern handeln. Aber zu viel Hilfe und Fürsorglichkeit könnte ebenso Passivität und Unselbständigkeit fördern wie Ungeduld und ein Hang zur Perfektion.

Manchmal gewinnt man den Eindruck, daß die Selbständigkeit der Schüler von Lehrern nicht sehr geschätzt wird. Um ein kleines, aber typisches Beispiel zu erwähnen: Ein Kind, das mit krakeliger Schrift seinen Namen auf das Diktatheft geschrieben hat, wird für dieses selbständige Verhalten nicht etwa vom Lehrer gelobt, sondern gescholten und verwarnt. Denn der Lehrer möchte, daß Rektoren und Schulräte die Sauberkeit der Arbeitshefte loben und schreibt daher die Schülernamen lieber selber auf die Hefte. In solchen Situationen machen Schüler die Erfahrung, daß Selbständigkeit unerwünscht ist. Und statt selbst zu überlegen und zu entscheiden, beginnen sie damit, sich vor jeder Aktivität zu vergewissern, ob sie es auch „richtig" machen: „Sollen wir mit Bleistift schreiben oder dürfen wir auch mit dem Kuli?"

Als weitere wichtige Dimensionen des Lehrerverhaltens, die sich in den beiden Hauptdimensionen nicht unterbringen lassen, werden bei *Tausch/Tausch* (1970, 393 ff.) angeführt:

1. Echtheit vs. Unechtheit des Lehrerverhaltens:
   Unechtes Lehrerverhalten tritt oft im Zusammenhang mit Lob und Ermutigung auf. Ein Schüler berichtet sehr umständlich und ausführlich, ohne daß eine Beziehung zum Thema erkennbar ist. Der Lehrer, sichtlich ungeduldig, sagt zum Schüler: „Du bist ja gut informiert." Eigentlich meint er aber: „Hör endlich auf zu reden, damit ich im Stoff weitergehen kann." In diesem Falle wäre es weniger unecht gewesen, wenn der Lehrer gesagt hätte: „Du kommst vom Thema ab, Peter" oder „Hat das etwas mit dem Thema zu tun?" oder „Bitte, komm auf das Thema zurück". Ähnlich unecht ist es, wenn Lehrer einzelnen Schülern versichern: „Du kannst es doch" oder „Ich finde dein Bild sehr schön", ohne wirklich davon überzeugt zu sein. Diese Dimension betrifft die Glaubwürdigkeit des Lehrerverhaltens.

2. Engagierte Aktivität vs. desinteressierte Passivität:
   Desinteresse drücken Lehrer häufig aus, ohne es zu beabsichtigen, z.B. durch paralinguistische Eigenarten (gelangweilter, leicht ironischer Tonfall) oder durch nichtverbales Verhalten (sich lässig an die Wand lehnen; oft auf die Uhr schauen und aus dem Fenster sehen; Schüler, die sprechen, nicht anblicken und ihnen nicht zuhören; häufig im Klassenbuch oder im Lehrerhandbuch blättern, während die Schüler Beiträge leisten usw.), aber auch durch die Art, wie sie sprechen („Egal"; „Ist mir doch gleich"; „Macht doch, was ihr wollt"; abschätzige Bemerkungen über das Unterrichtsthema u.ä.). Es ist nicht unwahrscheinlich, daß sich die vom Lehrer demonstrierte Stimmung auf die Schüler überträgt. Wir lassen uns ja auch durch das Gähnen von Artgenossen anstecken.

3. Haltung des Lernens vs. Haltung des Lehrens:
   Bei dieser letzten Dimension steht die Hypothese im Hintergrund, daß Lehrer, die durch ihr Verhalten demonstrieren, daß sie selbst auch Lernende sind, von den Schülern als Modell für Lernbereitschaft wahrgenommen und in dieser Hinsicht nachgeahmt werden.

Eine Aufgabe von Lehrern — von vielen wird sie als die Hauptaufgabe angesehen, obwohl es Bücher und Zeitungen, Lernprogramme und Arbeitshefte, Filme und Fernsehen gibt — ist die Wissensvermittlung. Die entsprechende Dimension kann man als „Verständlichkeit bei der Wissensvermittlung" bezeichnen. Sie kann in verschiedene Unterdimensionen aufgeteilt werden:

Klarheit vs. Unklarheit;
Anschaulichkeit vs. Unanschaulichkeit (*Tausch/Tausch*, 1970, 403 ff.).
Eine andere Aufgliederung der Verständlichkeitsdimension benutzt vier
Dimensionen (*Schulz* v. *Thun* et al., 1972):

1. Einfachheit vs. Kompliziertheit;
2. Ordnung-Gliederung vs. Ungegliedertheit-Zusammenhanglosigkeit;
3. Kürze-Prägnanz vs. Weitschweifigkeit;
4. zusätzliche Stimulanz vs. keine zusätzliche Stimulanz.

Jede dieser Dimensionen läßt sich wieder weiter präzisieren. Bei der zusätzlichen Stimulanz etwa so:

anregend oder nüchtern,
persönlich oder unpersönlich,
witzig oder humorlos.

Schulz v. *Thun* et al. haben für die Verständlichkeitsdimension ein „Trainingsprogramm für Pädagogen" entwickelt. Hier werden die Dimensionen genauer erläutert sowie Informationen über das optimale Ausmaß der einzelnen Merkmale und über die Beziehungen der einzelnen Merkmale zueinander gegeben. Das Heft enthält außerdem Übungstexte zur Einschätzung und zur Verbesserung und Aufgaben zum Formulieren eigener Informationstexte.

Literaturhinweise: *Tausch*, 1972; *Maler-Sieber*, 1971; *Paschen*, 1973; *Bligh*, 1972.

Die von *R.* und *A.-M. Tausch* vorgeschlagenen Dimensionen beanspruchen nicht, die endgültig richtigen zu sein (vgl. frühere Auflagen z.B. *Tausch/ Tausch*, 1968), sondern es handelt sich um Hypothesen, deren Gültigkeit mehr oder weniger wahrscheinlich gemacht werden konnte.
Neue Erkenntnisse werden mit Sicherheit zu Modifizierungen führen, bisher unbekannte Dimensionen noch zu entdecken sein.
Vom wissenschaftlichen Standpunkt ist Skepsis gegenüber den Verfahren zur Ermittlung und Begründung dieser Faktoren sicher angebracht. Zu viele Aussagen, besonders diejenigen über die Auswirkungen der Verhaltensmerkmale auf die Schüler, beruhen noch weitgehend auf Urteilen des gesunden Menschenverstandes, die bekanntlich manchmal falsch sein können (vgl. *Flitner*, 1970; *Tausch/Fittkau*, 1970; *Rumpf/ Messner*, 1971; *Tausch*,

1971). Behält man diese Einschränkungen im Gedächtnis, so haben die Systematisierungsversuche mit Hilfe von Dimensionen manche Vorzüge.

1. Dimensionen sind ebenso weit von Tugendkatalogen, Charaktereigenschaften und Typologien entfernt wie von den konkreten Verhaltensweisen, die im Unterricht zu beobachten sind. Beurteilt man konkrete Verhaltensweisen nach Dimensionen, so ist man weniger der Versuchung ausgesetzt, relativ unveränderliche Charaktereigenschaften und Persönlichkeitszüge zu vermuten. Dimensionen enthalten aber auch keine Rezepte, schlagen keine Verhaltensmuster vor, an die man sich unbedingt zu halten hätte.

2. Die Verwendung von Merkmalsdimensionen ist *eine* Möglichkeit, die Komplexität der unterrichtlichen Interaktion zu reduzieren. In ihrer Gesamtheit bilden die Dimensionen ein abstraktes Raster, durch das bestimmte Phänomene hervorgehoben, andere vernachlässigt oder ganz ausgeblendet werden. Dieses Raster macht relativ unabhängig von der nahezu unendlich großen Zahl möglicher Situationen: nicht wiederholbare Einzelfälle werden dadurch vergleichbar und können — jedenfalls in Ansätzen — objektiv diskutiert werden. In diese Diskussion können dann jederzeit die einmaligen und situativen Aspekte relativierend wieder eingeführt werden.

3. Zusammen mit entsprechenden Einschätzungsverfahren (s. Kap. 5) bieten die Dimensionen des Lehrerverhaltens ein stabiles Bezugssystem zur Beurteilung des eigenen Verhaltens. Lehrer brauchen ein solches Bezugssystem, denn sie müssen ihr eigenes Verhalten an Standards messen können, wenn sie es kontrollieren und verändern wollen. Die Dimensionen bieten Kriterien dazu an.

4. Im Prinzip läßt sich jedes beliebige Lehrerverhalten, jede verbale Äußerung und jedes nichtverbale Signal, nach allen Dimensionen beurteilen. Praktisch ist dies jedoch nur selten sinnvoll, weil in einem konkreten Verhalten meist nur wenige Dimensionen verwirklicht werden können und sollen.
Spricht ein Lehrer im Rahmen seines Lehrervortrages den Satz „Lärchen gehören zu den Nadelbäumen", dann herrscht wahrscheinlich die Informationsfunktion vor, und die Äußerung ist in bezug auf Lenkung und auf Merkmale der emotionalen Dimension relativ neutral. Es sind aber durchaus Interaktionszusammenhänge denkbar, in denen die lenkende oder emotionale Bedeutung überwiegt. Vielleicht unterhält sich ein Schüler während des Lehrervortrags laut mit seinem Nachbarn. Dann kann der Lehrer den infor-

mierenden Satz mit erhobener Stimme sprechen und dabei den Schüler drohend anblicken: der Satz wird mehr oder weniger intensiv Abneigung, Verständnislosigkeit, Unfreundlichkeit usw. ausdrücken und einen stärker lenkenden Charakter haben.

Oder der Lehrer beobachtet, wie ein Schüler während des Vortrags auf das Bild einer Lärche zeigt. Sein Satz „Lärchen gehören zu den Nadelbäumen" klingt jetzt zustimmend, ermutigend, freundlich. Entdeckt der Lehrer dagegen Anzeichen dafür, daß ein Schüler die Lärche für einen Vogel hält, so wird sein Statement wieder eine ganz andere Bedeutung erhalten. Nach welchen Dimensionen ein bestimmtes Verhalten sinnvoll einzuschätzen ist, wird davon abhängen, über welche Aspekte seines Verhaltens ein Lehrer Rückmeldung sucht oder welche Funktion seine Äußerung im Kontext des Unterrichts hat.

5. In einem konkreten Verhalten lassen sich meist nicht alle wichtigen Dimensionen gleichzeitig optimal verwirklichen, z.B. wird in manchen Fällen die „zusätzliche Stimulanz" informierenden Verbalverhaltens auf Kosten von „Kürze und Prägnanz" übertrieben werden müssen, etwa wenn die motivierende, im Hörer Diskrepanz erzeugende Funktion (*Schultz*, 1972) im Vordergrund steht (vgl. *Schulz* v. *Thun* et al., 1972, 17). Die Kenntnis der verschiedenen Dimensionen kann einem Lehrer ein bewußteres Verhalten ermöglichen, indem sie ihn auf das differenzierte Spektrum möglicher Handlungsalternativen aufmerksam macht. Er kann anstreben, die Dimensionen in optimaler Weise zu „mischen".

6. Das Einschätzen nach verschiedenen Dimensionen ist ein Instrument zur Sensibilisierung für die Wirkungsnuancen von Verhaltensweisen. Man wird angeregt, über mögliche Effekte nachzudenken, die man noch nicht in Betracht gezogen hatte. Der Satz „Das entscheide man selbst!" mag als sehr selbständigkeitsfördernd eingeschätzt werden. Gleichzeitig wirkt er wahrscheinlich auf den angesprochenen Schüler recht unfreundlich, vielleicht geringschätzend. Behindert dies Selbständigkeit? Formal gesehen ist der Satz (als Befehl) stark lenkend. Könnte er dem Schüler das Gefühl vermitteln, daß der Lehrer Selbständigkeit im Grunde nicht wünscht? Wird dem Schüler nur eine unbedeutende Entscheidung überlassen, während er von wichtigeren Entscheidungen ausgeschlossen bleibt?
Wie sieht es mit der Dimension „Echtheit — Unechtheit" aus? Will der Lehrer mit seiner Äußerung Selbständigkeit ermöglichen, oder meint er eigentlich: „Laß mich mit diesem Quatsch in Ruhe!"? Ist der Satz eine ver-

steckte Drohung: „Wehe, du entscheidest dich nicht so, wie du sollst!"?
Drückt der Lehrer in seiner Äußerung „Desinteressierte Passivität" aus?
Es mag spitzfindig erscheinen, wenn eine winzige Verhaltenseinheit derartig
„auseinandergenommen" wird. Wenn Lehrer ihr eigenes Verhalten schärfer
sehen wollen, wenn sie kritischer, offener, weniger selbstzufrieden über ihr
Verhalten urteilen möchten, sind solche Überlegungen aber sicher nützlich.
Freilich müssen Lehrer dabei die beruhigende Überzeugung aufgeben, daß
es nur zwei Verhaltensmöglichkeiten gibt: richtiges oder falsches, autoritäres
oder demokratisches, effektives oder ineffektives Verhalten.

Die Furcht, Lehrer könnten dabei so viele Skrupel bekommen, daß sie hand-
lungsunfähig werden, scheint mir unbegründet zu sein, wenn es nicht beim
Auseinandernehmen allein bleibt. Die *Beurteilung* des Verhaltens ist ja nur
ein erster Schritt. Ein zweiter Schritt wäre, sich zu entscheiden, welche
Dimension(en) man bevorzugt zu verwirklichen beabsichtigt, und ein dritter, die dazu geeigneten Verhaltensweisen zu identifizieren und zu trainieren.

7. Das Netz von Verhaltensdimensionen ist ein Werkzeug zum Entdecken
oder Konstruieren von Verhaltensfertigkeiten. Die Merkmalsdimensionen
verraten mir noch nicht, was ich konkret sagen oder tun kann, aber sie zeigen
die Richtung, in der angemessene Verhaltensweisen zu suchen sind. Welches
Verhalten wähle ich in einer bestimmten Situation, wenn ich die Selbständigkeit der Schüler fördern, Ermutigung und Verständnis zeigen und trotzdem
kurz und prägnant sprechen möchte? Wie erkläre ich einen Sachverhalt so,
daß er nicht zu kompliziert erscheint, daß meine Ausführungen geordnet,
nicht zu weitschweifig und trotzdem stimulierend sind?

8. Mit Hilfe der Dimensionen des Lehrerverhaltens kann ich die Ziele formulieren, die ich als Lehrer verwirklichen möchte. Welche Dimensionen
erscheinen mir für meine Arbeit als die wichtigsten? Worauf verzichte ich
zuerst, wenn es mir nicht gelingt, alle beabsichtigten Dimensionen zusammen
zu verwirklichen? Wo liegen meine besonderen persönlichen Probleme? In
welchen Dimensionen müßte ich mein Verhalten bevorzugt verändern, um
meinen Zielen näher zu kommen?

9. Das System von Dimensionen des Lehrerverhaltens ist flexibel und aus-
baufähig und kann daher weniger leicht zu einer Zwangsjacke werden als
etwa eine Typologie. (Die Angst vieler Lehrer, sie könnten „autoritär" sein
und das extensive Bemühen, den Gebrauch von „Autorität" zu rechtfertigen,
demonstrieren eindrücklich den Zwangscharakter, den diese Vorstellungen
mittlerweile angenommen haben.) Jeder Lehrer kann sich fragen: Welche

zusätzlichen Dimensionen muß ich erfinden, um die Ziele, die ich mir für mein Verhalten als Lehrer gesetzt habe, überprüfbar zu machen? Ein Religionslehrer könnte sein Verhalten danach beurteilen wollen, wieweit es Ehrfurcht vs. Ehrfurchtslosigkeit ausdrückt, eine Dimension, die vielleicht auch für das Verhalten von Biologielehrern nicht unbedeutend ist. Ich erwähne das Fach Biologie, um damit einem meiner eigenen Lehrer ein kleines Denkmal zu setzen: Er pflegte nur von „Viechern" zu sprechen, wenn er Tiere meinte und formulierte oft „Dann sind hier noch so unbedeutende Fortsätze", wenn er uns auf morphologische Strukturen hinweisen wollte, deren Funktionen wissenschaftlich ungeklärt oder ihm selbst unklar waren. Vielleicht hat er die Bedeutung der Dimension „Humor" falsch eingeschätzt.

Aufgaben:

1. Sammeln Sie Lehreräußerungen, die Sie nach verschiedenen Dimensionen einschätzen können.
2. Überlegen Sie sich zu den einzelnen Äußerungen verschiedene Interaktionszusammenhänge. Was könnte ein Schüler vorher gesagt oder getan haben? Welche Einzelheiten der Situation sind für die Einschätzung des Verhaltens wichtig?
3. Untersuchen Sie Lehrerverhaltensweisen nach den folgenden Dimensionen: Starrheit der Anschauungen — Konformismus — Entweder-Oder-Denken — Zweifeln können — Distanziertes, kritisches Verhältnis zum Unterrichtsstoff vs. unkritische Identifizierung mit Wissensinhalten — kognitive Flexibilität.
4. Welche Dimensionen des Lehrerverhaltens finden Sie besonders wichtig?
5. Erfinden Sie weitere Dimensionen, wenn Sie glauben, daß wichtige Aspekte von den angeführten Dimensionen nicht berücksichtigt werden.
6. Versuchen Sie, eigene Äußerungen umzuformulieren, so daß die von Ihnen angestrebten Dimensionen besser in ihnen verwirklicht werden.
7. In gewissem Ausmaß können Lehrer, die von ihrem Fach oder vom Unterrichtsstoff begeistert sind, das Interesse der Schüler eher wecken als Lehrer, die kein Interesse am Stoff haben. In welchen Verhaltensweisen könnten sich diese unterschiedlichen Einstellungen äußern? Unter welchen Bedingungen wird sich Begeisterung für den Stoff eher negativ auf das Interesse der Schüler auswirken?
8. Fallen Ihnen weitere Aufgaben ein?

Die Ansichten außergewöhnlicher Lehrer

Die Meinungen darüber, wie unterrichtet werden sollte, gehen bei Wissenschaftlern und Praktikern weit auseinander. *Campbell* (1972) hat Untersuchungen zusammengefaßt, in denen als besonders befähigt geltende Lehrer nach ihren Ansichten über Unterricht und Lehrerverhalten befragt wurden:

„Diese hervorragenden Praktiker zeigen eine gewisse Mißachtung dessen, was traditionell als effizientes Lernen gilt. Sie lehnen klar definierte Lernziele ab, legen wenig Wert auf Strukturiertheit, beklagen, daß viele Lehrer die Neigung haben, die Ziele für ihre Schüler festzusetzen, betonen, daß Antworten selten richtig oder falsch sind, halten sogar verbale Belohnungen (Lob) für fragwürdig und vor allem finden sie das formale System der Leistungsbeurteilung durch den Lehrer falsch" (*Campbell*, 1972, 543). So werden viele Lehrbuchprinzipien von den außergewöhnlichen Lehrern abgelehnt oder doch mit Fragezeichen versehen. Dabei ist diese Lehrergruppe durchaus nicht ohne feste Grundsätze, sondern hält im Gegenteil zäh an einigen sehr idealistischen Ideen fest, zu denen die folgenden gehören:

— daß der Lehrer einen hohen Respekt vor den Schülern als Personen haben muß;
— daß der Lehrer mehr eine Art Hilfsmittel (resource person) für die Schüler sein und eine Fülle interessanter Aktivitäten bereithalten muß;
— daß die Schüler bei der Formulierung von Zielen, bei der Auswahl von Arbeitsaufgaben und der Beurteilung von Leistungen intensiv beteiligt sein müssen;
— daß die Beurteilung des Unterrichtserfolges durch den Lehrer eher informell sein sollte und daß der Lehrer mehr nach Kriterien wie Freude, Aufmerksamkeit, Begeisterung und die Bereitschaft, sich stimulierenden Erfahrungen hinzugeben, urteilen sollte;
— daß Flexibilität und die Bereitschaft, Augenblicksgelegenheiten aufzugreifen, höchst wünschenswerte Lehrereigenschaften sind (*Campbell*, 1972, 544).

Campbell betont, daß es unter den außergewöhnlichen Lehrern bemerkenswerte Übereinstimmungen in den Ansichten gibt, und daß sich diese Ansichten ebenso sehr von denen weniger begabter Lehrer unterscheiden wie von den Ratschlägen der Theoretiker (S. 544). Während die hervorragenden Lehrer das formelle Lehrerlob stark ablehnen, betonen sie doch alle die Notwendigkeit einer unterstützenden Atmosphäre mit „eingebauten" Belohnungen, einer Atmosphäre, in der die Kinder als Personen geschätzt werden und nicht nur als Zulieferer richtiger Antworten. Auch weisen sie häufig darauf hin, daß fein geordnete und schön analysierbare „Lektionen" kaum etwas mit ihrem „natürlichen" Unterrichtsstil zu tun hätten (S. 545). Auf den ersten Blick scheinen die Ansichten der außergewöhnlichen Lehrer wie ein Rückfall in das finstere Mittelalter der Unterrichtsforschung. Hat sich die Forschung heute von so groben Konzepten wie Lehrerpersönlichkeit, Klassenklima, Führungsstil usw. abgewendet, um sich den Elementen des Verhaltens im Unterricht zuzuwenden, so weisen diese Lehrer wieder auf komplexe, kaum definierbare Qualitäten wie „Respekt vor der Person des Schülers" oder „unterstützende Atmosphäre" hin und betonen ihre Wichtigkeit für das Lehrerverhalten. Dieses Auseinanderklaffen der Begriffssysteme und Betrachtungsweisen mag ein Symptom dafür sein, wie unvollkommen die Begriffe und Methoden der Wissenschaft die Interaktionsprozesse im Unterricht bisher beschreiben. *Campbell* schreibt: „Die Ansichten außergewöhnlicher Lehrer könnten Forscher gut dazu anregen, einen neuen Versuch zu machen und ein Analysesystem zu entwerfen, das das Verhalten im Unterricht wirklichkeitsgetreu abbildet" (S. 545). Wir erkennen zwar manchmal, daß ein bestimmter Lehrer befähigter ist als viele seiner Kollegen, aber das heißt noch nicht, daß wir auch beschreiben können, worin das Geheimnis seines besonderen Erfolgs besteht. In der Wissenschaft vom Lehrerverhalten sind noch viele Fragen offen.

Variabilität und Flexibilität des Lehrerverhaltens

Angemessenes Lehrerverhalten läßt sich nicht als ein gleichbleibendes Muster beschreiben, sondern es ist veränderlich und vielgestaltig: variabel. Verhaltensvariabilität wird vom Lehrer verlangt, wenn es darum geht, die Aufmerksamkeit der Schüler zu gewinnen und zu erhalten; denn was vom Erwarteten abweicht, das Unerwartete, Neue, Überraschende, weckt Aufmerksamkeit. Variabilität des Lehrerverhaltens ist eine Voraussetzung dafür, daß Schüler kognitiv stimuliert werden und intrinsisch motiviert sind, so daß sie von sich aus beginnen, Fragen zu stellen, Informationen zu suchen, Ansichten zu überprüfen (vgl. *Schultz*, 1972).
„Um realistisch zu sein", schreibt *Flanders* (1970, 319), „müssen alle (wissenschaftlichen) Gesetze über das Lehrerverhalten auch darüber etwas aussagen, warum bestimmte Merkmale des Lehrerverhaltens von einer Unterrichtsepisode zur anderen variieren. Ein Satz wie „Wärme und Freund-

lichkeit des Lehrerverhaltens sind mit höheren Schulleistungen verbunden" berücksichtigt nicht, warum Lehrer, die sich gewöhnlich warm und freundlich verhalten, manchmal auch distanziert und fordernd sind. Oder, um ein anderes Beispiel zu geben, ein starres Gesetz, das besagt „Wenn die Initiative bei den Schülern liegt und der Lehrer mehr auf die Schülerinitiativen reagiert, haben die Schüler positivere Einstellungen (zum Unterricht)", erklärt nicht, warum Perioden, in denen der Lehrer initiativ ist und die Schüler reagieren, auch in solchen Schulklassen auftreten, in denen die Schülerleistungen überdurchschnittlich sind. Lehrer verhalten sich einmal so und dann wieder anders, und es ist ziemlich wahrscheinlich, daß diese Variationen gesetzmäßig sind."

Die frühen Führungsstiluntersuchungen beruhten nach *Flanders* (1967, VIII) auf der Überzeugung, daß die meisten Lehrer besser unterrichten würden, wenn sie mit den Schülern interagierten, statt sie nur zu dirigieren. Diese Forschungen waren von dem Wunsch motiviert, nachzuweisen, daß bestimmte bevorzugte Interaktionsmuster allen anderen grundsätzlich überlegen seien. Die Gefahr bei dieser Orientierung an einer einzigen Wertvorstellung ist aber, daß andere mögliche Beziehungen übersehen werden. Um dieser Verengung des Blickwinkels entgegenzuwirken, schlägt *Flanders* den Begriff „Flexibilität des Lehrereinflusses" vor, der gleichzeitig auch schon eine Art Forschungsprogramm ist.

Flanders selbst (1967, 103 ff.; 1970, 319 ff.) hat Hypothesen darüber formuliert, unter welchen Bedingungen Lehrer mehr Initiative zeigen bzw. sich stärker reaktiv verhalten sollten. Er beschreibt Untersuchungsergebnisse, nach denen die Variabilität der Interaktionsmuster in solchen Klassen am größten war, in denen die Schüler am meisten lernten und mehr Freude am Unterricht hatten (*Flanders*, 1970, 328).

Von diesen Befunden kommt er zu der Hypothese, daß Lehrer in solchen Unterrichtsabschnitten, in denen die Ziele (noch) unklar sind, ein geringeres Ausmaß an Initiative (definiert durch die FIAC-Kategorien 5 bis 7) verwirklichen und mehr auf das reagieren sollten, was die Schüler aus eigener Initiative beitragen. In Situationen, in denen keine Unklarheit über die Ziele besteht, werde sich dagegen ein mehr direktes Lehrerverhalten günstig auf den Lernerfolg und die Einstellung zum Unterricht auswirken.

Diese Hypothese befürwortet nun ziemlich genau das Gegenteil dessen, was die meisten Lehrer tun. Die Regel ist, daß Lehrer gerade zu Beginn von Unterrichtsstunden, wenn die Ziele des Unterrichts noch nicht fest etabliert sind, stark lenken, indem sie Informationen liefern, Befehle und Arbeitsweisungen geben. Für Schüler und Lehrer ist es im Grunde bequemer, wenn in den Anfangsphasen des Unterrichts gar nicht erst Unsicherheit entsteht.

Aber der Preis für die Bequemlichkeit ist, daß die Lernprozesse in der Klasse lehrerabhängig bleiben (*Flanders*, 1970, 327—331).
Während bei *Flanders* der Gesichtspunkt besonders hervorgehoben wird, daß angemessenes Lehrerverhalten *im Verlauf des Unterrichts* verschiedene Formen annehmen kann, betont eine Arbeit von *Wright* und *Nuthall* mehr, daß es von den jeweiligen Zielen abhängig ist, welche Verhaltensweisen von Lehrern als optimal gelten können.
In ihrem Experiment ließen sie verschiedene Lehrer über ein biologisches Thema unterrichten. Die Ergebnisse fassen sie wie folgt zusammen: Schüler lernen bei einem Lehrer mehr, der

1. relativ direkte (eher enge als weite) Fragen stellt, die von den Schülern beantwortet werden können, ohne daß sie zusätzliche Informationen benötigen und ohne daß die Fragen vom Lehrer umformuliert werden müssen;
2. am Ende eines Gesprächsabschnittes eine informierende Zusammenfassung gibt, die den Sachverhalt strukturiert;
3. mehr Schüler einbezieht, indem er jede Frage an verschiedene Schüler weitergibt;
4. sich häufig für Schülerbeiträge bedankt;
5. am Schluß der Stunde noch einmal eine Gesamtübersicht über den behandelten Stoff liefert.

Die Verfasser warnen ausdrücklich davor, diese Angaben als Vorschriften aufzufassen, wie Lehrer allgemein unterrichten sollten. Ihre Untersuchung bezog sich auf die Frage, welches Lehrerverhalten am effektivsten ist, wenn es darum geht, den Schülern *Faktenwissen* zu vermitteln. Für *dieses* Ziel erwiesen sich in *dieser* Untersuchung die erwähnten Variablen als günstig. Ob weitere Arbeiten mit anderen Lehrern diese Ergebnisse bestätigen werden oder ob neue Variablen sich als wichtiger herausstellen werden, bleibt abzuwarten (*Wright/Nuthall*, 1972).
Die Folgerungen, zu denen *Flanders* kommt, widersprechen den Folgerungen von *Wright* und *Nuthall*. Trotzdem können beide Beschreibungen angemessenen Lehrerverhaltens richtig sein.
Die Widersprüchlichkeit vieler Forschungsergebnisse erklärt sich daraus, daß Ausdrücke wie „Lehrerverhalten", „Lernen", „Erziehung" und „Unterricht" nicht jeweils einfache, klar definierte Sachverhalte bezeichnen, sondern daß sich hinter ihnen sehr heterogene Phänomene verbergen. Diese unterschiedlichen Phänomene lassen sich nicht durch eine einzige widerspruchsfreie Theorie einfangen.

D. E. Hamachek (1969, 343) schreibt: „Das bei weitem am häufigsten zur Beschreibung guter Lehrer gebrauchte Adjektiv ist ‚flexibel‘" (zit. nach: *Klausmeier/Ripple,* 1971, 253).

Flexibilität ist die Fähigkeit, beweglich statt starr und schematisch zu reagieren, sich unterschiedlichen Gegebenheiten anpassen zu können statt angepaßt zu sein. Ein flexibler Lehrer kann manchmal „umschalten", er ist bereit und fähig, sich selbst, sein eigenes Verhalten zu verändern, mit Verhaltensweisen zu experimentieren und zu improvisieren. Er verwechselt nicht Konsequenz mit Sturheit.

Kognitive Flexibilität ist das Gegenteil von Rigidität. Kognitiv flexible Lehrer sind weniger überzeugt, das Wesentliche zu kennen. Sie haben keinen starren Lehrplan, den sie unter allen Umständen glauben vermitteln zu müssen. Ihr Unterricht wird darum weniger leicht eine Erziehung zu Konformität und zur Übernahme von Stereotypen. Kognitiv flexible Lehrer können die Unsicherheit ertragen, die von dem Fehlen klarer Handlungsanweisungen herkommt. Sie sind fähig, Widersprüche auszuhalten, mit widersprüchlichen Theorien zu leben, an optimistischen Theorien festzuhalten, auch wenn sie nicht fortwährend durch die Unterrichtswirklichkeit bestätigt werden. Sie können auf Schüler eingehen, erkennen, daß auch Schüler manchmal gute Ideen haben, von ihrer Planung abweichen, wenn die Schüler unerwartet reagieren. Wie gute Schachspieler antworten sie nicht nur auf den jeweils letzten Zug des Spielpartners, sondern verfolgen komplizierte, sich fortwährend verändernde Strategien; dabei erkennen sie, welche verschiedenen Möglichkeiten ihnen ein bestimmter Zug bietet, und sie können sowohl frühere Züge berücksichtigen, auf die sie erst später reagieren, als auch zukünftige gedanklich vorwegnehmen.

Flexibles Lehrerverhalten ist durch ein gewisses Maß an Rollendistanz gekennzeichnet. Es wird nicht alles nur mit Lehreraugen gesehen und an Lehrermaßstäben gemessen, sondern es können auch andere Wirklichkeitsinterpretationen in Betracht gezogen und Verhaltensweisen geäußert werden, die das Rollenverhalten überspielen. Flexibilität ist nicht dasselbe wie Variabilität, aber flexibles Lehrerverhalten setzt Variabilität voraus. Je umfangreicher mein Verhaltensrepertoire ist, je mehr Verhaltensalternativen ich habe, zwischen denen ich in einer bestimmten Situation wählen kann, desto flexibler wird mein Verhalten sein können.

Banal ausgedrückt: Flexibilität ergibt sich nicht, wenn man keinerlei Rezepte kennt, sondern gerade dann, wenn man so viele Rezepte beherrscht, daß man frei wird, eigene Gerichte zu erfinden. Wenn dieser Gedanke richtig ist, wird flexibles Lehrerverhalten nicht, wie manche befürchten, durch Training von Verhaltensmustern verhindert, sondern überhaupt erst ermöglicht. Um den Schachspieler noch einmal zu bemühen: wer nur die Regeln kennt, nach denen man die Figuren bewegt und sich sonst nur auf seine Phantasie und seinen gesunden Menschenverstand verläßt, wird weniger flexibel operieren als ein Spieler, der zusätzlich noch Techniken beherrscht, berühmte Partien durchgespielt und verschiedene Eröffnungen und Endspiele studiert hat. Natürlich, ohne Phantasie, ohne gesunden Menschenverstand und ohne Mut, über Regeln und Techniken hinauszugehen, kann sich der versierte Schachspieler mit seiner Technik selbst fesseln. Die Voraussetzungen der Flexibilität können zum Flexibilitätshemmnis werden, wenn sie nicht selbst wieder flexibel gehandhabt werden.

Zugegeben, es ist kein sehr origineller Trick, an einer Stelle, an der Leser handfeste Hinweise und geordnete Zusammenfassungen erwarten, ein schillerndes Schlagwort — Flexibilität — einzuführen und auf Analogien aus Kochkunst und Schachspiel hinzuweisen. Aber da es ebenso wenig ein einheitliches System von Anweisungen für richtiges Lehrerverhalten gibt wie eine richtige Schachpartie oder ein richtiges Mittagessen, bleibt nichts anderes übrig, als einen Lehrer, der sein Verhalten verändern möchte, um Kreativität und Flexibilität zu bitten. Es gibt keinen direkten Weg von wissenschaftlichen Verallgemeinerungen zu den konkreten, individuellen Anwendungen. So weit die Wissenschaft vom Lehrerverhalten auch fortschreiten mag, Lehrer werden immer kreative und flexible Erfinder sein müssen.

Kapitel 3:
Beobachtung des Lehrerverhaltens und Feedback

Verhaltensänderung und Feedback

Im Erfahrungsfeld der Lehrer gibt es einen blinden Fleck: sich selbst und die Auswirkungen des eigenen Verhaltens auf die Schüler können Lehrer, wie sich leicht nachweisen läßt (vgl. *Krüger*, 1967; *Tausch/Tausch*, 1968, 18, 96, 117), nicht objektiv und kritisch beobachten und analysieren. Wir sind meist überrascht, wenn wir objektive Informationen über unser Verhalten bekommen. Wir können unser eigenes Verhalten nicht so wahrnehmen, wie es ist. Wir können nicht richtig einschätzen, wie unser Verhalten auf andere wirkt. Wir können nicht überprüfen, ob unser Verhalten mit unseren Zielen in Übereinstimmung ist. Und wir merken oft nicht, wenn wir unsere Worte durch unser Handeln ad absurdum führen.

Darum brauchen wir, wenn wir unser Verhalten trainieren wollen, um es zu verbessern, so etwas wie einen Spiegel, in dem wir uns objektiver sehen können als durch die Brille unserer Werte, Wünsche und Absichten. Diesen Spiegel müssen uns andere Menschen ersetzen. So könnten zum Beispiel die Schüler einem Lehrer Informationen darüber geben, wie sein Verhalten bei ihnen „ankommt". Solche Informationen nennen wir „Rückmeldung" oder „Feedback". Die Rückmeldung informiert den Trainierenden über den Ist-Wert seines Verhaltens. Er kann dann den Ist-Wert mit dem Soll-Wert (dem Ziel des Trainings oder dem angestrebten Standard) vergleichen und daraufhin versuchen, das Ist-Verhalten dem Soll-Verhalten weiter anzunähern.

Blindes Üben, bloße Wiederholung bestimmter Verhaltensweisen ohne systematisches Feedback, führt häufig nicht zu den gewünschten Fertigkeiten. In einer Untersuchung hatten Studenten einer Reihe von Personen die Regeln eines Spiels oder den Gebrauch des Rechenschiebers zu erklären. Dabei erhielten sie kein Feedback durch den Versuchsleiter. Es zeigte sich, daß bei jedem neuen Versuch die Erklärungen der Vpn länger wurden, weniger Unterbrechungen und Versprecher auftraten, der „Unterricht" im ganzen flüssiger wurde. Je sicherer aber das „Lehrerverhalten" der Vpn wurde, desto geringer wurde ihre Fähigkeit, auf den „Schüler" einzugehen und seine Situation zu berücksichtigen. Moral: Lehrer können sehr erfahren und versiert sein, ohne daß ihr Verhalten dabei angemessener ist (*Argyle*, 1967, 185—187).

Loree und *Koch* (1964) verglichen die Verbesserungen des Diskussionsverhaltens von Studenten in Kleingruppen unter zwei verschiedenen Trainingsbedingungen: einige Gruppen erhielten Informationen über die Merkmale einer guten Diskussion und übten anschließend das Diskutieren, ohne weiteres Feedback zu erhalten. Die anderen Gruppen hörten sich nach jeder Diskussion die Tonbandaufnahme des Gesprächs an, wobei das Band öfter angehalten und auf positive Verhaltensweisen der Sprecher hingewiesen wurde. Die Gruppen, die auf diese Weise Feedback erhalten hatten, verbesserten ihr Diskussionsverhalten wesentlich, während sich das Diskussionsverhalten der Gruppen ohne Feedback nicht merklich verbesserte und sich nicht von dem der Kontrollgruppen unterschied, die das Diskutieren nicht trainiert hatten. Auch diese Untersuchung zeigt, wie wichtig Feedback ist, wenn Verhaltensänderungen erzielt werden sollen. (Sie ist gleichzeitig ein Hinweis, daß Arbeitsformen wie Diskussion, Gruppen- oder Partnerarbeit von den Schülern verschiedene Interaktionsfertigkeiten verlangen, die meist erst gelernt werden müssen und zu denen der Lehrer Feedback geben muß, anstatt zu beklagen, daß Schüler für solche Formen noch nicht „reif" genug seien.)

Fehlerquellen des primären Feedback

Systematisches und zielbezogenes Training von Verhaltensweisen ist also ohne Rückmeldungsverfahren, mit denen kontrolliert werden kann, ob das Ziel erreicht wird, nicht denkbar. Nun erhalten Lehrer im Unterricht zwar ununterbrochen Rückmeldung über ihr Verhalten, aber das unspezifische und zufällige Feedback, wie man es durch die Reaktionen der Schüler im Unterricht oder in gelegentlichen Gesprächen mit Kollegen erhält, gibt kaum Hinweise, in welcher Richtung und in welchem Ausmaß der Lehrer sein Verhalten ändern könnte, um es zu verbessern.

Smith (1972, 241 f.) spricht von *primärem Feedback*, das ein Lehrer erhält, wenn er die Auswirkungen seines Verhaltens in den Gesichtsausdrücken, Körperbewegungen, den Augen und den Worten der Schüler beobachtet. Er weist darauf hin, daß primäres Feedback von geringer Wirkung bleibt, wenn ein Lehrer die Effekte des eigenen Verhaltens nur oberflächlich wahrnimmt und lediglich intuitiv darauf reagiert. Wir wissen aus der Sozialpsychologie, daß dieser Hinweis nur zu berechtigt ist. Der Prozeß der Wahrnehmung ist eben kein passives Aufnehmen der vorhandenen Reize, sondern im Gegenteil ein aktives Auswählen nach mehr oder weniger subjektiven Auswahlkriterien. „Wir glauben nur, was wir sehen — leider sehen wir nur, was wir glauben wollen" (*Atteslander*, 1969, 125). Primäres Feedback bewirkt deshalb oft nur, daß bestehende Ansichten und Einstellungen verfestigt werden. Der Lehrer glaubt, authentische Erfahrungen zu machen und bleibt doch in einer sozial-konstruierten Wirklichkeit hängen, in der die Hypothesen durch die berufliche Mentalität vorgegeben sind und kaum eine Chance haben, verworfen zu werden, weil nur *die* Daten zur Kenntnis genommen werden, die *für* sie sprechen. Primäres Feedback vermag den Zirkel der sich selbst bestätigenden Erfahrung nicht zu sprengen (vgl. *Grell*, 1970 a). Die genannten Mechanismen sind durchaus nicht allein für Lehrer typisch, sondern sie treten bei jeder unsystematischen Beobachtung als Fehlerquelle auf und sind selbst bei systematischer wissenschaftlicher Beobachtung nicht völlig zu vermeiden (vgl. *Kintz* et al., 1970; *Friedrichs/Lüdtke*, 1971, 29 —33; *Atteslander*, 1969, 124 ff., 154—159).

Auch nur einen kleinen Teil aller wichtigen Vorgänge während einer Unterrichtsstunde zu erfassen, das ist schon für unbeteiligte Beobachter eine unlösbare Aufgabe. Für einen Lehrer, der das eigene Verhalten und das seiner Schüler beobachten will, kommt als unüberwindbares Hindernis hinzu, daß er als Handelnder intensiv am Unterrichtsgeschehen beteiligt ist und sich nicht beobachtend „neben" das Geschehen stellen kann, weil dadurch die Interaktion unterbrochen würde, die er beobachten will. Prinzipiell wäre es möglich, daß Lehrer während des Unterrichts die relevanten Informationen wahrnehmen und im Gedächtnis speichern, um sie unmittelbar nach der Stunde schriftlich zu fixieren. Dies geschieht aus begreiflichen Gründen (Zeitmangel, Notwendigkeit einer Ruhepause, großer Arbeitsaufwand) selten. Obwohl bei diesem Verfahren Beobachtungsfehler keinesfalls ausgeschlossen sind, wäre es immerhin sinnvoller als das Zurückgreifen auf zeitlich entferntere Eindrücke (Erinnerungen), bei denen die verzerrenden Faktoren schon viel länger einwirken konnten. Mindestens könnte das Niederschreiben von Beobachtungserinnerungen dazu führen, daß man bewußter beobachten lernt und Auswahlkriterien entwickelt, die eine objektivere Erfassung von bestimmten Aspekten des Unterrichtsgeschehens ermöglichen. Erst wenn man Beobachtungen aufschreibt, kann man sich so weit von ihnen distanzieren, daß man Einseitigkeiten und Lücken bemerkt. Bei späteren Anlässen kann man sich dann bemühen, auch solche Erscheinungen zu beachten, die man bisher zu übersehen pflegte.

In der Regel sind Lehrer nicht darin geschult, primäres Feedback differenziert wahrzunehmen und angemessen zu interpretieren.

Beckman (1973) untersuchte, unter welchen Bedingungen Lehrer die Ursachen für kindliche Lernleistungen bei sich selbst, in ihrem eigenen Verhalten im Unterricht oder bei Faktoren suchen, die außerhalb der Unterrichtssituation liegen. Die Ergebnisse deuten darauf hin, daß es ein sehr einfaches Wahrnehmungs- und Interpretationsmuster für primäres Feedback gibt. Offenbar haben Lehrer die Neigung, angenehme Erfahrungen mit Schülern als Beweise dafür zu nehmen, daß sie sich richtig verhalten, während sie unangenehme Erlebnisse mit Schülern nach Möglichkeit auf außerschulische Ursachen zurückführen. Überspitzt: Wenn die Schüler interessiert und angeregt im Unterricht mitarbeiten, ist der Lehrer *mit sich zufrieden*; ist die Mitarbeit schlecht, so ist der Lehrer *mit den Schülern unzufrieden* — und beklagt fatalistisch, daß die Ursachen dieser Verhaltensmängel seinem Einflußbereich entzogen seien (vgl. *Jenkins* et al., 1969). Damit kann sich der einzelne Lehrer psychisch entlasten, aber gleichzeitig vermeidet er die Einsicht, daß sein eigenes Verhalten zu den wesentlichen Ursachen dafür gehört, wie sich Schüler im Unterricht verhalten und daß er möglicherweise Anstrengungen unternehmen muß, sein Verhalten zu verändern.

Ein Lehrer, der seinen eigenen Unterricht beobachtet, kann kaum mehr leisten als an einigen Merkmalen zu überprüfen, ob der Ablauf des Unterrichtsprozesses mit seinen allgemeinen Erwartungen übereinstimmt. Der Unterricht wird als gelungen empfunden, wenn die Schüler aufmerksam und konzentriert wirkten, wenn genügend Schüler mitgearbeitet haben und das Unterrichtsgeschehen nicht in Schweigen versandete, wenn die Schüler mit ihren Äußerungen im Rahmen des vom Lehrer bestimmten „Wesentlichen" blieben, wenn die Schüler nicht zu laut waren und keine störenden Disziplinprobleme auftraten, wenn der vom Lehrer vorgesehene Stundenverlauf eingehalten werden konnte. Das Muster, an dem Unterrichtsstunden gemessen werden, ist das Ritual des lehrerzentrierten Frontalunterrichts. Da auch Unterrichtsformen, die den Schülern ein größeres Ausmaß an Selbständigkeit und Initiative ermöglichen sollen (Partner- und Gruppenarbeit, Schülerreferate, Diskussionen usw.), nach diesem Idealbild beurteilt werden, sind viele Lehrer mit diesen Aktivitäten ziemlich unzufrieden und beurteilen sie als wenig effektiv, denn die erwarteten Effektivitätssignale sind weniger häufig zu beobachten. Dies gilt dann als Bestätigung dafür, daß man Schülern nicht zu viel Freiheit zumuten sollte. Bedacht wird nicht, daß die angeführten Effektivitätssignale nichts über den Unterrichtserfolg aussagen. „Gute Beteiligung" bedeutet noch nicht, daß die Schüler auch etwas gelernt haben.

Und der Eindruck, daß die Schüler interessiert waren, kann darüber hinwegtäuschen, daß nur eine kleine Auswahl von Schülern wirklich am Unterricht beteiligt war oder daß die Denkanstöße und Fragen des Lehrers über einen unteren Schwierigkeitsgrad nicht hinausgingen, um nur zwei Möglichkeiten zu nennen. Auch die „Aufmerksamkeit" der Schüler ist ein schlechtes Indiz für den Lernerfolg. *Düker* und *Tausch* (1970; *Tausch/Tausch*, 1970, 414 f.) fanden bei ihrem Versuch über die Wirksamkeit verschiedener Formen von Veranschaulichung, daß die Schüler, die während der Stoffdarbietung ein lebendes Tier betrachten konnten, recht abgelenkt und unaufmerksam schienen, aber trotzdem viel mehr Fakten behalten hatten als die Schüler, die „konzentriert, aufmerksam und zugewandt wirkten", während ihnen der Tonbandvortrag über das Tier ohne weitere Veranschaulichung vorgespielt wurde (*Tausch/Tausch*, 1970, 415).

Das Verhalten der Schüler ist aber auch deswegen ein wenig objektives Anzeichen für die Qualität des Lehrerverhaltens, weil sich zwischen Lehrern und Schülern im Laufe der Zeit ein Gewöhnungsprozeß abspielen kann, der zur Verschiebung der Maßstäbe führt. „Je häufiger Personen miteinander in Interaktion stehen, desto mehr tendieren ihre Aktivitäten und Gefühle dazu, sich in mancher Hinsicht einander anzugleichen" (*Homans*, 1960, 133). Wie in dem Witz vom Ehemann, der sich so sehr an die stets angebrannten Speisen seiner verstorbenen Frau gewöhnt hatte, daß die Kochkunst seiner neuen Gattin ihn nicht zufriedenstellen konnte, „mögen" die Schüler am Ende oft auch den erzieherisch und unterrichtlich weniger befähigten Lehrer und bestätigen ihn vielleicht in seinen Unzulänglichkeiten.

Ferner ist das „natürliche" Verhalten der Schüler im Unterricht auch darum nicht sehr als Feedback geeignet, weil oft nicht erkennbar ist, auf welches Lehrerverhalten es sich bezieht. Macht ein Schüler ein mürrisches Gesicht, so kann der Lehrer dies auf die Worte beziehen, die er gerade gesprochen hat, obwohl der Schüler diese Äußerungen vielleicht gar nicht wahrgenommen hat und aus ganz anderen Gründen verdrießlich ist. Solche Mißverständnisse sind im Unterricht wahrscheinlich recht häufig. Wir haben als Lehrer die Neigung, das Schülerverhalten, das wir wahrnehmen, als Kommentar zu unserem Verhalten aufzufassen. Mir wurde diese Tendenz einmal deutlich, als ich in einer Lehrveranstaltung Studenten bat, ein Problem in Gruppen zu bearbeiten, worauf eine größere Anzahl von Studenten den Raum verließ. Erst als sich die Studenten nach der festgesetzten Zeit wieder im Seminarraum einfanden, begriff ich, daß der Auszug keine Demonstration gegen „meine" Aufgabe gewesen war, sondern der Suche nach einem stillen Platz für ungestörtes Diskutieren gegolten hatte. Diese Neigung, jede auffällige Schüleraktion auf das eigene Verhalten zu beziehen oder sie sogar als beabsichtigte Aggression zu deuten, kann durch Verhaltenstraining abgebaut werden. Schließlich sind manche Verhaltensweisen von Schülern Reaktionen auf langfristig wirkende Bedingungen und sollten nicht als unmittelbares Feedback mißverstanden werden. Manches, was Schüler in einer sechsten Stunde oder in einem „Nebenfach" tun, kann wenig mit dem Verhalten des unterrichtenden Lehrers zusammenhängen. Schüler müssen sich mit Faktoren wie Leistungsdruck, fast totaler Fremdbestimmung, permanenter Überdisziplinierung arrangieren, wenn sie die Schule überleben wollen, und dieser Anpassungsdruck kann eine Fülle disfunktionaler Verhaltensweisen produzieren, die nicht immer auf das Konto einzelner Lehrer gehen.

Zusammenfassend kann man sagen, daß primäres Feedback zu leicht Fehldeutungen ausgesetzt ist, um als Informationsquelle über das Lehrerverhalten nützlich zu sein.

Lehrer beobachten nicht leidenschaftslos, was im Unterricht geschieht, sondern ihre Beobachtungen sind immer schon Bewertungen. Die konkreten Verhaltensweisen der Schüler gehen in diesem Prozeß verloren, weil sie immer gleich in gefühlsmäßig bedeutsame Kategorien (Aufmerksamkeit, gute oder schlechte Mitarbeit, Störung des Unterrichts usw.) eingeordnet werden.

Verläßt man sich als Lehrer auf die eigenen zufälligen Beobachtungen, so bleibt das Lernen angemessener beruflicher Verhaltensweisen ein Prozeß von Versuch und Irrtum ohne feste Ziele. Man ist dabei verhaltenssteuernden Mechanismen ausgeliefert, die man nicht kontrollieren kann, weil man sie nicht durchschaut. So zufällig und unvorhersehbar das Ergebnis solcher Lernprozesse erscheint, in Wirklichkeit ist es ziemlich genau vorhersagbar: das Ergebnis sind Lehrer, die sich so verhalten, wie Lehrer sich schon immer verhielten. Es ist recht unwahrscheinlich, daß Lehrer sich aus dem Rahmen des Üblichen lösen können, wenn sie ihr Feedback allein aus der Interaktion im Unterricht, wie sie sie wahrnehmen, beziehen.

Aufgaben:

1. Welche positiven Effekte kann primäres Feedback haben?
2. Welche Erfahrungen habe ich selbst in meinem Unterricht mit primärem Feedback gemacht?
3. Wo verlasse ich mich auf primäres Feedback?
4. Habe ich versucht, Informationen über mein Verhalten zu bekommen, die über primäres Feedback hinausgehen?

5. Was könnte ein Lehrer tun, um primäres Feedback in einer Weise aus-
   zunutzen, daß es weniger leicht Fehldeutungen ausgesetzt ist?
6. Wie sieht meine augenblickliche Feedback-Situation aus?
   Erhalte ich Feedback von Schülern?
   Notiere ich mir Beobachtungen?
   Bekomme ich Feedback durch Kollegen?
   Gebe ich Kollegen Feedback?
   In welcher Form gebe und erhalte ich Feedback?
7. Bin ich mit dem Feedback, das ich bekomme, zufrieden?

Sekundäres Feedback

Primäres Feedback besteht aus den Signalen und Informationen, die Lehrer
beim Unterrichten wahrnehmen, ohne besondere Vorkehrungen getroffen
zu haben. Beim *sekundären Feedback* werden Informationen planmäßig zu
dem Zweck gesammelt, sie einem Lehrer zu präsentieren. Sekundäres Feedback erfordert daher auch zusätzlichen Zeit- und Energieaufwand.
Lehrer, die sekundäres Feedback wünschen, müssen sich aktiv darum bemühen. Es genügt nicht, auf Feedback zu warten wie das arme Hirten-
mädchen auf den Prinzen. Und doch verhalten sich viele Lehrer so:
Selten bittet ein Lehrer einen oder mehrere Kollegen in seinen Unterricht,
um von ihnen Rückmeldung über bestimmte Aspekte seines Verhaltens zu
bekommen. Man wartet lieber — meist furchtsam, manchmal hoffnungs-
voll — auf die seltenen Gelegenheiten, wo ein Rektor, Schulrat oder Jung-
lehrerseminar den Unterricht besuchen, und man nimmt dann passiv auf,
was diese Unterrichtsbeobachter zu sagen haben, anstatt aktiv Fragen an sie
zu richten und Beobachtungsaufgaben zu stellen. Die Unterrichtsbesprechungen nach so einer „Lehrprobe" und die Beurteilungen durch Vor-
gesetzte sind als Feedback nicht sehr nützlich, weil hierbei meist zu viele
Aspekte gleichzeitig behandelt werden, so daß der Unterrichtende überfordert wird. Aber auch die Hospitanten sind überfordert. Oft machen sie
sich keine oder nur zufällige Notizen, weil sie wenig Anhaltspunkte haben,
worauf sie achten können und weil sie keine Verfahren der Datenerhebung
kennen. So bleibt ihnen häufig nur ein vager „emotionaler Nachhall" (*Zifreund*, 1968a, 417), von dem aus sie dann eine Beurteilung des Unterrichtenden versuchen. Die „Alles-auf-einmal-Unterrichtsbesprechungen" und
die globalen Urteile hinterlassen zu oft nur Verwirrung und Ratlosigkeit,
wenn nicht Niedergeschlagenheit und Resignation. Und solche Stimmungen

motivieren Lehrer nicht dazu, sich angemessenere soziale Skills anzueignen. In den folgenden Abschnitten werde ich einige Verfahren der Sammlung von Feedback-Informationen darstellen.

Unstrukturierte Beobachtung des Lehrerverhaltens

Wenn Lehrer in den Unterricht eines Kollegen gehen und sich während der Hospitation Notizen machen, betreiben sie unstrukturierte Beobachtung. Sie notieren sich einfach, was ihnen auffällt, in den meisten Fällen, was ihnen unangenehm auffällt. Dabei wäre es oft sinnvoller, auf positiv auffallendes Verhalten zu achten, um es anschließend zu verstärken. Manches spricht nämlich dafür, daß Lehrer sich nach und nach viele günstige Verhaltensweisen wieder abgewöhnen, weil sie niemals dafür verstärkt werden. Die Isolierung des Lehrers in der Schulklasse hat zur Folge, daß viele wertvolle pädagogische Initiativen „ausgelöscht" werden, weil niemand da ist, der sie beachten könnte. Es scheint, daß dieses nicht beabsichtigte Ignorieren eine wesentliche Ursache dafür ist, daß viele Lehrer unglücklich und unzufrieden mit ihrer Arbeit sind. (Daß die Gleichgültigkeit der Kollegen sich hemmend auf pädagogische Initiative auswirkt, bemerken junge Lehrer, die noch bereit sind, mehr zu tun als sie müssen. Für das ganze Kollegium sichtbare Bemühungen — das Einüben eines Theaterstückes, das Veranstalten einer Ausstellung, Versuche mit Team-Teaching, Organisieren zusätzlicher Hilfsmaßnahmen für Schüler, die Lernschwierigkeiten haben — werden manchmal von den Kollegen nicht weiter beachtet oder mit einigen höflichen Floskeln abgetan. Auf diese Weise wird engagierten Junglehrern abgewöhnt, Ideen zu entwickeln und Pläne zu verwirklichen. Die Extinktion pädagogischer Initiative wird wirkungsvoll ergänzt durch Hinweise auf allerlei Erlasse. Macht ein Lehrer in Zusammenarbeit mit einer Buchhandlung eine Ausstellung von Kinderbüchern, um Eltern darüber zu informieren, daß es nicht nur „Fernsehbücher" gibt, so bekommt er nur zu hören: „Es gibt da einen Erlaß, der dem Lehrer Werbung verbietet." Beinahe jede pädagogische Idee läßt sich übrigens problemlos abblocken, wenn man auf die Aufsichtspflicht verweist.) Unstrukturierte Beobachtung sollte nach einem Plan geschehen, der dem Beobachter sagt, was und wie er beobachten soll. Ein solcher Beobachtungsplan ist eine wichtige Voraussetzung dafür, daß Beobachtungsfehler (vgl. *Atteslander* 1969, 154 ff.) sich weniger störend bemerkbar machen und die gesammelten Daten genügend präzise sind. Ungeübten Unterrichtsbeobachtern fällt es schwer, relativ sachliche Beschreibungen von Ver-

138

haltensweisen zu liefern und die Einordnung und Interpretation in einem gewissen Umfang zurückzustellen. Weil wir das Verhalten von Schülern und Lehrern zu verstehen glauben, übersehen wir die vielen Einzelheiten ihres Tuns und organisieren unsere Wahrnehmungen beinahe automatisch zu größeren Komplexen, wobei wir manchmal mehr über uns selbst, unsere Bewertungsmaßstäbe, unsere impliziten Persönlichkeitstheorien usw. aussagen als über den Gegenstand der Beobachtung. Die Anweisung „Schreiben Sie Lehreräußerungen, die nach Ihrer Ansicht verstärkend gemeint sind, *wörtlich* auf" kann jedoch verhindern, daß der Beobachter lediglich seine eigenen Deutungen und Bewertungen niederschreibt, aus denen dann später nichts über das tatsächliche Verhalten zu entnehmen ist.

Unstrukturierte Beobachtung verwendet keine operationalisierten Beobachtungskategorien und liefert darum meist auch keine quantifizierbaren Daten, sondern qualitatives Material. Wie das folgende Beispiel zeigt, kann unstrukturierte Beobachtung jedoch auch mit strukturierter Beobachtung kombiniert werden.

Das Beobachtungsprotokoll demonstriert, wie Lehrer damit beginnen, ihr Verhalten zu beobachten. Es handelt sich um eine erste, noch recht ungezielte Materialsammlung, die Hinweise für weitere Beobachtungen und mögliche Trainingsziele geben soll. Sicher ist diese Materialsammlung nicht von Subjektivität frei. Viele der notierten Einzelheiten sind für Außenstehende unverständlich. Man muß bedenken, daß die an dieser „Datensammlungs-Sitzung" Beteiligten zu den einzelnen Äußerungen Hintergrundinformationen aus ihrem Gedächtnis abrufen können, mit denen sich der Zusammenhang einigermaßen rekonstruieren läßt.

Unstrukturierte Beobachtung kann eine Methode sein, Probleme des eigenen Lehrerverhaltens zu entdecken und die eigenen Ziele zu klären. Wenn erst Ziele vorhanden sind, können präzisere Beobachtungsmethoden verwendet werden, um die notwendigen Daten zu sammeln.

Man sollte das in unstrukturierter Beobachtung gesammelte Material aufbewahren, weil es später für die verschiedensten Zwecke bedeutsam sein kann (z. B. als Sammlung von Trainingsreizen; vgl. S. 265).

Es ist nützlich, wenn der Beobachter für seine Notizen bestimmte Abkürzungen benutzt. Wiederkehrende Wörter werden dann z. B. nur durch einzelne Buchstaben repräsentiert, was Zeit spart.

Einige Beispiele:

S = ein Schüler
SS = mehrere Schüler
L = Lehrer

GU = Gruppenunterricht, Gruppenarbeit
HA = Hausaufgaben
A = andere Möglichkeit, Alternativvorschlag usw.

Manche Beobachter verwenden sogar eine selbsterfundene Kurzschrift, um längere Gespräche wörtlich notieren zu können (vgl. *Goldhammer*, 1969, 86).

Ergebnisse einer Unterrichtsbeobachtung

Ein Lehrer wünscht sich Feedback. Er bittet einen Kollegen, einmal eine Unterrichtsstunde zu beobachten. Man einigt sich in einem Vorgespräch, daß der Beobachter die folgenden Aufgaben haben soll:

— einzelne Äußerungen des Lehrers wörtlich zu notieren (L);
— einzelne Äußerungen von Schülern wörtlich zu notieren (S);
— kurze verbale Interaktionen zwischen Lehrer und Schülern wörtlich zu notieren (I);
— einen vom Unterrichtenden benannten Schüler zu beobachten, der häufig den Unterricht stört; die Beobachtungsdaten sollen Aufschluß über Art und Häufigkeit des störenden Verhaltens geben;
— eigene Einfälle über alternative Möglichkeiten des Verbalverhaltens und des Unterrichtsverlaufs zu notieren (E);
— mit Hilfe eines Kategoriensystems (VICS) eine Stichprobe (etwa 15 Minuten) der verbalen Interaktion aufzunehmen, um später eine Matrix anzufertigen.

Unmittelbar nach der Unterrichtsstunde sieht der Beobachter seine Notizen noch einmal durch, berichtigt sinnentstellende Fehler, die durch zu schnelles Mitschreiben entstanden sind, und fügt bei Unklarheiten oder Ungenauigkeiten erläuternde Bemerkungen hinzu. So entsteht das folgende Protokoll:

O, jetzt. Wir haben noch keine Tafelordnung bestimmt. Das merkt man! (L)
Wenn wir nach vorne laufen, hat das, glaub ich, nicht viel Sinn. Vom Platz aus! (L)
Maren, die Pause ist längst vorbei! (L)
Wenn ihr zu zweit eins habt (= ein Wörterbuch), ist das eigentlich genug. (L)

Manchmal sind die Schüler angenehm leise. In diesen Augenblicken sollte der Lehrer die Klasse dafür verstärken. (E)

Zu einem Schüler, der vor sich hin spricht: Armin, du hast was gemerkt! (L)

Wir können uns jetzt leider gar nicht mehr verständigen. (L)

Ich kann euch gar nicht verstehen, ihr wißt doch, daß ich euch nicht drannehme, wenn ihr dazwischenbrüllt. Also, wenn ihr ehrlich drankommen wollt, müßt ihr was anderes machen. (L)

Gut ist, daß der Lehrer nicht nur sagt „Seid leise", sondern zu begründen versucht, warum die Schüler leise sein sollen. (E)

Günther, hast du denn einen anderen Vorschlag? Wie können wir uns denn da helfen? (L)

Einzelne Schüler versuchen, für Ruhe zu sorgen:

Ist zu laut, Mann!

Jetzt seid mal leise! (S)

Der Lehrer steht die ganze Zeit am gleichen Platz in der Klasse. Er sollte ab und zu seinen Platz wechseln. (E)

Ja, das war nicht gut von mir gesagt, das war unklar. (L)

Der Lehrer muß sich mit seinen Äußerungen oft *schnell* in eine Geräuschlücke drängen, um von den Schülern gehört zu werden. Die Schüler sind nämlich sehr eifrig bei der Sache, rufen Antworten in die Klasse, antworten einander usw. Es kann sich aber kein Gespräch zwischen den Schülern entwickeln, weil der Lehrer alle „Fäden in der Hand behält", die Interaktion also immer über ihn laufen muß. Dies bedeutet für den Lehrer eine gewisse Streß-Situation. Überträgt sich seine Hektik auf die Schüler? Wie könnte der Lehrer den Schülern signalisieren „Wir haben viel Zeit"? (E)

Nein, ihr hört ja gar nicht zu! (L)

Karin, kannst du's erklären? (Karin antwortet nicht sofort.) Aber Maike, dann kannst du es sicher. (L)

(Bedauernd) Sven, du warst überhaupt noch nicht dran. (L)

Der Lehrer wartet einen Augenblick, bis die Schüler still werden.

Er hätte die Schüler verstärken können, da sie schnell reagieren. (E)

O, ich hab eben was vergessen: Ihr möchtet doch bitte Schreibzeug dabei haben. (L)

Meist verstärkt der Lehrer recht automatisch nur unterrichtliche Leistungen („traditionelle Verstärkung"). Er übersieht dadurch viele Situationen, in denen eine gezielte Verstärkung sinnvoll wäre. (E)

Thomas und Sven sind arbeitsbereit. Bei den anderen vermisse ich das noch. (L) Hätte der Lehrer den zweiten Satz nicht besser fortgelassen? (E)

Der Lehrer hat die Schüler gebeten, ein Wort auf einer Seite des Wörterbuches zu suchen, das einen Gegenstand bezeichnet, der „kleiner als ein Molekül" ist. Ein Schüler fragt laut (ohne sich gemeldet zu haben): Was ist ein Molekül denn? Die Frage wird nicht beantwortet. (I)
Wer sich zuerst meldet, kommt dran, nicht wer zuerst schreit, Marion. (L)
Ich hab jetzt nicht gesehen, wer es als erster hatte. (L)
Führt die Wettlauf-Situation zu dem lärmenden Verhalten der Schüler? (E)
Können die Schüler untereinander regeln, wer das gefundene Wort an die Tafel schreibt? Könnte das Anschreiben heute eine Gruppe übernehmen, in einer späteren Stunde eine andere? (E)
Ich hab bei einigen gesehen, daß sie die Wörter sehr unsorgfältig schreiben. Andere können es prima. Ich hätte es gern, daß andere es auch so machen. (L)
Siehste, das ist schon viel besser! (L)
Soll der Lehrer versuchen, die Schüler mit seiner Stimme zu übertönen? (E)
Annelie macht es vorzüglich, so wie wir es gerne machen. Darum kommt sie dran. (L)
Der Lehrer stellt die Aufgabe, ein Wort im Wörterbuch zu suchen: Seite 19: Eine Märchengestalt.
Ein Schüler sagt: Elfenbein.
Das Heraussuchen von Wörtern aus dem Wörterbuch ist eine sehr gute Aufgabe. Könnte diese Aufgabe auch in Gruppenarbeit durchgeführt werden? (E)
Wenn ihr schnell arbeitet, können noch ganz viele was hinschreiben. (L)
Hektik? (E)
Ich weiß gar nicht, was das ist, der Gipfel. (S)
Ein Gipfel ist, wo man hochsteigen kann. (S)
Der Lehrer hätte hier etwas, „wo man hochsteigen kann" (z. B. eine Leiter), an die Tafel zeichnen können, um die Schüler anzuregen, das Wort „Gipfel" präziser zu erklären. (E)
Der Lehrer spricht bisweilen absichtlich leise, um die Aufmerksamkeit der Schüler zu erreichen. Gut! (E)
Der Lehrer reagiert nicht darauf, wenn Schüler ihn bei seinem Namen rufen, um drangenommen zu werden. (E)
Nein, Entschuldigung! Seite 33! (L)
So, Fred, jetzt, wo du so schön leise bist (kannst du an die Tafel). (L)
Ah, Dagmar hat's selbst gemerkt, das ist gut. (L)
Schüler: Herr . . ., Dagmar schreibt jetzt erst. Das ist feige.
Lehrer: Ich würde das nicht feige nennen, aber das ist gegen die Spielregeln. (I)

Wäre richtig. Ich meine aber noch etwas anderes. (L)
Überleg's dir noch mal zu Hause, Günter. (L)
Zu dem Schüler, der den anderen verpetzt, hätte der Lehrer sagen können:
Du möchtest gern, daß die anderen alles richtig machen. (E)
Darf ich euch jetzt mal bitte die Hausaufgaben vorschlagen? (L)
Lehrer: Ein Nagetier mit H?
Schüler: Hase. (I) Hasen werden nicht zu den Nagetieren gerechnet! (E)
Als die Schüler einige Beispiele genannt haben, sagt der Lehrer: Ihr wißt
ganz viele! (L)
Die Stunde ist mit dem Klingelzeichen beendet. Gut! (E)
(Nach der Stunde macht sich der Beobachter noch die folgenden Notizen:
Die Kategorie-6-Äußerungen hätten meist ebenso als 1 kodiert werden kön-
nen, weil die Kommentare zu Schülerverhalten und Antworten der Schüler
sehr sachlich formuliert waren. Der Lehrer hat Fehler und Mängel in Schülerbeiträgen eher mit Informationen als mit Kritik beantwortet.
Die Kategorie Z ist oft verwendet worden. Dabei handelt es sich meist nicht
um disfunktionales Lärmen, sondern darum, daß die Schüler sehr eifrig bei
der Sache sind und darum einfach nicht warten können, bis sie aufgerufen
werden.
Die ganze Stunde wird als Frontalunterricht durchgeführt. Die Schüler
müssen sich vordrängen, wenn sie zu Wort kommen wollen. Der zweite Teil
der Stunde — Üben der Wörterbuchbenutzung — hätte auch als Gruppenarbeit oder unter Leitung von Schülern geklappt. Hätte ein Schüler die Aufgaben gestellt, die der Lehrer auf einem Zettel notiert hatte, so wäre der
Lehrer etwas entlastet gewesen und hätte sich auf andere wichtige Dinge
konzentrieren können, z.B. einzelnen Schülern beim Schreiben helfen, dafür
sorgen, daß auch die Schüler drankommen, die sich weniger gut vordrängen
können usw.)
(Das VICS-Protokoll zu dieser Stunde folgt in einem späteren Abschnitt.)

Gespräch über das Feedback-Material

Der Lehrer liest sich die Notizen des Beobachters durch. Es scheint besser,
das Material auf diese Weise zu präsentieren, als es vom Beobachter vortragen zu lassen, weil so die Initiative im folgenden Gespräch bei dem Beobachteten liegt. Der Beobachter kann jetzt auf die Argumente und Fragen des
Beobachteten eingehen und bestimmt nicht den Verlauf des Gesprächs.
Wenn der Beobachter seine Notizen zum Durchlesen aus der Hand gibt,

exponiert er sich in ähnlicher Weise wie vorher der Unterrichtende: sich in die Papiere schauen zu lassen, erfordert etwa die gleiche Überwindung wie sich im Unterricht beobachten zu lassen.

Es fällt auf, daß zur 4. Beobachtungsaufgabe (schwieriger Schüler) kein Material vorliegt. Dieser Schüler hat sich in der beobachteten Stunde nicht störend verhalten, sondern gut mitgearbeitet. Es hat viele Gelegenheiten zur Verstärkung gegeben, die aber vom Lehrer nicht wahrgenommen wurden. Im Gespräch werden drei Komplexe behandelt:

1. Der Lehrer hat bemerkt, daß er positive Verhaltensweisen einzelner Schüler bzw. der ganzen Klasse übersieht und darum nicht verstärkt.
2. Er bemerkt, daß er versuchen müßte, etwas mehr Ruhe auszustrahlen, die Schüler weniger zur Eile anzutreiben.
3. Er sieht es als wünschenswert an, die Schüler in jeder Stunde etwas allein machen zu lassen, damit der Lehrer sich „zurückziehen" kann, um sich auf andere Aufgaben zu konzentrieren (den Schülern zu *antworten*, statt sie nur zu fragen; positives Verhalten zu verstärken, statt nur unerwünschtes Verhalten zu bemängeln usw.).

Als Problem, um das man sich gezielt weiter bemühen will, wird das Verstärken ausgewählt. Der Lehrer will sich bemühen,

— positives Verhalten von Schülern stärker zu beachten;
— verschiedenartige verbale Verstärker zu erfinden und auszuprobieren;
— Beispiele für gelungene Verstärkung zu notieren, um sie später mit dem Beobachter durchzusprechen.

In einer späteren Unterrichtsstunde wird der Beobachter überprüfen, ob der Lehrer in bezug auf dieses Verhalten Fortschritte gemacht hat. Dazu wird er einzelne Interaktionen, in denen Schülerverhalten verstärkt wurde, wörtlich notieren; ebenso verstärkungswürdige Schülerverhaltensweisen, die der Lehrer übersehen hat. Man wird sich für diese Fälle Formulierungen ausdenken, die als Verstärkung geeignet wären. Der Beobachter wird wieder eine VICS-Matrix anfertigen und vergleichen, ob die Häufigkeit der Kategorien 5 a bis 5 c sich gegenüber der ersten Matrix verändert hat.

Diese Beobachtungen und Gespräche werden zu neuen Fragen und Trainingsproblemen führen. Aber schon die Beobachtungen aus der ersten Stunde enthalten noch genug Material, das für Trainingsaufgaben geeignet ist. So könnten einzelne Lehreräußerungen eingeschätzt werden, um zu prüfen, wieweit in ihnen bestimmte Intentionen des Lehrers verwirklicht wurden.

Wichtig ist, daß die Feedback-Partner ihre Rollen tauschen, daß also der Beobachter zum Beobachteten wird. Hier können dann die gleichen Probleme behandelt werden, die in der ersten Beobachtung entdeckt wurden. Vielleicht hat der Partner aber auch schon eigene Ideen entwickelt, über welche Aspekte seines Verhaltens er Informationen braucht.

Aufgaben:

1. Welche „Verhaltensprobleme" sind in dem Beobachtungsmaterial zu finden?
2. Welche Trainingsaufgaben lassen sich daraus ableiten?
3. Nach welchen Dimensionen können die wörtlichen Lehreräußerungen eingeschätzt werden?
4. Welche Trainingsaufgaben ergeben sich daraus?
5. Welche Trainingsformen könnte man anwenden, um sich außerhalb des Unterrichts auf die bessere Bewältigung eines Verhaltensproblems vorzubereiten?

Was Sie tun können:

1. Machen Sie sich einen Plan für die unstrukturierte Beobachtung Ihres Unterrichts.
Was wollen Sie über Ihr Unterrichtsverhalten wissen?
Sammeln Sie Fragen über Ihr Unterrichts- und Erziehungsverhalten.
Notieren Sie sich so genau wie möglich Einzelheiten über das Lehrer- und Schülerverhalten in Ihrem Unterricht.
2. Bitten Sie einen Kollegen, Sie einmal im Unterricht zu beobachten. Arbeiten Sie mit ihm zusammen einen Beobachtungsplan aus, der Ihren Interessen entspricht und nicht zu schwierig auszuführen ist.

Interaktionsanalytische Kategoriensysteme als Feedback-Instrumente

Strukturierte Beobachtung des Lehrerverhaltens ist an Kategoriensysteme gebunden (s. o.). Interaktionsanalytische Feedback-Systeme geben relativ objektive, quantifizierbare Daten über das Lehrerverhalten.
Wie beobachtet man nach Kategoriensystemen? Und wie stellt man die ge-

wonnenen Daten übersichtlich dar, um sie analysieren zu können? Zur Demonstration der Beobachtungs- und Analyseverfahren wähle ich im folgenden das „Verbal Interaction Category System" (= VICS) von *Amidon* und *Hunter* (1967 a und b).

1. Kodierungstechnik

Um Verhaltensweisen von Lehrern und Schülern im Unterricht quantitativ zu erfassen, werden sie kodiert. Der Beobachter übersetzt das beobachtete Verhalten in die Zeichensprache des verwendeten Kategoriensystems. Dabei gehen zwar Informationen verloren[8], andererseits werden Strukturen erkennbar, die ohne die Kodierung unsichtbar blieben. Kein Beobachtungssystem erfaßt *alle* Aspekte des Verhaltens im Unterricht, sondern jedes gibt ein abstrahiertes Bild von Teilaspekten wieder. Während des Unterrichts ordnet der Beobachter die verbalen Äußerungen von Schülern und Lehrer den Kategorien des Beobachtungssystems zu. Dabei versucht er, einen einigermaßen gleichmäßigen Rhythmus einzuhalten. Etwa alle drei Sekunden schreibt der Beobachter die Kategorie auf das Beobachtungsblatt, die das eben abgelaufene Verhalten am besten kennzeichnet, während er gleichzeitig das folgende Verhalten beobachtet. Dies setzt einige Übung voraus.

Beispiel:

Der Beobachter hört, wie der Lehrer sagt:

„Hans, halt den Mund!"

Er entscheidet, daß diese Äußerung der VICS-Kategorie „Ablehnung von Verhalten" entspricht. Also kodiert er es als „6 b".

---

8 So ist hinterher aus dem Protokoll nicht zu erkennen, ob der Lehrer beim Informieren die Fakten richtig oder falsch wiedergegeben hat, ob er für die Schüler zu schwierig oder zu einfach gesprochen hat, ob er passende oder unpassende Beispiele verwendete, oder ob er fortschrittliche oder reaktionäre Ansichten vertritt. Beobachter, die an solchen Fragen interessiert sind, müssen eigene Beobachtungssysteme erfinden.

Der angesprochene Schüler verteidigt sich: „Herr Grell, ich hab gar nichts gesagt!" Der Beobachter hält die Kategorie „Beginnt Gespräch mit Lehrer" für passend und notiert für dieses Verhalten eine „9".

Aufgaben:

1. Kodieren Sie den folgenden (erfundenen) Unterrichtsausschnitt nach dem VICS-System. (Sie können natürlich auch jedes andere System — auch ein selbst erdachtes — verwenden.) Versuchen Sie erst, die Kodierung allein vorzunehmen. Vergleichen Sie Ihr Ergebnis dann mit dem unten folgenden Kodierungsvorschlag.

Lehrer:

1. Ihr wißt schon, daß wir in dieser Woche über das große Land Indien sprechen wollen. Kategorie:
2. Damit wir auch alle Fragen behandeln, die euch am meisten interessieren, sollten wir erst einmal Fragen sammeln. Kategorie:
3. Nachher können wir überlegen, wie wir die Fragen beantworten können. Kategorie:
4. Bitte unterhaltet euch fünf Minuten mit eurem Nachbarn darüber, was ihr schon wißt — etwa durch das Fernsehen oder durch Bücher — Kategorie:
5. und versucht, einige interessante Fragen zu finden. Kategorie:

Partner- und Kleingruppengespräche. (Ein Beobachter könnte an dieser Stelle des Unterrichts mit der Kodierung aufhören und eine entsprechende Notiz in sein Protokoll machen, wobei er die Uhrzeit notiert. Er könnte aber auch an den Schülergesprächen interessiert sein. Dann würde er ein besonderes Kategoriensystem verwenden oder einfach die Lehrerkategorien des VICS auf das Schülergespräch anwenden.)

Lehrer:

6. So, können wir anfangen? Kategorie:
7. Wie sollen wir uns die Fragen merken? Kategorie:

Schüler:

8. Wir konnen die Fragen an die Tafel schreiben oder ins Heft. Kategorie:
9. Und zum Schluß noch mal alles vorlesen, ob wir alles haben. Kategorie:

Schüler:

10. Wir dürfen aber keine Fragen doppelt hinschreiben, Herr P.! Kategorie:

Schüler:

11. Ich wollte noch sagen: Ich hab zu Hause ein Buch von Indien. Kategorie:
12. Da sind Bilder von Tigern und Elefanten und solche Burgen, Schlösser, so ganz komische Häuser drin. Kategorie:

Lehrer:

13. Klaus hatte eine gute Idee. Kategorie:
14. So können wir uns die Fragen gut merken. Kategorie:
15. Gut, daß du ein Buch über Indien hast. Kategorie:
16. Das können wir nachher gut gebrauchen. Kategorie:
Haben Sie die Kodierung durchgeführt?

Kodierungsvorschlag:

Verhalten	VICS-Kodierung	Verhalten	VICS-Kodierung
1.	1	9.	7b
2.	1 oder 2	10.	9
3.	1	11.	9 oder 10
4.	2	12.	9 oder 10
5.	2	13.	5a
6.	2 oder 3	14.	5a oder 1
7.	4	15.	5a
8.	7b oder 7a	16.	1 oder 5a

Bei diesem Vorschlag wird deutlich, was Sie bei Ihrem eigenen Kodierungsversuch wahrscheinlich auch bemerkt haben: Es ist nicht immer einfach zu entscheiden, welche Kategorie das Verhalten am besten repräsentiert.

Warum ist diese Entscheidung bei der Beobachtung wirklichen Unterrichts häufig einfacher als bei der Kodierung schriftlich fixierter Unterrichtsprotokolle? Diskutieren Sie, welche Informationen in schriftlichen Protokollen verloren gegangen sind.

Malen Sie sich aus, welche Verhaltensmerkmale und Situationszusammenhänge, die im Unterricht beobachtbar sind, aber im Textprotokoll verlorengehen, bei der Entscheidung über die Kodierung helfen.

Klären Sie die Entscheidungskriterien. Überlegen Sie, wie weit Ihnen die Definitionen der Kategorien bei der Entscheidung helfen können. Versuchen Sie, die Kategorien präziser zu definieren, wenn es nötig sein sollte.

2. Verwenden Sie Unterrichtsprotokolle aus der Literatur zu Kodierungsübungen (z. B. **Meyer,** o. J., 15 ff.; **Lehrerkolleg; Weber,** 1972, 162 ff.;

Tausch/Tausch, 1970, 204, 206 f.; **Spanhel,** 1971, 132 u. a.; **Winnefeld,** 1967, 63 u. a.; **Bergström-Walan,** 1970, 40 ff.).
Stellen Sie nach Tonbandaufnahmen Textprotokolle her, um sie zu kodieren.

3. Kodieren Sie aus dem Zusammenhang gelöste Lehreräußerungen und diskutieren Sie die Gründe für Ihre Kodierung.
Kodieren Sie die folgenden Lehreräußerungen nach den VICS-Kategorien 5a bis 6c.

1 Setz dich endlich mal richtig hin.
2 Du bist jetzt traurig.
3 Warum hast du das eben gesagt?
4 Ihr findet es also besser.
5 Deine Idee hilft uns weiter.
6 Ich weiß gar nicht, warum du jetzt den Beleidigten spielst.
7 Gut, daß du mir das gleich gesagt hast.
8 Dein Lesen ist sehr schwach.
9 Warum freust du dich eigentlich so unverschämt?
10 Du hast die Nase voll, das ist verständlich.
11 Wenn du meinst, daß Saigon in China liegt ... Da kann ich nur lachen.
12 Richtig, das war der preußische König.
13 Das hast du sehr anschaulich vorgemacht.
14 Wegen sowas weint man doch nicht gleich.

Wenn Sie diese Äußerungen auf Tonband sprechen und sie anschließend vorspielen, bekommen die Beobachter mehr Anhaltspunkte für eine genauere Kodierung. Sie können auch versuchen, die gleiche Äußerung so verschieden zu sprechen, daß sie verschieden kodiert werden müssen.

2. Beobachtung und Beobachtungsprotokoll

Bevor er mit den Eintragungen beginnt, schaut der Beobachter dem Unterricht einige Minuten zu, um sich an die Besonderheiten der Situation und des Unterrichtenden zu gewöhnen. Dann beginnt er mit möglichst gleichmäßiger Geschwindigkeit die Kategoriensymbole auf ein Blatt zu schreiben, wobei er sich bemüht, mit dem Unterrichtsgeschehen Schritt zu halten. In einer Minute werden 20 bis 25 Eintragungen gemacht. Das Protokoll beginnt und endet immer mit Kategorie „11". Dies ist nötig, damit die später zu erstellende Matrix ausgewogen wird.
Wie ein fertiges Protokoll aussehen kann, zeigt die folgende Abbildung. Es

149

Situation Deutsch (Rechtschreibung:
                                   Übungsstunde)

1	(11)	9	2	5a	5a	11	10	7a	9	7	11	7
2	1	1	7a	4	7a	9	11	5a	2	10	9	7
3	9	5c	2	4	2	5a	7a	9	2	11	9	1
4	6b	5c	7a	9	2	7a	10	4	7a	11	3	1
5	1	1	9	2	11	11	10	5a	5b	2	7a	2
1	1	1	5a	7a	11	10	2	7b	7	7a	9	1
2	2	1	1	7	5a	1	6b	1	5a	11	5a	2
3	9	2	3	1	11	2	3	6b	9	1	2	1
4	9	4	3	9	11	7a	4	1	7a	1	3	1
5	7	11	7a	9	5b	7a	7a	1	1	1	1	2
1	6a	3	5a	1	7a	2	6b	2	1	1	1	1
2	7	7b	2	1	7a	5a	2	9	10	4	5a	1
3	7	7	6b	2	9	7b	11	7	8	7a	1	1
4	7	7b	2	2	10	9	9	5a	8	2	2	3/
5	9	4	10	11	1	5a	7a	2	7/	7b	3	2
1	10	7b	11	2	5a	1	7a	11	5a	7a	5c	1
2	7	7b	2	4	2	7b	10	2	2	6b	7a	7
3	7	9	10	7a	7a	7b	7a	2	5b	5a	7a	(11)
4	7	1	10	7a	11	9	2	2	5b	2	1	
5	1	2	7	10	7a	7a	7a	7a	1	2	7	

handelt sich um das Protokoll zu unserem oben zitierten Beispiel für unstrukturierte Beobachtung.

Das Protokollblatt enthält 14 Spalten, die jeweils die Beobachtungen einer Minute aufnehmen. Der Beobachter füllt die erste Spalte von oben bis unten aus, beginnt dann mit der zweiten usw. Das ganze Blatt reicht für eine Beobachtungszeit von 14 Minuten. –

(Die Zahlen am linken Rand sollen als „optische Hilfslinien" ein einigermaßen gleichmäßiges Eintragen erleichtern: in 1 Minute 4 × 5 Eintragungen.)

3. Die Darstellung und Analyse der Daten

Ein Protokoll mit langen Zahlenkolonnen ist unüberschaubar, die Daten müssen in eine Form gebracht werden, die eine Analyse erlaubt.

Die einfachste Darstellungsform ist das *Histogramm*. Man zählt einfach, wie oft die einzelnen Kategorien im Protokoll auftreten. Für unser Protokoll finden wir die folgenden Häufigkeiten:

Kategorie	Strichliste								Anzahl
1	IIIII	IIIII	IIIII	IIIII	IIIII	IIIII	IIIII	IIII	39
2	IIIII	IIIII	IIIII	IIIII	IIIII	IIIII	IIIII	III	38
3	IIIII	III							8
4	IIIII	III							8
5a	IIIII	IIIII	IIIII	II					17
5b	IIII								4
5c	III								3
6a	I								1
6b	IIIII	I							6
6c	—								0
7a	IIIII	IIIII	IIIII	IIIII	IIIII	IIIII	I		31
7b	IIIII	IIII							9
8	II								2
9	IIIII	IIIII	IIIII	IIIII	II				22
10	IIIII	IIIII	III						13
11	IIIII	IIIII	IIIII	IIII					19
Z	IIIII	IIIII	IIIII	III					18

Die Strichliste, die gleich eine einfache grafische Darstellung ist, verdeutlicht beispielsweise, daß der Lehrer in dieser Stichprobe hauptsächlich Informationen und Anweisungen (Kategorien 1 und 2) gegeben hat und daß die Schüler am häufigsten voraussagbare Antworten (Kategorie 7a) gaben.

Rechnet man die Zahlen für mehrere Kategorien zusammen, so kommt man zu weiteren Aussagen. In der vorliegenden Stichprobe sprach der Lehrer für die Dauer von 124 Beobachtungseinheiten, alle Schüler zusammen sprachen 77 Einheiten lang. Akzeptierendes Lehrerverhalten tritt 24 mal auf, ablehnendes nur 7 mal. Nimmt man die Summe aller Eintragungen (N = 238) als Grundwert, so lassen sich die Häufigkeiten in Prozent umrechnen. Dies ist notwendig, wenn die Ergebnisse verschiedener Beobachtungen verglichen werden sollen.

Die Zahlen unseres Beispiels besagen für sich genommen wenig. Man braucht einen Standard, mit dem sie verglichen werden können. Beispielhaft seien die folgenden Möglichkeiten genannt:

1. Die Daten werden mit dem Eindruck verglichen, den der beobachtete Lehrer von seinem Verhalten hat. Dazu kann der Lehrer nach seiner Unterrichtsstunde, noch bevor er die Ergebnisse sieht, sein eigenes Verhalten beschreiben, Häufigkeitsschätzungen machen u. ä. Dies geschieht am besten schriftlich.

2. Die Daten werden mit den Absichten des Lehrers verglichen. In unserem Beispiel hatte der Lehrer vielleicht die Absicht, wenig Informationen zu geben und häufiger Fragen als Anweisungen zu verwenden.

3. Die Daten werden mit den Ergebnissen einer früheren Unterrichtsbeobachtung bei dem gleichen Lehrer verglichen. Man untersucht, ob Verhaltensänderungen auftreten, die geplant wurden.

4. Die Daten werden mit einem idealen Protokoll einer ähnlichen Stunde verglichen. Dabei kann es sich auch um ein konstruiertes Modell handeln.

5. Die Daten können untereinander verglichen werden. Man kann das Verhältnis von voraussagbaren zu nicht-voraussagbaren Schülerantworten oder das Verhältnis von Akzeptierung und Ablehnung im Lehrerverhalten untersuchen.

6. Die Daten können mit dem Eindruck des Beobachters verglichen werden. Wird z. B. der Eindruck, daß der Lehrer positives Schülerverhalten häufig übersieht und dafür negatives kritisiert, durch die Zahlen gestützt oder widerlegt?

7. Die Daten können mit vorher formulierten Hypothesen verglichen werden. Ist es im Unterricht leiser, wenn der Lehrer häufiger Schülerverhalten akzeptiert? Werden Schüler öfter nicht-voraussagbare Antworten geben und länger hintereinander sprechen, wenn der Lehrer vermehrt weite Fragen stellt? (Hierbei handelt es sich nicht um wissenschaftliche

Verallgemeinerungen, sondern um Aussagen, die sich auf einen individuellen Lehrer und seine Klasse beziehen.)

8. Die Daten können mit dem verglichen werden, was wir über den „durchschnittlichen Unterricht" wissen. Spricht der Lehrer in dieser Stichprobe mehr als der „Durchschnittslehrer"?

9. Man kann auch Vermutungen über die Beziehungen zwischen den einzelnen Verhaltensweisen anstellen. In unserer Stichprobe beginnen Schüler relativ oft Gespräche mit Mitschülern, die Kategorie „Antwort an Mitschüler" ist aber viel seltener. Ist das Lehrerverhalten eine Ursache dafür, daß die Schüler nicht miteinander ins Gespräch kommen? Welche Veränderungen im Lehrerverhalten könnten dazu führen, daß Kategorie 8 häufiger wird? Zur Klärung solcher Fragen werden weitere Beobachtungen nötig sein, strukturierte und unstrukturierte.

Natürlich können aus einer kleinen Stichprobe mit 238 Eintragungen, was einer Beobachtungszeit von etwa 12 Minuten entspricht, keine weitreichenden Schlüsse über das Lehrerverhalten der ganzen Stunde oder über das Verhalten des Lehrers im allgemeinen gezogen werden. Man wird höchstens Tendenzen vermuten und Hypothesen aufstellen, zu deren Überprüfung größere Stichproben genommen werden müssen. Aber oft reichen kleine Stichproben als Feedback völlig aus.

Beispiel:

Ein Student versucht in einer kurzen Simulationsübung die folgenden Verhaltensweisen zu trainieren:

1. den Schülern kurze und präzise Informationen zu geben (Kategorie 1);
2. im Anschluß an diese Informationen *eine* weite Frage (Kat. 4) zu stellen, die die Schüler zu längeren nicht-voraussagbaren Antworten (Kat. 7b) anregt;
3. nach der Frage abzuwarten, bis ein Schüler antwortet (Kat. 11);
4. die Schülerantwort(en) zu akzeptieren, weitere Informationen zu geben und eine weiterführende Frage zu stellen.

Eine im Sinne dieses Plans gelungene Verhaltenssequenz würde folgendermaßen kodiert werden:

1 — 1 — 1 — 1 — 1 — 4 — 11 — 11 — 7b — 7b — 7b — 7b — 5a —
1 — 1 — 1 — 4 — 11 usw.

Der Beobachter kodiert den Versuch so:
1 — 1 — 1 — 1 — 1 — 1 — 1 — 1 — 4 — 3 — 7a — 11 — 11 — 2 — 2 —
11 — 3 — usw.

Man kann nun erkennen, ob die geplante Strategie verwirklicht wurde. Man kann die Abweichungen vom Plan analysieren und die Gründe für diese Abweichung diskutieren. Wenn ein zweiter Beobachter gleichzeitig einige wörtliche Äußerungen notiert hat, läßt sich das Verhalten genau rekonstruieren.

In der hier gewählten Darstellungsweise bleibt die zeitliche Aufeinanderfolge der einzelnen Verhaltensweisen erhalten. *Flanders* (1970, 161 ff., 280 ff.) nennt diese Form der Darstellung von Interaktionssequenzen „Time Line Display" („zeitlich-lineare Darstellung", *Flanders,* 1971; „Verlaufsdarstellung", *Zifreund,* 1971). Das Time Line Display eignet sich besonders für die Wiedergabe kürzerer Trainingssequenzen.

Differenziertere Verlaufsdarstellungen können bestimmte Aspekte der Interaktion besonders hervorheben. Im folgenden Beispiel kann man leicht übersehen, welchen Anteil Lehrer und Schüler an der Interaktion haben:

Schüler	9					9	9				9	10				9	
Lehrer	1		6b	1	1	2			6a						1		1
Stille/Durcheinander								Z		Z	Z	Z		Z	Z	Z	
SS							7b		7b		7b	7b	9				
L	5c	5c	1	1	1	2	4		3						1	2	2 usw.
S/D						11			Z	4							

Aufgabe:

Beschreiben Sie die oben kodierte Interaktionssequenz mit Worten oder denken Sie sich einen passenden Text aus.

Man kann die Verlaufsdarstellung verschieden kompliziert machen. Zifreund (1971) schlägt vor, zur Kodierung Notenlinien zu benutzen und jeder Kategorie einen festen Platz zuzuordnen.

Aufgaben:

1. Wie könnte eine Verlaufsdarstellung aussehen, die besonders deutlich machen soll, wieweit die Schüler reaktiv oder aus eigener Initiative agieren?

154

2. Entwerfen Sie eine Verlaufsdarstellung, die besonders darüber Auskunft gibt, welche verschiedenen Typen von Fragen ein Lehrer verwendet. (Wählen Sie dazu einige Kategorien, die Ihnen besonders wichtig sind.)

Eine dritte Art der Darstellung von Beobachtungsdaten ist die *Matrix*. Ich will die Erstellung einer Matrix an einem vereinfachten Kategoriensystem verdeutlichen. Nehmen wir an, ein Beobachter will feststellen, wie oft ein Lehrer auf reaktive und initiative Schüleräußerungen akzeptierend reagiert. Er könnte nach folgendem Kategorienschema alle 3 Sekunden eine Eintragung machen:

L = Lehreräußerung, die nicht akzeptierend ist;
La = akzeptierende Lehreräußerung;
Sr = reaktive Schüleräußerung;
Si = initiative Schüleräußerung;
St = Stille oder Durcheinander.

Die Beobachtung ergibt folgendes Protokoll:

St	L	L	La	Sr	Si	L
L	Sr	L	L	L	Si	Sr
L	Sr	L	L	L	La	L
L	L	Si	L	L	L	L
L	L	Si	Sr	L	L	St

(Der Protokollant beginnt und beendet das Protokoll mit der Kategorie „St", damit die Matrix ausgewogen wird.)
Zur Darstellung benötigt man eine Matrix mit 25 Zellen:

	Spalten →	1.	2.	3.	4.	5.
		L	La	Sr	Si	St
Reihen 1.	L					
↓ 2.	La					
3.	Sr					
4.	Si					
5.	St					

Beim Ausfüllen der Matrix werden nun alle Kodierungen (mit Ausnahme der ersten und letzten) zweimal verarbeitet:

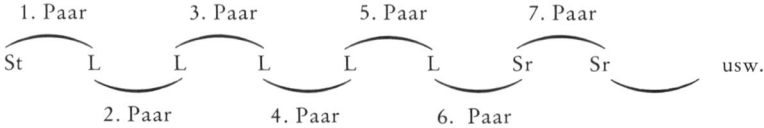

Das erste Paar (St—L) steht für die Information: „auf Stille oder Durcheinander folgte eine Lehreräußerung, die nicht akzeptierend war". Für diese Information machen wir einen Strich in die St-L-Zelle (Reihe 5, Spalte 1). Die folgenden Paare (2. — 5.) enthalten alle die Information „auf nichtakzeptierende Lehreräußerung folgte nicht-akzeptierende Lehreräußerung". Dies wird durch 4 Striche in der L-L-Zelle wiedergegeben (Reihe 1, Spalte 1). Das 6. Paar (L — Sr) (= auf eine nicht-akzeptierende Lehreräußerung folgte eine reaktive Schüleräußerung) wird in die L-Sr-Zelle eingetragen (Reihe 1, Spalte 3). Das 7. Paar schließlich (Sr — Sr) bedeutet, daß die reaktive Schüleräußerung länger als 3 Sekunden dauerte (bzw. daß eine zweite reaktive Schüleräußerung folgte). Diese Information gehört in die Zelle Sr — Sr (Reihe 3, Spalte 3).
Wenn wir in dieser Weise fortfahren, bekommen wir die ausgefüllte Matrix:

	L	La	Sr	Si	St
L	ɯ̄Hɯ̄H ɯ̄H ı	ııı	ıı	ı	
La	ıı				
Sr	ııı		ıı		
Si		ıı		ıı	
St	ı				

(Um unser fiktives Beispiel etwas eindrucksvoller zu machen, tun wir so, als hätten wir statt 102 Sekunden 17 Minuten beobachtet. Dazu multiplizieren wir die Zahlen in den einzelnen Zellen mit 10.)

Wir verwandeln jetzt die Strichlisten in Ziffern und rechnen nach rechts und nach unten die Summen der Eintragungen in den Reihen und Spalten aus.

Unsere Matrix sieht dann so aus:

	L	La	Sr	Si	St	Summe
L	160		30	20	10	220
La	20					20
Sr	30		20			50
Si		20		20		40
St	10					10
Summe	220	20	50	40	10	340

Daß beim Addieren unten und rechts die gleichen Ergebnisse erscheinen, gibt uns eine gewisse Sicherheit, daß wir beim Eintragen keine Fehler gemacht haben: die Matrix ist ausgewogen.

Es gibt in dieser Matrix zwei verschiedene Arten von Zellen. Die Zellen auf der Diagonale von links oben bis rechts unten (L-L, La-La usw.) geben an, wie oft das gleiche Verhalten länger als drei Sekunden andauerte („Dauerzellen"), während alle anderen Zellen den Übergang von einem Verhalten zu einem anderen anzeigen („Übergangszellen").

Was läßt sich aus unserer Matrix ablesen? Zuerst können wir die Summen der einzelnen Spalten (oder Reihen) zur Erstellung eines Histogramms benutzen; wenn man eine Matrix erstellt, braucht man also nicht erst die einzelnen Kategorien auszuzählen: die Spaltensumme ist die Häufigkeit, mit der die entsprechende Kategorie im Protokoll auftritt.

In unserem Protokoll entfallen auf die Lehrerrede 240, auf Schülerrede 90 und auf die Kategorie Stille/Durcheinander 10 Beobachtungseinheiten. Das Schülerverhalten ist etwas häufiger reaktiv als initiativ, und das akzeptierende Lehrerverhalten ist ausgesprochen selten. Diese Informationen hätten wir auch ohne Matrix bekommen können. Die Matrix erlaubt uns jetzt aber, einige weitere Fragen zu beantworten. Wir könnten uns dafür interessieren, ob der Lehrer seine akzeptierenden Äußerungen im Anschluß an reaktive oder initiative Schüleräußerungen gab. Dazu sehen wir uns die zweite Spalte an (alle 5 Zellen, die unter La liegen). Wir stellen fest, daß nur eine einzige dieser Zellen eine Zahl enthält: Si-La (Reihe 4, Spalte 2) enthält die Zahl 20. Dies bedeutet, daß der Lehrer in dieser Stichprobe 20 mal auf initiatives Schülerverhalten mit akzeptierenden Äußerungen antwortete. Dagegen gab es keine einzige akzeptierende Lehreräußerung auf reaktives Schülerverhalten. Um zu untersuchen, wie lang die akzeptierenden Lehreräußerungen waren, schauen wir in Zelle La-La (Reihe 2, Spalte 2). Hier findet sich keine Eintragung, woraus geschlossen werden kann, daß die akzeptierenden Lehreräußerungen nie länger als etwa drei Sekunden waren. Welches Verhalten folgt in der Regel, wenn der Lehrer eine akzeptierende Äußerung getan hat? Um diese Frage zu beantworten, müssen wir Reihe 2 untersuchen. Wir finden, daß der Lehrer selbst weiterspricht, wenn er auf Schülerinitiative akzeptierend reagiert hat. Wir können an diese Matrix eine ganze Anzahl weiterer Fragen stellen. Dabei ist es gleich interessant, ob eine Zelle leer geblieben ist oder ob sie gefüllt wurde. Was bedeutet es z.B., daß die Zelle La-Si (Reihe 2, Spalte 4) leer blieb? Warum folgte auf die Akzeptierung von Schülerinitiative durch den Lehrer nicht häufig *mehr* Schülerinitiative? Liegt es daran, daß der Lehrer selbst weitersprach, nachdem er Schüleräußerungen akzeptiert hatte? Oder wirkte seine Akzeptierung auf die Schüler als Ablehnung? Welche Zelle wäre mit Eintragungen gefüllt, wenn der Lehrer nach jeder akzeptierenden Äußerung eine Pause gemacht hätte, um abzuwarten, ob Schüler weitersprechen würden?

Aufgaben:

1. Notieren Sie für die Zellen 1 bis 25, welche Aussagen sie enthalten.
2. Angenommen, der Lehrer wollte Schülerinitiative durch akzeptierende Äußerungen verstärken und reaktive Schüleräußerungen ignorieren (Extinktion), hat er dies nach den Informationen des Protokolls durchgehalten?
3. Um welche Kategorien müßte das Beobachtungssystem erweitert werden, damit die oben formulierte Frage genauer beantwortet werden kann?

Ich habe die kleine Übungsmatrix verwendet, um das Verfahren einzuführen und um darauf hinzuweisen, daß Beobachtungssysteme beliebig verkleinert werden können, wenn nur eine begrenzte Zahl von Informationen nötig sind. Wir wollen die Übungsmatrix jetzt verlassen und uns der großen VICS-Matrix zuwenden. Sie sollen zuerst Gelegenheit bekommen, das Eintragungsverfahren zu üben.
Bitte verwenden Sie das oben abgedruckte Beobachtungsprotokoll, um eine Matrix anzufertigen. Gehen Sie dabei so vor:

1. Zeichnen Sie sich eine Matrix mit 17 × 17 Zellen auf ein DIN-A-4-Blatt. Die einzelnen Zellen müssen groß genug sein, um die Strichlisten aufzunehmen. (Es empfiehlt sich, hierfür einen besonderen Vordruck zu vervielfältigen.)
2. Übertragen Sie das Protokoll in eine Strichliste. Achten Sie darauf, daß Sie jede Eintragung zweimal berücksichtigen. Am besten streichen Sie

jedes Symbol, das einmal eingetragen wurde, durch, so daß Sie immer genau wissen, an welcher Stelle des Protokolls Sie sich mit dem Übertragen befinden. Beim Anfertigen der Strichliste macht man sehr leicht Fehler.

3. Tragen Sie in eine zweite Matrix (die kleiner sein kann als die Strichlistenmatrix) jetzt für die Striche Zahlen ein. (Benutzen Sie die leere Matrix.)

	1	2	3	4	5a	5b	5c	6a	6b	6c	7a	7b	8	9	10	11	Z
1																	
2																	
3																	
4																	
5a																	
5b																	
5c																	
6a																	
6b																	
6c																	
7a																	
7b																	
8																	
9																	
10																	
11																	
Z																	
Summe																	
%																	

4. Addieren Sie die Zahlen in den Reihen und Spalten. Wenn die Ergebnisse gleich sind, ist die Wahrscheinlichkeit groß, daß Sie beim Eintragen keine Fehler gemacht haben.

5. Addieren Sie die Summen aller Spalten, um die Gesamtzahl aller Eintragungen festzustellen.

6. Verwandeln Sie jetzt die einzelnen Spaltensummen in Prozent, indem Sie die Gesamtzahl aller Eintragungen als Grundwert nehmen. (Benutzen Sie hierzu einen Rechenschieber, um Zeit zu sparen.)

7. Notieren Sie sich, welche Aussagen Sie nach dieser Matrix und nach dem Histogramm dieser Matrix über das Lehrer- und Schülerverhalten in der Stunde machen können.

8. Untersuchen Sie, wie weit die Matrix-Ergebnisse die Verallgemeinerungen stützen, die durch die unstrukturierte Beobachtung gewonnen wurden.

9. Vergleichen Sie die Ergebnisse dieser Matrix mit den Befunden über das durchschnittliche Lehrerverhalten.

Schaut man sich eine ausgefüllte Matrix an, ohne genau auf die einzelnen Zahlen zu achten, so sagt allein schon das Bild der gefüllten bzw. leeren Zellen viel über die Interaktion in der beobachteten Unterrichtsstunde aus. Noch deutlicher wird dieser Eindruck, wenn man sich merkt, worüber einzelne „Felder" der Matrix etwas aussagen. *Amidon* und *Hunter* (1967 a, 146 ff.) unterscheiden in ihrer Matrix die folgenden Felder:

	1 2 3 4	5a 5b 5c	6a 6b 6c	7a 7b 8	9 10	11 Z	
1 2 3 4	A	B		C			
5a 5b 5c 6a 6b 6c	D	E	F	G			U
		H	I	J			
7a 7b 8	K	L	M	N	O		
9 10	P	Q	R	S	T		
11 Z	U						

Feld A
enthält ausgedehntes lehrerinitiiertes Verbalverhalten: der Lehrer spricht relativ lange. Das Feld zeigt keine Interaktion zwischen Lehrer und Schülern.

Feld B
enthält lehrerinitiiertes Verbalverhalten, auf das reaktives Verbalverhalten (akzeptierendes oder ablehnendes) folgt.

160

Feld C
enthält alles Schülerverbalverhalten, das auf lehrerinitiiertes Verbalverhalten folgt.

Feld D
enthält alle reaktiven Lehreräußerungen, auf die lehrerinitiierte Äußerungen folgen.

Aufgabe:

Geben Sie an, welche Aussagen die übrigen Felder der VICS-Matrix enthalten.

Im folgenden sollen Sie zwei Matrizen vergleichen, die relativ unterschiedliche Interaktionsformen abbilden. Die Vergleichsaufgaben sind nur eine Auswahl aus den möglichen Aufgaben. Sie können selbst weitere Vergleiche anstellen.

	1	2	3	4	5a	5b	5c	6a	6b	6c	7a	7b	8	9	10	11	Z	
1	25	7		1	2	1						3		8		5	1	53
2	1	4	2									2		6	5	5		25
3	3		1								2	2			1			9
4			1									3		1		1		6
5a	6	2	1		2		2					7		10	1	3		34
5b	1											1						2
5c																		/
6a	1	1		1								1						4
6b															1			1
6c																		/
7a		2		1										1		1		5
7b	6		1	1	11		1					35	2	4		3	1	65
8		1												2	1			4
9	5	1	2	1	15		1					2	1	77	2	4		111
10	1		2		1									1		1		6
11	3	7	1	1		1			1		1	5		3		12		35
Z	1			1											1			3
Summe	53	25	9	6	34	2	/	4	1	/	5	65	4	111	6	35	3	364
%																		

Matrix A

161

	1	2	3	4	5a	5b	5c	6a	6b	6c	7a	7b	8	9	10	11	Z
1	88	5	6	7							4	5		4		8	5
2	5	6	1					3			6	1				8	8
3	3	4	2	1				1			9	1				5	1
4	3	1		1							4	2				1	2
5a	3	2									1	1					
5b																	
5c																	
6a	2							2			2			2			
6b	2	1						2	1								2
6c																	
7a	10	2	6	2	1			3	1		3	3	1			3	
7b	5	1	1	2	3			1	1			10	1		2		
8		1															
9	1	1	2	3									1	1	1		
10	1																
11	4	7	7					1	1		3	1		1		2	
Z	5	8	1	1				2			1	2				3	8
Summe																	
%																	

Matrix B

1. Kennzeichnen Sie alle Zellen, die eine 5 oder eine höhere Zahl enthalten, indem Sie sie mit Filzstift anmalen, aber so, daß die Zahlen sichtbar bleiben.
2. Vergleichen Sie jetzt die Felder A, C, K und U in beiden Matrizen. Formulieren Sie die Unterschiede.
3. Stellen Sie für beide Matrizen die Häufigkeiten folgender Verhaltensweisen fest:

		Matrix A	Matrix B
Lehrer spricht	(Kat. 1—6c)		
Schüler sprechen	(7a—10)		
Stille	(11)		
Durcheinander	(Z)		
Akzeptierendes Lehrerverhalten	(5a—5c)		
Ablehnendes Lehrerverhalten	(6a—6c)		
Schüler-Erwiderung	(7a—8)		
Vom Schüler ausgehendes Verbalverhalten	(9—10)		
Auf Lehrer gerichtetes Schüler-Verbalverhalten	(7a, 7b, 9)		

Auf Mitschüler gerichtetes
Schüler-Verbalverhalten (8, 10)
Sie können jetzt die folgenden Fragen beantworten:
In welcher Stunde kommen die Schüler mehr zu Wort?
In welcher Stunde ist das Durcheinander größer?
In welcher Stunde ist der Lehrer häufiger mit Schülerantworten und
Schülerverhalten unzufrieden?
In welcher Stunde verhält sich der Lehrer mehr akzeptierend als ablehnend?
In welcher Stunde zeigen die Schüler mehr Initiative?
Worin gleicht sich das Schülerverhalten in beiden Stunden ziemlich genau?
Sie können auch die Anzahl der Fragen vergleichen oder feststellen, in
welcher Stunde vorwiegend enge bzw. weite Fragen gestellt wurden.
In welcher Weise lenkt Lehrer A den Unterricht, in welcher Weise Lehrer
B?

4. Versuchen Sie, weitere Unterschiede oder Gemeinsamkeiten der Interaktion in beiden Stunden zu finden.
5. In welcher Stichprobe spricht der Lehrer oft länger als 3 Sekunden hintereinander? In welcher Stichprobe sind die Schüleräußerungen ausführlicher? (Betrachten Sie hierzu die Dauerzellen.)
6. Haben sich die Lehrer bemüht, häufiger Schüler**verhalten** zu akzeptieren, oder bezogen sich ihre akzeptierenden Äußerungen vorwiegend auf die Antworten (Gedanken) von Schülern?
7. Versuchen Sie aus den aus der Matrix ablesbaren Informationen Hypothesen abzuleiten, warum es in Stunde B recht laut zuging.
8. Welcher Typ von Schüleräußerungen wird von Lehrer B am häufigsten akzeptiert?
9. Angenommen, beide Protokolle wurden bei dem gleichen Lehrer aufgenommen, aber eins, nachdem er sein Verhalten trainiert hat. Welche Matrix zeigt ein verbessertes Lehrerverhalten? In welcher Hinsicht?

Um einen Vergleichsmaßstab für die Analyse einer Matrix zu bekommen, kann ein Lehrer die Verhaltensweisen, die er häufiger verwirklichen will, in eine *Zielmatrix* eintragen. Dazu braucht er nur diejenigen Zellen in der Matrix zu kennzeichnen, die gefüllt sein sollten, wenn der Verhaltensplan gelungen ist. (Natürlich kann eine Zielmatrix auch darüber Auskunft geben, welche Zellen nicht gefüllt sein sollten.)

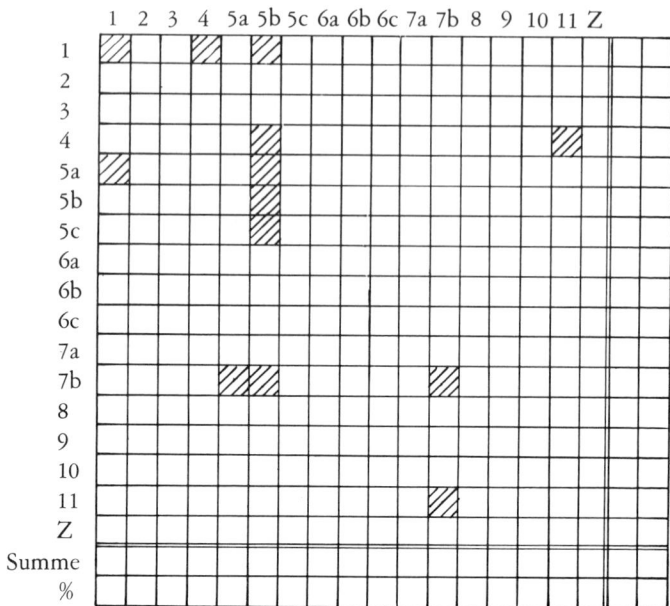

Aufgabe:

Notieren Sie, was der Lehrer sich vorgenommen hat, der die obenstehende Zielmatrix entworfen hat.

Eine Zielmatrix sollte nicht zu kompliziert sein, weil kein Lehrer auf alles gleichzeitig achten kann. In einer Unterrichtsstunde strebe ich vielleicht besonders an, weite Fragen zu stellen, in einer anderen lege ich den Akzent auf das Verstärken von Schülerverhalten, in einer dritten bemühe ich mich, Gespräche zwischen Schülern anzuregen. Der Beobachter sollte die Zielmatrix vor der Beobachtung nicht sehen, damit er unbefangen kodieren kann. Interaktionsanalytische Beobachtungssysteme liefern Lehrern relativ objektive Informationen über ihr Unterrichtsverhalten. Sie machen von bloßen Meinungen, wie sie gewöhnlich in Gesprächen über Lehrerverhalten vorherrschen, etwas unabhängiger. Wie die Beobachtungsdaten jeweils ausgewertet werden, hängt immer davon ab, welche Fragen der betreffende Lehrer zu seinem Verhalten hat.

Je nach den Interessen des Lehrers können unterschiedliche Kategoriensysteme entworfen werden. Wenn ein Lehrer besonders am Verbalverhalten der Schüler interessiert ist, könnte er die Zahl der Kategorien für das Lehrerverhalten reduzieren und eine größere Zahl von „Schülerkategorien" einfügen, nach denen er dann seinen Unterricht beobachten läßt oder selbst Tonbandaufnahmen kodiert. Sollen *einzelne* Schüler beobachtet werden, so kann man sich Kodierungstechniken ausdenken, bei denen nicht nur das Verhalten, sondern auch der einzelne Schüler, der sich verhält, festgehalten werden, z.B. indem den Schülern Ziffern oder Buchstaben zugeordnet werden oder indem man die Eintragungen für die einzelnen Schüler in verschiedene Spalten schreibt. Einem einzelnen Beobachter kann allerdings kaum zugemutet werden, mehr als fünf Schüler zu beobachten.

4. Beobachtertraining und Reliabilitätsschätzung

Interaktionsanalytische Unterrichtsbeobachtung setzt geübte Beobachter voraus. Ein guter Beobachter arbeitet wie eine Maschine: fast automatisch trifft er Klassifizierungsentscheidungen, und in regelmäßigem Rhythmus schreibt er Kodierungen nieder.

Das Beobachtertraining beginnt mit dem Auswendiglernen der Kategorien. Der zweite Schritt ist das Kodierungstraining mit Tonbändern, Schallplatten (manche Verlage werben mit Schallplatten von Unterrichtsstunden für ihre Lehrbücher) oder Filmen von Unterrichtsstunden. Hierbei arbeitet man am besten in Gruppen von zwei oder mehr Personen zusammen. Der Vorteil bei der Verwendung konservierter Interaktionsverläufe ist, daß man die Wiedergabe immer dann, wenn ein Kodierungsproblem auftritt, unterbrechen kann, um das Problem zu diskutieren. Man sieht sich dann noch einmal die Kategoriendefinitionen an und entwickelt gegebenenfalls genauere Kriterien zur Unterscheidung der Kategorien.

Man kann sich auch eigenes Übungsmaterial erstellen: mit kleinen Schülergruppen eine Unterrichtssequenz auf Tonband nehmen (dabei erreicht man eine bessere Aufnahmequalität, als wenn man gleich eine ganze Klasse aufnimmt), Unterrichtsprotokolle mit verteilten Rollen auf Tonband sprechen oder simulierte Unterrichtsversuche aufnehmen. Bevor man zur Beobachtung wirklicher Unterrichtsstunden übergeht, sollte man etwa 8 bis 10 Stunden mit Konserven trainiert haben (*Flanders*, 1967, 159). Bei einfacheren Beobachtungssystemen reduziert sich diese Übungszeit natürlich. Durch das Beobachtertraining soll erreicht werden, daß die Beobachtung einen möglichst hohen Grad an Reliabilität erreicht, d.h. derselbe Beobachter soll, wenn er die gleiche Interaktionssequenz (z.B. eine Film- oder Videoaufnahme) zu verschiedenen Zeitpunkten beobachtet, möglichst die gleichen Kodierungen vornehmen, ebenso zwei unabhängige Beobachter, die die gleiche Sequenz kodieren.

Emmer und *Millett* (1973, 33 f.) geben eine einfache Formel zur Berechnung der Beobachterübereinstimmung an. Man verwendet die Histogramm-Daten zweier Beobachter oder zweier Beobachtungen des gleichen Unterrichts, um die Übereinstimmung zu berechnen. Die Formel lautet:

$$\text{Übereinstimmung} = 1 - \frac{A - B}{A + B}.$$

A ist dabei der jeweils größere Wert, B der kleinere.

Beispiel:

Zwei Beobachter haben die gleiche Unterrichtssequenz beobachtet. Der erste Beobachter hat 50 mal die VICS-Kategorie 1 eingetragen, der zweite 55 mal. Diese Werte werden nun in die Formel eingesetzt:

$$1 - \frac{55 - 50}{55 + 50} = 1 - \frac{5}{105} = 1 - 0,047 = 0,95.$$

Die Beobachterübereinstimmung beträgt 95 (95 Prozent).
Im allgemeinen gilt eine Beobachterübereinstimmung von 70 % als ausreichend. Beobachter sollten die Reliabilität ihrer Beobachtungen periodisch überprüfen.

Aufgabe:

Berechnen Sie nach der angegebenen Formel die Beobachterübereinstimmung für die folgenden VICS-Kategorien:

Kategorie	1. Beobachter	2. Beobachter
2	68	49
3	10	4
4	3	6
5a	15	13

Kategorie	1. Beobachter	2. Beobachter
6a	10	3
7a	6	8
7b	28	18
9	35	43
11	29	36
Z	11	13

Bei welchen Kategorien ist die Beobachterübereinstimmung zu niedrig? Woran könnte das liegen? Was könnten die Beobachter tun, um bei zukünftigen Beobachtungen eine höhere Übereinstimmung für diese Kategorien zu erzielen?

Rückmeldung durch Schüler

Neben der unmittelbaren Beobachtung des Unterrichts durch anwesende Beobachter ist die Befragung von Schülern ein wichtiges Verfahren zur Erhebung von Feedback-Informationen. Es ist gezeigt worden, „daß die Beurteilung durch Schüler bzw. Studenten ein zweckmäßiges, praktisches, reliables und valides Hilfsmittel für die Selbstkontrolle und die Vervollkommnung des Lehrers ist" (*Tent*, 1970, 962).
Gage et al. (1973) untersuchten, ob Feedback durch Schüler das Lehrerverhalten beeinflußt. Etwa 3900 Schüler erhielten eine Liste von Lehrerverhaltensweisen (12 Items):

1. Freut sich darüber, wenn ein Schüler eine witzige Bemerkung macht.
2. Lobt die Diskussionsbeiträge von Schülern.
3. Gibt Schülern Hinweise für interessanten Lesestoff.
4. Kann in Mathematik verständlich erklären.
5. Regt die Schüler dazu an, neue nützliche Lernmethoden anzuwenden.
6. Spricht nach dem Unterricht mit einem Schüler über dessen Ideen.
7. Bittet kleine Gruppen von Schülern, ein Thema gemeinsam zu erarbeiten.
8. Zeigt Schülern, wie sie eine Antwort nachschlagen können, wenn sie nicht von selbst draufkommen.
9. Fragt die Schüler, was sie in der morgigen Stunde lernen wollen.
10. Zeigt Enttäuschung, wenn ein Schüler etwas falsch macht.
11. Verwendet beim Erklären Beispiele, die für die Schüler interessant sind. („Explains something by using examples from games and sports.")
12. Fragt die Klasse nach ihrer Meinung zu einer Schüleräußerung.

Die Schüler schätzten das Verhalten ihres Lehrers auf einer 6-stufigen Skala ein:

— Meinem Lehrer sehr ähnlich — Meinem Lehrer ziemlich ähnlich — Meinem Lehrer ein wenig ähnlich — Meinem Lehrer ein wenig unähnlich — Meinem Lehrer ziemlich unähnlich — Meinem Lehrer sehr unähnlich.

In gleicher Weise gaben die Schüler an, wie sich nach ihrer Ansicht der beste Lehrer verhalten würde, den sie sich vorstellen konnten. Die 86 Lehrer der Experimentalgruppe bekamen Informationen über beide Einschätzungen, die 90 Kontrollgruppen-Lehrer wurden nicht informiert. Ein bis zwei Monate später wurde die Schülerbefragung wiederholt: im Vergleich zur Kontrollgruppe hatten die Lehrer, die Feedback-Informationen erhalten hatten, sich nach der Einschätzung durch ihre Schüler stärker in Richtung auf den idealen Lehrer verändert. Nur bei den Items 1 und 10 zeigte sich diese Tendenz nicht (*Gage*, 1972, 178 ff.; *Gage* et al., 1973). Das Experiment bestätigt den Wert von Schüler-Feedback für Lehrer, läßt aber auch viele Fragen offen. Wäre die Verhaltensänderung auch durch Beobachtung nachweisbar gewesen? Haben die Lehrer ihr Verhalten bewußt geändert? (vgl. *Daw/Gage*, 1971, 329). Unbestritten bleibt, daß Schüler Lehrern wertvolles Feedback geben können.

Manche Lehrer versuchen, in Diskussionen mit ihren Schülern Feedback über ihr Verhalten zu bekommen. Sie fordern die Schüler auf, offen ihre Meinung über den Unterricht und das Verhalten des Lehrers zu sagen. Solche Gespräche haben oft nicht den erwünschten Effekt, weil die Schüler in einem Abhängigkeitsverhältnis zum Lehrer stehen. Der Lehrer mag glauben, daß die Schüler zu ihm Vertrauen haben können; für die meisten Schüler wird es trotzdem sehr viel Mut und diplomatisches Geschick erfordern, dem Lehrer die Meinung zu sagen. Aus diesem Grund sollten Schüler — wenigstens am Anfang — Rückmeldung anonym abgeben.

Es kann aber nützlich sein, die schriftlich abgegebenen Rückmeldungen später mit der ganzen Klasse zu diskutieren. Dabei sollten Lehrer einzelne Schüler nicht „festnageln" („Aha, du hast das also geschrieben", „Ich wußte ja gleich, daß dir das nicht paßt", „Wenn du sowas von mir forderst, mußt du dich selbst aber erst einmal anders aufführen"). Feedback-Diskussionen sind allerdings überflüssig, wenn sie nicht zu Veränderungen in Unterricht und Lehrerverhalten führen. Feedback ohne Folgen lehrt die Schüler nur, daß Kritik sinnlos ist, weil sie sowieso nichts bewirkt.

In der Anfangsphase eines Verhaltensänderungsprogramms, wenn der Lehrer noch überlegt, welche Ziele er anstreben will, kann Feedback durch

Schüler wertvolle Richtungshinweise geben. In späteren Phasen dient das Feedback mehr zur Überprüfung, wie weit angestrebte Verhaltensweisen vom Lehrer verwirklicht wurden. Herrscht die erste Funktion vor, so kann die Schülerbefragung verhältnismäßig allgemein und unstrukturiert sein, wie in den folgenden Beispielen:

1. Die Schüler werden gebeten, freie Berichte zu schreiben. Mögliche Themen: Meine Kritik am Verhalten meines Lehrers — Was mein Lehrer besser machen sollte — Was ein guter Lehrer tun müßte — Was mir am Unterricht nicht gefällt usw.
2. Die Schüler notieren auf der Vorderseite eines Blattes alles, was sie am Unterricht und am Lehrerverhalten gut finden und auf der Rückseite alles, was sie schlecht finden.
3. Die Befragung kann sich auch auf eine einzelne Stunde beziehen. Am besten bereitet der Lehrer die Schüler schon zu Beginn der Stunde auf diese Befragung vor: „Ich habe in einem Buch gelesen, daß Lehrer ihr Verhalten zu den Schülern verbessern können, wenn die Schüler ihnen sagen, was ihnen nicht gefällt. Am Schluß dieser Stunde werde ich euch bitten, einige Punkte aufzuschreiben, die euch heute an meinem Verhalten gefallen oder nicht gefallen haben.“

Nicht immer kommen bei solchen Befragungen sofort hochwichtige Informationen zusammen. Schüler müssen erst lernen, Lehrer kritisch zu beobachten, ihre Einwände oder ihre Zustimmung zu formulieren und konkrete Beispiele anzuführen statt nichtssagender Verallgemeinerungen[9]. Lehrer sollten deswegen Feedback durch Schüler nicht gleich nach den ersten Versuchen als wertlos und irrelevant ablehnen, sondern weitere Versuche machen, wobei sie — je nach den bei den ersten Befragungen gemachten Erfahrungen — genauere Fragen stellen und klarere Anweisungen geben können.

Günstig ist es auch, die Ergebnisse von Schülern selbst auswerten zu lassen. Eine kleine Gruppe kann die Rückmeldungspapiere zu Hause durchsehen, wiederkehrende Aussagen zusammenfassen und auszählen, wie oft sie ge-

---

9 Ich glaube, daß Schüler, wenn sie Lehrern Feedback geben, wichtige Lernziele erreichen können. Was ist für das spätere Leben wertvoller, daß ich „erklären kann, warum Ludwig der Vierzehnte ein absolutistischer Herrscher war" oder daß ich gelernt habe, einem Vorgesetzten, der Macht über mich hat, meine Wünsche mitzuteilen, ihm gegenüber Kritik zu äußern, mit ihm über Veränderungen der Beziehung zu verhandeln, mich ihm gegenüber zu behaupten?

nannt wurden. (Dies wäre eine *sinnvolle* Hausaufgabe.) Die Ergebnisse können dann mündlich oder schriftlich, an der Wandtafel oder vom Tonband der Klasse und dem Lehrer vorgestellt werden. Wenn der Lehrer diese Darstellung ohne Empfindlichkeit zur Kenntnis nimmt, wenn er sich mit eigenen Kommentaren zurückhält und Schüleräußerungen verbal oder nichtverbal akzeptiert, fällt es Schülern leichter, die Befragungsergebnisse zu diskutieren und weitere, vielleicht wichtigere Probleme anzusprechen. Diese Diskussion muß aber von den Schülern selbst begonnen und möglichst auch selbst geleitet werden; der Lehrer kann sich dabei schülerzentriert verhalten. Er sollte nicht versuchen, eine Diskussion zu erzwingen, wenn die Schüler keine Neigung dazu zeigen. Bei solchen einfachen Befragungen entdecken Lehrer oft störende Eigenarten ihres Verhaltens, die sie selbst nicht erkennen würden. So schrieben bei einer Befragung viele Schüler, der Lehrer solle beim Diktat nicht immer Witze erzählen. Der Lehrer hatte sich gedacht, es würde den Schülern die Arbeit erleichtern, wenn er während des Diktierens ab und zu eine lustige Bemerkung machte. Er wäre nie auf den Gedanken gekommen, daß dies die Schüler stören könnte. Wenn durch Schüler-Feedback nur solche Kleinigkeiten entdeckt werden, ist der Aufwand schon gerechtfertigt. Eine Grenze bei der Befragung von Schülern besteht darin, daß Schüler den Unterricht oft nach einem Normalzustand beurteilen, der als so selbstverständlich gilt, daß ihre Urteile diesen Rahmen nicht verlassen können. Das führt dazu, daß Schüler vom Lehrer fordern, er solle mehr lenken, mehr anordnen, strafen, strenger sein usw. Hier kommt zum Ausdruck, daß die Anpassung an ein eindeutiges hierarchisches Muster Geborgenheit vermittelt und daß es als bequem empfunden werden kann, Eigeninitiative aufzugeben. Ein Lehrer, der dies nicht sieht, wird sich von den Schülern vielleicht in Verhaltensweisen bestätigen lassen, die ungünstige Auswirkungen haben.

Schüler (ebenso Kollegen oder Besucher) können das Verhalten eines Lehrers auf *Einschätzskalen* beurteilen. Dazu bekommen sie vervielfältigte Papiere, die sie anonym ausfüllen. Das Verfahren muß vorher geübt und die Bedeutungen der einzelnen Items geklärt werden.

Beispiel:

Bitte geben Sie auf der folgenden Skala Ihre Einschätzung an, indem Sie an der Stelle ein Kreuz (×) machen, die Ihre Meinung am besten wiedergibt. (Die Zeichen bedeuten: – – – sehr, – – mittel, – etwas, O weder noch.)

170

Dieses Buch finde ich
langweilig ——— —— — O — —— ——— interessant[10].

Einige Beispiele für Skalen-Formen:

A Lehrerverhalten: Gerecht 1 2 3 4 5 6 7 Ungerecht
  (*Ryans*; *Tent*, 1970, 866).
B Unser Lehrer kann gut erklären.
  Immer   meistens   manchmal   niemals
C Der Verlauf des Unterrichts kann mehr durch den Lehrer oder mehr
  durch die Schüler bestimmt werden. Wie war es in der heutigen Stunde?
  a) Kreuze an, wie Du es empfunden hast.
     Der Unterrichtsverlauf war bestimmt durch
     den Lehrer 10 9 8 7 6 5 4 3 2 1 die Schüler.
  b) Wie hättest Du es Dir in dieser Stunde gewünscht?
     Der Unterrichtsverlauf hätte in dieser Stunde bestimmt werden müs-
     sen durch
     den Lehrer 10 9 8 7 6 5 4 3 2 1 die Schüler.
Flanders (1970, 362 ff.) benutzt diese Doppeleinschätzung, um den Begriff „Unzufriedenheit" zu operationalisieren: die Differenz zwischen

(*Lippitt/Fox/Schaible*, 1969, 139)

---

10 Ich bin über jede Rückmeldung zu diesem Buch dankbar, ob mit Hilfe von Ein-
   schätzskalen, als Aufsatz oder in Gedichtform. Besonders interessiert mich, was
   Sie als einseitig beurteilen, welche Verbesserungsvorschläge Sie haben und ob
   Sie irgendetwas Praktisches aus der einen oder anderen Idee machen konnten
   („Ich habe es versucht, aber . . .").

beiden Einschätzungen zeigt, wie weit für den Schüler das erlebte Geschehen vom Erwünschten abweicht.

D Bei Schülern, die noch nicht lesen und schreiben können, kann man Zeichnungen benutzen (s. Seite 171):
Male das Gesicht rot, das am besten zeigt, wie Dir Dein Lehrer gefällt.

(Einem kleinen Mädchen, das eben ins erste Schuljahr gekommen war, zeigte ich die fünf Gesichter und fragte: „Wie gern gehst du zur Schule?" Nach kurzem Überlegen zeigte es auf das zweite Gesicht von links. Und dann, auf das erste Gesicht zeigend: „Und wenn sie nicht immer so schreit, so.")
Sie können sich selbst die verschiedensten Einschätzskalen konstruieren. Was wollen Sie wissen?

Aufgaben:

1. Ein Lehrer erhält in seiner Klasse (31 Schüler) die folgenden Einschätzungen:
   Der Lehrer zeigte in seinem Verhalten zu den Schülern

	sehr			gar nicht			sehr	
Anerkennung	1	2	10	6	6	4	2	Geringschätzung
Pessimismus		15	10	5		1		Optimismus
Erregung	5	7	5		5	6	3	Ruhe
Bitten/Vorschläge				10	12	8	1	Befehle/Anordnungen
Unfreundlichkeit	1		5	12	3	9	1	Freundlichkeit
Verständnis				13	7	10	1	Verständnislosigkeit
Starke Lenkung	4	3	7	6	10	1		Stimulierung selbständiger Arbeit
Höflichkeit			21	5	5			Unhöflichkeit
Echtheit	6	10	11	4				Unechtheit

A Stellen Sie die Ergebnisse der einzelnen Skalen als Histogramme dar:

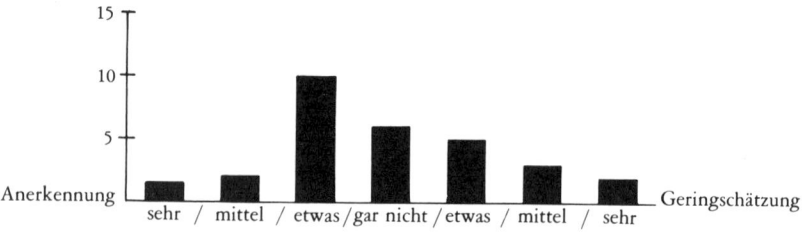

172

B   Errechnen Sie den Mittelwert für die einzelnen Skalen:
Anerkennung — Geringschätzung: 3.9 usw.

C   Zeichnen Sie eine Kurve, indem Sie auf einem leeren Einschätzungspapier die Mittelwerte für alle Skalen kennzeichnen und die Punkte
verbinden.
Wenn Sie die Aufgaben A bis C bearbeitet haben, sind die Ergebnisse einfacher zu übersehen. Falls Ihnen die nackten Zahlen genügen, brauchen
Sie nur die folgende Aufgabe zu lösen:

D   Drücken Sie die Ergebnisse mit Worten aus.

E   Wenn Sie dieser Lehrer wären, mit welchen Ergebnissen sind Sie zufrieden, mit welchen unzufrieden? In welchen Dimensionen und in
welcher Richtung würden Sie Ihr Verhalten zu verändern suchen?

F   Welche Verhaltensweisen könnten Sie häufiger oder seltener verwenden, um diese Ziele zu erreichen? Welche neuen Verhaltensweisen
könnten Sie trainieren?

2.   Konstruieren Sie Einschätzungs-Items zu Teilbereichen Ihres Unterrichtsverhaltens, zu denen Sie Rückmeldung suchen. Zum Beispiel zur
Frage: Wie gut kann ich erklären?

3.   Führen Sie die Befragung von **Gage** in Ihrer Klasse durch. Verändern Sie
die Items, so daß sie zu Ihrer Situation passen; fügen Sie neue Items hinzu.
Zu welchen Verhaltensänderungen fordern Sie die Befragungsergebnisse
auf?

4.   Legen Sie sich eine Sammlung von Items an, die Sie bei Schülerbefragun-
gen verwenden können.
Neben Einschätzungsskalen können auch viele andere Befragungsver-
fahren zur Erhebung von Feedback-Informationen benutzt werden. Allgemeine Hinweise sind zu finden bei **Tent,** 1970; **De Landsheere,** 1971;
Walter, 1973; **Atteslander,** 1969; **Dohmen,** 1971; **Mayntz/Holm/Hüb-
ner,** 1969; **Friedrichs,** 1973; **Mager,** 1970.

Feedback zu spezifischen Verhaltensbereichen

Lehrer können nicht ihr gesamtes Verhalten in einem einzigen Anlauf verändern, sondern sie müssen sich nacheinander mit begrenzten Verhaltensbereichen beschäftigen, zu denen sie dann auch spezifisches Feedback
brauchen.
Ein Lehrer, der untersuchen will, ob er angemessenes Verstärkungsverhalten verwirklicht, kann einem Kollegen, der den Unterricht beobachtet,
Aufgaben wie diese stellen:

1. In dieser Stunde versuche ich, die folgenden Verhaltensweisen bei Schülern zu verstärken:
   a) einzelne oder mehrere Schüler „passen auf";
   b) Schüler äußern kritische Gedanken;
   c) Schüler antworten auf Beiträge von Mitschülern;
   Verhaltensweisen, die ich ignorieren möchte, sind:
   a) Einzelne oder mehrere Schüler passen nicht auf (sprechen leise miteinander, „träumen", spielen u. ä.);
   b) Schüler versuchen, Beiträge zu liefern, die „richtig" sind und der vermuteten Ansicht des Lehrers entsprechen;
   c) Schüler richten Kommentare zu Beiträgen von Mitschülern an den Lehrer.
   Bitte notieren Sie Beispiele für:
   A Angemessenes Schülerverhalten, das wie geplant verstärkt wird;
   B angemessenes Schülerverhalten, das vom Lehrer nicht verstärkt (ignoriert, übersehen) wird;
   C unangemessenes Schülerverhalten, das vom Lehrer beachtet (verstärkt) wird;
   D unangemessenes Schülerverhalten, das vom Lehrer wie geplant ignoriert wird.
   Ein Protokoll könnte so aussehen:
   S Das stimmt aber nicht. — L Du bist gar nicht dran. (B)
   Die ganze Klasse ist sehr aufmerksam. L reagiert nicht darauf. (B)
   Zwei Schüler spielen „Schiffe versenken". L reagiert nicht. (D)
   S Elke, das finde ich nicht. (Berichtet eigenes Erlebnis.) L lächelt S zu und nickt mehrmals. (A) L (zu Elke) Bernd hat eine andere Meinung. Was antwortest du ihm? (A) usw.
   Einen Teil der Stunde beschäftigt sich der Lehrer so mit anekdotischer Beobachtung.
2. Bitte kodieren Sie 15 Minuten der Unterrichtszeit. (Hier kann eine verkleinerte Fassung des VICS benutzt werden, z.B. nur *eine* Kategorie für Lehrerverbalverhalten plus Kategorien 5a bis 6c, dazu je eine Kategorie für Schüleräußerungen und „Sonstiges", oder auch ein speziell entwickeltes Beobachtungssystem.)
3. Bitte schätzen Sie das Verstärkungsverhalten des Lehrers am Schluß der Stunde nach den folgenden Items ein:
   a) Die Verstärkungen waren abwechslungsreich.
   b) Die Verstärkungen waren echt (glaubwürdig).
   c) Die Verstärkungen folgten unmittelbar auf das angemessene Schülerverhalten.

d) Schülerverhalten, das verstärkt werden sollte, wurde ignoriert.
e) Beim Verstärken bevorzugte der Lehrer bestimmte Schüler.

Zu jeder Feststellung sind verschiedene Antwortkategorien vorgegeben:

fast nie — selten — manchmal — öfter — häufig — fast immer;
oder
gar nicht — kaum — etwas — ziemlich — erheblich — sehr stark (*Minsel/ Fittkau*, 1971).
Ein weiteres Einschätzungspapier kann für die Schüler entwickelt werden.

Interessante Beobachtungssysteme zu spezifischen Verhaltensbereichen legen *Good* und *Brophy* (1973) vor. Es sind Rückmeldungsinstrumente, die schon nach minimaler Übungszeit (die Skalen werden vor der Verwendung 5 bis 20 Minuten lang diskutiert) erfolgreich benutzt werden können. Die Interaktion wird hier nicht kontinuierlich beobachtet, sondern man kodiert nur — möglichst über mehrere Unterrichtsstunden — alle Beispiele für ein bestimmtes Verhalten. Daher ist es auch möglich, mehrere dieser Beobachtungssysteme nebeneinander zu verwenden.

Ich zitiere einige typische Beobachtungsinstrumente.

Lehrerreaktion auf unerwartete Schülerantworten

Verwendung: Wenn ein Schüler auf eine Lehrerfrage eine sinnvolle aber unerwartete Antwort gibt.
Zweck: Es soll untersucht werden, ob der Lehrer ein Modell für Respekt vor guten Denkleistungen ist, wenn eine seiner Fragen nicht die erwartete Antwort auslöst.
Kodieren Sie in entsprechenden Situationen die passende Verhaltenskategorie.

Verhaltenskategorien	*Kodierungen*	
1. Beglückwünscht („Meine Güte, das stimmt ja! Daran hatte ich gar nicht gedacht.")		
2. Erkennt an, daß die Antwort richtig oder teilweise richtig ist	1. ..3..	26. ......
3. Gibt vages oder mehrdeutiges Feedback („Vielleicht könnte man das sagen . . .")	2. ..4..	27. ......
4. Reagiert, als wäre die Antwort falsch	3. ..3..	28. ......
5. Kritisiert die Antwort als irrelevant, dumm, deplaziert usw.	4. ..3..	29. ......
	5. ..4..	30. ......
	6. ..3..	31. ......

Verhaltenskategorien	Kodierungen	
6. Andere Reaktionen (bitte beschreiben!)	7. ..3..	32. ......
	8. ..3..	33. ......
Bemerkungen:	9. ..4..	34. ......
Lehrer tendiert dazu, sehr wenig zu reagieren.	10. ..3..	35. ......
Wartet auf die Antwort, die er gern hören	11. ..4..	36. ......
möchte. Liest oft im Lehrerhandbuch, wenn	12. ..4..	37. ......
Schüler antworten.	13. ..3..	38. ......
	14.	39. ......
	15.	40. ......
	16.	41. ......
	17.	42. ......
	18.	43. ......
	19.	44. ......
	20.	45. ......
	21.	46. ......
	22.	47. ......
	23.	48. ......
	24.	49. ......
	25.	50. ......

(*Good/Brophy*, 1973, 153).

In dieses Beobachtungsblatt lassen sich 50 Beispiele des Verhaltens eintragen. Man bekommt so einen Überblick, wohin das Verhalten des Lehrers in diesem Bereich tendiert. Die letzte Kategorie regt dazu an, weitere Verhaltensmöglichkeiten zu entdecken, was zu einer Modifikation des Beobachtungssystems führen kann.

Zu manchen Verhaltensbereichen stellen *Good* und *Brophy* einfach Fragen:

Von Schülern organisierte Lernaktivitäten (Student-Managed Learning Experiences)

Verwendung: Wenn der Lehrer häufig genug beobachtet wurde, so daß zuverlässige Informationen kodiert werden können.

Zweck: Es soll untersucht werden, ob der Lehrer den Schülern Auswahlmöglichkeiten bietet und ihnen erlaubt, selbständig Lernerfahrungen zu organisieren.

Sammeln Sie alle für die folgenden Fragen relevanten Informationen.

Auswahlmöglichkeiten

Gibt es im Unterricht dieses Lehrers Zeitabschnitte oder Arbeitsformen, bei denen Schüler aus einem größeren Angebot auswählen und entscheiden können, was und wie sie arbeiten wollen?

Gibt es Stellen, wo solche Auswahlmöglichkeiten ohne Schwierigkeit eingebaut werden könnten?

Kooperatives Lernen
Ermutigt der Lehrer die Schüler manchmal dazu, in Gruppen zusammenzuarbeiten?

An welchen Stellen könnte Gruppenarbeit ohne Schwierigkeit eingefügt werden?

Schüler als Helfer (Peer Tutoring)

Bittet der Lehrer einzelne Schüler, Gruppen zu unterrichten oder Mitschülern zu helfen?

Sehen Sie Möglichkeiten, wie der Lehrer so etwas organisieren könnte (falls er es nicht schon tut)?

(*Good/Brophy*, 1973, 293).

Ein weiterer Typ von Beobachtungsaufgaben arbeitet mit vorgegebenen Feststellungen. Der Beobachter kreuzt diejenigen an, die zutreffen.

Glaubwürdigkeit des Lehrers
Verwendung: Wenn der Lehrer oft genug beobachtet wurde, so daß Informationen reliabel kodiert werden können.
Zweck: Es soll untersucht werden, ob der Lehrer durch sein Verhalten seine Glaubwürdigkeit untergräbt.

Kreuzen Sie die Verhaltensweisen an, die bei diesem Lehrer zu beobachten sind.

— 1. Der Lehrer übertreibt, überdramatisiert, ist überschwenglich warm.
— 2. Das Lob überzeugt nicht, weil der Lehrer fast immer dieselben Floskeln benutzt oder nicht angibt, was er lobt.
— 3. Der Lehrer besteht auf „freundlichen" oder „akzeptablen" Motiven und Gedanken oder tendiert dazu, Tabu-Probleme zu negieren oder hinwegzuerklären, statt sich mit ihnen zu befassen.
— 4. Bei der Verteidigung von Regeln, Entscheidungen oder Meinungen sucht der Lehrer Zuflucht bei offensichtlich falschen oder übertriebenen Begründungen, statt Fehler zuzugeben.
— 5. Der Lehrer macht Versprechungen, von denen er gar nicht weiß, ob er sie wirklich einhalten kann.

(*Good/Brophy*, 1973, 159).

(Es folgen 10 weitere Feststellungen. Durch welche weiteren Verhaltensweisen könnte ein Lehrer sich unglaubwürdig machen?)

Manchmal werden Verhaltensweisen auch nach mehreren Kategorien kodiert:

Vielfalt von Unterrichtsmethoden

Verwendung: Immer wenn die Klasse mit Lernaktivitäten beschäftigt ist.
Zweck: Es soll untersucht werden, ob der Lehrer viele verschiedenartige Methoden verwendet.

Kodieren Sie jedesmal, wenn die Aktivität gewechselt wird, den Zeitpunkt und die Art der Aktivität.

Verhaltenskategorien

A *Schritte* (Was tut der Lehrer?)
  1. Einführung neuen Stoffs
  2. Wiederholung
  3. Klassenarbeit oder Tests (Durchführung oder Besprechung)
  4. Vorbereitung einer Aufgabe, Arbeitsanweisungen
  5. Kontrollieren der laufenden Stillarbeit
  6. Anderes (bitte anführen!)
B *Methoden* (Welche Methoden verwendet der Lehrer dabei?)
  1. Demonstration oder Tafelzeichnung
  2. Lehrervortrag
  3. Vorbereitetes Material, das an die Schüler verteilt wird
  4. Medien (Filme, Dia, Tonband, Schallplatte usw.)
  5. Befragen der Schüler, um zu überprüfen, ob sie verstanden haben
  6. Schüler zum Fragen auffordern und ihre Fragen beantworten
  7. Zielbestimmte Diskussion (vorbereitete Folge von Fragen)
  8. Freie Diskussion (abschweifend, keine spezifischen Ziele)
  9. Schüler lesen oder tragen abwechselnd vor
 10. Schnelles Üben
 11. Praktische Übung oder Experiment

Kodierung

	Beginn	A	B	Dauer
1.	8.30	2	5	10
2.	8.40	1	1	10
3.	8.50	4	1.3	5
4.	8.55			
5.				
6.				
7.				
8.				
9.				
10.				
11.				
12.				
13.				
14.				
15.				
16.				
17.				
18.				
19.				
20.				
21.				
22.				
23.				
24.				
25.				
26.				
27.				
28.				
29.				
30.				
31.				

Verhaltenskategorien	Kodierung			
	Beginn	A	B	Dauer
12. Stillarbeit, Hausaufgabe	32.	......	......	....
13. Unterrichtsgang	33.	......	......	....
14. Spiel, Wettkampf	34.	......	......	....
15. Anderes	35.	......	......	....
	36.	......	......	....
Bemerkungen:	37.	......	......	....
	38.	......	......	....
	39.	......	......	....
	40.	......	......	....

(*Good/Brophy*, 1973, 335).

In ihrem Buch geben *Good* und *Brophy* mehr als 30 spezifische Beobachtungssysteme wieder. Ich zitiere — in Form von Fragen — die Themen dieser Instrumente, weil sie einen guten Eindruck vermitteln, was man alles im Unterricht beobachten kann. Vielleicht überzeugt Sie diese Liste davon, daß es keinen Zweck hat, bei der Unterrichtsbeobachtung *alles* erfassen zu wollen. (Die meisten Wissenschaftler haben das inzwischen begriffen, die Praktiker noch nicht immer.) Und vielleicht regt Sie diese Zusammenstellung an, Verhaltensbereiche zu entdecken, die gerade für Sie und Ihren Unterricht wichtig sind und daher beobachtet werden sollten.

Spezifische Verhaltensbereiche:

1. Welche Versuche machen Lehrer, ihre Schüler für Unterrichtsstunden, für besondere Aktivitäten und Aufgaben zu motivieren?
2. In welcher Weise bewerten (evaluieren) Lehrer die Arbeit am Schluß einer Schulstunde oder nach einer Stillarbeit, Gruppenarbeit usw.?
3. Wie werden einzelne Schüler gelobt?
4. Wie werden einzelne Schüler kritisiert?
5. Wie verwendet der Lehrer die Unterrichtszeit?
6. Welche Erwartungen kommuniziert der Lehrer?
7. Wie verhält sich der Lehrer, wenn er Schülern einen Auftrag gibt oder sie um Hilfe bittet?
8. Wie reagiert der Lehrer auf Schülerfragen?
9. Wie reagiert der Lehrer auf unerwartete Antworten von Schülern (s. o.)?
10. Welche Beziehung hat der Lehrer zu einzelnen Schülern? Zeigt er Interesse an ihnen?

179

11. Welche Erklärungen gibt der Lehrer dafür, daß ein Schüler positive Leistungen vollbringt?
12. Wie erklärt der Lehrer Mißerfolge von Schülern?
13. Konzentriert der Lehrer seine Aufmerksamkeit zu stark auf das Fehlverhalten von Schülern?
14. Welches Klassenklima wird durch das Lehrerverhalten erzeugt?
15. Ist der Lehrer ein Modell für Denken und Interesse am Lernen?
16. Ist das Verhalten des Lehrers für die Schüler glaubwürdig (echt)? (s. o.)
17. Wie organisiert der Lehrer den Unterrichtsablauf?
18. Welche Ursachen könnte es haben, wenn die Schüler sehr unaufmerksam sind, den Unterricht stören usw.?
19. Wie reagiert der Lehrer auf Unaufmerksamkeit und Fehlverhalten von Schülern?
20. Wie beobachtet man „Problemschüler"?
21. Gibt der Lehrer den Schülern Gelegenheit, selbständig Lernerfahrungen zu machen? (s. o.)
22. Verwendet der Lehrer verschiedenartige, abwechslungsreiche Unterrichtsmethoden? (s. o.)
23. Stellt der Lehrer angemessene Aufgaben für die Stillarbeit?
24. Wie leitet der Lehrer Diskussionen?
25. Wie gibt der Lehrer Feedback bei richtigen (falschen) Antworten?
26. Wie erklärt der Lehrer die Aufgaben für Haus- und Stillarbeit?
27. Welche Fragetechniken verwendet der Lehrer?
28. Wie laufen Frage-Antwort-Feedback-Sequenzen ab?
29. Wie setzt der Lehrer Tests ein?
30. Benutzt der Lehrer Gruppenunterricht, um den Unterricht zu individualisieren? (*Good/Brophy*, 1973).

Anregungen zur Formulierung spezifischer Feedback-Instrumente finden Sie u. a. bei *Kirsten*, 1973; *Walter*, 1973; *Emmer/Millett*, 1973.

Aufgaben:

Erstellen Sie ein Feedback-Instrument für einen Verhaltensbereich, in dem Sie sich verbessern möchten.
Probieren Sie das Verfahren bei der Beobachtung von Unterrichtsstunden aus. Modifizieren Sie Ihr System, wenn Sie Mängel finden. (Die Lehrer, die Sie beobachten, sollten über Ihre Absichten informiert sein.)
Unterweisen Sie einen Kollegen in der Anwendung Ihres Beobachtungs-Verfahrens und bitten Sie ihn, Ihren Unterricht danach zu beobachten.

Regeln für hilfreiches Feedback

Das Feedback, das Lehrer üblicherweise erhalten, hilft ihnen nicht, bessere Lehrer zu werden. Die institutionalisierten Formen der Rückmeldung bei Lehrproben, Schulratsbesuchen und Prüfungen schaden meist mehr als sie nützen. Sie nötigen Lehrer, sich zu verteidigen und hemmen ihre Bereitschaft, sich zu verändern. Wie sieht Feedback aus, das Lehrer ermutigt, neue Verhaltensweisen zu probieren. Und wie sollte Feedback in Gesprächen vermittelt werden, damit es Lernen ermöglicht? Die folgenden Regeln sollen zum Nachdenken über diese Fragen anregen.

1. Feedback sollte sich nie auf das Lehrerverhalten in seiner Gesamtheit oder auf alle Aspekte einer Unterrichtsstunde beziehen, sondern sich auf wenige ausgewählte Gesichtspunkte und Fertigkeiten beschränken. Normalerweise erhalten Lehrer nur recht selten Rückmeldung durch sachverständiges Publikum. Offensichtlich versucht man diesen Mangel dadurch auszugleichen, daß man bei den seltenen Gelegenheiten ein möglichst umfassendes und umfangreiches Quantum an Feedback vermittelt. Bei Unterrichtsbesprechungen wird alles angesprochen, was den Beobachtern irgendwie relevant erscheint. Man versucht, zu einer Gesamtanalyse und zu einer Gesamtbeurteilung zu kommen, ohne Rücksicht auf die Aufnahmekapazität des Lehrers, um dessen Verhalten und Unterricht es geht. Symptomatisch für dieses Vollständigkeitsstreben sind die in der Literatur häufigen Vorschläge und Anweisungen zur Analyse und Beurteilung von Unterricht (z.B. *Feinäugle/Fischer*, 1973; *Frech*, 1972; *Hansen*, 1972; *Maier*, 1966; *Moritz*, 1973; *Plock*, 1967; *Rauscher*, 1966; *Walter*, 1973; *Chiout/Steffens*, 1971). Diese Themenlisten, Einschätzungs- und Beobachtungsverfahren mögen Beobachtern helfen, die Komplexität des Beobachteten zu reduzieren, sich ein abgerundetes Bild zu verfertigen und ein für sie befriedigendes Urteil zu formulieren. Bei den Beobachteten stellt sich der umgekehrte Effekt ein: sie werden durch den Umfang der angesprochenen Probleme verwirrt und entmutigt, weil sie bald nicht mehr wissen, wo und wie sie beginnen sollen, ihr Verhalten zu verändern. Das plötzliche Überangebot an Feedback-Informationen kann weder aufgenommen noch verarbeitet werden.
Das Überfütterungsverfahren widerspricht allen Prinzipien, die Lehrer sonst im Unterricht für richtig halten. Formulierung von Lernzielen, Isolierung von Schwierigkeiten, Begrenzung der Stoffülle, Fortschreiten vom Einfachen zum Komplizierten — das sind Grundsätze, die in Unterrichtsbesprechun-

gen meist vollständig mißachtet werden. Gelten diese Grundsätze nur für das Lernen von Kindern und nicht für das Lernen von Erwachsenen? Feedback-Gespräche, die nicht nur Selbstzweck bleiben sollen, müssen auf wenige Themen beschränkt bleiben und dafür häufiger durchgeführt werden.

2. Sachliche, relativ objektive Informationen über das Lehrerverhalten sind als Feedback besser geeignet als Meinungen und Werturteile. Was Lehrer brauchen, ist nicht so sehr eine Jury, die Urteile über ihr Verhalten abgibt, sondern ein Spiegel, in dem sie sich genauer sehen können. Gespräche, in denen subjektive Überzeugungen über „falsches" und „richtiges" Lehrerverhalten ausgetauscht werden, die mehr mit Moralvorstellungen zusammenhängen als mit begründbaren Vorzügen, sind als Feedback ungeeignet. Der Beobachter soll den Lehrer nicht zu seiner Ansicht bekehren, sondern ihm Material zur Selbstbeurteilung liefern.

3. Feedback sollte nie die Persönlichkeit oder den Charakter des Unterrichtenden betreffen, sondern spezifische Verhaltensweisen und Strategien, die lern- und veränderbar sind.

4. Feedback-Informationen sollten so formuliert sein, daß sie die psychische Sicherheit des Adressaten nicht beeinträchtigen.

5. Feedback ist um so hilfreicher, je konkreter es formuliert ist. Vage Verallgemeinerungen wie

Sie sind zu streng. — Sie sind autoritär. — Sie unterrichten sehr demokratisch. — Sie müssen straffer auftreten und mehr auf Disziplin achten. — Sie sind inkonsequent. — Sie überfordern die Schüler. — Sie treffen im Gespräch mit den Schülern genau den richtigen Ton. — usw.

sagen mir wenig über mein Verhalten. Ich erfahre nur, was ich ohnehin schon wußte. Sinnvoller ist es, wenn ich mit dem konfrontiert werde, was ich wörtlich gesagt habe, wenn ich erfahre, welche Bewegungen ich dabei machte, an welcher Stelle des Klassenraumes ich stand usw. (Solche konkreten Informationen zu bekommen, hat allerdings für viele etwas Bedrohliches.)

6. Feedback, das Verbesserungsvorschläge gibt, ist hilfreicher als Feedback, das nur Mängel und Defizite aufzeigt.

7. Feedback, das positive Vorschläge enthält, ist wirksamer als Feedback, das Verbote aufstellt, Tabus errichtet.

8. Eine positive Bemerkung über ein bestimmtes Verhalten des Lehrers bewirkt mehr für die Verbesserung seines Verhaltens als zehn negativ-kritisierende Bemerkungen.
Verstärkung positiven Lehrerverhaltens ist hilfreicher als Bestrafung negativen Lehrerverhaltens. Unterrichtsbesprechungen entwickeln sich sehr oft zu Fehlersuchspielen. Es macht uns Freude, anderen ihre Fehler und Schwächen nachzuweisen. Wir können dabei unsere unbestechliche Urteilsfähigkeit und unsere kritische Haltung demonstrieren. Es fällt uns leichter, Mängel zu entdecken als Vorzüge anzuerkennen. Nur zu leicht mißbrauchen wir das Feedback-Geben zur Selbstdarstellung und Selbsterhöhung.
Wenn ein Lehrer während einer Stunde nur ein einziges Mal angemessen auf Schülergedanken reagiert hat, ist es für sein zukünftiges Verhalten besser, dieses Beispiel zu betonen, als ihm all die Schülergedanken vorzuhalten, auf die er nicht angemessen reagierte.

9. Gute Ratschläge, denen keine Hinweise zu entnehmen sind, wie sie verwirklicht werden können, sind schlechte Ratschläge.
Es mag sehr berechtigt sein, einem Lehrer zu raten, er möge die Schüler besser motivieren. Aber hilft ihm dieser Rat weiter? Würde er die Schüler nicht von selbst besser motivieren, wenn er wüßte wie? (vgl. *Allen/Ryan*, 1969, 23). Statt nur anzugeben, welche Ziele nicht erreicht wurden, sollten wir lieber etwas darüber aussagen, wie die Ziele erreicht werden können.

10. Feedback scheint wirksamer zu sein, wenn der Adressat es in einer entspannten Situation zur Kenntnis nehmen kann.
Wenn ich unmittelbar nach dem Unterricht von einer Gruppe kritischer Kollegen mit Einwänden überhäuft werde, gegen die ich mich glaube verteidigen zu müssen, kann ich kaum „in mich gehen". Die besten Argumente und Hinweise werden verpuffen. Die Beobachter schreiben daher besser ihre Bemerkungen auf. Der Lehrer kann sich, wenn er will, später in Ruhe mit diesem Material auseinandersetzen.

11. Feedback sollte so gegeben werden, daß der Appetit auf mehr Feedback erhalten bleibt oder sogar wächst.
Dies läßt sich am besten dadurch erreichen, daß man einige der schon genannten Regeln anwendet. Wesentlich ist auch, daß als Folge des Feedback tatsächlich Verbesserungen des Verhaltens im Unterricht erzielt werden, die

für den Lehrer wahrnehmbar sind. Das wird in der Regel aber nur möglich sein, wenn man jeweils höchstens zwei oder drei Verhaltensprobleme auswählt, über die man Feedback-Informationen einholt und an denen man dann gezielt arbeitet.

12. Feedback sollte möglichst nur gegeben werden, wenn es erbeten worden ist.

13. Ein Lehrer oder Student, der Feedback wünscht, sollte möglichst genau angeben, über welche Aspekte und Dimensionen seines Verhaltens er welche Informationen braucht und in welcher Form er diese Informationen vermittelt bekommen möchte.

14. Lehrer sollten sich zu Feedback-Partnerschaften zusammenschließen, die regelmäßig untereinander Feedback-Informationen austauschen.

15. Diese Zusammenarbeit wird erleichtert, wenn sie nicht völlig informell ist, sondern durch einen nicht zu starren institutionellen Rahmen gestützt wird (z. B. regelmäßige Hospitationsmöglichkeiten sind im Stundenplan fixiert, feste Termine für Feedback-Gespräche). Die Regeln 12. bis 15. setzen Lehrer voraus, die von sich aus motiviert sind, an der Verbesserung ihres Verhaltens zu arbeiten; die es nicht als Einbruch in ihre Intimsphäre betrachten, wenn ihr Unterricht beobachtet wird; die mit ihrer isolierten Situation unzufrieden sind und es darum wagen, die „geschlossene Schultür" zu öffnen. Solche Lehrer hätten es leichter in einer Schule, in der kooperative Maßnahmen zum Training des professionellen Verhaltens so selbstverständliche Einrichtungen wären wie heute Lehrerkonferenzen, Zeugnisse oder Aufsichtspflicht. In solchen Schulen brauchten die Kollegen sich nicht gegenseitig zu verdächtigen und heimlich miteinander zu konkurrieren. Sie könnten gemeinsam versuchen, den tiefen Spalt zwischen dem hohen Anspruch der Schule und ihrer Wirklichkeit etwas zu verkleinern. Eine Schule, die nicht Ritualismus und Konformität, Regelgehorsam auf Kosten der Schüler und des Lernens und Anpassung an die Erwartungen von Vorgesetzten unter Aufgabe einer wissenschaftlich begründeten Selbstrolle bei den Lehrern förderte, könnte ein „change environment" (*Flanders*, 1970, 337 ff.) sein, in dem Innovation nicht nur auf dem Verordnungswege von oben initiiert wird (um dann von unten blockiert zu werden), sondern das innovatives Verhalten bei Lehrern auslöst und prämiert. Auf eine solche Schule sollte man nicht resigniert warten, denn sie beginnt mit der eigenen Initiative.

16. Eine der wichtigsten Voraussetzungen für effektives Feedback ist ein genügend differenzierter Begriffsapparat zur präzisen Benennung und Beschreibung des Lehrerverhaltens.

Konzepte und Ausdrücke, mit denen Lehrer sich über die Feinheiten des Lehrens verständigen können, fehlen bisher noch weitgehend. Da keine spezialisierte Berufssprache vorhanden ist, müssen sich Lehrer in Gesprächen über Unterricht und Lehrerverhalten mit der Alltagssprache behelfen, die voller Fallen ist, weil ihre Begriffe ungenau und mehrdeutig sind und vortheoretische Überzeugungen transportieren, in denen pädagogische Traditionen konserviert sind, die oft keine rationale Grundlage haben. Die wenigen Fachausdrücke, mit denen das komplizierte Interaktionsgeschehen im Unterricht beschrieben werden kann, erweisen sich oft als zu umfassende Kategorien, die im Unterricht kaum noch eine konkrete Bedeutung haben. Oder sie stammen aus der Mottenkiste der Pädagogik und sind mit fragwürdigen Ideologien befrachtet. „Vertrauen", „Lebensnähe", „Anschaulichkeit", „lustbetonter Unterricht", „Motivation", „Autorität" sind Beispiele für Begriffe, die zwar dauernd gebraucht werden, aber zur Analyse des Lehrerverhaltens nicht brauchbar sind.

Um Ideen in Verhalten transponieren zu können, braucht man eine Sprache, die Verhaltensweisen bezeichnet. Geistreiche Betrachtungen über „echte Autorität", „demokratische Erziehung", „Emanzipation", „Sozialerziehung" usw. bleiben für die Schule wirkungslos, solange den Lehrern kein Sprachcode zur Verfügung steht, mit dem sie die Übersetzung der hohen Ziele in Verhaltensweisen und Lehrstrategien planen und überprüfen können. Vielleicht ist diese Sprachlosigkeit der Lehrer (und der Dozenten, die Lehrer ausbilden) eine Ursache dafür, daß pädagogisches Können so schwer mit Worten gelehrt werden kann, so daß Lehrern nur die Wahl bleibt, selbst Verhaltensweisen zu erfinden oder die anderer Lehrer zu imitieren. Jedenfalls scheint die Sprache der Pädagogik, die Lehrer im Studium lernen, ein zu grobes Raster zu sein. Sie fängt zwar Makrostrukturen ein, kann aber wesentliche Mikrostrukturen des Unterrichtens nicht erkennbar machen. Weil das sprachliche Raster für Mikrostrukturen fehlt, bleiben diese geheimnisvoll und unsichtbar, und Unterrichten bleibt eine unerklärbare Kunst, die nicht vermittelt werden kann.

Die Kategoriensysteme der Interaktionsanalyse bieten Hinweise für brauchbare Begriffe. Die Verwendung solcher Systeme zur Feedback-Vermittlung kann dazu beitragen, daß Lehrer eine Berufssprache ausbilden, mit der sie über ihr Verhalten präzise sprechen können.

Die genannten Regeln sollten nicht mißverstanden werden. Es ist nicht beabsichtigt, Kritik zu verteufeln und dazu aufzufordern, Lehrern etwas vorzumachen, wenn man über ihren Unterricht spricht. Gewarnt werden soll vor disfunktionalem, autistischem Gebrauch von Kritik. Die Regeln sollen dazu anregen, die Situation der Feedback-Vermittlung als eine Lernsituation zu begreifen und sich Gedanken darüber zu machen, wie Lernen begünstigt statt verhindert werden kann.

Aufgaben:

1. Kritisieren Sie die oben angeführten Regeln, und versuchen Sie, bessere Regeln zu formulieren.
2. Sind alle Regeln miteinander vereinbar?
3. Ist die Forderung nach einer Berufssprache für Lehrer berechtigt?
4. Wie sollten in Feedback-Gesprächen die Rollen (Feedback-Gebender, Adressat) definiert sein? Bei wem sollte die Initiative liegen? Welche verbalen Verhaltensweisen sollten vorwiegend benutzt werden? Welche sind zu vermeiden?

Kapitel 4:
Funktionen, Skills und Strategien des Lehrerverhaltens

Funktionen von Lehrern im Unterricht

Lehrer haben im Unterricht viele Aufgaben zu erfüllen. Voraussetzung für die erfolgreiche Ausführung dieser Funktionen ist die Beherrschung der dazu notwendigen Verhaltensmuster (= Skills). Dabei können die einzelnen Skills durchaus im Dienste verschiedener Funktionen auftreten.
Eine Übersicht über die Aufgabenbereiche von Lehrern ergibt ein Raster, in das sich die einzelnen Verhaltensfertigkeiten einordnen lassen. Sehen Sie die folgenden Aufgabenlisten kritisch durch, überlegen Sie, welche Funktionen Sie im Unterricht wahrnehmen und welche Sie vernachlässigen. Entscheiden Sie, welche Funktionen wichtig sind, welche unwichtig. Benutzen Sie die Funktionen als Hilfsmittel zum Identifizieren und Konstruieren fehlender Verhaltensweisen.
Nach *Trow* et al. (1970, 290 ff.) haben Lehrer vor allem drei Rollen:

1. Die Rolle des Unterweisenden;
2. die Rolle des demokratischen Strategen (den Schülern helfen, demokratische Ziele und Beziehungen im Klassenalltag zu erfahren);
3. die Rolle des Therapeuten (allen Kindern bei der individuellen und sozialen Anpassung helfen, nicht nur Moralist, Polizist, Strafvollzieher sein).

Für *Sorenson/Husek* (zit. nach *Amidon/Hunter,* 1967 a, 4; *Hargreaves,* 1972, 142) gibt es bei Lehrern die folgenden „Rollendimensionen":

1. Informationsvermittlung	4. Helfen, beraten (Counseling)
2. Anweisen	5. Bereitstellen von Hilfsmitteln
3. Motivieren	6. Disziplinieren

Raths (zit. nach *Amidon/Hunter,* 1967 a, 4) zählt sieben „teaching functions" auf:

1. Erklären, informieren, zeigen, wie etwas gemacht wird;
2. initiieren, steuern, verwalten;

3. die Gruppe einigen;
4. den Schülern Sicherheit geben;
5. Einstellungen, Ansichten und Probleme klären;
6. Lernschwierigkeiten diagnostizieren;
7. bewerten, beurteilen.

Amidon und *Hunter* (1967 a, 5) halten die folgenden „teaching activities"
für die wichtigsten:

1. Motivieren,
2. (gemeinsam mit den Schülern) planen,
3. informieren,
4. Diskussionen leiten,
5. Disziplin halten,
6. Beraten (Counseling),
7. Bewerten und beurteilen.

Klausmeier und *Ripple* (1971, 40) nennen als wichtigste „teacher actions"
in einer Instruktionssequenz:

1. sichern und erhalten der Aufmerksamkeit,
2. den Schülern bei der Zielfestsetzung helfen, diskutieren der Ziele und
   Aufgaben;
3. den Schülern bei der Benutzung der Lernmaterialien helfen; die Schüler
   befähigen, ihr Wissen und ihre Fertigkeiten beim Lernen einzusetzen;
4. die Schüler zu zielstrebigen Anstrengungen ermutigen und entsprechende
   Lernaktivitäten leiten; die Individualität der Schüler berücksichtigen;
5. den Lernfortschritt der Schüler feststellen und das Ergebnis den Schülern mitteilen; Fehler berichtigen, loben, verstärken, beraten; die Schüler
   zum Wiederholen und Üben anleiten;
6. gemeinsam mit den Schülern zusammenfassend beurteilen, wie weit die
   Ziele erreicht wurden;
7. Möglichkeiten schaffen, das Gelernte anzuwenden (verändert).

Das Aufstellen von Aufgabenkatalogen hätte keinen Sinn, wenn am Ende
nichts weiter dabei herauskäme als die traditionellen Tugendkataloge. Forderungen, die nicht operationalisierbar sind, helfen wenig.
In den Aufgabenlisten scheint sich das Modell des lehrerzentrierten Frontalunterrichts abzubilden: Der Lehrer ist die Hauptperson. *Er motiviert* die
Schüler, die Schüler *werden motiviert*; er handelt, die Schüler werden be-

handelt; sie haben nur die Bedeutung isolierter, passiver Lernsysteme, die vom Lehrer eingeschaltet, bearbeitet und wieder ausgeschaltet werden. Solche Tendenzen sind jedoch in den Funktionsbeschreibungen nicht zwangsläufig impliziert.

Wir könnten zwei Lehrer 10 Unterrichtsstunden beobachten, um zu ermitteln, wieviel Zeit beide in ihrem Unterricht für die einzelnen „teaching activities" aufwenden. Das Ergebnis könnte so aussehen:

Hypothetisches Muster der Häufigkeit bestimmter Lehrerfunktionen im Unterricht bei zwei Lehrern.

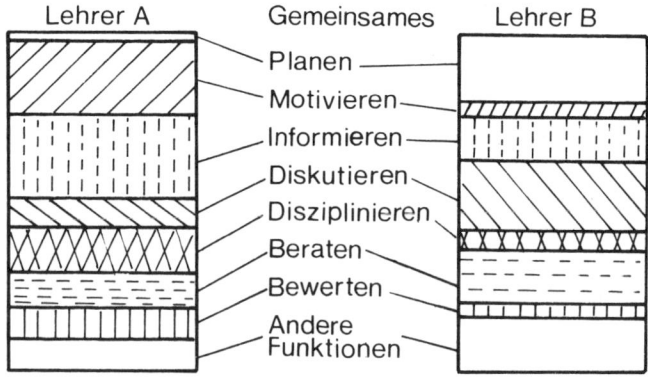

Durch Variationen in der Häufigkeit der teaching activities können recht unterschiedliche Muster des Lehrerverhaltens zustandekommen.

Lehrer A beginnt seinen Unterricht oft mit Wendungen wie „Wir wollen heute . . ." oder „Wir haben jetzt . . ." oder „Heute sollt ihr lernen, wie man . . .". Die Planung des Unterrichts ist bereits gelaufen, wenn Lehrer A die Klasse betritt: Themen und Ziele sind für die Schüler gegeben, sie haben keine Gelegenheit mehr, eigene Interessen einzubringen. Vielleicht hängt es hiermit zusammen, daß Lehrer A in seinen Stunden viel Zeit darauf verwendet, die Schüler zu motivieren, ohne daß ihm dies immer so gelingt, wie er es sich wünscht.

Lehrer A gibt sich viel Mühe, die Schüler angemessen zu informieren, schließlich sollen sie ja etwas lernen. Für Diskussionen bleibt nicht viel Zeit, und falls einmal eine Diskussion, etwa über eine Lesebuchgeschichte, angesetzt ist, endet sie meist damit, daß Lehrer A sich gezwungen sieht, wieder auf ausführliches Informieren umzuschalten, weil die Schüler es nicht verstehen, die *wesentlichen* Gedanken herauszuarbeiten. Zu seinem eigenen Bedauern muß Lehrer A relativ oft zur Disziplin aufrufen, denn viele Schüler sind unkonzentriert und wenden sich nicht selten Aktivitäten zu, die dem Unterrichtszweck nicht förderlich sind. Lehrer A hat während des Unterrichts wenig Zeit, sich einzelnen Schülern zuzuwenden, sie zu beraten und ihnen bei Lernschwierigkeiten und persönlichen Problemen zu helfen. Einen größeren Anteil seiner Aktivität im Unterricht muß dem Bewerten zugerechnet werden, denn Lehrer A versäumt es selten, eine Schülerantwort als falsch oder richtig zu klassifizieren; er lobt außerdem häufig (besonders die guten Schüler), findet aber auch oft genug Anlaß zum Tadeln, denn in den Klassen, die er unterrichtet, sind immer einige Schüler, die die Schule nicht so ernst nehmen, wie sie eigentlich sollten.

Lehrer B erfüllt die gleichen Aufgaben wie Lehrer A, nur ist bei ihm die Verteilung der Funktionen anders. Lehrer A verwendet nämlich sehr viel Zeit dazu, gemeinsam mit den Schülern zu planen. Oft beginnt dies schon am Ende einer Unterrichtsstunde, so daß die Schüler schon wissen, was in der nächsten Stunde gemacht werden soll. Am Stundenbeginn diskutiert man dann Lernziele, erfindet Arbeitsaufgaben oder entscheidet sich für Aufgaben, die vom Lehrer vorgeschlagen werden, wählt passende Arbeitsformen und macht sich einen Zeitplan. Dies hat zur Folge, daß die Lehrerfunktion Motivieren an Bedeutung verliert: die Schüler motivieren sich weitgehend selbst. Lehrer B sieht es nicht als seine wichtigste Aufgabe an, den Schülern Informationen vorzutragen. Er glaubt, daß Schüler lernen sollten, sich selbständig mit Hilfe von Büchern, Fernsehsendungen, Zeitungen usw. zu informieren und sorgt für viele Gelegenheiten, dies zu üben. Sehr wichtig erscheint es ihm, daß die *Verarbeitung von Informationen* geübt werden kann und daß bei diesem Verarbeitungsprozeß nicht bei jedem Schüler das Gleiche herauskommen muß. Deswegen wird in seinen Stunden viel diskutiert, wobei Lehrer B selbst sehr viel lernt. Lehrer B muß nicht oft für Disziplin sorgen, obwohl es in seinen Klassen nicht immer sehr leise zugeht. Da die Schüler häufig allein oder in Gruppen arbeiten, hat Lehrer B verhältnismäßig viel Zeit, einzelnen Schülern zu helfen oder sich mit ihnen über private Dinge zu unterhalten. (Oft ist die ganze Klasse in Gruppen aufgelöst, von denen jede etwas anderes tut: einige Schüler arbeiten für sich an verschiedenen Themen, einige arbeiten zu zweit oder in größeren Kleingruppen, einige werden vom Lehrer unterrichtet.) Lehrer B findet es falsch, alle Schüleräußerungen sofort zu bewerten. Er hofft, daß die Schüler lernen werden, selbst zu beurteilen, was sie sagen oder an schriftlichen Leistungen erbringen. Deswegen macht das Bewerten in seinem Unterricht nur einen kleinen Teil seines Verhaltens aus.

Aufgaben:

1. Welche Funktionen von Lehrern halten Sie für besonders wichtig?
2. Welche Funktionen finden Sie weniger wichtig oder überflüssig?
3. Welche wichtigen Lehrerfunktionen fehlen in diesem Abschnitt?
4. Untersuchen Sie eigene Unterrichtsvorbereitungen daraufhin, welche Lehrerfunktionen in ihnen vorgesehen sind.
5. Beobachten Sie Unterrichtsstunden anderer Lehrer unter dem Aspekt Lehrerfunktionen. Entwickeln Sie ein geeignetes Klassifizierungsinstrument. (Eine Schwierigkeit dabei ist, daß ein einzelnes Verhalten mehrere Funktionen haben kann.)
6. Auf welche Funktionen bereiten sich Lehrer in der Regel vor, auf welche nicht? Könnten Funktionen, die Lehrer gewöhnlich ungeplant ausüben, in der Vorbereitung geplant werden? Wie?
7. Gibt es fach- oder klassenspezifische Lehrerfunktionen?

Skills des Lehrerverhaltens

Die gleiche Funktion kann von zwei Lehrern sehr unterschiedlich ausgefüllt werden. Lehrer A plant mit seinen Schülern den Unterricht. Aber er weiß schon, was das Ergebnis der Planung sein wird und verwendet verbale und nichtverbale Signale, um den Schülern zu zeigen, welche ihrer Ideen erwünscht und welche unerwünscht sind. Auch Lehrer B hat Vorstellungen, was und wie im Unterricht gearbeitet werden soll, aber er ist bereit, von seinen Plänen abzuweichen, wenn die Schüler bessere oder gleichwertige Vorschläge machen. Er reagiert daher auch mit anderen Verhaltensweisen auf Schülervorschläge als Lehrer A.

Die Verhaltensweisen, mit denen Lehrer ihre Funktionen erfüllen, nennen wir Skills. Skills sind die Bausteine des Lehrerverhaltens, einfache Teilfertigkeiten, die im Unterricht mit bestimmten Absichten eingesetzt werden. Die Isolierung von Skills macht das Lehrerverhalten trainierbar. Als Skills kommen solche Verhaltensweisen in Frage, die im Unterricht beobachtet werden können und die beschreibbar und demonstrierbar sind. „Autorität haben", „gerecht sein" oder „gut erklären können" sind keine beobachtbaren Verhaltensweisen, sondern Urteile. Sie lassen sich möglicherweise aber in einzelne Skills aufgliedern, die identifizierbar und wiederholbar sind. Skills können einfach oder komplex sein. Ein Skill wie „Reflektieren von Emotionen" ist ein gut erkennbares verbales Verhalten, während „Verstärkung" so viele Verhaltensweisen und Strategien einschließt, daß man sich überlegen muß, ob man nicht besser eine ganze Serie von Verstärkungs-Skills unterscheiden müßte.

Wie kann man Skills beschreiben? Eine Möglichkeit ist die folgende:

1. Bezeichnung für den Skill: Denkanstoß durch Feststellung.
2. Beschreibung des Skill: Der Lehrer macht eine Feststellung und wartet, daß Schüler sich dazu äußern.
3. Beispiele:
   — „Im Text steht: ‚Er selbst hatte ihn vertrieben, er ganz allein.'!"
     (U. *Wölfel*, die grauen und die grünen felder, S. 23.)
   — „Schlangen haben aber keine Hände zum Festhalten ihrer Beute."
   — „Es gibt noch einfachere Lösungswege."
   — „Columbus war nicht der Entdecker Amerikas."
4. Funktion(en) des Skill: Die Schüler sollen zum Nachdenken angeregt werden. Sie sollen die Ergebnisse ihres Nachdenkens selbständig formulieren. Der Denkanstoß gibt nur das Thema, über das die Schüler nachdenken sollen, schreibt aber nicht vor, was und wie geantwortet wird. Meist wird der Lehrer nach einem solchen Denkanstoß mehrere Schüler zu Wort kommen lassen.
5. Formen des Skill:
   — Hinweis auf eine Information, die die Schüler bisher nicht beachtet zu haben scheinen;
   — Hervorhebung eines besonderen Gesichtspunkts;
   — Problematisierung eines Sachverhalts;
   — Konfrontation mit einem Widerspruch;
   — provozierende Behauptung u. a.
6. Situationen, in denen die Verwendung des Skill sinnvoll ist: Ein Problem wird diskutiert; der Lehrer möchte, daß ein besonderes Teilproblem durchdacht wird oder daß die Diskussion auf ein anderes Teilthema übergeht.
   Oder: Das Gesprächsthema wird langweilig, die Schüler glauben, es ausgeschöpft zu haben und finden keine neuen Aspekte. Der Lehrer stimuliert durch den Denkanstoß neue Ideen.
   Oder: Ein Schüler soll vorsichtig ermutigt werden, sich am Gespräch zu beteiligen. („Ihr habt ja auch einen Hund zu Hause, Katja.")
   Oder: Eine bestimmte Ansicht wird von Schülern unkritisch akzeptiert. Der Lehrer möchte dazu anregen, das Problem kritischer zu sehen. („Es ist eine große Ungerechtigkeit, daß Frauen im Haushalt arbeiten müssen und die Männer einen Beruf haben, in dem sie Karriere machen können.") u. a.

Wichtigste Bedingungen für den Einsatz des Skill: Die Lösung (Antwort) liegt nicht schon vorher fest. Das selbständige Denken, Fragen, Sprechen ist wichtiger als das Ergebnis.

7. Nichtkonstruktive Verwendung des Skill: Wenn der Lehrer Denkanstöße dieser Art benutzt, obwohl er gar nicht wünscht, daß die Schüler ihre eigenen Gedanken und Meinungen äußern. Er erwartet eine bestimmte Antwort, aber die Schüler müssen nun raten, weil der Lehrer keine präzise Frage gestellt hat. Zur Auslösung konvergenter Denkvorgänge ist ein feststellender Denkanstoß wenig geeignet. Es ist besser, der Lehrer fragt: „Wozu haben Schlangen Giftzähne?", wenn er erreichen möchte, daß Schüler die Funktionen von Giftzähnen bei beinlosen Reptilien beschreiben, als geheimnisvoll zu äußern: „Manche Schlangen haben Giftzähne."

8. Kombination mit anderen Skills: Denkanstöße dieser Art können mit Aufforderungen (zum Nachdenken, zum Vergleichen, zum Erklären, zum Beschreiben, zum Beobachten usw.) kombiniert werden („Denkt bitte einmal darüber nach, was ich jetzt sage: *Gedankenlosigkeit tötet. Andere.*")[11]
    Oder: Der Denkanstoß wird mit einer Äußerung kombiniert, die zum Ausdruck bringt, daß der Lehrer selbst keine endgültige Lösung für das Problem kennt (Modellverhalten: Haltung des Lernens) („Ich habe schon oft darüber nachgedacht, aber ich weiß trotzdem nicht, ob der Satz ‚Gewalt ist in jedem Fall abzulehnen und niemals zu rechtfertigen' nicht auch manchmal falsch sein kann.") u. a.

Die Genauigkeit der Skill-Beschreibung ist die Voraussetzung dafür, daß der Skill übertragbar und trainierbar wird. Wie ausführlich die Skill-Beschreibung sein muß, wird von der Komplexität des Skill abhängen. In den meisten Fällen wird man sich mindestens über vier Punkte Gedanken machen müssen:

1. eine Beschreibung des Skill-Verhaltens,
2. verschiedene Beispiele, die den Skill illustrieren und demonstrieren (bei verbalen Skills wörtliche Äußerungen),
3. Hypothesen über die Funktion(en) des Skill,
4. Hypothesen über die Situationsbedingungen, unter denen seine Anwendung sinnvoll bzw. unsinnig ist.

---

11 S. J. Lec, Unfrisierte Gedanken, S. 52.

Hypothesen über Funktionen und Anwendungssituationen machen überprüfbar, ob Skills ihren Zweck erfüllen und verhindern, daß ein bestimmter Skill zum Patentrezept für alle Unterrichtssituationen mißbraucht wird. Man wird beispielsweise nicht Denkanstöße als gutes Lehrerverhalten und Fragen als schlechtes ansehen, sondern darauf kommen, daß beide Verhaltensweisen — in vielen verschiedenen Formen — in unterschiedlichen Interaktionszusammenhängen nützlich sind. Eine Skill-Beschreibung kann auch nicht als ein für allemal gültig verstanden werden, sondern sie wird je nach den Erfahrungen, die man mit dem Skill macht, modifiziert werden müssen.

Die Idee, das komplexe Lehrerverhalten in einfachere Bestandteile (Skills) zu zerlegen, die gesondert untersucht und trainiert werden und die der Lehrer später im Unterricht wieder zu größeren Einheiten zusammensetzt, findet keineswegs ungeteilte Zustimmung. *Nicklis* etwa kritisiert am Microteaching, das ja auf dieser Idee basiert, daß das Verfahren nicht neu sei, sondern eine Neuauflage alter Lehrerseminar-Praktiken darstelle. Er schreibt: „Pädagogische Situationen haben im hohen Grad ganzheitlichen Charakter; darin unterscheiden sie sich von denen des Technikers. Daher scheint die atomistisch-mechanistische Einübung von ‚Sonatentakten‘ auf dem Spinett ‚formaler Kleintechniken‘ ebenso zweifelhaft wie bedenklich. (. . .). Auf eine Einbettung in eine umfassende, allerdings durch ‚strukturelle Durchsicht‘ theoretisch aufgeklärte pädagogische Situation kann daher schlechterdings nicht verzichtet werden. (. . .). Hier soll offensichtlich mit einem Schwachsinn zeugenden Verfahren auf normale Lehrsituationen vorbereitet werden" (*Nicklis,* 1972, 100 ff.). An diesen Sätzen ist der propagandistische Eifer bemerkenswert, der zu beinahe dichterischen Bildern führt. *Nicklis* arbeitet mit werbewirksamen Gegensätzen („ganzheitlicher Charakter" vs. „atomistisch-mechanistisch", technisch — Wir haben ja alle ein wenig Angst, daß wir eines Tages durch Computer ersetzt werden — Schwachsinn vs. normal), um seiner Verurteilung den nötigen Nachdruck zu verleihen. Mir persönlich fällt es schwer, Leerformeln wie „strukturelle Durchsicht" und „ganzheitlicher Charakter" als Argumente zu verstehen. *Nicklis* scheint Studenten und Lehrern wenig Vernunft zuzutrauen, wenn er argwöhnt, sie würden schwachsinnig, wenn sie an einigen Microteaching-Übungen teilnehmen. Nach meinen Erfahrungen lassen sich Lehrer nicht zu Maschinen abrichten, die blindlings und automatisch Teilfertigkeiten ausführen. Im Gegenteil: die Teilnehmer an Trainingskursen verhalten sich außerordentlich kritisch. Vermutlich gelingt es besser, die Grenzen von Teilfertigkeiten zu erkennen und formale Kleintechniken in einem theoretischen Kontext und in ihrem gesellschaftlichen Zusammenhang zu sehen, wenn man nicht bloß über „strukturelle Durchsicht" verfügt, sondern außerdem auch über eigene Erfahrungen mit den Fertigkeiten, die man diskutiert. Zudem scheint *Nicklis* zu befürchten, daß das Training von Skills die gesamte bisherige Lehrerbildung ersetzen soll; dabei ist es selbstverständlich, daß Skilltraining immer nur ein bescheidener Teil — wenn auch ein wichtiger — der Lehrerausbildung sein kann. Merke: Nirgends steht geschrieben, daß Lehrer aufhören müssen zu denken und zu diskutieren, wenn sie Techniken des Lehrerverhaltens geübt haben.

Beispiele für Skills des Lehrerverhaltens

Zur Situation der Skill-Entwicklung schreibt *Cooper* (1968, 3 und 4): „Auf dem Gebiet der Auswahl und Definition von Skills ist noch sehr viel Forschung nötig. (. . .) Gegenwärtig operieren wir noch hauptsächlich mit dem gesunden Menschenverstand, mit Vernunft und Intuition. Langfristig ist dies aber ein ungenügendes Verfahren zur Entwicklung von Unterrichts-Skills; es ist nur ein Versuch, die Lücken zu füllen, bis empirische Ergebnisse vorliegen." Vermutlich wird sich diese Situation nicht so bald grundlegend ändern. Selbst wenn ein weltweiter Skill-Konzern auf den Plan treten und den Markt mit Skill-Beschreibungen und Trainingsanleitungen überschwemmen sollte — welche dieser Angebote er annimmt und wie er sie in sein Verhalten integriert, das wird jeder Lehrer selbst entscheiden und verantworten müssen. Das im folgenden zusammengestellte Material kann als Sprungbrett für eigene Ideen nützlich sein.

A Microteaching-Skills

Die Microteaching-Skills sind Sammlungen von Einzelskills, die sich um einzelne Funktionsbereiche von Lehrern gruppieren. Dem Trainierenden werden Verhaltensweisen vorgeschlagen, und er ist aufgefordert, diejenigen auszuwählen, die ihm nützlich erscheinen, und neue zu erfinden, falls ihm das Angebot zu dürftig erscheint.
Die einzelnen Funktionen sind mehr oder weniger komplex und können sich im Unterricht gegenseitig überlagern. So können Skills, die beim Training der Funktion „Schweigen und nichtverbale Signale" (vgl. S. 45 f.) erworben wurden, in allen anderen Funktionen (Verstärken, Lehrervortrag, Aufmerksamkeitszentrierung usw.) eingesetzt werden. Microteaching-Skills beziehen

sich unter anderem auf die folgenden Funktionsbereiche (vgl. *Allen/Ryan,* 1969; *Stanford University,* 1968; *Zifreund,* 1968 b; *Becker,* 1973):

1. *Variieren der Aufmerksamkeits-Beanspruchung durch möglichst abwechslungsreiche Stimulus-Situationen*
Werden uns über einen längeren Zeitraum stets die gleichen Reize geboten, so läßt unsere Aufmerksamkeit bald nach und richtet sich auf „reizvollere" Erscheinungen. So wird es Schülern schwerfallen, bei einem Lehrer, der 45 Minuten lang bewegungslos und ausdrucksarm am gleichen Platz vor der Tafel steht und monoton Informationen vermittelt, aufmerksam zu bleiben und interessiert mitzuarbeiten.

Als Lehrer sind Sie für Ihre Schüler ein wichtiges Stimulus-Objekt, und es hängt nicht unwesentlich von Ihrer Beweglichkeit als Stimulus ab, ob die Aufmerksamkeit der Schüler erhalten bleibt oder absinkt. Man kann davon ausgehen, daß schon kleine Änderungen Ihres Verhaltens, irgendwelche Abweichungen von der Norm, bei den Schülern zu erhöhter Aufmerksamkeit führen. Sie können es den Schülern erleichtern, aufmerksam zu sein und zu bleiben, indem Sie sich so verhalten, daß die Schüler häufiger neue „Sinnesanpassungen" vollziehen müssen. Hierzu stehen Ihnen unter anderem die folgenden Mittel zur Verfügung:

1. *Platzwechsel.* Die Schüler sehen Sie einmal vorne, einmal hinten im Klassenraum; einmal stehen Sie an der linken, dann wieder an der rechten Seite, befinden sich vor bzw. hinter den Schülern usw. (Schüler lernen bisweilen besser, wenn sie sich im Unterricht manchmal auf einen anderen Platz setzen dürfen, z. B. auf den Tisch.)
2. *Gesten.* Durch Hand-, Kopf- und Körperbewegungen können Sie die Wirksamkeit verbaler Mitteilungen erhöhen.
3. *Aufmerksamkeitszentrierung* kann mit Worten erreicht werden („Bitte *schaut* jetzt einmal an die linke Tafel." — „*Hört* euch noch einmal genau an, wie die Geige spielt.") aber auch durch Gesten (auf einen Gegenstand zeigen, intensives Lauschen) oder durch die Verbindung von Gesten und Worten.
4. *Wechsel der Interaktionsstile* ist unumgänglich, wenn man 45 Minuten lang von den Schülern Aufmerksamkeit und konzentriertes Arbeiten erwartet. Eine 45minütige Lehrerdarbietung mit Aufmerksamkeit zu verfolgen, ist anstrengender als Holzhacken. (Vgl. auch die alte Regel „Man darf über alles reden, nur nicht über 10 Minuten.")
Als Lehrer können Sie mit der ganzen Klasse interagieren, sich einzelnen Schülern zuwenden oder Interaktion zwischen den Schülern anregen und zulassen.

5. *Pausen* werden von vielen Lehrern gefürchtet, können aber die Aufmerksamkeit der Schüler sammeln, einen Abschnitt im Arbeitsprozeß oder im Unterrichtsstoff markieren, zum Nachdenken anregen (und Zeit geben), den folgenden Schritt vorbereiten, die Bedeutsamkeit einer Information akzentuieren usw.

6. *Wechsel des bei den Schülern angesprochenen Sinnesorgans.* Sie können mit der verbalen Informationsvermittlung aufhören und Informationen auf visuellem Wege übermitteln (z.B. durch schweigendes Anzeichnen einer Skizze). Die Schüler können dann ihre Ohren einen Augenblick aus- und ihre Augen einschalten. Oder die Schüler betasten Gegenstände usw. (Vgl. *Zifreund*, 1968b, 215ff.)

7. Der Lehrervortrag wird verbessert durch den Wechsel zwischen
   laut sprechen — leise sprechen,
   langsam sprechen — schnell sprechen,
   betont sprechen — unbetont sprechen,
   sprechen — schweigen,
   sprechen — schreiben,
   sprechen — zeichnen,
   sprechen — demonstrieren usw.

Man kann natürlich eine ganze Unterrichtsstunde allein mit engen Fragen, Anweisungen und ablehnenden Äußerungen bestreiten. Aber eine gewisse Variationsbreite verbaler Verhaltensweisen wird sich in vielen Fällen doch als günstiger erweisen.

Es gibt für das Variieren der Stimulus-Situation Grenzen: die Übertreibung dieses Prinzips ist sicher ebenso ungünstig wie die Untertreibung.

Aufgabe: Bitte wählen Sie sich ein Thema, über das Sie informieren wollen. Bereiten Sie eine kurze Lehrerdarbietung vor, bei der Sie versuchen, drei Möglichkeiten des Wechsels der Stimulus-Situation zu verwirklichen. Als Thema könnten Sie z.B. die folgenden Informationen benutzen:

„Kinderarbeit

43 Millionen Kinder auf der Welt im Alter von sechs bis vierzehn Jahren müssen zum Teil schwer arbeiten. Zu diesem Ergebnis kommt eine Untersuchung des Internationalen Arbeitsamtes in Genf. Neunzig Prozent dieser Kinder leben in Entwicklungsländern, ein geringer Prozentsatz aber auch in ärmeren Regionen von Industrieländern. Einige Zahlen: In Indien müssen vierzehn Millionen Kinder arbeiten, in Pakistan 2,5 Millionen, in Indonesien 1,5 Millionen, im Iran 750 000 Kinder und auf den Philippinen 500 000."
(Die Zeit, Nr. 18, 5. 5. 1972)

2. Vorbereitung von Lern- und Instruktionsaktivitäten

Hier geht es z. B. um das Formulieren von Anweisungen, die den Schülern helfen, Lernaufgaben zu lösen. Anstatt nur zu befehlen „Lest Seite 27 sorgfältig durch" könnte der Lehrer drei Fragen an die Tafel schreiben, die die Schüler nach dem Durchlesen beantworten sollen. Oder es werden, bevor ein Film gezeigt wird, individualisierte Beobachtungsaufgaben an die Schüler verteilt.

3. Abschließen einer Unterrichtseinheit

Z. B. Zusammenfassung durch Lehrer oder Schüler; Schüler schreiben Antworten zu der Frage „Was habe ich in dieser Stunde gelernt?"; Übungsmöglichkeiten; Diskutieren von Anwendungen („Wie kann ich das, was ich gelernt habe, heute nachmittag zu Hause anwenden?").

4. Vertiefungsfragen („Probing questions", „Nachhaken")

Wie kann der Lehrer erreichen, daß Schüler durchdachte Antworten geben bzw. wie kann er sich verhalten, wenn er möchte, daß Schüler eine oberflächliche Antwort vertiefen?
Als Skills werden hierzu vorgeschlagen:

a) Der Lehrer veranlaßt den Schüler, seinen Gedanken zu klären, indem er um weitere Informationen oder um genaueren Ausdruck bittet: Wie meinst du das? — Kannst du das mit einem Beispiel verdeutlichen? — Was meinst du mit dem Ausdruck . . .?

b) Der Lehrer versucht, den Schüler zu einer kritischeren Betrachtung anzuregen, indem er ihn auffordert, seinen Gedanken zu begründen: Von welcher Voraussetzung gehst du dabei aus? — Warum glaubst du das? — Haben wir das zu einfach gesehen? — Sind das vielleicht mehrere verschiedene Probleme? — Wie würde jemand antworten, der die Gegenmeinung vertritt?

c) Der Lehrer reagiert auf eine wichtige, qualitätvolle Schüleräußerung, die eigentlich nicht vertieft werden muß, indem er die Aufmerksamkeit der anderen Schüler auf einen verwandten Aspekt lenkt: Gut. Was bedeutet das für . . .? — In welcher Beziehung steht das zu . . .? — Wie kann man diesen Gedanken auf unser Problem anwenden?

d) Der Lehrer gibt eine Frage an den Schüler zurück, die diesem hilft, über seine erste oberflächliche Antwort hinauszugelangen:

L Wieso nützt es der weißen Minderheit, daß die Neger in Südafrika nicht streiken dürfen?
S Sie haben dann ihre Ruhe.
L Denk mal daran, was die Farbigen verdienen im Vergleich zu den Weißen. Welche Gründe fallen dir dann ein?

e) Der Lehrer gibt eine Frage an einen zweiten Schüler weiter, nachdem der erste geantwortet hat (*Smith*, 1972, 236 f.).

5. Fragen, die anspruchsvollere Denkvorgänge auslösen

6. Fragen, die divergentes Denken anregen (vgl. S. 56 ff.)

7. Verwendung von Beispielen bei der Wissensvermittlung

8. Lehrervortrag und Verwendung von Anschauungsmaterial

9. Redundanz und Wiederholung
Welche Informationsdichte ist für einen Lehrervortrag angemessen? An welchen Stellen und wie oft müssen bestimmte Gedanken wiederholt werden, damit sie von allen Schülern aufgenommen werden können?

10. Lehrerreaktionen auf Schüleräußerungen
Auf Beiträge, Fragen, Zweifel von Schülern kann der Lehrer u. a. mit den folgenden Verhaltensweisen reagieren:

a) Loben und das Lob begründen;
b) eine Vertiefungsfrage stellen (s. o.);
c) ein Gegenbeispiel geben;
d) tadeln und den Tadel begründen;
e) die Gefühle des Schülers akzeptieren;
f) den Schülerbeitrag für eine eigene Feststellung verwenden und auf ihm weitere Äußerungen aufbauen;
g) die Äußerung des Schülers so genau wie möglich zusammenfassen;
h) eine eigene verbale Äußerung zurückhalten;
i) den Schüler anblicken, während er spricht;
j) einen Gegenvorschlag erbitten;
k) die Schüleräußerung nichtverbal verstärken (durch Anschreiben an die Tafel, zustimmende Gesten u. ä.);
l) die Mitschüler veranlassen, die Schüleräußerung zu verstärken;

m) die Schülerfrage an andere Schüler weitergeben (*Young/Young*, 1972, 213 f.).

B Minikurs-Skills

Minikurs 1 behandelt die „Verwendung von Fragen in Diskussionsstunden" und die Skills:

1. Stelle eine Frage, warte drei bis fünf Sekunden und rufe erst dann einen Schüler auf.
2. Reagiere auf eine falsche Antwort akzeptierend, nicht strafend.
3. Rufe nicht nur Schüler auf, die sich melden, sondern auch Schüler, die sich nicht gemeldet haben, damit alle Schüler aufmerksam bleiben und die Schülerbeteiligung sich gleichmäßig über die Klasse verteilt.
4. Richte die gleiche Frage nacheinander an mehrere Schüler.
5. Formuliere Fragen so, daß Schüler längere Antworten geben.
   a) Formuliere Fragen, die sich nicht auf einzelne Fakten, sondern auf Bündel von Informationen beziehen.
   b) Formuliere Fragen, die nicht mit ja und nein beantwortet werden können.
6. Formuliere Fragen, die höhere Denkprozesse bei den Schülern auslösen.
7. Stelle Zusatzfragen, die Schülern helfen, ihre Antwort zu verbessern.
8. Fordere Schüler auf, ihre Antworten ausführlicher zu erläutern.
9. Hebe einen besonderen Aspekt an der Schülerantwort hervor und mache die Schüler darauf aufmerksam („refocusing").
10. Der Lehrer soll seine Frage nicht wiederholen.
11. Der Lehrer sollte seine Fragen nicht selbst beantworten.
12. Der Lehrer sollte die Schülerantwort nicht wiederholen (*Borg* et al., 1972).

Andere Minikurse behandeln Themen wie:

— Sprache und Denken: Skills zur Förderung der Sprachentwicklung,
— Skills für einen individualisierenden Mathematikunterricht,
— die Diskussion von Streitfragen im Unterricht,
— das Rollenspiel im Sozialkundeunterricht,
— Problemlösen,
— Bewältigung erziehungsschwieriger Situationen u. a. (*Becker*, 1973, 144).

C Skills für die Lehrerfunktion „Disziplinieren"

„Wenn Leute anfangen, über Probleme der Disziplin zu reden, dann tun sie gewöhnlich eins von zwei Dingen: Entweder sie fangen einen wilden Streit über „Grundprinzipien" an und setzen eine unbegründete Meinung gegen die andere, oder sie tun so, als wollten sie sich einigen und zum „Praktischen" kommen und fangen danach an, nur noch Anekdoten zu erzählen" (S. 169).

„Wir verwechseln die Geschicklichkeit eines Lehrers im Unterrichten und Ruhehalten mit seiner Geschicklichkeit im Umgang mit Konflikt- und Störungsfällen."

„Wir tadeln einen Lehrer für die auftretenden Problemfälle oder loben ihn, wenn sie ausbleiben. Und doch wissen wir, daß das eigene Verhalten des Lehrers nur in gewissen Grenzen mit der Anzahl derartiger Problemfälle in der Klasse zu tun hat" (S. 199).

Ich bin versucht, diesen ganzen Abschnitt mit Zitaten aus *Fritz Redls* Aufsatz „Disziplin in der Schulpraxis" zu bestreiten (*Redl*, 1971), schon um Ihnen Appetit zu machen, diese Arbeit selbst zu lesen.

Das Problem des Disziplinierens ist für viele Lehrer, besonders für junge, außerordentlich belastend. Aus diesem Grund tut es mir besonders leid, daß ich nicht viel mehr tun kann, als Denkanstöße zu geben wie die folgenden:

Man kann viel dadurch erreichen, daß man sein Verhalten als Lehrer kontrolliert, bevor ein Disziplinproblem auftritt.

Man kann nicht alle Disziplinprobleme vermeiden.

Es ist gar nicht sinnvoll, daß alle Disziplinprobleme vermieden werden.

Lehrer, die keine Disziplinprobleme kennen, weil sie alles richtig machen, sind mir unsympathisch. Lehrer, die noch nie Disziplinprobleme hatten, sind mir suspekt.

Es gibt „echte" und „unechte" Disziplinkonflikte. Echte Disziplinkonflikte entstehen, wenn Schüler sich gegen Unzumutbares wehren, wenn sie gegen Belästigung und Gefangenschaft protestieren oder wenn sie aus Hilflosigkeit dem Druck, der durch permanente Überdisziplinierung entsteht, ausweichen. Echten Disziplinkonflikten kann man nicht mit Disziplinierungstechniken beikommen. Genauer: man sollte es nicht versuchen.

Schüler haben ein Recht darauf, disziplinlos zu sein.

Lehrer sollten dafür sorgen können, daß im Unterricht Interaktionen möglich werden, bei denen Schüler lernen.

Die meisten Lehrer machen sich zu viele Sorgen um die Disziplin. Viele Disziplinprobleme können dadurch vermieden werden, daß man Schüler so ernst nimmt und so behandelt, als wären sie Erwachsene. Disziplinierung ist kein Erziehungsziel.

Überdisziplinierung lockt Disziplinprobleme an.

Ein Lehrer, der von seinen Schülern sagt: „Sie können noch nicht einmal 45 Minuten stillsitzen und aufpassen", verwechselt Disziplinieren und Lernen.

Lehrer brauchen die Bedürfnisse der Schüler nicht permanent zu unterdrücken, sie müssen den Schülern nicht jede Freiheit nehmen und alles für sie vorordnen, und es ist nicht nötig, daß sich jeder Schüler pausenlos „der Gemeinschaft anpaßt", wie es euphemistisch heißt.

Wer Angst vor Schülern hat, hat ein schlechtes Gewissen. Dies stimmt aber nicht in allen Fällen.

Lehrer, die glauben, ihre Schüler dauernd kontrollieren zu müssen, werden (hoffentlich!) immer Disziplinprobleme haben.

Lehrer sollten sich selbst so verhalten müssen, wie sie es von den Schülern verlangen.

In den meisten Unterrichtsstunden sollten die Schüler nur eine Regel befolgen müssen: „Ich verhalte mich so, daß Gespräche anderer Menschen nicht verhindert werden." Diese Regel verbietet Schülern nicht, leise miteinander zu sprechen, für Augenblicke nicht aufzupassen, im Klassenraum umherzugehen, sich auf den Tisch zu setzen oder Kaugummi zu kauen. Aber selbst diese Regel sollte nicht für die vollen 45 Minuten einer Unterrichtsstunde befolgt werden müssen. (Wie verhalten sich Erwachsene bei einem Vortrag oder bei einer Tagung?) Jeder Lehrer, der an das Märchen glaubt, daß Schüler im Gleichschritt lernen, sollte Disziplinschwierigkeiten haben.

Es ist nicht die Aufgabe eines Lehrers, die Schüler zu disziplinieren, Schüler haben die Aufgabe, sich selbst zu disziplinieren. Und manchmal den Lehrer.

Bitte verstehen Sie diese Aphorismen als Beiträge zu einer Diskussionsgrundlage.

Ich persönlich glaube, daß viele Disziplinprobleme dadurch entstehen, daß Lehrer aus der Überzeugung handeln, Lernen würde von Lehrern „gemacht" und bestünde darin, daß die Lehrer die Schüler mit Wissen füllen (Instruktionstheorie des Lernens). Es ist interessant, daß Befürworter schülerzentrierter Unterrichtsformen nicht über Disziplinprobleme reden, sondern über Probleme. (Ich gebe zu, daß diese Bemerkung etwas demagogisch ist. Man müßte länger darüber diskutieren.)

Kounin (1970; 1972) untersuchte das Disziplinierungsverhalten von Lehrern. Ausgegangen war er von einem eigenen Erlebnis: Während einer seiner Vorlesungen beobachtete er einen unverfroren zeitunglesenden Studenten. „Im Gegensatz zu dem, was ich in der Vorlesung empfohlen hatte, tadelte ich ihn zornig ohne vorherige Diagnose und Verständnis. (Ich versäumte es, ihn psychologisch zu testen, ihn zu einer Counseling-Sitzung einzuladen, seine Eltern zu befragen oder seine Umweltverhältnisse zu studieren.)" Die Wirkung des Tadels war für *Kounin* überraschend: die *anderen* Studenten, die nicht Zeitung gelesen hatten, waren urplötzlich alle totenstill. „Ich glaube, wenn ich geniest hätte, hätten sie das Geräusch in ihren Heften notiert."

Kounin erfand für dieses Übertragungs-Phänomen den Namen „ripple effect" (Wellen-Effekt) und stellte sich die Frage: „Erzeugen bestimmte Disziplinierungstechniken von Lehrern vorhersagbare Wellen-Effekte in Schulklassen?" (Dabei hatte er gleich den Verdacht, daß einige dieser Techniken bei Schülern die Tendenz zu Fehlverhalten stärken könnten, z.B. Ermahnungen wie „Jim, weg vom Fenster! Hör auf, nach den hübschen Mädchen mit den Bikinis zu schauen!")

Nach umfangreichen Untersuchungen kam *Kounin* zu dem Schluß, daß sich die Wirkung der Techniken, mit denen Lehrer Disziplinkonflikte regeln, nicht vorhersagen läßt. Wenn Lehrer A plötzlich aufhört zu sprechen und die Klasse ernst und unbewegt fixiert, werden die Schüler nach wenigen Sekunden aufmerksam. Versucht Lehrer B denselben Trick, dann werden die Schüler erst recht lustig, während sie bei Lehrer C ihr Verhalten gar nicht ändern. Es gibt keine Sammlung von „Tricks, die immer wirken".

Aus diesen negativen Befunden schloß *Kounin* nicht, daß „Disziplinhalten-können" ein letztlich unerklärbares Phänomen oder eine rätselhafte angeborene Begabung gewisser Menschen sei (Charisma-Theorie der Disziplin), sondern er fand schließlich, daß das Lehrerverhalten *vor* dem Auftreten von Disziplinproblemen darüber entscheidet, wie sich die speziellen Disziplinierungstechniken auswirken. Dieses Ergebnis ist weder besonders überraschend noch sehr ermutigend. Lehrern, die über Disziplinprobleme klagen, wird ja oft genug geraten, sie sollten ihren Unterricht besser vorbereiten, die Schüler besser motivieren, interessantere Themen wählen usw. *Kounin* begnügt sich allerdings nicht mit solchen Klischees, sondern versucht, disziplinrelevante Verhaltensweisen zu finden. Einen dieser Skills nennt er „with-it-ness", was man mit „mitten-drin-sein" übersetzen könnte. „With-it-ness" ist die Fähigkeit des Lehrers, den Schülern zu demonstrieren, daß er „hinten Augen hat", daß er weiß, was gespielt wird. Diese Fertigkeit setzt voraus, daß sich der Lehrer vorstellen kann, was in den Schülern vorgeht, welche Interessen sie haben, worüber sie lachen, warum sie sich langweilen, daß sie auf der Toilette rauchen, daß sie versuchen, den Lehrer auf sein Spezialthema zu locken, damit er die Hausaufgaben vergißt usw. Der Lehrer braucht kein Detektiv oder Verdachtschöpfer zu sein, um diese Fertigkeit zu haben, es genügt, wenn er versteht, was geschieht und den Schülern dieses Verständnis kommunizieren kann. Er sollte allerdings nicht „with-it-ness" vorgeben wollen, wenn er absolut nicht weiß, was los ist. Ein anderer Skill bezieht sich auf die Fähigkeit, sich zwei Dingen gleichzeitig zu widmen („overlapping").

Ein Lehrer, der diesen Skill beherrscht, kann vieles nebenbei erledigen, ohne jedesmal den eigentlichen Unterricht zu unterbrechen. Disziplinrelevante Skills stammen aus allen Funktionsbereichen des Lehrerverhaltens. Einige möchte ich noch nennen:

— Lehrer planen gemeinsam mit den Schülern (mit der ganzen Klasse, mit einzelnen Gruppen oder einzelnen Schülern) den Unterricht;
— Lehrer unterhalten sich öfter mit Schülern über deren Interessen, Probleme, Erlebnisse;
— Lehrer begründen Schülern gegenüber Regeln, Forderungen, Lernziele, Anweisungen;
— Lehrer unterlassen überflüssige Lenkung;
— Lehrer geben nur dann Anweisungen, wenn sie auch wirklich ausgeführt werden sollen und müssen;
— Lehrer halten sich selbst an das, was sie von den Schülern fordern (z. B. bei der Stillarbeit flüstern).

Auch *Amidon* und *Hunter* (1967 a, 128—145) meinen, daß Lehrer, die ihre verschiedenen Funktionen erfolgreich wahrnehmen können, sich nicht viele Gedanken über die richtigen Disziplinierungstechniken zu machen brauchen. Als Skills für Konfliktsituationen schlagen sie vor:

1. Wenn Vorfälle besprochen werden, bei denen Schüler sich unangemessen verhalten haben, Fragen stellen können, die die Schüler ermutigen, ihre Gefühle auszudrücken.
2. Die Gefühle der Schüler (auch „negative" Gefühle wie Ärger, Wut, Enttäuschung, Schuldgefühle, Scham usw.) akzeptieren können.
3. Anweisungen neutral, ohne Ablehnung, formulieren können („Fang bitte an, Isolde" statt „Hör endlich mal auf zu träumen und fang an zu arbeiten").
4. Statt „negativer Instruktionen" („Du bist auf der ganz falschen Seite, wie immer") „positive Instruktionen" („Wir sind auf Seite 47") verwenden können. Informationen geben, statt auf Fehlleistungen herumzupicken.
5. Kritik sachlich statt persönlich gekränkt formulieren können.

6. Wenn Schüler absichtlich „dumme" oder „unverschämte" Antworten geben, die Gefühle und die vernünftigen Gedanken, die sich darin ausdrücken, akzeptieren können.
7. Bei bestimmten Schüleräußerungen („Ich leih ihm nicht das Radiergummi, weil er blöd ist" — „Ich spiel in dem Stück nicht mit. Die lachen mich bloß aus") das Verhalten ablehnen, aber gleichzeitig die Gefühle akzeptieren können.
8. Anweisungen mit positivem Feedback verbinden können. („Mach den i-Punkt bitte etwas kleiner. — Ja, so ist der i-Punkt klein genug." — „Bitte ruf nicht einfach dazwischen. — Du hast gewartet, bis Dörte fertig ist." — „Es ist zu laut. Wir können uns nicht verständigen. — Jetzt können wir uns gut verständigen.")
9. Anweisungen als Fragen formulieren können.

Ich bin unsicher, ob diese Anmerkungen zum Disziplintrauma denjenigen helfen, die darunter leiden, daß sie mit Schülern nicht interagieren können. Aber ich bin zuversichtlich, daß solche Probleme lösbar sind oder daß sie wenigstens erträglicher gemacht werden können, etwa dadurch, daß man sie aus einer anderen Perspektive sieht und sie anders bewertet. Mein eigenes Problem mit diesem Thema besteht darin, daß ich in unseren Schulen eher zuviel Disziplin sehe als zu wenig. Aber ich glaube auch, daß Lehrer lernen können, Schülern ein größeres Ausmaß an Bewegungs- und Gedankenfreiheit zuzumuten.

„Kinder sind mindestens so kompliziert wie ein Stück Holz. Untersuchen Sie also lieber ihre Struktur, Elastizität usw., bevor Sie Ihre verschiedenen Werkzeuge und Apparate ansetzen" (201).

„Es bedarf mindestens ebensovieler Monate planvoller Arbeit, einen falschen Charakterzug an einem Kind zu beseitigen, wie es Jahre planvoller Mißhandlung bedurfte, ihn auszuprägen" (*Redl*, 1971, 202).

Weitere Literatur: Good/Brophy, 1973; *Dietrich*, 1967 (Der Titel hört sich schlimmer an als das Buch ist); *Tausch/Tausch*, 1970; *Cronbach*, 1971; *Smith/Hudgins*, 1971; *Klausmeier/Ripple*, 1971.

Aufgaben:

1. Sammeln Sie Skills für die Lehrerfunktion „Gemeinsam mit Schülern Themen, Lernziele und Arbeitsweisen des Unterrichts planen".
2. Beobachten Sie sich selbst. Welche Skills wenden Sie im Unterricht oft an?

3. Welche der oben angeführten Skills beherrschen Sie, welche nicht?
4. Welche Skills fehlen in Ihrem Verhaltensrepertoire?
5. Welche Skills fehlen in diesem Buch?
6. In welchen unterrichtlichen Situationen fühlen Sie sich unsicher oder überfordert? Welche Skills könnten Ihnen helfen, diese Situationen besser zu meistern?

Skill-Strategien des Lehrerverhaltens

Die einzelnen Skills, die Lehrer im Unterricht verwenden, folgen oft in voraussagbarer Weise aufeinander und bilden charakteristische Muster. Diese Muster bezeichne ich als „Skill-Strategien" oder „Strategien" des Lehrerverhaltens. Ich stelle im folgenden idealtypisch einige Strategien dar, die man häufig in Unterrichtsstunden beobachtet. Um viele Worte zu sparen, wähle ich die VICS-Kategorien und ein einfaches Time-Line-Display zur Charakterisierung der Strategien.
Eine sehr bekannte Strategie nennt man in Amerika „The Teacher's Fishing Expedition". Diese Strategie ist auch in Deutschland nicht selten und sieht so aus:

3 — 7 a — 3 — 7 a — 3 — 7 a — 1 — 1 — 1 — 3 — 7 a usw.

(Schauen Sie sich bitte noch einmal die VICS-Kategorien an und übersetzen Sie das Time Line jeweils am besten schriftlich in Worte, bevor Sie weiterlesen.)

Die Technik des Ausfragens von Schülern wird hier über mehr oder weniger lange Unterrichtsabschnitte vom Lehrer durchgehalten, Informationen werden nur sparsam eingestreut. Ein Hauptmotiv für diese Strategie scheint der Wunsch des Lehrers zu sein, die Schüler am „Gespräch" zu „beteiligen". Eine Variante dieser Strategie ist die „Ratet-mal-Strategie":

3 — 7 a — 6 a — 2 — 7 a — 6 a — 7 a — 6 a — 7 a — 5 a — 3 — 7 a — 6 a usw.

Dieses Muster wird oft angewendet, um von Schülern Informationen zu erfragen, die sie nicht haben können. Der Lehrer muß deswegen solange die von Schülern geäußerten Gedanken zurückweisen, bis ein Schüler die richtige Antwort erraten hat. Manche Lehrer verwechseln diese Strategie mit der „Erarbeitung" von Informationen.

Die Strategie „Watteverpackung" läßt sich so darstellen:

1 — 1 — 1 — 1 — 3 — 7 a — 1 — 1 — 1 — 1 — 1 — 3 — 7 a — 1 — 1 —
1 — 1 — 1 — usw.

Wenn eine ganze Unterrichtsstunde nach dieser Strategie abläuft, wirkt es, als würden die spärlich auftretenden, nur wenige Wörter umfassenden Schülerantworten von einem nie versiegenden Strom von Lehrerworten eingewickelt, der sie wie ein sich ausdehnender Berg von Watte nach und nach erstickt. (Der Terminus „Watte" ist hier als Beschreibung eines konkreten Erlebnisses mit dieser Strategie zu verstehen: der Lehrer, bei dem ich diese Strategie sah, war trotz seiner erdrückenden Redetätigkeit den Schülern gegenüber ausgesprochen wohlwollend. Man kann sich diese Strategie auch bei anderen Lehrern vorstellen: hier würde man entsprechend andere Bilder einsetzen wollen: Brei, Sand, Porzellan sind nur einige der Materialien, die die besondere Qualität der Verpackung bildlich kennzeichnen könnten.)
Die Angst vor der Stille, die im Unterricht eintreten könnte, wenn die Schüler nicht sofort eine Antwort wissen, erzeugt wahrscheinlich die „Die-können-noch-nicht-mal-die-einfachste-Frage-beantworten-Strategie":

4 — 3 — 7 a — 1 — 1 — 4 — 3 — 3 — 7 a — 1 — 4 — 3 — 2 — 9 — 6 a —
6 b — 1 — 1 — 3 — 7 a usw.

Innerhalb dieser Strategie ist Kategorie „9" ungewöhnlich. Wahrscheinlich tritt sie nur auf, wenn ein Schüler eine Frage stellt wie: „Darf ich mal austreten?" Das Time-Line-Display zeigt, daß der Lehrer von dieser Frage nicht sehr erbaut ist. Vielleicht geht er nicht auf die Anfrage ein, weil die Stunde sowieso gleich zu Ende sein wird.
Ein Beispiel für die Strategie entnehme ich einem Gespräch im ersten Schuljahr; man unterhält sich gerade über den Jahrmarkt:

L   Seid ihr schon einmal mit diesen Autos gefahren? (3)
S   Ja. (7a)
L   Wie fahren die denn? (4) Alle hintereinander her? (3)
S   Ja. (7a)

Das Verfahren, Fragen gleich in Bündeln zu stellen und einer relativ weiten Frage sofort eine enge folgen zu lassen, trägt dazu bei, daß der Lehrer mehr spricht als er möchte und daß die Schüler oft nur Häppchenantworten geben. Der Lehrer gewinnt den Eindruck, die Schüler könnten sich nicht ausdrücken, seien denkfaul, man müsse ihnen jedes Wort aus der Nase ziehen usw. Damit verdrängt er die Einsicht, daß seine unentwickelten Frageskills dieses Schülerverhalten provozieren, daß seine Fragen ungenau formuliert sind oder daß es typische „Lehrerfragen" sind, die zu beantworten sich nicht lohnt, weil sie nur gestellt wurden, um die Schüler irgendwie zum Reden zu bringen.

Die folgende Strategie hat Eskalationscharakter. Von Lehrern könnte sie mit den Worten „Die Schüler dieser Klasse sind völlig unkonzentriert, dauernd stört irgendjemand" charakterisiert werden. Die Schüler würden sagen: „Der meckert über alles":

$$1—1—1—1—1—6b—11—1—1—1—1—6b—6b—6b—11—$$
$$Z—Z—ZZ—Z—Z$$
$$1—1—1—11—11—6b—6b—6b—6b\ \text{usw.}$$
$$Z—Z—Z—Z—ZZ—Z$$

Unter dieser Strategie leiden viele Lehrer, manchen erscheint sie wie ein Schicksal, dem sie nicht entrinnen können. Der Lehrer trägt vor, die Schüler beginnen zu stören; der Lehrer schimpft, wozu er jedesmal mehr Worte braucht; auch eine Pause, die der Lehrer mit strengen Blicken ausfüllt, hat nicht die erwartete Wirkung; und am Ende beginnt das Stören schon wieder, obwohl die Strafpredigt noch nicht einmal abgeschlossen ist. Analysiert man diese Strategie mit Begriffen der Verhaltensmodifikation — Schimpfen als Beachtung = Verstärkung usw. — so erhält man Hinweise, wie die für beide Parteien gleichermaßen unbefriedigende Strategie abgebaut werden könnte.

„Einwickeln-und-Wegwerfen" ist eine Strategie, die viele Schüler dazu veranlaßt, im Unterricht nur solche Beiträge zu leisten, von denen sie wissen, daß sie ganz bestimmt „richtig" sind oder vom Lehrer gewünscht werden:

$$1—1—1—3—7a—6a—1—1—1—4—7b—1—1—6a—$$
$$6a—1\ \text{usw.}$$

Man hat den Eindruck, der Lehrer könnte wesentlich besser unterrichten, wenn die Schüler nicht da wären. Zwar muß er sie dauernd „beteiligen", aber er weiß nicht so recht, was er dann mit ihren Äußerungen anfangen soll, die ihn irgendwie hindern, den in der Unterrichtsvorbereitung vorgesehenen Plan zu verfolgen. Darum „wickelt" er die Schülerbeiträge mit irgendwelchen Worten ein und schiebt sie so beiseite. Es ist recht wahrscheinlich, daß diese Strategie, bei der die Schüleräußerungen subtil oder weniger subtil abgewehrt werden, die so verbreitete Angst, etwas Dummes zu sagen, bedeutend vergrößert, wenn sie von Lehrern oft angewendet wird. Vielleicht hängt es mit diesen Erfahrungen zusammen, daß in öffentlichen Versammlungen nur sehr wenige reden und viele kluge Ideen ungesagt oder sogar ungedacht bleiben. Von einem etwas anderen Gesichtspunkt aus kann man fragen: Lernen Schüler Selbstkritik am besten dadurch, daß sie fortlaufend von einer Autoritätsperson kritisiert werden?

Es mag so scheinen, als hätte ich die Strategien überzeichnet dargestellt. Tatsächlich sind diese und andere Muster aber im Unterricht oft zu beobachten. Von manchen Lehrern werden sie sehr extensiv angewendet, und man merkt, daß diese Lehrer darüber unglücklich sind, aber nicht erkennen, daß die eigenen verbalen Strategien dieses Unbehagen verursachen. Daß kein Gespräch zwischen den Schülern zustandekommt, daß die Schüler auf Fragen nicht antworten wollen, daß das Stören nicht aufhören will, daß der Lehrer den Schülern alles vorkauen muß usw. — diese Erscheinungen werden schließlich als Merkmale der „heutigen Schüler" (verursacht durch Faktoren, die vom „Autoritätsverfall" bis zum Fernsehen reichen) „erklärt" und resignierend hingenommen. Mir selbst fielen diese und ähnliche Strukturen erst auf, als ich begann, Unterrichtsverhalten in interaktionsanalytischen Kategorien zu sehen und manchmal in diesen Kategorien zu denken. Die interaktionsanalytischen Verfahren sind aber nicht nur Mittel zum Aufdecken ungünstiger Interaktionsstrukturen, sondern können auch zur Konstruktion günstiger Strategien benutzt werden.

Flanders (1970, 280 ff.) hat für einige Interaktionsmuster den Anwendungsbereich näher gekennzeichnet. (Ich übersetze wieder in die VICS-Kategorien):

1. Lehrervortrag (Lecture pattern) mit engen Fragen:

1—1—1—1—1—3—7 a—7 a—1—1—1—3—3—7 a usw.

Flanders hält dieses Muster, bei dem die Schüler zuhören und auf die Fragen des Lehrers antworten sollen, für sinnvoll, wenn

— die Schüler die Lernziele genau kennen,
— die Schüler am Thema interessiert sind,
— die Schüler die Informationen brauchen und sie hören wollen,
— die Ausführungen des Lehrers von hoher Qualität sind,
— die Schüler das Gehörte anschließend in einem Problemlösungsprozeß selbst anwenden können.

Die Verwendung dieses Interaktionsmusters ist wahrscheinlich nicht konstruktiv, wenn

— es in allen Unterrichtssituationen vorherrscht und
— wenn die Schüler keine Gelegenheit bekommen, eigene Gedanken und Meinungen zu äußern.

2. Übung und Wiederholung (Drill-Review Pattern)

3 — 3 — 7 a — 1 — 1 — 3 — 7 a usw.

Der Lehrer stellt enge Fragen, die Schüler sollen knapp und schnell antworten. Konstruktiv ist dieses Muster wahrscheinlich, wenn

— die Schüler den Sinn der Wiederholung oder Übung einsehen,
— das Üben als Spiel aufgefaßt wird und Vergnügen bereitet,
— kein Schüler dabei in Verlegenheit gebracht wird.

Nicht-konstruktive Anwendung:

— die Schüler sind uninteressiert und wissen nicht, warum sie mitmachen sollen;
— scharfer Wettstreit, der gerade *die* Schüler belastet, die die meiste Hilfe benötigen.

3. Aufgabenstellung (Giving Assignments Pattern)

2 — 2 — 2 — 3 — 7 a — 2 — 2 — 1 — 1 — 2 — 2 — 1 usw.

Der Lehrer gibt Anweisungen und stellt Aufgaben, die die Schüler lösen sollen.
Konstruktiver Gebrauch:

— Schüler und Lehrer haben gemeinsam geplant, so daß bei den Schülern positive Erwartungen vorherrschen und sie den Zusammenhang kennen, in den die Aufgaben gehören,
— die Schüler wissen, wie sie die Aufgaben lösen können und verstehen, daß der Lehrer Anweisungen gibt, statt die folgenden Schritte mit den Schülern zu diskutieren.

Nicht-konstruktiver Gebrauch:

— wenn die Aufgabenstellung als willkürliche Machtanwendung aufgefaßt werden muß,
— wenn sie die Bedeutung einer Strafe hat,
— wenn eine Arbeit verlangt wird, die den Fähigkeiten oder Interessen der Schüler nicht angepaßt ist (was immer dann der Fall sein wird, wenn die gleiche Arbeitsanweisung für alle Schüler der Klasse gelten soll!).

4. Offene Fragen

1 — 1 — 1 — 4 — 7 b — 7 b — 4 — 4 — 7 b — 9 — 9 — 4 usw.

Der Lehrer möchte mit seinen Fragen eine stärkere Beteiligung der Schüler erreichen. Offene Fragen regen die Schüler an, eigene Gedanken auszudrükken und Vorschläge zu machen. (Beispiel: Möchte jemand hierzu noch etwas sagen?)
Konstruktive Anwendung:

— wenn das Thema auf einer höheren Abstraktionsebene oder in einem breiteren Zusammenhang erörtert werden soll,
— wenn während der Planung die Meinungen und Reaktionen der Schüler berücksichtigt werden sollen,
— wenn die Schüler Überlegungen anstellen und Erklärungen finden sollen.

Nicht-konstruktive Anwendung:

— wenn Details, bestimmte Fakten und Lösungsschritte im Problemlösungsprozeß vom Lehrer vermittelt werden müßten,
— in freieren Gesprächen („Erzählt mal, was ihr in den Ferien erlebt habt.") kann die Schülerbeteiligung durch offene Fragen angeregt werden. Aber offene Fragen allein können in einem Gespräch nicht die logische Strukturierung, die genaue Definition von Begriffen, den logischen Wechsel von einem Schritt zum nächsten gewährleisten.
— Ein Lehrer, der ausschließlich mit offenen Fragen arbeitet, verzichtet auf Leitung und Beeinflussung von Denkprozessen bei den Schülern.

5. Entwicklung von Schülergedanken (Developing Pupil Ideas)

1 — 1 — 4 — 7 b — 5 a — 5 a — 9 — 9 — 9 — 4 — 4 usw.

Der Lehrer reagiert auf die Gedanken von Schülern, indem er sie anerkennt, klärt oder im Problemlösungsprozeß verwendet.

Konstruktiver Einsatz:

— wenn der Lehrer die Schülerbeteiligung verstärken will,
— wenn einzelne Schülerideen im Problemlösungsprozeß weiterentwickelt werden sollen,
— wenn der Unterricht von einer stärker durch den Lehrer bestimmten Phase zu einer Phase mit mehr Schülerinitiative übergehen soll.

Nicht-konstruktiver Einsatz:

— wenn der Lehrer die Diskussion aktiver leiten will,
— wenn er eigene Gedanken und Meinungen äußern möchte,
— wenn er Anweisungen geben und überhaupt eine aktivere Rolle einnehmen sollte,
— wenn die Schüler spezifische Informationen benötigen.

Gerade die Fertigkeit, auf den Gedanken von Schülern aufzubauen und diese Gedanken weiterzuentwickeln, ist bei vielen Lehrern schlecht entwickelt (*Flanders*, 1970, 280—285).

Flanders erinnert daran, daß Skills oder Strategien nicht an sich falsch oder richtig, gut oder schlecht sind, sondern daß die Ziele und Bedingungen für die konstruktive Verwendung definiert werden müssen. Erst dann wird man ein bestimmtes Muster überlegt einsetzen können, statt es aus Verlegenheit als Universalmuster zu mißbrauchen, wie es beim Lehrervortrag geschieht. Bei der Konstruktion geeigneter Strategien ist man nicht an ein bestimmtes Kategoriensystem gebunden. Es spart zwar Zeit, wenn man die Zeichensprache der Interaktionsanalyse benutzt, aber eine Strategie läßt sich ebenso gut mit Worten beschreiben.

Da eine Strategie von den Reaktionen der Interaktionspartner mitbestimmt wird, ist es manchmal gut, Strategien nach Art von verzweigten Programmen zu planen, also besondere Umwege und Teilstrategien vorzusehen, die als andere Wege zum gleichen Ziel führen. So wird es günstig sein, sich mehrere unterschiedlich ausführliche und differenzierte Erklärungsstrategien zu überlegen, um verschiedene kognitive Stile, Wahrnehmungstypen, Lerngeschwindigkeiten usw. bei den Schülern zu berücksichtigen.

Aufgaben:

1. In einer Deutschstunde wird eine Kurzgeschichte diskutiert. Der Lehrer verwirklicht über weite Strecken des Unterrichts diese Strategie:

   1 — 1 — 1 — 1 — 3 — 7 a — 3 — 7 a — 1 — 1 — 1 — 1 — 3 — 7 a — 1 — 1 — 1 usw.

   a) Ist diese Strategie dem Thema angemessen?
   b) Welche Verhaltensweisen können Schüler in dieser Stunde zeigen, welche nicht?
   c) Entwerfen Sie eine Strategie, die nach Ihrer Ansicht dem Thema besser entspricht.
   d) Wählen Sie eine Kurzgeschichte, die Sie in Ihrer Klasse diskutieren könnten und schreiben Sie eine Unterrichtssequenz, die nach der oben angegebenen Strategie verläuft.
   e) Schreiben Sie eine Unterrichtssequenz, wie Sie sie sich wünschen würden, wörtlich nieder. Untersuchen Sie dann, welche Verhaltensweisen Lehrer und Schüler in dieser erdachten Sequenz verwirklichen, d. h. verwandeln Sie das konkrete Beispiel in eine abstrakte Strategie.
   f) Versuchen Sie, die von Ihnen gefundene Strategie in einer Kurzgeschichten-Diskussion zu realisieren. Sammeln Sie (am besten mit Hilfe eines Kollegen) Feedback-Material, an dem Sie überprüfen können, ob die geplante Strategie gelungen ist. Verändern Sie die Strategie, wenn es nötig ist.

2. Planen Sie Strategien der Gesprächsführung für verschiedene Unterrichtsthemen oder -fächer (z. B. Lösung eines Problems im Erdkundeunterricht, Diskutieren verschiedener Ansichten zu einer politischen Streitfrage, Entdecken und Ausprobieren verschiedener Lösungswege in Mathematik).
   Überlegen Sie, welche verschiedenen Skills Sie anwenden könnten. Erfinden Sie neue Skills (z. B. Zusammenfassen der Beiträge mehrerer Schüler, provozierende Gegenbehauptung, Weiterdenken und „auf-die-Spitze-treiben" von Schülerideen, Aufforderung zu einem Gedankenexperiment).

3. Überlegen Sie sich Strategien der Themenfindung: Die Schüler sollen diskutieren, aber das Thema selbst finden und festlegen. Wie kann der Lehrer den Schülern dabei helfen, ohne die Entscheidung selbst zu treffen?

4. Sammeln Sie Fälle, in denen Schüler Informationen mißverstehen oder Denkfehler machen. Welche Strategien können Sie verwenden, um die

213

Art des Mißverständnisses oder Denkfehlers zu erkennen und dem Schüler gezielte Hilfen geben zu können?

5. Welche Strategien können dazu führen, daß die Schüler bei bestimmten Themen **miteinander** diskutieren und sich der Lehrer als Diskussionsteilnehmer statt als Diskussionsleiter verhalten kann? Strategien, die Schüler-Schüler-Interaktion fördern, sind bei vielen Lehrern unterentwickelt oder fehlen völlig.

6. Welche verschiedenen Erklärungsstrategien sind möglich? Wie kann die Erklärung aufgebaut sein, wenn eine Aufgabe erklärt, ein Begriff definiert, ein Gegenstand beschrieben werden soll? (Vgl. Seite 295 ff.).

Kapitel 5:
Methoden des Lehrerverhaltenstrainings

Ein einfaches theoretisches Modell der Verhaltensänderung durch Training

Schematisch läßt sich der Prozeß der Verhaltensänderung durch Training so verdeutlichen (vgl. die Darstellung auf Seite 216):

Im Unterschied zur herkömmlichen Lehrerausbildung wird in diesem Modell betont, daß nicht nur über die möglichen Verhaltensweisen informiert und diskutiert wird, sondern daß — *zusätzlich dazu* — die betreffenden Skills *wirklich mehrfach ausgeführt* werden.
Dieses Üben von Verhaltensmustern durch mehrfaches Ausführen gilt vielen als Zeitverschwendung, überflüssig und lächerlich. Man ist nämlich mehr daran gewöhnt, die Lehrerbildung als einen Einstellungsänderungsprozeß zu sehen. Einstellungen — kognitiv-affektive Mechanismen im Individuum, von denen man annimmt, daß sie das Verhalten bis ins einzelne steuern — werden zwar gelernt, sind aber dennoch relativ stabil und beziehen sich jeweils auf ein größeres Feld von Objekten und Situationen. Daher erscheint es ökonomischer, bei zukünftigen Lehrern bestimmte Einstellungen aufzubauen oder zu modifizieren, als sich mit einer großen Menge einzelner Verhaltensweisen abzugeben. Denn eine einzige Änderung im Einstellungsbereich würde mit einem Schlag weite Bereiche des Verhaltens verändern (*Zimbardo/Ebbesen*, 1970, 7).
Leider gibt es fast keine empirischen Befunde, die diese Grundannahme (die auch die gesamte, sehr umfangreiche Vorurteilsforschung motiviert hat) stützen (*Thomas*, 1971). Heute wird daher nur noch von wenigen Wissenschaftlern angenommen, daß eine direkte kausale Beziehung zwischen Einstellungen und Verhalten existiert.
So kommen wir zu der trivialen Regel, daß man Verhalten am besten ändert, indem man das Verhalten ändert und nicht Einstellungen, Informationen und Überzeugungen. Das bedeutet allerdings nicht, daß Lehrer darauf verzichten können, informiert zu sein und Überzeugungen zu haben. Vielmehr besagt diese Regel, daß Einstellungen und Überzeugungen nur dann im Ver-

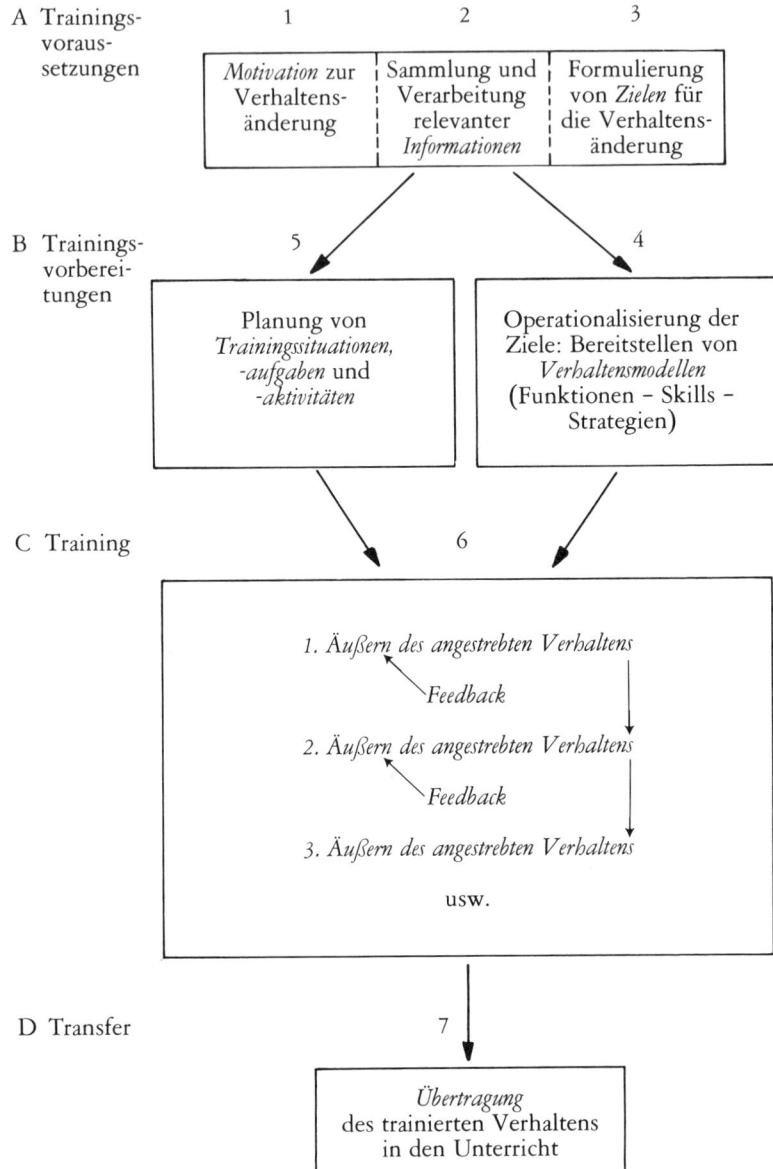

A Trainings-
voraus-
setzungen

1   2   3

| *Motivation* zur Verhaltens- änderung | Sammlung und Verarbeitung relevanter *Informationen* | Formulierung von *Zielen* für die Verhaltens- änderung |

B Trainings-
vorberei-
tungen

5   4

Planung von
Trainingssituationen,
-aufgaben und
-aktivitäten

Operationalisierung der
Ziele: Bereitstellen von
Verhaltensmodellen
(Funktionen – Skills –
Strategien)

C Training   6

1. *Äußern des angestrebten Verhaltens*

Feedback

2. *Äußern des angestrebten Verhaltens*

Feedback

3. *Äußern des angestrebten Verhaltens*

usw.

D Transfer   7

Übertragung
des trainierten Verhaltens
in den Unterricht

halten wirksam werden können, wenn die ihnen entsprechenden Verhaltensweisen gelernt — trainiert — wurden. Es genügt nicht, die Skills des Lehrerverhaltens zu kennen, um sie zu können.

Zu unserem Modell im einzelnen:
Die Trainingsvorbereitungen beginnen damit, daß die Ziele präzisiert werden (4). Manchmal wird das Trainingsziel nur als Lehrerfunktion beschrieben, ohne daß genau angegeben wird, welche Verhaltensweisen verwendet werden sollen. Diese Art des Trainings dient nicht dem Einüben von Verhaltensmustern, sondern regt dazu an, die möglichen Skills zu entdecken oder zu erfinden, was besonders am Beginn einer Trainingsserie hilfreich ist. Beispielsweise könnte mehreren Teilnehmern die Aufgabe gestellt werden, gemeinsam mit Schülern eine Unterrichtseinheit zu planen. Beim Beobachten der Versuche — sie können im wirklichen Unterricht oder als Rollenspiel durchgeführt werden — lernt man nicht nur die Skills kennen, die die einzelnen Teilnehmer benutzen, sondern man entdeckt auch, welche Verhaltensweisen sie *nicht* benutzen, aber vielleicht benutzen sollten. So erhält man wertvolles Material zur Entwicklung von Skills und Strategien.

Wenn feststeht, welche Verhaltensmuster trainiert werden sollen, braucht man dagegen *Verhaltensmodelle*, an denen man sich orientieren kann. Die einfachsten Modelle sind Beschreibungen des Verhaltens zusammen mit wörtlichen Beispielsäußerungen. Als Modelle eignen sich auch Tonband-, Video- oder Filmaufnahmen, die das angestrebte Verhalten zeigen. Schließlich kann das Modellverhalten auch life vorgeführt werden. Es ist günstig, wenn ein Mitglied der Trainingsgruppe das Verhalten schon beherrscht und es demonstrieren kann.

Verhaltensmodelle können positiv sein oder auch das Verhalten zeigen, wie es nicht sein sollte. Nach allem, was wir über Modellernen wissen, ist es günstiger, wenn mehr mit nachahmenswerten Modellen als mit abschreckenden Beispielen gearbeitet wird.

Selbstverständlich ist jedes Verhaltensmodell, das man sich macht, immer nur eine Hypothese, nie eine endgültig richtige Vorschrift. Jeder Lehrer muß diese Hypothese für seinen eigenen Unterricht und sein eigenes Verhalten verifizieren oder falsifizieren und sie unter Umständen neu formulieren. Verhaltenstraining ist kein Auswendiglernen bestimmter Formulierungen, die man dann im Unterricht nur zu wiederholen braucht, vielmehr erwirbt der Trainierende bestimmte Muster, nach denen er später sehr viele verschiedene Sätze formulieren kann, ähnlich wie ein Musiker, der eine bestimmte musikalische Struktur internalisiert hat und sie improvisierend mit

immer neuen Melodien ausfüllt. Verhaltenstraining soll nicht Floskeln vermitteln, sondern gleichsam die Grammatik des Verhaltens.
(Ich möchte dies mit einem einfachen Beispiel zeigen: Nehmen Sie die folgenden Sätze:

— Stimmt es, daß das Nashorn Eier legt?
— Woran erkennt man, daß die Streichhölzer zu den Beuteltieren gehören?
— Wissenschaftler haben herausgefunden, daß die Briefmarken nicht von den Brieftauben, sondern von den Pinguinen abstammen.

Kreativ, wie Sie sind, werden Ihnen jetzt viele weitere Nonsense-Sätze einfallen. Und Sie werden dabei nicht im Bereich des Biologisch-Pyromanischen verbleiben, sondern weitere Bereiche der ernsten Wissenschaft für die Blödelei-Produktion erschließen. Beim Verhaltenstraining wird genau diese Kreativität verlangt; nur bleibt sie nicht darauf beschränkt, zur Verschönerung der grauen Wirklichkeit Nonsense-Material zu produzieren, sondern sie zielt darauf, die graue Wirklichkeit selbst zu ändern.)
Sind die Ziele des Trainings geklärt, so müssen *Trainingssituationen* geplant werden (5), die zum Ausführen der Skills oder Strategien anregen. Im Unterschied zur Ernstsituation in der Schulklasse sind die „Kosten" bei den Trainingssituationen niedrig: ungünstige Verhaltensweisen haben keine negativen Folgen. Außerdem hat man Zeit zum Überlegen und braucht nicht innerhalb von Sekunden eine Entscheidung zu treffen, die nicht mehr zurückzunehmen ist; man kann experimentieren, ohne lebendigen Schülern damit zu schaden; man kann Fehler machen und sich jederzeit Hilfe geben lassen. Es ist möglich, einen Versuch mehrmals zu wiederholen, und man kann sich so in kleinen Schritten dem angestrebten Ziel nähern und braucht nicht einen großen Sprung ins Unbekannte zu wagen, wie es etwa im Praktikum verlangt wird.
Trotzdem ist das Training meist alles andere als eine unverbindliche Spielsituation. Viele Teilnehmer erleben das Äußern eines Verhaltens vor einem Publikum als ein Wagnis, das sie gern vermeiden würden. Sich zu exponieren ist immer gefährlich — auch im Spiel. Die Angst, sich festzulegen bzw. den anderen zu demonstrieren, wie festgelegt man schon ist, wirkt als Hemmung. Selbst in einer Situation, in der die Schwierigkeiten drastisch reduziert sind, kann man die Grenzen des angelernten Verhaltensrepertoires nicht einfach verlassen, sondern man zeigt — wenn vielleicht auch etwas zurückhaltender und verfeinerter — die Verhaltensweisen, über die man verfügt.
Um keine Verteidigungsmechanismen zu aktivieren, ist alles zu vermeiden, was die Trainingssituation zur Schönheitskonkurrenz oder zum Gerichts-

verfahren machen könnte. Es darf nicht darum gehen, Sieger zu ermitteln oder den Teilnehmern Vergehen nachzuweisen. Selbst wenn wir motiviert sind, unser Verhalten zu verändern, sind wir im Grunde unserer Seele doch davon überzeugt, daß wir uns eigentlich schon ganz gut und richtig verhalten. Je weniger wir diese Überzeugung verteidigen müssen, desto besser können wir sie für Augenblicke vergessen. Verschiedene Formen von Trainingssituationen werden in den folgenden Abschnitten vorgestellt.

Das eigentliche Training (6):
Das Äußern des angestrebten Verhaltens kann schriftlich geschehen: man schreibt wörtlich auf, was man in einer bestimmten Situation sagen könnte. Viele Trainingsteilnehmer haben gegen das Aufschreiben von Äußerungen Bedenken: „Ich verhalte mich schriftlich ja doch ganz anders als in Wirklichkeit." Abgesehen davon, daß dieser Einwand nur bedingt zutrifft, wie ich eben schon sagte, beruht er auf einem Mißverständnis. In der Trainingssituation soll ja gerade nicht nur das Verhaltensrepertoire reproduziert werden, über das man bereits verfügt, sondern es geht darum, Verhaltensweisen zu verwirklichen, die man von selbst nicht äußern würde, weil man sie gar nicht oder nur unvollkommen beherrscht. Es ist wichtig, das eigene Verhalten besser kennenzulernen, aber beim Verhaltens*training* geht es hierum nur am Rande.
Oft wird das Verhalten im Training auch mündlich geäußert. Hierbei kann der Autor zwar nicht anonym bleiben, aber viele Teilnehmer haben doch das Gefühl, daß sie sich dabei weniger festlegen. Bei mündlichen Äußerungen kann man nämlich sehr viele relativierende Floskeln verwenden und eine eindeutige wörtliche Äußerung vermeiden. Man beobachtet in Trainingssitzungen oft, daß Teilnehmer in die Möglichkeitsform ausweichen: „Ich würde nach der Stunde mit dem Schüler unter vier Augen sprechen." — „Man sollte die Meinung des Schülers auf keinen Fall unterdrücken." — „Ich würde ganz freundlich bleiben, aber mit Bestimmtheit verlangen, daß der Schüler damit aufhört." Mit solchen allgemeinen Absichtsbekundungen entweicht man ins Unverbindliche. Dabei lernt man weder das eigene Verhalten besser kennen noch erwirbt man neue Verhaltensweisen.
Die auslösende Situation kann sehr abstrakt oder ausgesprochen realistisch sein. Manchmal antwortet man nur auf isoliert dargebotene Reize, manchmal macht man Rollenspiele oder simuliert Unterrichtssituationen bis in Einzelheiten, manchmal macht man wirkliche Unterrichtsversuche.
Wichtig ist, daß die Trainingsaufgaben anfangs einen nicht zu hohen Schwierigkeitsgrad haben. Die Schwierigkeit sollte langsam gesteigert werden, und

man sollte nicht damit beginnen, „auf Tempo" zu trainieren, wenn man ein Verhalten noch gar nicht beherrscht.

Nachdem man im Training ein Verhalten geäußert hat, erhält man Feedback durch die Teilnehmer. Wenn man Tonband- oder Videoaufnahmen macht, kann der Trainierende sein Verhalten hinterher relativ unverfälscht begutachten. Die Analyse und Beurteilung wird dadurch aber nicht überflüssig. Die Rückmeldung durch die Teilnehmer kann darin bestehen, daß das verwirklichte Verhalten nach vorher festgelegten Dimensionen eingeschätzt wird, daß bestimmte Verhaltensweisen ignoriert, andere verstärkt werden, daß das Verhalten einfach beschrieben und benannt wird oder daß man Verbesserungsvorschläge gibt und sie demonstriert. Beim Trainingsfeedback können die verschiedenen Feedback-Instrumente eingesetzt werden, die im 3. Kapitel beschrieben wurden. Schonungslose Kritik ist im allgemeinen kein geeignetes Feedback.

Das Training kann jeweils solange fortgesetzt werden, bis der Trainierende mit seinem Verhalten zufrieden ist. In vielen Fällen wird man das gleiche Verhalten mehrere Sitzungen hindurch immer wieder trainieren und es auch nach einiger Zeit noch einmal wiederholen. Gerade dies wird oft vernachlässigt.

Ein besonderes Problem ist die *Übertragung* des neuen Verhaltens in den Unterricht (7). Dabei können verschiedene Schwierigkeiten auftreten. Man kann das Verhalten zu oft oder zu selten anwenden oder in den falschen Situationen. Auch muß man damit fertig werden, daß ein neues Verhalten nicht immer sofort die erwünschten Auswirkungen hat und daß viele Faktoren wirksam werden, die den alten Zustand wiederherzustellen drohen. Einige Beispiele für solche Faktoren sind: das Gefühl, das vorgeschriebene Pensum erledigen zu müssen; Kollegen, die auf neue Verhaltensmuster mißtrauisch reagieren und auf ihre Erfahrung pochen („Bei denen kommen Sie mit Freundlichkeit nicht weiter, die wollen hart angefaßt werden."); Schüler (und Eltern), die es angenehmer finden, klare Anweisungen und einfache Aufgaben zu bekommen, als selbst Ideen zu entwickeln, Meinungen zu vertreten und Bedürfnisse zu formulieren; die „Natürlichkeit" und Leichtigkeit, mit der die gewohnten Verhaltensmuster auszuführen sind. So empfinden Lehrer oft einen starken Druck, die trainierten Verhaltensweisen wieder aufzugeben und zum gewohnten Verhalten zurückzukehren.

Auch übertriebene Erwartungen behindern die Übertragung in die Schulklasse: wenn ich die neuen Verhaltensweisen für Wundermittel zum Wegzaubern aller Probleme halte, läßt sich eine Enttäuschung kaum vermeiden. Andererseits werden die Schwierigkeiten der Übertragung oft überschätzt. Nicht wenige Verhaltensweisen lassen sich problemlos im Unterricht verwirklichen. Das Transfer-Problem entsteht vor allem dann, wenn zwischen Training und Anwendung im Unterricht ein zu großer Zeitraum liegt. Bei Lehrern, die nachmittags trainieren und morgens unterrichten, ist mit Schwierigkeiten kaum zu rechnen, vor allem dann nicht, wenn sie das Training selbständig vorbereitet haben und es auf die eigenen Probleme bezogen durchführen.

In einem Trainingsprozeß werden wahrscheinlich nicht nur isolierte Verhaltensweisen erworben oder modifiziert, sondern auch Veränderungen in anderen Persönlichkeitsbereichen ausgelöst (*Stones/Morris*, 1972, 65). Ist es ein Zeichen für die Weisheit oder die Oberflächlichkeit unserer Umgangssprache, daß sie uns einen Satz wie „Er lernt wieder zu lachen" in den Mund legt, wenn wir sagen wollen, daß jemand wieder Freude *empfinden* kann? Ist es so, daß die Differenziertheit unserer Gefühlserlebnisse durch den Umfang unserer äußeren Ausdrucksmöglichkeiten begrenzt wird und daß wir bei uns selbst nach und nach echte Gefühle erzeugen können, indem wir sie häufiger durch Verhaltensweisen ausdrücken?

Moderne Theorien über die Emotionen, Ergebnisse der neueren Einstellungsforschung und theoretische Modelle der Verhaltensmodifikation scheinen dieser Vorstellung nicht zu widersprechen. Die gleiche Idee vertrat der russische Regisseur *Stanislawskij*. Wie er sagte, „ruft das *körperliche Leben*, das der Rolle entnommen ist, ein analoges *seelisches Leben* dieser Rolle hervor." Daher riet er seinen Schauspielern, bei der Erarbeitung ihrer Rolle mit dem Erfinden geeigneter „physischer Handlungen" zu beginnen: „Es ist leichter, über den Körper zu gebieten als über das Gefühl. Wenn daher das *geistige Leben* der Rolle nicht von selbst entsteht, dann schaffen Sie ihr das *körperliche Leben*. (...). Prüfen Sie selbst, ob Ihr Gefühl unbewegt bleibt, wenn Sie das Leben Ihres Körpers vermittels seiner physischen Handlungen wirklich echt leben." (*Stanislawskij*, 1958, 56; Hervorhebungen im Original.) Vermutlich läßt sich dieses Modell auch auf das Erlernen einer Berufsrolle übertragen. Es wird ja schon lange angenommen, daß die häufige Ausführung professioneller Verhaltensweisen im Laufe der Zeit die entsprechende Mentalität produziert und daß der Beruf eines Menschen oft seinen Persönlichkeitstyp mitprägt (vgl. *Waller*, 1967, 375 ff.). Durch Verhaltenstraining kann die berufliche Sozialisation bewußter gesteuert und so verhindert werden, daß ungünstige Verhaltensweisen die berufliche Mentalität deformieren.

In unserem Modell ist Verhaltenstraining durchaus keine Technik, die die Vernunft disqualifiziert und bei bewußtseinslosen Wesen eine Dressur oder Gehirnwäsche einleitet. Vielmehr sind kognitive Prozesse die Voraussetzungen für das Training und wirken auch während des gesamten Prozesses steuernd und korrigierend ein. Es ist schwer vorstellbar, daß in einem Trainingsprozeß Feedback lediglich in bezug auf das trainierte Verhalten geäußert wird. Ohne daß dazu aufgefordert werden müßte, entwickeln sich Diskussionen über viele andere Aspekte, so daß zu allen Komponenten des Prozesses Rückmeldung gegeben wird: die Verhaltensmodelle werden kritisiert, modifiziert oder durch andere ersetzt, die Trainingssituationen und -aufgaben verändert, die politische und soziale Relevanz des Lehrerverhaltens und der Stellenwert von Verhaltenstraining werden diskutiert und reflektiert. Denkprozesse werden angeregt, die mit dem Training nicht aufhören und die nicht bei diesem Thema stehen bleiben.

Zu den Voraussetzungen von Verhaltenstraining:
Die *Motivation,* das eigene Erziehungs- und Unterrichtsverhalten zu verbessern (1), ist bei vielen Lehrern latent oder manifest vorhanden. Sie entsteht aus den oft dissonanten Praxiserfahrungen. Unzufriedenheit, Unsicherheit, das Gefühl, bestimmten Situationen nicht gewachsen zu sein, die Erfahrung der Diskrepanz zwischen den internalisierten Wertvorstellungen und Zielen und dem tatsächlichen Verhalten im Unterricht, das Bewußtsein, von neuen didaktischen Ideen und Aufgaben herausgefordert zu werden — all dies weckt die Bereitschaft, nach neuen Verhaltensmöglichkeiten zu suchen. Dazu kommt bei den meisten Lehrern eine tiefe Neigung zu ihrem Beruf und das Bewußtsein, daß sie eine wichtige Arbeit zu tun haben.
So braucht die Motivation zur Verhaltensänderung in der Regel nicht erst geweckt zu werden.
In der heutigen Schule sind die äußeren Bedingungen und das emotionale Klima allerdings oft ernsthafte Hemmnisse für diese Motivation. Manche Lehrer lassen sich entmutigen und geben bald jede Initiative auf zugunsten einer resignierten Anpassung an die bestehenden Zustände. In einer Schulumwelt, in der der einzelne Lehrer vorrangig darauf bedacht sein muß, sein Gesicht zu wahren und den Kollegen zu beweisen, daß er es versteht, Disziplin zu halten, kann sich die Motivation zu Weiterentwicklung des eigenen Verhaltens in die Motivation zur Verteidigung und Erhaltung des status quo verwandeln. Um diese Entwicklung zu verhindern, wären Reformen der bürokratischen Struktur der Schule und der Form der Weiterbildung in der II. Phase nötig, die hier nicht weiter erörtert werden können. Diese Reformen müßten von den Lehrern selbst initiiert und durchgesetzt werden. Aber auch innerhalb der bestehenden Strukturen könnten Lehrer weit mehr erreichen, wenn sie ihre Interessen formulierten und sich weniger leicht entmutigen ließen.
Lehrer, die ihr Verhalten verbessern wollen, brauchen natürlich *Informatio-*

nen (2) über Lehrerverhalten. Sie sollten wichtige Dimensionen, Skills, Feedback-Techniken, Trainingsformen kennen. Es genügt jedoch nicht, wenn ein Lehrer alle Forschungsergebnisse über „effektives Lehrerverhalten" beherrscht, aber keine Vorstellung darüber hat, in welcher Gesellschaft er lebt, welche Funktionen die Schule in dieser Gesellschaft erfüllen soll und welche sie wirklich erfüllt, welche Rolle Lehrern von den verschiedenen gesellschaftlichen Gruppen zugemutet wird, welche Reformen der Schule diskutiert und abgeblockt werden und welche Aufgaben und Möglichkeiten Lehrer im Prozeß der Bildungsreform haben und haben könnten. Wird Verhaltenstraining losgelöst von diesem Horizont betrieben, ohne daß sich Skills und Trainingsprozesse in ihren Funktionen rechtfertigen müssen, dann kann tatsächlich ein blindes Praktizieren die Folge sein.

Unter Berücksichtigung der verfügbaren Informationen werden schließlich Entscheidungen über die grundsätzlichen *Ziele* für das eigene Verhalten getroffen (3). Diese Entscheidungen sollten Lehrer sich bewußt machen, damit sie sie kritisch prüfen und weiterentwickeln können. Vage Ziele wie „demokratisches Verhalten", „nicht autoritär sein", „interessant unterrichten" u. ä. sind nicht sehr brauchbar, vor allem, wenn sie nie durchdacht und begründet werden.

Um größere Klarheit über meine Absichten zu gewinnen, kann ich meine wichtigsten Erziehungsziele formulieren:

— Die Schüler sollen selbständiger und kritikfähiger werden und den Mut zum Ungehorsam haben können.
— Ich möchte Toleranz, Hilfsbereitschaft, Mitleid und Solidarität fördern.
— Die Schüler sollen Initiative entwickeln und von sich aus kreativ und aktiv sein können.
— Die Schüler sollen Selbstbewußtsein aufbauen und keine Angst vor Selbstkritik haben müssen.

Oder ich beschreibe, wie ich als Lehrer „sein" möchte:

— Ich möchte den Schülern im Unterricht genügend Raum für selbständiges Lernen geben.
— Ich möchte die Schüler möglichst wenig frustrieren und möglichst oft ermutigen.
— Ich möchte niemanden diskriminieren.
— Ich möchte die Meinungen der Schüler nicht unterdrücken.

Erst wenn ich meine Ziele so fixiere, werden sie kritisierbar. Das Nachdenken über Ziele kann auch bei der Frage beginnen „Warum bin ich überhaupt Lehrer?" *Postman* und *Weingartner* (1972, 278) meinen, daß dies einige ehrliche Antworten wären:

„Ich kann Menschen beherrschen.
Ich kann Menschen tyrannisieren.
Ich habe unfreiwillige Zuhörer[12].
Ich habe den Sommer über frei.
Ich liebe die nichtdramatische Elisabethanische Literatur.
Ich weiß nicht.
Die Bezahlung ist gut, wenn man die Arbeit berücksichtigt, die ich wirklich mache."

„Ein Lehrer, der *erkennt*, daß er beispielsweise daran interessiert ist, tyrannische Kontrolle über andere auszuüben, macht damit den ersten Schritt zur Abschaffung dieses Interesses" (*Postman/Weingartner*, 1972, 278).

Warum sind Sie eigentlich Lehrer?

Sich selbst Ziele zu setzen bedeutet, Maßstäbe zur Beurteilung und Weiterentwicklung des eigenen Verhaltens zu haben und diese Maßstäbe selbst weiterzuentwickeln. Ohne eigene Ziele werde ich von meiner Rolle bestimmt statt selbst über meine Rolle zu bestimmen.

Beim Veränderungsprozeß durch Verhaltenstraining lassen sich idealtypisch drei aufeinanderfolgende Phasen unterscheiden:

1. Vor dem Training hat der Trainierende das Gefühl, daß seine Einstellungen und Verhaltensweisen zusammenpassen. Er ist selbstsicher und empfindet sein Verhalten als echt.

2. Dieses Gleichgewicht wird gestört, wenn im Training neue oder ungewohnte Verhaltensweisen ausgeführt werden. Die bisherigen Einstellungen scheinen nun nicht mehr mit dem Verhalten übereinzustimmen. Der Trainierende ist unsicher und empfindet sein neues Verhalten als unnatürlich.

3. Der Zustand der Unsicherheit wird überwunden. Der Trainierende erreicht dies entweder, indem er das neue Verhalten wieder aufgibt und seine alten Einstellungen unverändert beibehält oder indem er das neue Verhalten in sein Repertoire aufnimmt und Einstellungen erwirbt, die zu diesem Verhalten passen. Im letzten Fall wird die Verhaltensänderung in die Persönlichkeit integriert, das Verhalten als echt empfunden.

---

12 Im Original steht „captive", also: Meine Schüler sind gefangen, sie *müssen* mir zuhören.

Vielleicht ist das neue Gleichgewicht weniger rigide als das alte. Die Person kann jetzt ein größeres Ausmaß an Konflikten und Veränderungen ertragen und ist entsprechend weniger darauf angewiesen, alles Neue und Ungewohnte abzuwehren. Die Erfahrung, daß ich mich selbständig positiv verändern kann, macht mich selbstbewußter und offener.

Anhand einer einfachen Typologie möchte ich zum Abschluß zeigen, wie kognitive Prozesse und Verhaltensänderungsübungen zusammenspielen müssen, damit *Verhalten* sich verändert und nicht nur Absichten und Überzeugungen.

Stellen wir uns vor, daß die Variable „Motivation zur Verhaltensänderung" bei Lehrern verschieden stark ausgeprägt ist: ein Lehrer ist stark motiviert, sich zu verändern, ein anderer wenig, ein dritter gar nicht. Ähnlich können auch die anderen „Einstellungsvariablen" (Informiertheitsgrad, Zielbewußtsein) variieren. Die „Verhaltensvariable" bezieht sich darauf, ob ein Verhaltenstraining durchgeführt wurde oder nicht. Wenn wir nur den einfachsten Fall nehmen, daß jede Variable entweder vorhanden ist oder nicht, so sind unter anderem die folgenden Typen denkbar:

„Einstellungsvariable"	Typ A	Typ B	Typ C	Typ D
1. Primäre Motivation zur Verhaltens-änderung ist vorhanden.	ja	ja	nein	ja
2. Relevante Informationen sind verfügbar.	ja	ja	nein	nein
3. Die Ziele sind der Person bewußt.	ja	ja	nein	nein
„Verhaltensvariable" 4. Ein Verhaltenstraining wurde durch-geführt.	ja	nein	ja	ja

Wie wirken sich die einzelnen Konstellationen auf den Prozeß der Verhaltensänderung aus?

Typ A wäre der Idealfall. Ein Lehrer, der kognitiv für eine Verhaltensänderung aufgeschlossen ist und sein Verhalten trainiert, wird sein Lehrerverhalten kontinuierlich erweitern und verbessern.

Typ B scheint dem häufigsten Fall zu entsprechen: der Lehrer ist mit seinem Verhalten unzufrieden und möchte es verbessern. Er liest Bücher über Lehrerverhalten und Verhaltenstraining, weiß, welche Ziele er anstrebt — aber dies hilft ihm nicht weiter, weil er nur sein Bewußtsein, seine kognitiven Einstellungen ändert, ohne die angestrebten Verhaltensweisen zu lernen. Seine Motivation bleibt unbefriedigt. Er resigniert vielleicht, oder er verkleinert die schmerzliche Diskrepanz zwischen Verhalten und Einstellungen, indem er rigidere Einstellungen annimmt.

Typ C trainiert zwar sein Verhalten (vielleicht weil er zufällig in einen Kurs hineingerutscht ist), aber das wird sein Verhalten nicht ändern, weil alle Einstellungsfaktoren dagegenwirken.

Typ D endlich wäre bei Junglehrern und Studenten denkbar, die sich vorgenommen haben, gute Lehrer zu werden, aber keine spezifischen Informationen über Lehrerverhalten haben und sich über ihre Ziele nicht im klaren sind. Wenn sie Erfahrungen mit Verhaltenstraining machen, kann sich ihr Engagement verstärken und sie beginnen, sich zu informieren und sich Ziele zu setzen.

Aufgabe:

Welchem Typ entspricht Ihre eigene Situation? Wie stark ist Ihre Motivation, ein besserer Lehrer zu werden? Glauben Sie, einigermaßen ausreichend informiert zu sein? Haben Sie sich für Ihr Verhalten als Lehrer Ziele gesetzt? Versuchen Sie, diese Ziele zu operationalisieren und sie mit Hilfe von Trainingsaktivitäten zu erreichen? Wo könnten Sie beginnen, sich zu verändern, um ein besserer Lehrer zu werden?

Es sollte deutlich geworden sein, daß in diesem einfachen Modell der Verhaltensänderung durch Training die berufliche Sozialisation zum Lehrer nicht als ein Vorgang angesehen wird, in dem zukünftige Lehrer durch allmächtige und listenreiche Verhaltenstechnologen zu funktionierenden Kollegen abgerichtet werden, sondern daß ich von einem Selbstentdeckungs- und Selbstentwicklungsprozeß spreche, in dem das Training zwar nur ein kleiner, aber auch notwendiger Bestandteil ist.

Allgemeine Effekte des Verhaltenstrainings

Zu den möglichen Effekten von Verhaltenstraining gehören:

1. Das Lehrerverhalten verändert sich quantitativ: bestimmte Verhaltensmuster werden seltener, andere häufiger benutzt.

Es kann schon zu sehr konstruktiven Veränderungen im Unterricht kommen, wenn sich die Häufigkeit eines Verhaltens um wenige Prozent verschiebt, etwa wenn ablehnendes Verhalten seltener wird und dafür das akzeptierende zunimmt (*Flanders*, 1970, 14).

2. Das Lehrerverhalten verändert sich qualitativ: bestimmte Verhaltensweisen werden vollständig vermieden (was in den meisten Fällen nicht durch den guten Vorsatz allein realisierbar wird; man muß Skills finden und trainieren, mit denen die Leerstelle ausgefüllt werden kann), neue Muster werden in das Verhaltensrepertoire aufgenommen.

3. Das Verhaltensrepertoire wird umfangreicher: Lehrer können sich in einer Situation mehrere Reaktionsweisen denken und diejenige auswählen, die ihnen am günstigsten erscheint. Sie kommen nicht so schnell an die Grenze, wo sie sagen müssen: „Ich weiß gar nicht mehr, was ich noch machen soll."

4. Verhaltensfertigkeiten werden selektiver eingesetzt: im Training verfeinern sich die Kriterien zum Erkennen der für einen Skill oder eine Strategie geeigneten Interaktionssituationen. Die Reizkombinationen, die ein Lehrerverhalten auslösen, werden differenzierter wahrgenommen. Man sieht nicht einfach nur *rot,* sondern reagiert sozusagen auf feinere Farbabstufungen.

5. Das eigene Verhalten und das Verhalten der Schüler wird differenzierter wahrgenommen: Lehrer lernen sich selbst besser kennen und beurteilen das Schülerverhalten weniger schematisch. Die „Lehrerbrille", durch die man nur „Disziplinlosigkeit", „Unreife", „gute Mitarbeit", „Faulheit", „Fleiß" usw. erkennt, wird durch eine Brille ersetzt, die auch für die Gedanken, Gefühle und Bedürfnisse der Schüler durchlässig ist. Lehrer werden sensibler, und ihre Diagnosefähigkeit verbessert sich: langweilen sich die Schüler? Verstehen sie die Erklärung? Kann der nächste Unterrichtsschritt folgen?

6. Das Lehrerverhalten wird zielbezogener und kontrollierter und ist weniger oft ein unreflektiertes Reagieren auf die vielen Reize, die von den Schülern gesendet werden.

7. Das Lehrerverhalten wird flexibler.

8. Die eigenen Hintergrunderwartungen werden bewußt und können durch angemessenere Erwartungen ersetzt werden.
   Dies ist etwas, was wir leichter bei anderen sehen als bei uns selbst. Wir lächeln vielleicht darüber, daß ein Pastor von Jugendlichen, die für Beat schwärmen, verlangt, daß sie „Jesus Christ Superstar" anhören; oder wenn wir bemerken, wie der Pastor mit alten Leuten eigentlich nur theologische Probleme diskutieren möchte, während diese aus viel

elementareren Bedürfnissen Interaktion anstreben. Aber wir erkennen selten, in welchem Ausmaß wir selbst daran interessiert sind, die Schüler dazu abzurichten, unsere persönlichen Ideen zu verstärken und unsere privaten Bedürfnisse zu befriedigen statt einfach an den einzelnen Schülern als Personen Interesse zu haben.

Es ist gut, wenn ich mir bewußt mache, was ich von den Schülern alles unreflektiert verlange: daß sie 45 Minuten stillsitzen; daß sie den Mund halten, wenn ich rede; daß sie für die gleichen Dinge Interesse haben sollen, die mich interessieren; daß sie ein Problem, das mir wichtig ist, nicht viel anders beurteilen sollen als ich; daß sie mich lieben sollen usw.

9. Unterrichtliche Standardsituationen werden hinsichtlich der in ihnen verborgenen Heimlichen Theorie durchschaut. Die Standardsituationen können umkonstruiert oder abgeschafft werden, falls sie den Intentionen entgegenarbeiten.

10. Lehrer nehmen in bezug auf ihr Unterrichtsverhalten eine aktiv problemlösende Haltung ein. Ihr Verhalten erstarrt nicht zu stereotypen Mustern.

11. Lehrer lernen, einzelne berufliche Fertigkeiten zu unterscheiden und zu benennen: das Lehrerverhalten bekommt eine kognitive Struktur. Man kann präziser über Lehrerverhalten sprechen, die Fertigkeiten werden lernbar. Ein Bezugsystem für die Wahrnehmung der Interaktion im Unterricht entsteht, eine Fachsprache ersetzt die hilflosen Beschreibungsversuche.

12. Die Erfahrung, daß die beruflichen Probleme besser gemeistert werden können, wenn man sich selbst verändert, macht Lehrer selbstbewußter, zufriedener und engagierter. Sie bekommen Mut, auch solche Probleme in Angriff zu nehmen, die nicht durch eine Änderung des eigenen Verhaltens, sondern nur durch eine Veränderung der Struktur der Schule zu lösen sind.

Diese Effekte sind nicht zu erwarten, wenn Verhaltenstraining eine einmalige punktuelle Erfahrung bleibt, sondern sie stellen sich vermutlich nur dann ein, wenn Lehrer Verhaltenstrainingsaktivitäten selbständig und kontinuierlich als Werkzeug zur beruflichen Weiterentwicklung einsetzen.

Formen des Verhaltenstrainings

In diesem Abschnitt geht es um die Kästen 5 und 6 unseres Modells, um die Trainingssituationen, -aufgaben und -aktivitäten. Was *tun* Lehrer, wenn sie ihr Verhalten trainieren? Ich hoffe, daß die dargestellten Ideen Sie dazu anregen, etwas auszuprobieren, weiterzuentwickeln und zu erfinden.

1. Trainingseffekte und Trainingsformen der Interaktionsanalyse

Die Kenntnis interaktionsanalytischer Kategoriensysteme und die Beherrschung der zur Anwendung nötigen Fertigkeiten haben, wie viele Untersuchungen zeigen, Effekte, die einem Verhaltenstraining nahekommen. *Lohman/Ober/Hough* (1967) fanden, daß Studenten, die Interaktionsanalyse „gelernt" hatten, weniger „direktes" Verhalten (s. o. Seite 48), weniger Lehrervortrag und Anweisungen, mehr indirektes Verbalverhalten, mehr Akzeptierung und Klärung von Schülergedanken verwirklichten und daß die Schüler in ihren Klassen mehr sprachen und häufiger von sich aus sprachen als dies bei Studenten der Kontrollgruppe der Fall war. *Furst* (1967) kam zu ähnlichen Ergebnissen. Sie geht auf den Einwand ein, daß Skeptiker diese Ergebnisse so interpretieren könnten, „daß die Lehrer der Experimentalgruppe sich der Kategorien stärker bewußt waren und sie darum nur dem Beobachter zuliebe verwendet haben könnten." Sie schreibt: „Dabei wird jedoch die Tatsache übersehen, daß diese Praktikanten, wenn vielleicht auch nur für einen Tag, *wirklich praktizierten*, was ihnen beigebracht worden war. Zeigt sich bei anderen Pädagogik-Kursen dieser Transfer-Effekt?" (*Furst*, 1967, 327).
Diese und ähnliche Befunde (vgl. *Amidon/Hough*, 1967) deuten darauf hin, daß der Erwerb begrifflicher und Beobachtungs-Werkzeuge schon das halbe Training ist, daß es darauf ankommt, Lehrer*verhalten* wahrnehmen zu können (vgl. *Good/Brophy*, 1973).
Die positiven Effekte, die das bloße Kennen interaktionsanalytischer Kategorien und Techniken haben kann, werden wahrscheinlich bedeutend verstärkt, wenn die Interaktionsanalyse zu Trainingsaktivitäten weiterentwickelt wird. Welche Aufgaben und Trainingsaktivitäten dabei verwendet werden können, haben *Amidon* und *Hunter* in ihrem Buch „Improving Teaching" (1967a) gezeigt. In der Hauptsache besteht dieses Buch aus 7 Kapiteln mit (offenbar ausgedachten) Unterrichtssituationen, dazu Analyse- und Trainingsaufgaben, die den einzelnen Lehrerfunktionen (moti-

vieren, planen usw.) zugeordnet sind. Ein kürzeres Beispiel aus dem Kapitel „Diskussionsleitung":

Situation 5 A

„Ihr habt jetzt genug Zeit gehabt, die Geschichte durchzulesen", sagte Mrs. Rider zu einer Lesegruppe ihres 4. Schuljahres. „Wir wollen jetzt diskutieren, was ihr gelesen habt. Wie hieß der Junge in der Geschichte?"
„Whitey."
„Schön. Wer kann mir sagen, wo er lebte und was er tat?"
„Er lebte auf einer Ranch mit seinem Onkel, und er war ein Cowboy."
„Gut. Erinnert ihr euch, welches Brandzeichen und wie viele Tiere er hatte?"
„Sein Brandzeichen war 101, und er hatte zwei Kälber."
„Wer kann das genauer beantworten?" fragte Mrs. Rider.
„Sein Brandzeichen war die Klapperschlange."
„Das ist richtig. Sein Zeichen war die Klapperschlange, und er hoffte, daß es eines Tages ebenso bekannt sein würde wie 101. Was wünschte Whitey sich zu Beginn der Geschichte, und was wollte er tun, um sich seinen Wunsch zu erfüllen?"
„Er wollte einen neuen Sattel, und er wollte seine Kälber verkaufen, um einen zu kriegen."
„Und verkaufte er seine Tiere?"
„Nein, sie wurden von den Viehdieben getötet."
„Gut. Bekam er denn nun einen neuen Sattel?"
„Ja."
„Wie?"
„Er half mit, die Viehdiebe zu fangen, und dafür bekam er einen neuen Sattel."
„Gut. Glaubt ihr, er war stolz auf diesen Sattel?"
„Ja."
„Hat euch die Geschichte gefallen?"
„Ja."
„Fein. So, wir haben jetzt noch genug Zeit, die Geschichte noch einmal laut zu lesen. Fängst du mal an, Tim?"

Analyse

Sie haben wahrscheinlich bemerkt, daß diese Lehrerin nur enge Fragen stellt, die kurze, vorhersagbare Antworten verlangen. Wir haben schon davon gesprochen, daß Lehrer sich anscheinend in Unterrichtssituationen, die sie nicht ziemlich straff lenken, oft unbehaglich fühlen. Die meisten Lehrer strukturieren Diskussionen in ihrer Klasse so, daß nicht-vorhersagbare Antworten, schülerinitiierte Äußerungen an den Lehrer oder Gespräche zwischen Schülern kaum vorkommen können. Obwohl viele Lehrer den Wunsch äußern, offene Diskussionen zu haben, an denen sich möglichst viele Schüler beteiligen, scheinen sie die dazu notwendigen Skills nicht zu beherrschen. Diese Fertigkeiten können jedoch gelernt werden.

Skill-Sitzung

Modifizieren Sie die Lehrerfragen in dieser Situation so, daß sie mehr Antworten hervorrufen, die nicht vorhersehbar sind. Verwenden Sie diese Fragen in einer Unterrichtssituation, die Sie als Rollenspiel durchführen. Warten Sie nach jeder Schülerantwort, bis ein weiterer Schüler etwas sagt oder versuchen Sie, andere Schüler durch besondere Äußerungen zum Sprechen zu ermutigen. Hilfreich dazu sind Äußerungen wie „Das ist *ein* Gedanke, welche Gedanken kann man hier sonst noch haben?" oder „Was denken die anderen darüber?" oder „Möchte jemand zu dem, was Jack gesagt hat, etwas bemerken?" (*Amidon/Hunter*, 1967 a, 112 f.).

Situation 5 A wurde offensichtlich konstruiert, um die Wirkungen enger Lehrerfragen in einer Diskussion zu demonstrieren. Folglich wird für die skill session vorgeschlagen, *weite* Fragen zu trainieren. Als kritischer Leser haben Sie bemerkt, daß dies nicht der einzige Gesichtspunkt ist, unter dem sich das Beispiel analysieren und kritisieren läßt. Man könnte darüber diskutieren, ob die vom Lehrer ausgewählte Geschichte überhaupt „literarisch wertvoll" oder „emanzipatorisch relevant" ist (eigentlich hatte ich mir vorgenommen, das Wort „emanzipatorisch" zu vermeiden); ob es sinnvoll ist, Fakten abzufragen, wenn man überprüfen möchte, ob Schüler eine Geschichte verstanden haben; ob ein Lehrer nicht überhaupt darauf verzichten sollte, viele Fragen zu stellen; ob die Diskussion nicht genau so gelenkt bleibt, wenn die engen Fragen durch weite Fragen ersetzt werden usw. Es ist nützlich, wenn diese und andere Fragen beim Training mitdiskutiert werden. Wichtig ist nur, daß es nicht bei Grundsatzdiskussionen bleibt und man etwa das Problem der Verminderung dirigierenden Lehrerverhaltens nicht nur auf der Ebene verbaler Beteuerungen löst (was sehr einfach ist), statt Versuche zum Erwerb geeigneter Skills zu machen. In diesem Fall ist die Fertigkeit, weite Fragen zu stellen, nicht *die* Methode, zu einer offeneren Diskussion zu kommen, sondern nur *ein* Skill, der bei der Verwirklichung dieses Ziels mithilft. Darum müssen bei anderen Gelegenheiten weitere Skills trainiert werden, denn es ist nicht möglich, alles auf einmal zu lernen. Die Gefahr, daß durch Skill-Training rigide lehrerzentrierte Unterrichtsformen stabilisiert und konserviert werden, besteht sicher. Aber das Gegenrezept ist hier nicht kritisches Bewußtsein allein, sondern das beharrliche Bemühen, in kleinen Schritten geeignete Fertigkeiten aufzubauen, ohne dabei die Ziele aus den Augen zu verlieren. Dazu muß man das Bedürfnis, das Problem des angemessenen Lehrerverhaltens sofort und ein für alle mal „richtig" zu lösen, aufschieben können.

Zur Analyse der Beispielsituationen werden von *Amidon* und *Hunter* oft Aufgaben gestellt. Die Analysefragen zu einer Situation, in der ein Lehrer mit seinen Schülern eine Unterrichtseinheit über Mexiko plant und die Schüler zu motivieren versucht, lauten:

„1. Wie würden Sie das Verbalverhalten des Lehrers und der Schüler mit den VICS-Kategorien beschreiben?
   a) Sind die Lehrerfragen eng oder weit?
   b) Sind die Schülerantworten vorhersagbar oder nicht?
   c) Akzeptiert der Lehrer Schülergedanken oder lehnt er sie ab?
   d) Finden Sie ein Beispiel, wo der Lehrer die Gefühle von Schülern akzeptiert.
  2. In welchem Umfang sind die Schüler in dieser Situation an der Entscheidung beteiligt?
   a) Wer wählte das Thema und den Unterrichtsstoff aus?
   b) Von wem wurde die Entscheidung über die Arbeitsverfahren getroffen?
   c) Welche Auswahlmöglichkeiten haben die Schüler?
  3. Glauben Sie, daß die Schüler sich auf die geplante Arbeit freuen? Falls ja, warum?" (*Amidon/Hunter*, 1967 a, 33).

Häufig wird auch dazu aufgefordert, die impliziten Annahmen zu erforschen, die sich im Lehrerverhalten ausdrücken:

„Welches sind einige der Theorien, die Mrs. Linton über das Motivieren von Schülern zu haben scheint?" (*Amidon/Hunter*, 1967 a, 40).

Manchmal werden auch kurze kontrastierende Situationen vorgestellt:

Situation A
„Ich werf mein Bild in den Papierkorb. Es ist blöd geworden."

„Sei doch nicht albern. Das ist ein hübsches Bild", sagte die Lehrerin.
„Ich find es blöd. Es ist nicht hübsch." Das Kind knüllte das Bild zusammen und warf es weg.
„Sowas macht man nicht mit seinen Bildern. Du darfst nicht mehr malen, wenn du Papier verschwendest."
„Ich hab sowieso keine Lust zum Malen. Ich kann nicht gut malen."
„Gut, wenn du das meinst, dann mach was anderes."

Situation AA

„Ich werf mein Bild in den Papierkorb. Es ist blöd geworden."
„Das hört sich an, als ob dir das Bild, das du heute morgen gemalt hast, nicht gefällt", sagte die Lehrerin.
„Das ist geschmiert."
„Manchmal möchten wir unsere Bilder wegwerfen, wenn wir sie nicht gut finden."
„Ich mach sowieso ein anderes. Wolln Sie dies haben?" Das Kind gab der Lehrerin das Bild und ging zur Staffelei, um wieder zu malen. (*Amidon/ Hunter*, 1967a, 168; Kapitel „Counseling". Im Text folgen 12 weitere Situationen.)

Analyse:

Im ersten Beispiel versucht der Lehrer erfolglos, den Schüler zu ermutigen. Er will das Kind überzeugen, daß seine Unzufriedenheit unbegründet ist. Dabei lehnt er die Gefühle des Kindes ab oder ignoriert, was es gesagt hat. So sagt er eigentlich: „Ich will von deinen Gefühlen nichts hören; sie sind unwichtig; halt deinen Mund." Trotzdem glaubt der Lehrer wahrscheinlich, daß er das Kind mit seinem Verbalverhalten beruhigt.
Bestimmte Formen des Lobs können Verteidigungsmechanismen auslösen. Wenn ein Kind aufgeregt, wütend usw. ist, dann wird diese Art des Lobs, die sagt „Du kannst es schon, mach dir nichts draus!", sich oft negativ auswirken.
Akzeptieren von Gefühlen ist nicht dasselbe wie Lob. Lob ignoriert die Gefühle oft völlig, da es sich meist auf Verhalten oder Gedanken bezieht.

Skill-Training:

Reagieren Sie mit zwei verschiedenen Verhaltensweisen auf die folgenden

Schüleräußerungen. Versuchen Sie zuerst, den Sprecher zu überzeugen, daß seine Sorgen unbegründet sind. Akzeptieren Sie dann seine Gefühle.

1. Ich glaube, ich bleibe dieses Jahr sitzen.
2. Ich hab nicht so ein schönes Kleid wie sie.
3. Glauben Sie, daß sie mich leiden mag?
4. Im Dunkeln hab ich aber Angst.
5. Mein Aufsatz taugt nichts.
6. Ich mach ja doch immer alles falsch.
7. Bei der Aufführung geht das bestimmt schief mit mir.
8. Diese Aufgaben werde ich nie begreifen.
9. Bei denen in der Gruppe stör ich nur. (*Amidon/Hunter*, 1967 a, 172 f.).

Ein weiterer Aufgabentyp dient dem „Variabilitätstraining": es soll geübt werden, möglichst viele verschiedenartige Verhaltensweisen zu verwenden. Die Trainierenden werden aufgefordert, alle Lehreräußerungen aus einer Unterrichtssituation so umzuformulieren, daß sie in mehrere andere Beobachtungskategorien fallen.

Beispiel:

In einem Unterrichtsprotokoll heißt es:
S   Die Gastarbeiter haben schlechtere Wohnungen und müssen viel zu viel dafür bezahlen.
L   Was bezahlen sie denn für eine Wohnung?

Statt auf die Schüleräußerung mit einer engen Frage zu reagieren, könnte der Lehrer eine Information geben („Viele Gastarbeiter müssen auch auf sehr engem Raum mit vielen anderen zusammenwohnen."), eine weite Frage stellen („Warum ist das oft so?"), eine Anweisung geben („Bitte schreib das auch an die Tafel."), den Schüler um Klärung bitten („Kannst du bitte einmal genauer erklären, was du mit „schlechteren Wohnungen" meinst?"), den Schülergedanken akzeptieren („Du hast recht."), die Gefühle des Schülers akzeptieren („Du bist empört darüber und findest es ungerecht."), das Verhalten des Schülers akzeptieren („Ich freu mich, daß du dich gemeldet hast."), andere Schüler zur Stellungnahme auffordern („Was wißt *ihr* über die Wohnverhältnisse der Gastarbeiter?"), den Schüler auf eine Unklarheit aufmerksam machen („Du sagtest ‚schlechtere'. Womit vergleichst du denn die Wohnungen der Gastarbeiter?") usw.

Es ist anzunehmen, daß Lehrer durch solche Übungen ein variableres Verhaltensrepertoire erwerben.

2. Wahrnehmungstraining

Wenn wir miteinander interagieren, nehmen wir fortlaufend die Signale unserer Interaktionspartner wahr und versuchen, diese Zeichen zu interpretieren. Je nach der Bedeutung und den Zielen der Interaktionssituation sind verschiedene Signale relevant. Wir brauchen also nicht nur die Fähigkeit, Signale einigermaßen richtig zu deuten, sondern wir müssen auch wissen, welche Signale in einer bestimmten Situation bedeutsam sind.

Für das Training der Wahrnehmungssensitivität (perceptual sensitivity training) ergeben sich daher folgende Problembereiche: Auf welche Signale soll man achten? Wie sind die Signale zu erkennen und zu unterscheiden? Welche Bedeutung haben sie? Wann sind sie zu beachten? (*Argyle*, 1969b, 75).

Ein Beispiel für Inhalte und Methoden eines Wahrnehmungstrainings für Lehrer ist eine Arbeit von *Jecker* et al. (1972). Die Autoren gehen davon aus, daß Lehrer während des Unterrichts nur von wenigen Schülern verbales Feedback einholen können und daher weitgehend darauf angewiesen sind, an nichtverbalen Verhaltensweisen abzulesen, ob die Schüler den Unterrichtsstoff verstehen. Voruntersuchungen hatten ergeben, daß die Fähigkeit, nichtverbales Schülerverhalten richtig zu interpretieren, bei erfahrenen wie unerfahrenen Lehrern offenbar unentwickelt war. Das Problem war jetzt: Gibt es nichtverbale Signale, die als Anzeichen für Verstehen oder Nichtverstehen gedeutet werden können? Und falls ja, läßt sich die Fähigkeit, diese Signale wahrzunehmen und richtig zu deuten, durch Training verbessern?

Zur Untersuchung dieser Fragen ließ man 20 Versuchspersonen in verschiedenen Klassen unterrichten. Die Lehrer hatten eine festgesetzte Folge kurzer Informationseinheiten zu vermitteln. Nach jeder Informationseinheit beantworteten die Schüler auf einem Testbogen eine Frage. So konnte überprüft werden, ob sie die Information verstanden hatten.

Während des Unterrichts wurden einzelne Schüler über mehrere Informationseinheiten hinweg gefilmt. Aus diesem Material stellte man Serien kurzer Filme her, die das Verhalten während der Informationsaufnahme zeigten. Im Vortest beurteilte jede Versuchsperson etwa 100 dieser Filme danach, ob der gezeigte Schüler die Information verstanden hatte oder nicht.

Die Forscher stellten jetzt eine Liste von nichtverbalen Signalen zusammen, deren Beachtung ein Urteil über Verstehen bzw. Nichtverstehen ermöglicht. Die endgültige Liste hatte 14 Items:

1. Ansehen der Informationsquelle (Wenig oder gar nicht — etwas — viel — praktisch immer)
2. Wegschauen von der Informationsquelle
3. Geschwindigkeit der Augenbewegungen von der Informationsquelle fort und zurück
4. Blinzeln (häufiger oder seltener als normal?)
5. Auftreten des Blinzelns (gehäuft oder gleichmäßig verteilt?)
6. Senken der Augenbrauen (Stirnrunzeln)
7. Intensität des Stirnrunzelns
8. Heben der Augenbrauen
9. Intensität beim Heben der Augenbrauen
10. Handbewegungen im Gesicht
11. Häufigkeit von Körperbewegungen
12. Intensität von Körperbewegungen
13. Mundbewegungen
14. Kaut Kaugummi oder lutscht Bonbons
15. Ich vermute, die Antwort des Schülers war falsch/richtig.

Eine Gruppe von Vpn erhielt ein insgesamt etwa 8stündiges Training. In 4 Sitzungen sah man sich 15 bis 30 Filme an, füllte für jeden das Papier über das nichtverbale Schülerverhalten aus, beurteilte, ob der Schüler verstanden hatte oder nicht, diskutierte die Ergebnisse und erhielt Feedback, ob man richtig oder falsch geurteilt hatte.

Der Nachtest zeigte, daß die Trainingteilnehmer ihre Urteilsfähigkeit verbessert hatten, wenn auch nur in relativ bescheidenem Umfang. Bei diesem Experiment gab es übrigens keine Hinweise, daß Lehrer das nichtverbale Verhalten ihrer eigenen Schüler exakter interpretieren als das Verhalten fremder Schüler. Die Befunde widersprechen auch nicht der Annahme, daß die Signale, an denen man Verständnis für den Unterrichtsstoff ablesen kann, bei allen Schülern ziemlich die gleichen sind.

Was Lehrer wahrnehmen und wie sie es deuten, hängt stark von ihren Hintergrunderwartungen ab. Wenn ich befürchte, daß Schüler meine Autorität beschädigen wollen, bin ich leichter geneigt, unerwartetes und abweichendes Verhalten als Frechheit, Unverschämtheit und Aggression gegen mich zu erleben. Wahrnehmungstraining muß deswegen oft durch die Modifikation einseitiger Hintergrunderwartungen unterstützt werden. Man wird sich klarmachen, daß „Unverschämtheit" eines Verhaltens nur dann gegeben ist, wenn der Interaktionspartner das Verhalten entsprechend interpretiert. Ich sage sehr viel über mich selbst aus, wenn ich im Verhalten von Schülern bevorzugt Aggression erkenne und Dimensionen wie Angst, Mut, Verzweiflung, Albernheit, Kritikfähigkeit, Fröhlichkeit, Interessiertheit ständig übersehe.

Aufgaben:

1. Wahrnehmungstraining bezieht sich auch auf die Wahrnehmung des eigenen Verhaltens. Wie können Sie Ihre Selbstwahrnehmung verbessern?
2. Lehrer müssen sich oft in die Gedanken und Gefühle von Schülern hineinversetzen können (Was meint er damit? Welchen Denkfehler macht sie? Welcher Gedankengang steckt dahinter? Welche Emotionen drückt dieses Verhalten aus?). Wie können Lehrer in diesem Bereich eine größere Sensibilität erreichen?
3. „Der erfolgreiche, erfahrene Lehrer erkennt schon durch visuelle Hinweise schnell Anzeichen von Interesse, Langeweile, Verständnis oder Verwirrung. (...). Er kann dann sein Tempo ändern, den Gegenstand wechseln, wenn nötig neue Lehrstrategien einführen und die Qualität seines Unterrichts verbessern." (**Olivero/Brunner,** 1973, 21). Überlegen Sie sich Trainingsmöglichkeiten.
4. Man kann als Lehrer versuchen, die Schüler zu „motivieren". Häufig mißlingt das. Eine andere Möglichkeit ist, Motivationen, die bei Schülern entstehen, aufzugreifen und im Unterricht in der Richtung weiterzugehen, die von Schülern eingeschlagen wird. Dies erfordert vom Lehrer einen besonderen Grad von Flexibilität, muß er doch von seinem Plan abweichen können. Das Problem ist: Wie kann ich als Lehrer erkennen, wenn Schüler motiviert sind? Beobachten Sie Unterrichtsstunden und versuchen Sie, Motivationen von Schülern zu entdecken.

3. Training durch Simulierung sozialer Skills

Skill-Training wird am günstigsten in Kleingruppen durchgeführt. *Flanders* (1970, 248—258) nennt seine Variante dieses weitverbreiteten Verfahrens Simulated Social Skill Training (SSST).

Der Grundgedanke ist, die Trainierenden in eine Situation zu versetzen, in der spontane Interaktion möglich ist, so daß bestimmte Verhaltensmuster trainiert werden können.

Am SSST nehmen möglichst nicht mehr als 3 bis 5 Personen teil. Die Trainierenden übernehmen im Wechsel drei verschiedene Rollen:

1. Der *Akteur* bemüht sich, die Verhaltensweisen zu äußern, die er trainieren will.
2. Ein anderer Teilnehmer macht den Interaktionspartner. Er liefert die Stichworte, auf die der Akteur reagieren muß. Dies können verbale oder auch nichtverbale Verhaltensweisen sein.
3. Der Beobachter hält die auftretenden Verhaltensweisen fest (z. B. als Time Line) oder sammelt in anderer Weise geeignete Daten, um hinterher präzise Rückmeldung geben zu können.

Flanders schlägt für das SSST die folgenden Arbeitsschritte vor:

1. Man einigt sich über ein Verfahren, nach dem die Teilnehmer untereinander regelmäßig ihre Rollen tauschen, so daß jeder Teilnehmer einmal Akteur, Stichwortgeber und Beobachter ist.
2. Man diskutiert den zu trainierenden Skill, sammelt Diskussionsthemen, die zum Training geeignet sind, wählt das Thema für die erste Übung und stellt Themen für die weiteren Übungen der anderen Akteure bereit.
3. Man entscheidet, wer die Interaktion beginnt, nach welchem Plan der Akteur sich an der Interaktion beteiligen soll und wann und von wem die Interaktion abgebrochen werden soll.
4. Man überlegt sich passende Evaluationsmethoden. Welche Daten soll der Beobachter sammeln und wie? In welcher Weise können diese Daten und die Meinungen der Teilnehmer dem Akteur am günstigsten vermittelt werden?
5. Man führt die erste Trainingssitzung durch und gibt dem Akteur anschließend Feedback über sein Verhalten.
   Das Verfahren wird diskutiert und bei Bedarf abgewandelt. Sobald das Training funktioniert und jeder einmal Akteur war, kann die Aufgabenschwierigkeit erhöht werden, entweder indem die Interaktionspartner neue Instruktionen bekommen oder indem die Aufgabe des Akteurs anders definiert wird.
6. Man ist immer bereit, die Trainingsprozedur zu verändern, die Themen zu wechseln, zu neuen Skills überzugehen, damit das Training nicht zur Routine erstarrt und ineffektiv wird. Der Schwierigkeitsgrad der Aufgaben sollte so bemessen sein, daß die Teilnehmer weder entmutigt noch gelangweilt werden.

Beispiel:

Trainingsziel ist die Verwendung verschiedenartiger Fragen. Die Stichwortgeber unterhalten sich über ein Thema, und der Akteur hat die Aufgabe,
etwa alle 30 bis 40 Sekunden eine Frage zu stellen.
Anfangs versucht er nur, abwechselnd enge und weite Fragen zu stellen.
Dabei werden die Unterscheidungskriterien nach und nach deutlicher. Man
findet heraus, welche Effekte Was-, Wo- oder Wann-Fragen im Unterschied
zu anderen Formulierungen (Warum . . .? — Erkläre bitte, wie . . . — Welche Meinung hast du dazu?) haben.
Man kann erforschen, bei welchen Fragen die Antworten länger ausfallen,
welche Fragentypen für bestimmte unterrichtliche Absichten (z. B. Diagnose
von Lernschwierigkeiten, Motivierung, Zusammenfassung) besonders günstig sind usw.
In einer späteren Sitzung kann das Trainingsziel die Verwirklichung einer
bestimmten Fragestrategie sein, etwa die, durch geeignete Fragen die Abstraktionsebene des Gesprächs zu ändern, indem man vom Besonderen ausgehend schrittweise zum Allgemeinen überleitet. Als weitere Erschwerung
kann die Bedingung eingeführt werden, daß der Trainierende nur solche
Fragen stellen darf, die auf den Gedanken der Interaktionspartner basieren.

4. Rollenspiel, Simulation von Unterricht und Planspiel

Diese drei Formen lassen sich nicht scharf voneinander abgrenzen. Gemeinsam ist allen, daß die Teilnehmer die Rollen von Lehrern und/oder Schülern übernehmen und Erfahrungen machen, indem sie probeweise interagieren und anschließend Feedback über ihr Verhalten bekommen. Die
Unterschiede liegen im Grad der Strukturiertheit: Rollenspiele im engeren
Sinne sind relativ spontan und unstrukturiert, die Spieler improvisieren weitgehend und sind durch wenige Bedingungen eingeschränkt. Bei der Simulation von Unterricht wird versucht, die Praxissituation bis in Einzelheiten
nachzubilden, um die Bedingungen für die Trainierenden realistischer zu
gestalten, und Planspiele sind Rollenspiele, in denen — manchmal tagelang
— Prozesse und Entscheidungssituationen simuliert werden, die im wirklichen Leben Wochen oder sogar Monate dauern.
Rollenspieltechniken sind für Lehrerbildung und Verhaltenstraining besonders wertvoll, weil sie sehr vielseitige Lernerfahrungen vermitteln. Man
spricht nicht nur über Handlungen, sondern handelt wirklich und kann anschließend fundierter darüber sprechen.

Im Rollenspiel lerne ich mich selbst besser kennen; ich erfahre nicht nur, wie ich mich in einer neuen Situation verhalte, sondern auch, welche verborgenen Einstellungen und Erwartungen ich habe. Ich beobachte, welche Verhaltensmöglichkeiten andere Spieler verwirklichen und bekomme Ideen und Modelle für mein eigenes Verhalten. Ich kann ohne Risiko Verhaltensweisen äußern, die ich in der Ernstsituation vielleicht vermeiden würde (vor Schülern einen Fehler, Unkenntnis, Ratlosigkeit zugeben, sich bei einem Schüler entschuldigen usw.). Ich kann mich auch auf solche Probleme vorbereiten, die in einem Praktikum oft nicht auftreten, weil sie unregelmäßig und selten sind. Ich lerne, mich in die Situation von Schülern hineinzuversetzen, weil ich im Rollenspiel auch einmal Schüler bin und das Problem so von der anderen Seite sehen und erleben kann.

Rollenspiele können für viele Zwecke eingesetzt werden:

— zur Klärung und Analyse von Problemsituationen,
— zum Entdecken und Erfinden von Verhaltensweisen,
— zum Experimentieren mit Skills und Strategien, wobei Hypothesen über die Auswirkungen gefunden werden,
— zur Erarbeitung von Lösungsvorschlägen für Interaktionsstörungen,
— zum Skill-Training,
— zum Beobachtungstraining,
— zum Bewußtmachen und Reflektieren von Einstellungen, Rollenerwartungen, Situationsdefinitionen, Heimlichen Theorien.

Auch zur Unterrichtsvorbereitung sind Rollenspiele nützlich. Das mehrmalige Durchspielen einer Unterrichtsstunde oder bestimmter Teilabschnitte vor der Verwirklichung in der Schulklasse wird dazu beitragen, daß der Lehrer flexibler auf unerwartete Äußerungen und Ereignisse reagieren kann und sich weniger ängstlich an einen starren Plan klammern muß. Es erweitert den Horizont beträchtlich, wenn man vor der Unterrichtsstunde drei ganz verschiedene Diskussionen über das gleiche Problem geleitet hat. Die vierte Diskussion wird wahrscheinlich offener sein, als sie es ohne diese Vorerfahrungen geworden wäre.

Bei rollenspielunerfahrenen Lehrern und Studenten stößt der Vorschlag, ein Problem mit Hilfe von Rollenspiel zu bearbeiten, oft auf starkes Mißtrauen. Sofort werden viele Bedenken und Ausreden vorgetragen, und es entwickelt sich eine Diskussion, die oft erst dann wieder abflaut, wenn die Zeit für ein Rollenspiel sowieso nicht mehr ausreichen würde. Es wird eingewendet, daß man durch Rollenspiele keine Kenntnisse erwerben könne, daß das Verfahren steif, unnatürlich, künstlich sei u. v. a. Die Gruppe erstarrt sozusagen in Abwehr, und es ist schwer, sie noch in Bewegung zu bringen. Diese anfänglichen Hemmungen setzen sich oft noch in den ersten Versuchen fort und zeigen sich etwa darin, daß Teilnehmer verkrampft agieren, daß ihnen die Worte im Halse stecken bleiben und sie plötzlich ein Brett vor dem Kopf zu haben glauben. Manche Teilnehmer weichen in Übertreibung und Albernheit aus und verbergen sich so hinter ihrem Spiel. Man muß auch erst lernen, daß es nicht darauf ankommt, wirkliche Schüler nachzuahmen und in eine Rolle zu schlüpfen, die sowieso nicht paßt. Denn dabei kommen oft nur Karikaturen zustande, die mehr den Stereotypen aus Paukerfilmen ähneln als wirklichen Schülern. Beim Rollenspiel geht es nicht darum, brilliante Einfälle zu haben und sich als Schauspieler zu produzieren, sondern es genügt, einfach auf den Lehrer zu reagieren, wenn man einen Schüler spielt. Man braucht sich dabei keinesfalls gewaltsam zu verstellen.

Um das Unbehagen vor Rollenspielen abzubauen, können vorbereitende Improvisations- und Lockerungsspiele durchgeführt werden. *U. Zifreund* (1971) schlägt vor, solche zweckfreien Übungen im Rahmen des Microteaching anzubieten, um Unbefangenheit zu fördern und Kreativität und Experimentierfreudigkeit freizusetzen. Dadurch könnten ungewollte Nebenwirkungen der mehr leistungsorientierten Trainingsveranstaltungen kompensiert werden, etwa die Tendenz zu Konformität.

Themen für Rollenspiele sind alle Probleme und Interaktionen, mit denen es Lehrer in ihrem Beruf zu tun haben. Man kann sich eine Sammlung der häufigsten Problemsituationen anlegen (vgl. *Rave-Schwank/Kallinke*, 1973). Rollenspielthemen könnten nach Lehrerfunktionen geordnet werden. Die im 1. Kapitel zitierten Probleme können zu Rollenspielaufgaben entwickelt werden.

Beispiele für Rollenspielthemen

1. Verschiedene Formen der Themenfindung für ein Gespräch oder eine Diskussion werden durchgespielt: a) Der Lehrer schlägt mehrere Themen vor, die Schüler wählen eins aus. b) Der Lehrer bestimmt das Thema allein. c) Schüler schlagen Themen vor und wählen eins aus usw

2. Verschiedene Formen der Gesprächsleitung werden ausprobiert: a) Der Lehrer nimmt die Schüler dran, die sich melden. b) Ein Schüler nimmt dran. Auch der Lehrer muß sich melden. c) Der letzte Sprecher nimmt jeweils den nächsten dran. d) Ein Schüler macht eine Rednerliste und ruft die Sprecher

auf. e) Das Gespräch wird überhaupt nicht geleitet. Jeder Schüler entscheidet selbst, ob und wann er spricht usw.

3. Verschiedene Techniken der Gesprächssteuerung: der Lehrer gibt Denkanstöße, wenn das Gespräch zu versanden droht; er hilft Schülern bei der Formulierung schwieriger Gedanken, indem er manchmal passende Wörter oder Sätze einwirft; er verbessert Fehler oder Ausdrucksmängel, indem er richtige oder passende Ausdrücke dazwischenspricht (S: Ich kann mich nicht denken ... L: Ich kann mir nicht denken ... S: Ich kann mir nicht denken, daß das richtig sein soll, was Eduard gesagt hat usw.); er fordert Schüler, die sich unverständlich ausdrücken, auf, das Gemeinte klarer zu formulieren usw. Bei jedem Spieldurchgang sollte nur eine begrenzte Zahl solcher Skills ausgeführt werden.

4. Das folgende Beispiel hat mehr Simulationscharakter: Gespielt wird der Beginn einer Zeichenstunde. Information für den „Lehrer": Für diese Stunde haben Sie geplant, mit den Schülern Collagen anzufertigen. Die Schüler sollten eine alte Illustrierte, eine Schere und Klebstoff mitbringen.
Der Lehrer-Spieler wird in einen anderen Raum geschickt, um sich zu überlegen, wie er die Stunde beginnen will.
Inzwischen machen sich die „Schüler" einen Plan: einer nach dem anderen will sich melden und dem Lehrer erklären:

— „Ich konnte die ‚Hör zu' nicht mitnehmen, weil die Woche noch nicht zu Ende ist."
— „Ich hab die Schere vergessen."
— „Wir hatten keine Klebe zu Hause." usw.

Wenn der Lehrer die Klasse fragt, wer alle geforderten Gegenstände mitgebracht hat, melden sich nur ganz wenige Schüler. Verleihen möchten sie ihre Sachen nicht. Diese Situation wird nacheinander möglichst von mehreren Lehrern durchgespielt. Das Spiel wird abgebrochen, wenn jeder Lehrer gezeigt hat, wie er in dieser Situation reagiert. Beobachter machen sich Notizen über das Geschehen.

Der Ablauf eines Rollenspiels

1. Die Situation: Vier Teilnehmer spielen nacheinander einen Lehrer. Sie

bekommen einige Minuten Zeit, um sich einen Einstieg für eine beliebige Unterrichtsstunde auszudenken.

Die übrigen Teilnehmer spielen Schüler, einer von ihnen wird zu spät kommen und sich wie folgt verhalten: mit der Tür knallen, die Tasche auf den Tisch schmettern, sich geräuschvoll und herausfordernd hinsetzen, „Guten Morgen" brüllen, den Lehrer anstarren und seine Reaktion abwarten. Wenn es irgend geht, will er zum Lehrer sagen: „Was hab ich denn getan? Ich bin doch höchstens fünf Minuten zu spät. Das kann doch mal vorkommen." — Dann: „Weswegen regen Sie sich denn so auf?" Der Schüler reagiert herausfordernd und aggressiv, wenn der Lehrer ihm nur den kleinsten Anlaß dazu gibt. Die übrigen Schüler handeln nur auf Aufforderung des Lehrers. Die Rolle des zu spät kommenden Schülers kann zur Probe einmal durchgespielt werden. Einige Teilnehmer werden als Beobachter eingesetzt.

2. Die Durchführung: Ein Lehrer beginnt, während die anderen in einem Nebenraum warten. Jedes Spiel dauert nur wenige Minuten und wird dann abgebrochen. Kurze Rollenspiele von 2 bis 3 Minuten sind oft günstiger als längere Spiele, weil sie besser analysiert werden können, die Belastung für die „Hauptdarsteller" geringer ist und mehr Teilnehmer zum Spielen kommen. Wird die gleiche Situation nacheinander durch verschiedene Lehrer gespielt, so erhält man kontrastierende Verhaltensproben, die anregende Feedback-Diskussionen ermöglichen.

Die einzelnen Lehrer verhalten sich in der oben skizzierten Situation recht verschieden.

Lehrer A ignoriert den hereinkommenden Schüler völlig und fährt einfach fort zu unterrichten. Man bemerkt aber, daß er durch das Verhalten des Schülers sehr irritiert ist und sich nur mühsam beherrscht. Der Schüler hat jedoch für den Augenblick keinen Anlaß, weitere Angriffe zu starten.

Lehrer B antwortet mit Gegenaggression. Er stellt den Schüler zur Rede, bemängelt, daß er den Unterricht gestört hat, will ihn belehren, wie „man" sich verhält, wenn man zu spät kommt (als ob der Schüler das nicht wüßte) und möchte ihn dazu bringen, daß er „Selbstkritik übt". Der Schüler reagiert entsprechend aggressiv.

Lehrer C ignoriert das aggressive Verhalten, wartet einen Augenblick, bis der Schüler sich ausgetobt hat und teilt ihm dann freundlich mit, womit man im Unterricht gerade beschäftigt ist. Der Schüler wendet sich dem Unterrichtsthema zu.

Lehrer D drückt sein Mißfallen nichtverbal aus, indem er das bei vielen Primaten verbreitete Drohstarren einsetzt. Im Unterricht entsteht eine längere Pause, während der Lehrer den Schüler scharf fixiert. So bekommt der

Schüler Gelegenheit, seinen Text anzubringen, und der Lehrer wird gezwungen, hierauf zu reagieren.

3. Feedback: Die Teilnehmer beurteilen, welcher Lehrer die Situation nach ihrer Ansicht am besten gemeistert hat, indem sie eine Rangreihe aufstellen. Die Ergebnisse werden an der Tafel zusammengestellt:

	A	B	C	D
Beste Lösung	I		̶III I	II
Zweitbeste Lösung			I	IIII
Drittbeste Lösung	̶III	III		I
Viertbeste Lösung	I	IIII		

Dieses Ergebnis fordert dazu auf, nach Begründungen zu suchen und regt sofort eine sehr lebhafte Diskussion an. (Eine Beurteilung dieser Art sollte unterbleiben, wenn man befürchten muß, die Spieler dadurch zu verunsichern und zu verletzen.)

Die Beobachter geben ihre Berichte. Sie haben z. T. wörtlich mitgeschrieben, was der Lehrer jeweils sagte und sein nichtverbales Verhalten beschrieben. Die Ergebnisse können an der Tafel zusammengestellt werden.

In der Diskussion geben auch die anderen Teilnehmer Rückmeldung. Von besonderem Wert sind die Reaktionen des „Opfers". Wie hat das Lehrerverhalten auf den aggressiven Schüler gewirkt? Welche Gedanken sind ihm gekommen?

Bei Lehrer A hatte er das Gefühl: „Das klappt noch nicht so. Bei dem muß ich das nächste Mal etwas stärkere Mittel einsetzen." Der Schüler wird nach einer passenden Gelegenheit suchen.

Lehrer B entspricht mit seinem Verhalten am besten den Erwartungen des Schülers: „Das hat ja gut geklappt. Er regt sich auf. Das werde ich öfter mal machen."

Lehrer C bringt den „Bösewicht" aus der Fassung: das Lehrerverhalten rechtfertigt nicht, wie der Schüler gehofft hatte, nachträglich das aggressive Verhalten. Er ist etwas beschämt und überlegt sich, ob es nicht vielleicht etwas unpassend war, so in die Klasse hineinzuplatzen.

Wie Lehrer A und B verstärkt auch Lehrer D das aggressive Schülerverhalten. Auf seinen drohenden Blick antwortet der Schüler: „Was gucken Sie mich denn so an? Ist es ein Verbrechen, wenn man mal eine Minute zu spät kommt?"

Teilnehmer an einem Rollenspiel haben, besonders wenn sie ihre Rolle selbst in den Einzelheiten geplant haben, während des Spiels echte Gefühle und Gedanken, über die sie hinterher Auskunft geben können. Die Situation wird in vielen Fällen ziemlich echt: man freut oder ärgert sich, als wäre es kein Spiel, sondern Wirklichkeit.

Aufgaben:

1. Welche Lernerfahrungen können die Teilnehmer an dem oben beschriebenen Rollenspiel in ihren verschiedenen Funktionen — als Lehrer, Schüler, Beobachter — machen?
2. Notieren Sie verschiedene Themen für eine Diskussion, die nach diesem Rollenspiel stattfindet.
3. Welche Lehrer sind ein gutes Modell für sinnvolles Lehrerverhalten und warum?
4. Welche Verhaltensweisen könnten Lehrer in dieser Rollenspielsituation sonst noch äußern? Wie hätten Sie sich verhalten? Was haben Sie in ähnlichen Situationen im Unterricht getan?
5. Wie müßte dieses Rollenspiel organisiert sein, wenn es dazu dienen soll, bestimmte Skills einzuüben? Überlegen Sie sich eine Folge ähnlicher Situationen, in denen die gleichen Skills geübt werden können.
6. Welche Skills kommen in Frage?
7. Sammeln Sie Rollenspielsituationen zu verschiedenen Problemkreisen.
8. Führen Sie — im Seminar, mit Kollegen oder Freunden — Rollenspiele zu den folgenden Situationen durch:
   — Schüler einer Klasse streiken, wollen nicht mitarbeiten;
   — ein Schüler beschwert sich beim Lehrer über einen Mitschüler;
   — ein Schüler liest im Unterricht Pornohefte;
   — ein Schüler versteht eine Aufgabe nicht und macht Fehler, der Lehrer muß die Aufgabe erklären.
   (Ein wichtiges Problem, über das Lehrer nachdenken müssen, wenn sie solche Spiele machen, ist: **Was** finde ich **wie** „schlimm"? Ist es z. B. „schlimm", Pornohefte zu lesen — und dann noch im Unterricht?)

Werden Rollenspiel und Simulation zum Skill-Training eingesetzt, dann ergibt sich das Problem des Transfer. Lassen sich Verhaltensweisen, die man im Spiel beherrscht, auf eine Unterrichtssituation mit richtigen Schülern übertragen? *Emmer* (1971) fand, daß Studenten, die durch Simulation von Unterricht in kleinen Gruppen von Studenten verschiedene Skills gelernt hatten, die erworbenen Fertigkeiten auch anwenden konnten, als sie kleine Gruppen wirklicher Schüler unterrichteten. Überraschend war das Ergebnis, daß sich dabei die Leistungen z. T. erheblich verbesserten. Obwohl der Unterricht in

Kleingruppen noch nicht völlig der Schulklassensituation entspricht — durch die Kleingruppen wird ja auch nur die vollständige Schulklasse simuliert — zeigt dieses Experiment doch, daß erworbene Verhaltensmuster von künstlicheren in echtere Situationen übertragen werden können. *Planspiele* simulieren gesellschaftliche Prozesse und Konflikte. Sie eignen sich mehr dazu, das Problembewußtsein zu schärfen, als spezifische Skills zu trainieren. Ein Planspiel geht oft von einem bestimmten Fall aus: Schwierigkeiten auf einer Klassenfahrt oder einem Schulfest, Probleme mit einer „schwierigen" Klasse, ein Konflikt zwischen Lehrern und SMV, Beschwerden von Eltern über einen Lehrer und seinen Unterricht können Themen für Planspiele sein. Die Spieler bekommen Informationsmaterial für den Fall, übernehmen die Rollen der beteiligten Personen und Parteien und müssen die entsprechenden Entscheidungen treffen und durchführen, wobei ihnen die Spielleitung noch oft Knüppel zwischen die Beine wirft, indem sie ab und zu überraschende Zusatzinformationen einfüttert, die mitberücksichtigt werden müssen.
Planspiele führen meist über den engen Rahmen der Schüler-Lehrer-Interaktion hinaus, bei ihnen kommt die Schule als Organisation und das gesellschaftliche Umfeld der Schule in den Blick (vgl. *Ruhloff*, 1970; *Taylor/ Walford*, 1972; *J. Rogers*, 1971, 113—130).
Weitere Literatur: *Elms*, 1969; *Petzold*, 1972.

5. Microteaching und Minikurse

Microteaching ist beides: simulierter Unterricht und wirkliches Unterrichten. Dabei schlägt man zwei Fliegen mit einer Klappe: Man erwirbt berufliche Fertigkeiten, indem man sie tatsächlich praktiziert, und gleichzeitig wird die Komplexität des Berufsfeldes verringert, so daß man einzelne Fertigkeiten trainieren kann und nicht von Anfang an die gleiche Arbeit tun muß wie ein „fertiger" Lehrer.
Die Vereinfachung besteht beim Microteaching darin, daß der Trainierende nur wenige Schüler und nur kurze Zeit (5 bis 20 Minuten) unterrichtet; daß er nicht *alles* richtig machen muß, sondern nur wenige Fertigkeiten übt und daß er nicht alles *richtig* machen muß, weil die Schüler keinen Nachteil davon haben, wenn sie nicht genug lernen.
Die einzelnen Schritte beim Microteaching sind:

1. Der Trainierende informiert sich über das Skill-Verhalten, das er üben

will. Wenn möglich, werden Verhaltensmodelle beobachtet. Es ist oft gezeigt worden, daß schon das bloße Anschauen von Modellen zu Verhaltensänderungen führen kann (z.B. *Lange*, 1971). Die Wirksamkeit eines Modells wird weiter erhöht, wenn der Beobachter auf wichtige Merkmale des Modellverhaltens aufmerksam gemacht wird.

2. Der Trainierende bereitet einen Unterrichtsversuch vor, bei dem er die ausgewählten Skills ausführen kann.
3. Der Unterrichtsversuch wird in einer kleinen Schülergruppe durchgeführt und mit einer Videoanlage aufgezeichnet.
4. Der Trainierende erhält Rückmeldung. Die Schüler oder anwesende Beobachter geben schriftlich sekundäres Feedback (meist werden Einschätzungspapiere verwendet, die sich auf das Skill-Verhalten beziehen). Der Trainierende schaut sich allein oder zusammen mit einem Trainer die Aufzeichnung seines Versuchs an. Der Trainer kann dabei das Band anhalten, um gelungene Verhaltensweisen zu verstärken: „Da haben Sie eben gut reagiert. Wir können das noch mal ansehen." Oder er versucht, den Trainierenden anzuregen: „Was hätten Sie in dieser Situation tun können?" (*Young/Young*, 1972, 217).
5. Der Trainierende bereitet einen zweiten Versuch mit einem anderen Thema vor, wobei er das erhaltene Feedback berücksichtigt. Dies wird fortgesetzt, bis der Trainierende mit dem Ergebnis zufrieden ist.

Dieses Trainingsverfahren ist sehr variabel und kann den unterschiedlichsten Bedürfnissen und technischen Gegebenheiten angepaßt werden. So kann Microteaching durchaus auch ohne Videogerät durchgeführt werden. Man kann stattdessen Tonbandaufnahmen machen oder geeignete Beobachtungsverfahren anwenden. Das Anschauen einer Videoaufnahme des eigenen Verhaltens ist nicht an sich lehrreich. Wenn man keine begrifflichen und theoretischen Werkzeuge hat, die die Wahrnehmung steuern, wird man aus einer Aufnahme nur wenig lernen können. Es ist auch nicht unbedingt nötig, daß richtige Schüler die Schulklasse simulieren, man kann auch Erwachsene unterrichten. (Es ist ein sehr weit verbreitetes Vorurteil, daß Schüler — Kinder — ganz andere Wesen seien, die darum auch anders unterrichtet werden müßten als Erwachsene.)
Microteaching kann mit anderen Trainingsverfahren kombiniert werden. Zur Vorbereitung der Unterrichtsversuche kann man SSST durchführen, ebenso andere Trainingsverfahren. (In einer bis auf die letzte Minute durchorganisierten Microteaching-Clinic könnte sich der „Teures-Weißes-Papier-Effekt" sehr störend bemerkbar machen. Wenn mir ein teures Stück Japanpapier zum Malen gegeben wird, sinkt mein Mut zu spontanen Erfindungen:

ich möchte das schöne Blatt nicht verderben. Ähnlich mögen Trainierende beim Microteaching empfinden, wenn sie kostbare Video-Zeit in Anspruch nehmen. Perfektionismus und Durchorganisation bei Trainingsveranstaltungen kann Training verhindern.)
Eine Variante des Microteaching ist das „laboratory teaching" (*Emmer/ Millett*, 1973). Auch die „Minikurse" sind eine Weiterentwicklung der Microteaching-Idee. Es handelt sich dabei um programmierte Verhaltenstrainingskurse, mit denen Lehrer, die schon unterrichten, ihr Verhalten selbständig trainieren können (*Borg* et al., 1972). Voraussetzung ist, daß die Schule über ein Videogerät verfügt.
Das Trainingsmaterial besteht aus Informationstexten und Filmen. Zuerst werden die Lehrer mit dem Übungsverfahren vertraut gemacht. Sie sehen sich dann Instruktionsfilme an, die einzelne Skills beschreiben und illustrieren. Ein Modellfilm zeigt einen Lehrer, der diese Skills im Unterricht anwendet. Der Trainierende plant jetzt eine Kurzlektion, um die Skills zu üben, führt die Lektion durch und zeichnet sie auf. Anschließend gibt er sich selbst Feedback, wozu im Kursmaterial Anleitungen gegeben werden. Es folgt ein weiterer Versuch usw.
Alle Minikurse wurden sorgfältig entwickelt und mehrfach modifiziert. Ihre Wirksamkeit wird empirisch überprüft.

Weitere Literatur zum Microteaching: Allen/Ryan, 1969; *Stanford University*, 1968; *McKnight*, 1972; *Becker*, 1973; *Olivero/Brunner*, 1973; *Zifreund*, 1966; 1968; 1973.

6. Erfahrungstraining

R. und A.-M. Tausch (1970, 449 ff.) nennen die von ihnen vorgeschlagenen Trainingsverfahren „Erfahrungstraining". Der Trainierende soll nicht „von außen" durch einen Leiter, der Kenntnisse vermittelt, verändert werden, sondern Gelegenheit bekommen, selbständig Erfahrungen zu machen, die seine Wahrnehmung und Beurteilung modifizieren und dann auch das Verhalten beeinflussen.
Unterstützt wird dieser Prozeß dadurch, daß die Trainierenden geeignete Modellpersonen beobachten können und vor allem die Auswirkungen des Modellverhaltens auf die eigene Person während des Trainings erfahren. Der Leiter strebt also an, die zu lernenden Verhaltensweisen nicht nur zu propagieren, sondern sie im Kurs selbst zu verwirklichen, so daß die Teilnehmer sie erleben.

Führen Lehrer das Erfahrungstraining selbständig durch, so daß ein Leiter, der das Verhalten demonstriert, nicht zur Verfügung steht, so können Verhaltensmodelle auch in Form wörtlicher Äußerungen geboten werden. Das Buch der *Tausch*s ist nicht zuletzt deswegen für Lehrer attraktiv, weil die Autoren den Mut haben, konkrete Lehreräußerungen als Modelle vorzuschlagen anstatt sich in allgemeine Erörterungen zu flüchten. Zwei Varianten des Erfahrungstrainings seien kurz dargestellt.

1. Erfahrungstraining in differenziertem Wahrnehmen von realisiertem Lehrerverhalten

Bei diesem Training sollen die Teilnehmer für die in wörtlichen Lehreräußerungen verwirklichten Verhaltensdimensionen sensibilisiert werden und üben, verbale Verhaltensweisen danach zu beurteilen, wie weit sie mit dem erwünschten Verhalten übereinstimmen.
Dazu verwenden sie eine Sammlung partnerbezogener Lehreräußerungen, die sie eine nach der anderen — aber jeder für sich — nach bestimmten Dimensionen schriftlich einschätzen.

Beispiel:

Schätzen Sie die folgenden Lehreräußerungen danach ein, wie weit sie *ermutigend* bzw. *entmutigend* wirken. Schreiben Sie hinter jede Äußerung eines der folgenden Symbole:

+ 3 (= sehr ermutigend)   − 1 (= etwas entmutigend)
+ 2 (= mittel ermutigend)   − 2 (= mittel entmutigend)
+ 1 (= etwas ermutigend)   − 3 (= sehr entmutigend)
          0 (= weder ermutigend noch entmutigend)

1. Ja, Dirk, das haben wir vorhin schon gesagt.
2. Du sagst bläulich. Ich find, es sieht anders aus.
3. Du, Axel, wenn sie noch spricht, dann melde dich bitte noch nicht.
4. Ihr macht aber Flüchtigkeitsfehler heute!
5. Der Schulweg war wohl zu lang, hast du alles wieder vergessen.
6. Gut, daß du so fein aufpaßt.

7. Über dein Diktat hab ich mich ganz besonders gefreut.
8. Das sind aber immer dieselben (Schüler), die den Mut haben (etwas zu sagen).
9. Schade, daß ihr nicht noch mehr Ideen hattet. Das war ja schon ganz gut.
10. Du bist erster heute? Bist aber tüchtig!

Die Teilnehmer diskutieren anschließend ihre Einschätzungen in der Kleingruppe und berichten, welche Situationen sie sich jeweils zu den Äußerungen vorgestellt haben. In dieser Diskussion werden sie mit den oft ganz anderen Ansichten der übrigen Gruppenmitglieder konfrontiert und erfahren, wie verschieden die gleichen Verhaltensweisen beurteilt werden können. Gleichzeitig erwerben sie Kriterien für differenziertere Urteile über Verhaltensweisen.

Ähnlich können umfangreichere Stichproben aus dem Verbalverhalten verschiedener Lehrer global eingeschätzt und diskutiert werden.

2. Erfahrungstraining im angemessenen Verhalten bei Erziehungskonflikten

Dieses Training hilft Lehrern in Konfliktsituationen überlegter, sachlicher, ruhiger und weniger emotional erregt zu reagieren, denn es bewirkt, wenn es häufiger durchgeführt wird, „allmählich eine gefühlsmäßige *Desensitisierung*" bei den Trainierenden (*Tausch/Tausch,* 1970, 456).
Die Teilnehmer notieren sich kurze Unterrichtssituationen, die sie als schwierig empfinden, z.B.:

— Trotz ausdrücklichen Verbots in der Pausenordnung, wirft ein Schüler auf dem Schulhof mit Schneebällen (7. Schj.).
— Ein Vater — jugoslawischer Gastarbeiter — kommt erregt in die Schule, um sich zu beschweren. Sein Sohn ist schon zweimal von Peter, einem Mitschüler, so verprügelt worden, daß er Nasenbluten bekam. Peter ist wesentlich größer und stärker als sein Opfer. Der Lehrer möchte mit Peter sprechen (1. Schj.).
— Ein Schüler möchte gleich nach der Pause noch mal raus (5. Schj.).

Die Trainierenden schreiben auf einen Zettel, was sie wörtlich zu dem Schüler sagen würden. Ihre Äußerungen, die anonym bleiben, werden anschließend in der Gruppe diskutiert und vielleicht nach verschiedenen Dimensionen eingeschätzt. Die Gruppe kann dann versuchen, angemessene Lehrer-äußerungen auszuwählen oder zu erarbeiten. Man überlegt, was die beteiligten Schüler empfinden könnten und welche Empfindungen bei ihnen vermutlich durch die verschiedenen Lehreräußerungen ausgelöst werden. Ebenso kann man sich die eigenen gefühlsmäßigen Reaktionen bewußt machen und näher untersuchen.

Wenn sie das Trainingstempo steigern möchten, können sich die Teilnehmer mehrere solcher Konfliktsituationen aufschreiben, die dann in schneller Folge dargeboten werden.

Beispiel:

Teilnehmer 1: Ich bin Wolfgang, 9. Schj. Ich sage zu Ihnen: „Ich finde, Religion ist Quatsch. Wozu haben wir das überhaupt?"
Teilnehmer 2 antwortet als Lehrer: „Sowas kannst du nicht sagen. Viele Menschen glauben daran. Darüber darf man sich nicht lustig machen."
(Andere Möglichkeit: jeder Teilnehmer schreibt eine Antwort oder gibt eine mündliche Äußerung.)
Die ganze Gruppe schätzt die Äußerung ein und diskutiert sie.
Teilnehmer 2 (als Schüler): „Ich bin Dörte, 5. Schj. Ich sage zu Ihnen: „Ich will aber nicht neben Petra sitzen. Die ist blöd und stinkt."
Teilnehmer 3 (als Lehrer): „Bitte bleib in dieser Stunde neben ihr sitzen. Wir unterhalten uns da später nochmal drüber."
Gruppe: diskutiert die Äußerung.
Teilnehmer 3 (als Schüler): . . .
In diesem Erfahrungstraining äußern die Teilnehmer also Verhaltensweisen und bekommen sofort Feedback dazu. Die Einschätzungen können auch im Sinne von Verstärkungen durchgeführt werden. Man verabredet dazu, daß man nur Einschätzungswerte von + 3 bis + 1 nennen und dadurch ein gewisses Ignorieren ungünstiger Verhaltensweisen praktizieren will. In der Diskussion werden dann Begründungen gegeben, mögliche Auswirkungen der Äußerungen untersucht, Verbesserungsvorschläge gemacht usw. Diese Art des Trainings läßt sich auf viele Verhaltensprobleme sinngemäß anwenden.

7. Gruppendynamik

Über Gruppendynamik (womit hier nicht die sozialpsychologische Kleingruppenforschung gemeint ist, die auch oft mit diesem Namen bezeichnet wird, vgl. *Cartwright/Zander*, 1968; *Ulich*, 1971) liegt in der BRD inzwischen eine recht umfangreiche Literatur vor, so daß ich mich mit wenigen Bemerkungen begnüge.

Gruppendynamische Trainingsformen sind in den letzten Jahren überaus populär geworden. Die Fülle der verwendeten Bezeichnungen — Selbsterfahrungsgruppen, T-(= Trainings-)Gruppen, Sensitivitätstraining, Laboratoriumsmethode, Encounter Groups, Human Relations Training u. a. — deutet schon darauf hin, daß sich unter den Experten unterschiedliche Auffassungen, manchmal auch schon Glaubensrichtungen, entwickelt haben. Die Grundidee aller gruppendynamischer Verfahren ist einfach: Personen treffen in Gruppen zusammen, um aus den Interaktionen zu lernen, die sich dort abspielen und an denen sie selbst beteiligt sind. Die Fähigkeit, aus dem Hier-und-Jetzt-Geschehen (bewußt) zu lernen, muß meist erst mühsam angebahnt werden. Denn obwohl wir täglich mit vielen Menschen interagieren, bleiben uns die Mechanismen und Feedbackprozesse, die dabei wirksam werden, weitgehend unbekannt, weil wir kaum je auf den Gedanken kommen (und auch gar keine Zeit dazu haben), die Interaktion zu beobachten. In der Trainingsgruppe wird den Teilnehmern diese Zeit gegeben. Das Ergebnis sind gewöhnlich intensive — schmerzhafte wie positiv bewegende — Erfahrungen, die oft die Wahrnehmung verändern und vielleicht mehr oder weniger dauerhafte Verhaltensänderungen auslösen.

Auffassungsunterschiede zwischen verschiedenen Vertretern der Gruppendynamik bestehen etwa hinsichtlich der Rolle des Trainingsleiters. Sind die Trainer professionals, verantwortliche Experten, die die Aufgabe haben, psychische Schäden bei den Teilnehmern zu verhüten oder sind sie nicht viel mehr als gleichberechtigte Gruppenmitglieder, die wie jedes andere Mitglied auch zum Gelingen oder Mißlingen des Erlebnisses beitragen, ohne steuernd und leitend einzugreifen? Soll der Trainer kluge Bemerkungen darüber machen, an welcher Stelle des „Gruppenprozesses" sich „die Gruppe" befindet, oder schadet es nur, wenn er die Erfahrungen der Teilnehmer verallgemeinert und interpretiert? Sollen die Leiter die Teilnehmer zum Lernen zwingen, indem sie mit ihnen bestimmte mehr oder weniger strukturierte Übungen durchführen oder sie sogar absichtlich in unangenehme Situationen versetzen, oder ist es gefährlich, die eigengesetzlich ablaufenden Prozesse zu beschleunigen und die Spontaneität der Gruppenmitglieder zu beeinflussen? (Vgl. die gegensätzlichen Ansichten zu diesen Fragen bei *Lifton*, 1972, 6 und *Rogers*, 1970.)

Fleißige Besucher gruppendynamischer Kurse entwickeln bisweilen merkwürdige Anschauungen, z.B. die, daß Gruppen irgendwelche Superwesen seien. Man sagt dann nicht mehr: „Ich will das nicht, und Herr X und Frau

Y sind auch dagegen", sondern formuliert stattdessen: „Die Gruppe' ist noch nicht soweit", so als bestünde eine Gruppenmeinung nicht aus den Meinungen ihrer Mitglieder. Die grundsätzlichere Kritik von links und rechts scheint die Gruppendynamik-Bewegung(en) hinsichtlich ihrer gesellschaftlichen Auswirkungen oft ebenso zu überschätzen wie es manche Befürworter tun.

Für die Lehrerausbildung sind gruppendynamische Lernerfahrungen gewiß bereichernd. Es wäre auch schon viel gewonnen, wenn Studenten die Lehrveranstaltungen, die sie an der Universität oder der PH besuchen, mit gruppendynamischen Augen kritischer sehen würden und häufiger der Frage nachgingen, wie weit der Unterricht, den sie hier und jetzt genießen, mit dem Unterricht übereinstimmt, der hier und jetzt propagiert wird. Elemente gruppendynamischer Techniken lassen sich in das berufsbezogene Verhaltenstraining einbauen. Umgekehrt gibt es viele Versuche, Gruppendynamik-Kurse von vornherein berufsrelevant zu konzipieren (z.B. *Prose*, 1972). In der reinen Form sind gruppendynamische Methoden indirekt für Lehrer bedeutsam. Spezifisches Skill-Training können sie nicht ersetzen.

Literatur: Brocher, 1967; *Schmidbauer*, 1973; *Horn*, 1972; *Bradford/ Gibb/Benne*, 1967; *Lutz/Ronellenfitsch*, 1971; *Luft*, 1971; *Klein*, 1966; *Antons*, 1973 (Sammlung von Übungen); Zeitschriften: *Gruppendynamik*; *Gruppenpsychotherapie und Gruppendynamik*.

8. Partnerprojekte zur Erforschung und zum Training des eigenen Unterrichtsverhaltens

Ist die Idee vom ständigen Weiterlernen des Lehrers ein müdes Klischee, wie *Zifreund* (1968a, 428) einmal bemerkte? Wie kann selbständige berufliche Weiterbildung und Weiterentwicklung *praktiziert* werden?

Als Beispiel, das zur Modifikation und Nachahmung auffordern kann, referiere ich Ideen von *Flanders* (1970, 267—279).

Flanders stellt sich die selbständige Weiterbildung als einen fortlaufenden Forschungs- und Experimentierprozeß vor, bei dem die Ziele andere sind als bei der wissenschaftlichen Unterrichtsforschung. Während die Unterrichtsforschung das Allgemeine sucht, die Faktoren, die das Lernen im Unterricht beeinflussen („Der Lehrer als personeller Faktor im Unterrichtsprozeß" und so), interessiert sich der einzelne Lehrer — als Person, nicht als Faktor — für das Besondere: für das eigene Verhalten und die Auswirkungen *dieses* Verhaltens auf die eigenen Schüler. Die Veränderung und Verbesserung des Unterrichtsverhaltens individueller Lehrer ist weniger ein theoretisches als vielmehr ein technisches Problem, und *Flanders* meint, daß dieses Problem am besten dadurch gelöst werden könnte, daß Lehrer beginnen, sich selbst, das eigene Verhalten und die eigenen Interaktionen mit den Schülern, zu erforschen (S. 126).

Er schlägt daher vor, daß sich Lehrer oder Studenten zu Teams (mindestens 2 Personen) zusammentun, um gemeinsam an der Erforschung des eigenen Unterrichtsverhaltens zu arbeiten. Diese Zusammenarbeit muß freiwillig und selbständig sein. Eine Institutionalisierung etwa durch Erlasse, die Lehrer verpflichten würden, derartige Projekte durchzuführen, hätte wahrscheinlich nicht die erwünschten Wirkungen.

Ein Projekt zur Erforschung und Verbesserung des Unterrichtsverhaltens, bei dem zwei oder mehr Lehrer kooperieren, kann in fünf Arbeitsschritten ablaufen:

Schritt 1

Die Partner einigen sich auf ein bestimmtes Schülerverhalten, das sie in ihrer Klasse fördern möchten. Für den Anfang sind nicht zu komplexe Ziele zu wählen. Das Ziel, für das man sich entscheidet, muß präzisiert und operationalisiert werden, d. h. man sucht nach den beobachtbaren Verhaltensweisen, die anzeigen, ob die Schüler sich im Sinne des Ziels verhalten (vgl. *Mager,* 1969).

Beispiel:

Man wünscht, daß die Schüler „mehr Interesse an der Arbeit in der Schule zeigen". Die folgenden Verhaltensweisen könnten als Anzeichen für dieses Interesse gelten:

— die Schüler äußern sich im Unterricht häufiger;
— die Schüler äußern sich im Unterricht ausführlicher;
— die Schüler formulieren häufiger eigene Ideen;
— die Schüler machen Vorschläge, welche Themen im Unterricht besprochen werden sollten;

— die Schüler machen Vorschläge, wie im Unterricht gearbeitet werden kann;
— die Schüler überlegen sich freiwillige Zusatzarbeiten, die sie zu Hause ausführen können;
— die Schüler stellen häufiger Fragen, die sich auf das Unterrichtsthema beziehen;
— die Schüler ziehen selbständig Schlüsse;
— die Schüler sammeln und berichten Fakten, die zum Thema des Unterrichts passen;
— viele Schüler melden sich, wenn freiwillig Arbeiten auszuführen sind;
— die Schüler bringen Anschauungs- und Informationsmaterial in die Schule mit u. a.

Schritt 2

Die Partner überlegen, durch welche Lehrerverhaltensweisen die Wahrscheinlichkeit vergrößert werden kann, daß die Schüler einige dieser gewünschten Verhaltensweisen zeigen.

Beispiel:

Daß Schüler sich im Unterricht häufiger äußern, könnte etwa durch folgende Verhaltensweisen des Lehrers wahrscheinlicher werden:

— der Lehrer macht nach Fragen, Denkanstößen, Anweisungen jeweils eine Pause, die den Schülern Zeit zum Überlegen gibt;
— der Lehrer stellt häufiger weite Fragen, die die Antwortmöglichkeiten für die Schüler nicht einengen;
— der Lehrer akzeptiert häufiger Gedanken von Schülern;
— der Lehrer hört aufmerksam zu, wenn ein Schüler spricht und schaut ihn dabei an;
— der Lehrer unterbricht Schüler nicht einfach;
— der Lehrer spricht erst, wenn mindestens zwei Schüler vor ihm gesprochen haben usw.

Wie das Beispiel zeigt, kommt es darauf an, von den Grobzielen („Ich möchte, daß die Schüler besser aufpassen" — „Die Disziplin in dieser Klasse muß besser werden" — „Die Kinder sollen selbständiger werden" usw.) zu Feinzielen zu kommen, die mit Aussicht auf Erfolg angestrebt werden können. Das Problem wird in Teilprobleme zerlegt, die einzeln gelöst werden können. Der Lehrer braucht nicht zu resignieren, weil er den großen Sprung nicht schafft, wenn er viele kleine Sprünge macht.

Schritt 3

Die Partner trainieren die Skills, deren Auswirkungen sie untersuchen wollen. Gleichzeitig wird die Erfassung der relevanten Verhaltensweisen durch Beobachtungsinstrumente geübt. Das Training kann als SSST, Microteaching usw. durchgeführt werden, man kann Tonbandaufnahmen machen, um ein wirksames Feedback zu erleichtern.
Die Trainingsphase ist sehr wichtig und sollte auf keinen Fall übersprungen werden. Es reicht nicht, daß man weiß, wie man sich verhalten will. Die Schwierigkeiten der Verwirklichung zeigen sich erst beim Probieren. Das Training ist keine Zeitverschwendung, denn das Gefühl, man beherrsche das angestrebte Verhalten seit langem und brauche es daher nicht erst zu trainieren, beruht oft auf einer Fehleinschätzung der eigenen Möglichkeiten.

Schritt 4

Die Partner entscheiden sich für eine bestimmte Versuchsanordnung, mit der sie die angenommene Beziehung zwischen Schüler- und Lehrerverhalten testen wollen. Beispielsweise können zwei Verhaltensstrategien miteinander verglichen werden, damit erkennbar wird, welche von beiden vorteilhafter ist. Der Partner hat bei dem Unterrichtsversuch die Aufgabe, die notwendigen Beobachtungsdaten zu sammeln. Vielleicht wird auch ein Fragebogen entworfen, damit zusätzliche Daten durch Schülerbefragung erhoben werden können (z.B. ob bestimmte Lernziele erreicht wurden, wie die Motivation der Schüler beeinflußt wurde, wie die Schüler das Lehrerverhalten erlebt haben usw.).

Schritt 5

Der Plan wird im Unterricht ausgeführt. Man überprüft, ob der Lehrer das geplante Verhalten wirklich zeigte und ob und in welchem Ausmaß das erwartete Schülerverhalten auftrat. Die gesammelten Daten werden analysiert, und man entscheidet, ob die dem Versuch zugrunde liegenden Annahmen berechtigt waren oder nicht. Treten bei dieser Diskussion Fragen auf, die durch den Versuch und die vorliegenden Daten nicht beantwortet werden können (und es ist sehr wahrscheinlich, daß solche Fragen auftreten), so kann dies zur Planung eines weiteren Projekts führen.

Wie *Flanders* glaubt, wird die Durchführung solcher selbständiger Forschungs- und Trainingsprojekte vielleicht am meisten dadurch behindert, daß viele Lehrer und Studenten erwarten, daß ihnen jemand vorschreibt, wie sie unterrichten sollen. Der Wunsch, von qualifizierten Experten Ratschläge, Anweisungen und Werturteile zu hören und die Abneigung dagegen, sich selbst Ziele zu setzen und sich selbständig um eine Verbesserung des Unterrichts zu bemühen, zeigt eine starke Abhängigkeit, die wohl deswegen so schwer aufzugeben ist, weil sie ein gewisses Sicherheitsgefühl zu vermitteln scheint (*Flanders*, 1970, 267—279).

Partnerprojekte der beschriebenen Art oder Modifikationen solcher Projekte sind auch unter den derzeitigen Schulverhältnissen, die die Kooperation unter Kollegen nicht gerade begünstigen, realisierbar. Es würde schon ausreichen, wenn jeder Partner eine Wochenstunde bei einem Kollegen hospitiert und man sich einmal in der Woche zu einer Besprechung trifft, die nicht zu viel Zeit in Anspruch nehmen wird, wenn sich jeder Teilnehmer schon vorher einige Gedanken macht und sie vielleicht auf einem Zettel notiert. In einem Praktikum, wo oft zwei Studenten mit einem Mentor zusammenarbeiten, lassen sich solche Projekte ohne Schwierigkeit verwirklichen.

Partnerprojekte erfordern und stimulieren selbständige und kooperative Arbeit.

Verhaltenstraining in Form von Projekten hat gegenüber allen anderen Formen den Vorteil, daß kaum Transfer-Probleme auftreten, da die wichtigsten Aktivitäten direkt im Unterricht stattfinden und alle anderen Schritte auf das wirkliche Verhalten wirklicher Lehrer in wirklichen Schulklassen bezogen sind. Partnerprojekte können daher nicht so leicht zu theoretischen Übungen werden, die nichts zur Lösung praktischer Probleme beitragen. Vor allem: die Lehrer werden nicht durch Experten verändert, sondern sie fangen an, sich selbst zu verändern. Freilich müssen sie dazu ihre Isolierung aufgeben und die Mühe auf sich nehmen, nach Partnern zu suchen, die zur

Kooperation bereit sind. Ich bin überzeugt, daß in jedem Kollegium solche Partner gefunden werden könnten.

Aufgaben:

1. Welches Projekt ist für Ihren Unterricht am dringlichsten?
2. Viele Lehrer sagen oft zu den Schülern: „Warum hast du denn nicht gefragt? Ich hab euch doch oft genug gesagt, daß ihr fragen sollt, wenn ihr etwas nicht verstanden habt." Welches Projekt könnten diese Lehrer durchführen?
3. Lesen Sie sich noch einmal die Beispiele im 1. Kapitel durch (S. 17 ff.). Welche Projekte müßten die einzelnen Lehrer planen?
4. Planen Sie ein Projekt, bei dem das Schülerverhalten „In ganzen Sätzen sprechen" gefördert wird.
5. Partnerprojekte können sich auch auf die Veränderung des Verhaltens einzelner Schüler beziehen. Welche Verhaltensmodifikationsprogramme würden bestimmten Schülern Ihrer Klasse helfen?
6. Sammeln Sie Probleme, die durch Partnerprojekte gelöst werden könnten.

Wie Lehrer beginnen, ihr Verhalten zu verändern

Vielleicht entmutigt es Sie, von relativ aufwendigen Trainingsprojekten zu lesen, wenn Sie dabei an Ihre persönliche Situation in Ihrer Schule denken. Sie haben sehr wenig Zeit, Sie müssen zusehen, daß Sie die Stoffziele erreichen, Sie finden keinen Kollegen, der zu intensiver Zusammenarbeit bereit ist, überhaupt haben die Kollegen so ganz andere Interessen und Ansichten, daß eine Zusammenarbeit unvorstellbar erscheint — die Hindernisse sind zahlreich und scheinen kaum überwindbar.
Vielleicht ermutigt es Sie ein wenig, wenn ich von einigen wirklichen Lehrern berichte und davon, wie sie versuchen, ihr Verhalten an einer bestimmten Stelle selbständig zu verändern. Es könnte sein, daß diese Beispiele — gerade weil sie sehr bescheiden und wenig perfekt sind — Sie zu eigenen Ideen und Versuchen anregen.

A

Herr P., ein junger Lehrer, ist mit seinem Unterricht im 2. Schuljahr in letzter Zeit unzufrieden. Er merkt, daß er zunehmend gereizter und ungeduldiger im Umgang mit den Kindern ist, immer häufiger schimpft und sogar mit

Nachsitzen und Strafarbeiten droht. Dieses Verhalten hat jedoch nicht die erwarteten Wirkungen: die Kinder werden nicht aufmerksamer, ordentlicher und selbständiger, im Gegenteil: Das Unterrichten wird immer anstrengender. Manchmal sind die Unkonzentriertheit der Schüler und das Durcheinander in der Klasse fast unerträglich für Herrn P.

Am allermeisten bekümmert ihn aber, daß ihm immer mehr Schüler mitteilen, sie hätten gar keine Lust mehr, in die Schule zu gehen. Herr P. hat das Gefühl, sich in einem Eskalationsprozeß zu befinden, den er irgendwie unterbrechen muß. Er beginnt nach einem Ausweg zu suchen. Mit einigen Kollegen bespricht er seine Probleme, und er sucht in Büchern nach Hinweisen, die ihm helfen könnten. Er entschließt sich schließlich, es einmal ganz anders zu versuchen.

Zuerst gibt er sich selbst einige Vorschriften:
Drohe nie! Schimpfe wenig! Lobe viel! Gib keine Befehle! Lobe den kleinsten Fortschritt! Jeder Schüler muß sein Gesicht wahren können.

Aber es bleibt nicht bei den Absichten. Herr P. macht mit sich selbst ein elementares Verhaltenstraining, indem er sich Äußerungen ausdenkt, die er häufiger verwenden will, und sie aufschreibt. Als ermutigende Äußerungen notiert er sich:

— Prima.
— Mach das doch öfter.
— Du beteiligst dich sehr gut.
— Ich freue mich über deine gute Zensur.
— Famos. — Das ist großartig. — Fein.
— Die Idee ist fabelhaft.
— Das ist dir gelungen. ·
— Du bist nett. Ich finde dich nett.
— Das ist eine schöne Arbeit.
— Das hast du gut gemacht.
— Das ist ja toll.
— Ich glaube, daß du es schaffst.

Um Befehle zu vermeiden, will er Äußerungen gebrauchen wie:

— Vielleicht versuchst du es einmal so . . .
— Glaubst du, daß es so geht?
— Was hältst du davon?
— Vielleicht wäre es besser, wenn du diesen Satz so schreiben (formulieren) würdest . . .

An dem Tag, der auf dieses Verhaltenstraining folgt, sind nicht nur die Schüler überrascht über ihren neuen Lehrer, sondern auch Herr P. ist erstaunt darüber, daß er mit so geringem Aufwand — mindestens für kurze Zeit — ein besseres „Klassenklima" schaffen konnte. Herr P. hat begonnen, sein Verhaltensrepertoire planmäßig zu erweitern.

B

Frau L. muß für ihre Zweite Prüfung eine Arbeit schreiben. Sie entschließt sich, in ihrer 3. Klasse ein Verstärkungsprogramm durchzuführen und darüber zu berichten. Elke, ein Mädchen ihrer Klasse, meldet sich fast nie und verhält sich im Unterricht sehr schüchtern und zurückhaltend. Frau L. beobachtet Elke für einige Zeit täglich über zwei Unterrichtsstunden und stellt fest, daß sie sich in dieser Beobachtungsperiode täglich durchschnittlich einmal meldet. Frau L. versucht jetzt, Elke für jede Beteiligung am Unterricht zu verstärken. Jedesmal wenn Elke sich meldet, wird sie drangenommen und die Lehrerin geht auf das ein, was sie sagt. Elke wird nicht besonders gelobt, es wird nur mit ihr gesprochen. Auch in der Verstärkungsphase beobachtet Frau L. die Häufigkeit des Beteiligungsverhaltens und macht sich während des Unterrichts Notizen über die verbalen Interaktionen mit Elke. Die durchschnittliche Beteiligung ist in diesen 33 Tagen auf 3,9 gestiegen. An manchen Tagen beteiligt sich Elke in der Beobachtungszeit 5 oder sogar 10 mal. Elke wird überhaupt gelöster und fröhlicher.

In der Nachuntersuchung hört Frau L. mit der gezielten Verstärkung auf. Durchschnittlich beteiligt sich Elke 4,6 mal an jedem Beobachtungstag. Elke hat gelernt, im Unterricht aktiver mitzuarbeiten. Frau L. hat gelernt, wie sie Schülern durch einfache Verhaltensmodifikationsprogramme helfen kann (*Lauer*, 1972).

C

Frau M. hat Disziplinschwierigkeiten im 7. Schuljahr, in dem sie 2 Wochenstunden Biologie unterrichtet. Sie möchte nicht gern autoritäre Techniken verwenden, aber die Schüler honorieren diese Absicht nicht. Sie reagieren teils bösartig, teils völlig desinteressiert. In der Klasse gibt es keine Bereitschaft zur Mitarbeit, während der ganzen Stunde herrscht beträchtlicher Lärm. Frau M. bespricht ihre Schwierigkeiten mit einem Kollegen.

Man findet, daß das Thema, das schon einige Stunden behandelt wird (Generationswechsel bei Moosen und Farnen), für die Schüler ziemlich unwichtig ist. Es ergibt sich auch, daß Frau M. wegen der Schwierigkeiten mit der Klasse keinen Mut hat, abwechslungsreichere Arbeitsformen (Experimentieren, Gruppenarbeit, Schülerreferate usw.) zu probieren. So besteht ihr Unterricht hauptsächlich aus Lehrervortrag und Ausfragen der Schüler. Nachdem man diese und andere Aspekte der Situation diskutiert hat, macht man einen Plan, wie Frau M. sich in der folgenden Stunde verhalten könnte.

1. Sie will den Schülern ihr Unbehagen sachlich schildern und ihnen erklären, wie der Ablauf des Unterrichts verändert werden soll. Vielleicht wird dabei eine Diskussion mit der Klasse möglich, bei der die Schüler selbst Lösungsvorschläge machen. Wenn nicht, dann ist es auch nicht schlimm.
2. Das Unterrichtsthema soll gewechselt werden. Einige Schüler haben zum Ausdruck gebracht, daß sie sich mehr für das Thema „Eulen" interessieren, das auch im Stoffplan vorgesehen ist.
3. Die Lehrerin stellt eine ausgestopfte Eule in der Klasse auf, die die Schüler aber nur ansehen dürfen.
4. Die Schüler sollen dieses Thema selbständig mit Hilfe des Lehrbuchs erarbeiten. Fragen und Anweisungen dazu werden an die Tafel geschrieben.
5. Als Arbeitsergebnisse sollen die Schüler Merksätze und eine Zeichnung (mehrere Themen zur Auswahl) in ihre Hefte eintragen.
6. Eine Gruppe bereitet mit Hilfe der Lehrerin Fragen vor, die die Schüler am Schluß der Stunde schriftlich beantworten müssen. Diese Arbeiten werden von der Gruppe ausgewertet und nach einem festen Plan (Punktzahl) zensiert.
7. Für jeden Unterrichtsschritt (Aufgabenstellung, Stillarbeit, Abschlußarbeit) ist eine feste Zeit angesetzt, die an der Tafel notiert und strikt eingehalten wird.
8. Die Lehrerin spricht sehr wenig in dieser Stunde, sie praktiziert ein gewisses Ignorieren der Schüler. Sie will sich sehr sachlich und neutral verhalten.

Dieser Plan ist rigide. Den Schülern werden eindeutige Anweisungen gegeben, ihr Spielraum ist stark eingeengt. Andererseits: Die Lehrerin ist von der Doppelaufgabe, Informationen zu liefern und ein Gespräch zu leiten und gleichzeitig dauernd für Disziplin zu sorgen, entlastet. Sie kann sich darauf konzentrieren, das Arbeitsverhalten von Schülern zu verstärken. Die Schüler arbeiten den größten Teil der Stunde selbständig und sind selbst für das Ergebnis verantwortlich. Frau M. hofft, auf diese Weise im 7. Schuljahr erst einmal ein Bein an die Erde zu bekommen. Später wird sie versuchen, offenere Unterrichtsformen zu verwirklichen. Das Ergebnis dieses Versuchs will sie mit ihrem Partner besprechen.

D

Im Schulpraktikum werden Studenten von einem Dozenten besucht, der Unterrichtsstunden beobachtet und sie mit dem Praktikanten bespricht. Eine Studentin gibt dem Dozenten bei seinen Besuchen Karteikarten, auf die sie Fragen notiert hat.
Beobachtungskriterien:

Deutsch, 3. Schj.
1. Habe ich die Stoffauswahl richtig getroffen (kindgemäß, lebensnah, nicht verfälscht)?
2. Waren die Schüler am Unterrichtsstoff interessiert? Zeigten sich Schwankungen im Interesse?
3. Wie war die Mitarbeit der Klasse? Wo, wann und warum zeigten sich besondere Aktivitäten? Wo, wann und warum war Passivität festzustellen?
4. Wie handhabe ich ein Unterrichtsgespräch? Halte ich mich genügend zurück?

Sachkunde, 2. Schj.
1. Wurde der Stoff klar gegliedert, logisch geordnet, sachgerecht artikuliert?
2. Wie verlief die Partnerarbeit der Schüler (weder Über- noch eine Unterforderung; Vertrautsein mit der geforderten Arbeitsform)?
3. Wo wurde zu viel Zeit durch Nebensächliches vertrödelt; in welchen Abschnitten hätte Zeit eingespart werden können?
4. Wurde das Medium „Tageslichtprojektor" wirkungsvoll, zum richtigen Zeitpunkt und methodisch sinnvoll eingesetzt?
5. Kam eine sinnvolle Vertiefung bzw. eine wirkungsvolle Anwendung zum Tragen?

Deutsch, 3. Schj.
1. Wurden die Kinder genügend motiviert?
2. Irritieren mich eigene Fehler bzw. unerwartetes Schülerverhalten?
3. Spreche ich höflich mit den Kindern?
4. Gebe ich der Mehrheit der Klasse Zeit zum Finden von Lösungen?

E

Das letzte Beispiel ist der Bericht einer Studentin.
„Im Rahmen unseres Hauptpraktikums stellte sich heraus, daß ich im Unterricht Schwierigkeiten hatte, auf Schülerantworten einzugehen. Der Dozent

machte den Vorschlag, daß meine Kommilitonin mit mir das Aufnehmen von Schülerantworten üben sollte. Sie hatte während einer Übung dieses Verhalten kennengelernt, und deshalb beherrschte sie es gut. Wir griffen den Vorschlag auf und verabredeten uns für einen Abend. Wir gingen folgendermaßen vor: Wir stellten uns ein Diskussionsthema; wir führten die Diskussion dann so, daß vor einem eigenen Beitrag jeder zunächst die Aussage des Partners zusammenfassen mußte, erst dann durfte er die Diskussion fortführen. Zuerst fiel es mir sehr schwer, die Aussagen meiner Gesprächspartnerin ohne eigene Wertung wiederzugeben. Erst nachdem sie mich mehrmals darauf hingewiesen hatte, daß ich mich voll auf ihre Aussage konzentrieren und nur das von ihr Gesagte zusammenfassen sollte, wurde mir der Sinn dieser Übung klar: man konzentriert sich voll auf den Partner und versucht, seine Gedanken nachzuvollziehen. Dann ist man auch erst fähig zu einer dem Partner gerecht werdenden Gesprächsführung. In meinen beiden nächsten Unterrichtsstunden wandte ich diese neu gelernte Methode an und war gleich erfolgreich im Eingehen auf Schülerantworten. Meine Kommilitonin überprüfte in diesen Stunden mein Verhalten, indem sie gute und schlechte Impulse und Lehrerentgegnungen aufschrieb und mir diese Notizen gab und mit mir durchsprach, wo sie unklar waren. In meinen nächsten Unterrichtsstunden zeigte sich, daß ich mit verhältnismäßig wenig Zeitaufwand an einem ganz wichtigen Punkt meinen Unterrichtsstil verbessert hatte." (Vgl. S. 280).

Anhang:
Trainingsaktivitäten

In diesem Anhang stelle ich Trainingsaufgaben und Ideen über Trainingsaktivitäten zusammen. Vielleicht haben Sie Lust, den einen oder anderen Vorschlag auszuprobieren. Und wahrscheinlich kommen Ihnen selbst viel bessere Ideen, wenn Sie diese Seiten durchsehen.

1. Trainingsreize

Trainingsaufgaben sind Reize, die zum Äußern von Verhaltensweisen auffordern. Man kann solche Reize, etwa auf Karteikarten oder auf Tonbändern, sammeln, um sie immer wieder zu verwenden. Trainingsreize können beobachtete Situationen oder Äußerungen sein, die im Unterricht mitgeschrieben wurden. Aber die Reize können auch konstruiert werden; oder man improvisiert sie unmittelbar vor oder sogar während des Trainings. Die gleichen Reize können zum Üben verschiedener Skills benutzt werden. Dabei lernt man gleich, daß es für eine bestimmte Situation nicht nur ein einziges optimales oder richtiges Lehrerverhalten gibt (viele Lehrer und Studenten scheinen immer danach zu suchen), sondern daß immer eine große Auswahl alternativer Verhaltensmöglichkeiten zur Auswahl steht. Das Ziel, die allerbeste Lösung für eine bestimmte Reizsituation zu finden, engt die Phantasie ein und macht blind für die Vielzahl der Möglichkeiten. Es ist nützlicher, an einem bestimmten Reiz verschiedene Möglichkeiten der Verwirklichung *eines* Skill zu üben und dabei zu wissen, daß es viele andere Skills gibt, die in der gleichen Situation ebenfalls sinnvoll angewendet werden können.

Beispiel:

Trainingsreize: 1. Warum haben die Autos vorn gelbe und hinten rote Lampen?

2. Warum sind die Rückleuchten an den Autos rot?
3. Warum können die vorderen Autolampen nicht rot sein?

Angenommen, diese Fragen wurden von Schülern eines 4. Schuljahrs gestellt. Wie könnte ein Lehrer reagieren? Bei einem Training könnte man sich unter anderem die folgenden Aufgaben stellen:

1. Möglichst viele verschiedenartige Typen von Reaktionsmöglichkeiten erfinden;
2. die Fragen kurz und präzise beantworten;
3. die Fragen an die Klasse zurückgeben;
4. die Fragen zusammen mit einer Antworthilfe an den Fragenden zurückgeben;
5. den Schüler dafür verstärken, daß er eine intelligente Frage gestellt hat, ohne ihn direkt zu loben usw.

Die Fragen könnten aber auch Lehrerfragen sein. Mögliche Trainingsaufgaben:

1. Bestimmen und diskutieren, welcher von verschiedenen Fragekategorien die Fragen angehören.
2. Die Fragen umformulieren, so daß sie in andere Kategorien fallen.
3. Die Fragen verbessern, falls sie unklar sind (z. B.: Warum sind die Rückleuchten an den Autos rot *und nicht gelb*?).
4. Die Frage durch bestimmte Informationen oder Denkanstöße einleiten, die das Antworten einfacher machen.
5. Erforschen, ob und wie Schüler die Fragen beantworten usw.

(Wenn die Teilnehmer eines Trainings die geeigneten Reize zusammenstellen, sollten sie sich *nicht* bemühen, möglichst schwierige Reize zu finden. Im Unterricht stellt man Fragen und Aufgaben auch nicht deshalb, weil man Schüler hereinlegen will und erleben möchte, wie sie ihre Unfähigkeit demonstrieren. Trainingsaufgaben müssen lösbar sein, die Trainierenden brauchen Erfolgserlebnisse.)
Zum Trainieren von Fragen können auch ganz andere Reize benutzt werden:

1. Chile — Hänsel und Gretel — Zähne — Kommunismus

Wählen Sie eines der obigen Themen und stellen Sie dazu so viele Fragen wie Sie können. Untersuchen Sie jedesmal, ob Ihre Frage eine knappe oder eine ausführlichere Antwort verlangt.

2. Hängen Sie ein Bild auf, auf dem viele Einzelheiten zu sehen sind. Stellen Sie zu diesem Bild interessante Fragen, die Schüler gern beantworten würden.

2. Trainingsablauf

Wie kann eine Gruppe von 4 Personen vorgehen, wenn sie mit Reizen wie im obigen Beispiel trainieren will?
Zuerst einigt man sich, welches Verhalten geübt werden soll. Nehmen wir an, das Ziel wäre, Schülerfragen kurz und präzise zu beantworten (was für viele Lehrer und Studenten ziemlich schwierig ist). In diesem Fall könnte man so vorgehen, daß nacheinander Schülerfragen vorgelesen werden. Alle Teilnehmer schreiben dann ihre Antworten nieder. Oder: Ein Teilnehmer nach dem anderen beantwortet eine Schülerfrage mündlich. Die anderen geben Feedback und machen Verbesserungsvorschläge. Komplizierter wird es, wenn gleichzeitig zwei oder mehr Skills geübt werden sollen.

Beispiel:

Zwei Skills — Schülerfragen mit Lösungshilfe zurückgeben, Schülerfragen beantworten — werden geübt.

1. Durchgang:
Teilnehmer 1 stellt eine Schülerfrage.
Teilnehmer 2 gibt die Frage mit einem Lösungshinweis an den Schüler zurück.
Teilnehmer 3 beantwortet die Schülerfrage.
Teilnehmer 4 stellt eine neue Schülerfrage.
2. Durchgang:
Teilnehmer 1 gibt die Frage mit Lösungshinweis zurück usw.

Man kann auch so vorgehen, daß die Teilnehmer abwechselnd als Schüler bzw. Lehrer agieren:

Teilnehmer 1 (= Schüler) stellt eine Frage.
Teilnehmer 2 (= Lehrer) gibt die Frage mit Lösungshinweis zurück.
Teilnehmer 1 (= Schüler) beantwortet die Lehrerfrage.
Teilnehmer 2 (= Schüler) stellt eine neue Frage.
Teilnehmer 3 (= Lehrer) gibt die Frage zurück usw.

Dieses Training im Kreis kann vielfältig variiert werden.

3. Sammeln von Trainingsreizen mit dem Tonband

a) Sie können eine kleine Gruppe von Schülern über ein Thema diskutieren lassen und die Diskussion aufnehmen. Mit so einem Band können sehr viele Skills geübt werden. Z. B. kann man das Band nach jedem Schüler-beitrag anhalten und Reaktionen äußern: Zusammenfassen des Bei-trages; ergänzende Informationen; eine Frage, die den Schüler veranlaßt, seinen Beitrag zu erläutern; Lob; Fehler berichtigen usw. Oder man stoppt das Band immer erst nach 2 oder 3 Schülerbeiträgen.
b) Schüler bekommen eine Liste von Fragen und ein Tonbandgerät. Sie werden gebeten, die Fragen und ihre Antworten auf Tonband zu spre-chen.
Welche Skills könnten mit dieser Aufnahme trainiert werden?

4. Modelle des zu trainierenden Verhaltens

a) Wenn Lehrer Schülerleistungen oder Schülerverhalten akzeptieren oder loben, können sie eine Begründung hinzufügen:
„Dein Aufsatz ist sehr gut. (Lob) Besonders weil du so lustige wörtliche Rede gebraucht hast und die Überraschung erst ganz am Schluß kommt." (Begründung) „Vielen Dank für diesen Bericht. (Akzeptierung) Man konnte gut zuhören, weil du frei gesprochen hast. Und wir wußten immer, worum es ging, weil du die wichtigsten Punkte an die Tafel ge-schrieben hast." (Begründung) „Es ist sehr nett von dir, daß du ihr die

Sachen gegeben hast. (Akzeptierung) Jetzt kann sie auch beim Basteln mitmachen." (Begründung)

b) In falschen oder ungenügenden Schülerantworten oder -äußerungen steckt oft ein richtiger Gedanke oder eine positive Leistung. Ein Lehrer kann diesen Teil der Antwort akzeptieren und dem Schüler helfen, die Antwort zu verbessern:

S Drei mal drei ist sechs.
L *Zwei* mal drei ist sechs. *Drei* mal drei ist . . .?

S Ein rechter Winkel ist ein Viereck.
L Ja, jedes Viereck hat 4 rechte Winkel. Deswegen kann man die beiden Ausdrücke leicht verwechseln. Zeig mal, wo bei diesem Viereck einer der rechten Winkel ist.

S Ein Tag hat 12 Stunden.
L Du hast recht. Wenn man nur die Zeit nimmt, in der es hell ist, dann sind es etwa 12 Stunden. Zu einem Kalendertag gehören aber Tag *und* Nacht. Wieviel Stunden dauern Tag und Nacht zusammen? (*Amidon/Hunter*, 1967a, 179).

Trainingsreize:
Schüler: Kolumbus hat als erster die Welt umsegelt.
Wale sind Fische.
In Irland gibt es viele Vulkane.
Der Bundeskanzler heißt Heinemann.
Igel müssen Raubtiere sein, weil sie so ein spitzes Gebiß haben.

Welche Trainingsreize brauchte man für das Training des Skills in Beispiel a? Wie kann das Training organisiert werden?

5. Negative Beispiele

A
Manche Lehrer sagen oft mehr als nötig wäre:

— Gut, daß du *mal* aufpaßt. *Sonst spielst du ja immer.*
— Du hast diesmal eine Zwei im Diktat. *Das ist ja direkt mal ein Wunder.*

— Setz dich mal anständig hin. Dieses Hampeln regt mich auf.
— Ja, schon einige Wortmeldungen. Schön. (Pause) Das ist mir noch etwas zu wenig. Noch etwas zu wenig. Darüber wißt ihr alle etwas!
— Warum nennen wir sie Giftpilze? Haben sie etwas gemeinsam? Sind sie giftig? Haben sie etwas gemeinsam?

Welche Wörter oder Sätze sind in diesen Lehreräußerungen überflüssig? Warum? Welche Gründe könnte es haben, daß die Lehrer in diesen Beispielen mehr sagen als unbedingt nötig ist?

B
Die Schüler begreifen etwas nicht:

— Das habe ich doch gerade versucht klarzumachen!
— Das hab ich eben schon alles erklärt. Paß doch besser auf!
— Habt ihr das nun endlich verstanden?
— Hör das nächste Mal besser zu.
— Ist das klar?
— Nun begreif das doch endlich mal!
— Na, endlich! Das wurde auch Zeit!
— „Ich kann das nicht" gibt es gar nicht. Jeder kann, wenn er will.
— Einmal mußt du es doch auch begreifen.
— Siehst du, du kannst es doch.

1. In welchen Situationen könnten solche Lehreräußerungen vorkommen?
2. Was will der Lehrer vermutlich mit ihnen erreichen?
3. Wie wirken die einzelnen Äußerungen vermutlich auf Schüler?
4. Was könnte der Lehrer in den einzelnen Fällen sonst zu den Schülern sagen?
5. Was könnte der Lehrer anders machen, damit solche Äußerungen überflüssig werden?
6. Welche Einstellungen und Erwartungen drücken die Äußerungen aus?

6. Kontrastierende Beispiele

a) Wenn Schüler sich unangemessen verhalten, können Sie das unangemessene Verhalten ablehnen und den Schülern sagen, wie sie es *nicht* machen sollen. Sie können aber auch sagen, was sie positiv tun sollen. „Lehrer würden nicht auf den Gedanken kommen, die Addition zu lehren, indem sie alle Summen nennen, die *nicht* 2 + 2 ergeben." (*Good/Brophy*, 1973, 178.)

Mach doch nicht so viel Krach mit deinem Stuhl!	Bitte, trag deinen Stuhl so (Lehrer demonstriert).
Schrei nicht immer dazwischen!	Melde dich bitte, wenn du die Antwort weißt. (*Good/Brophy*, 1973, 179.)
Mach doch nicht so krumme Striche.	Wenn du ein Lineal benutzt, werden deine Striche gerader.
Komm doch nicht immer im unpassenden Moment mit deinen Geschichten!	Überleg dir bitte erst, ob es zum Thema gehört, wenn du etwas erzählen willst.

b) | | |
|---|---|
| Das ist schlecht geschrieben. Kannst du nicht sauberer schreiben? | Du bist froh, daß du fertig bist. Ich überleg mir, wie du mit deiner Arbeit zufrieden bist. |
| Schreib das noch mal ab! | Man kann das nicht so gut lesen. |

1. Welche kurzfristigen und langfristigen Wirkungen könnten die beiden Äußerungen jeweils haben?
2. Wie kann der Lehrer begründen, daß der Schüler den Text noch einmal abschreiben muß?
3. Welche Vor- und Nachteile könnte es haben, wenn man dem Schüler die Entscheidung, ob er den Text noch einmal abschreibt oder nicht, selbst überläßt?

c) Die Schüler toben in der Klasse, als der Lehrer kommt. Er sagt:
   a) Wenn ich das noch einmal erlebe, gibt es Strafarbeiten.
   b) Es ist langweilig, wenn man still auf dem Platz sitzen muß. Weil es hier so eng ist, müßt ihr euch aber bemühen, in der Klasse langsam zu gehen.
   c) Ich hätte nicht gedacht, daß ihr so ungezogen sein könnt. Ich bin sehr enttäuscht von euch.

Diskutieren Sie, welche Äußerung Ihnen am besten gefällt.
Versuchen Sie, diese Äußerung in den folgenden Situationen nachzubilden.
In der Klasse herrscht während des Unterrichts Unaufmerksamkeit.

Viele Schüler schauen aus dem Fenster, flüstern mit dem Nachbarn, spielen mit ihren Sachen. Sie sagen:

(Es gibt in diesem Fall noch sehr viel mehr Reaktionsmöglichkeiten für Lehrer. Diese verschiedenen Möglichkeiten zu entdecken, kann Ziel einer weiteren Übung sein. Hier kommt es darauf an, ein bestimmtes Verhaltensmuster zu trainieren. Wie könnte man dieses Verhalten beschreiben und nennen?)

7. Trainings-Comics

Dagmar (3. Schuljahr) kommt zu Ihnen und sagt:

Sie möchten Dagmar gern etwas sagen, was ihr hilft, mit diesem Problem fertig zu werden. Sie sagen zur ihr:
1.
2.
3.

Welche Informationen aus der Zeichnung müssen Sie berücksichtigen, um eine angemessene Antwort geben zu können?
Wie kann man Schülern bei Problemen helfen, deren Ursachen nicht oder nicht so bald zu beseitigen sind?
Wie kann ein Lehrer hier Verständnis und Mitgefühl ausdrücken?

8. Lückentexte

a) S Warum müssen wir das denn abschreiben? Das steht doch alles schon im Buch.
   L . . .
   S Das leuchtet mir ein.

b) S Ich hab zu Hause nicht gerechnet, weil ich das gestern sowieso schon
      alles konnte.

   L . . .

   S Ja, ich hätte zum Beispiel Englischvokabeln lernen können, die kann
      ich noch nicht so. Mach ich vielleicht nächstes Mal.

c) S Zum Lesen hab ich keine Lust. Ich kenn die Geschichte schon.

   L Du kannst zum Aufgabenbord gehen und dir eine Aufgabe suchen,
      die du lösen willst.

      Später, bei der Diskussion über die Geschichte, meldet sich der Schüler.

   L . . .

   S Ja, die Geschichte ist doch interessanter als ich dachte.

9. Aufgaben ziehen

Trainingsaufgaben sind auf Karten geschrieben worden, die die Teilnehmer
ziehen.

a) Euthanasie. — Erklären Sie das Wort. Machen Sie es so kurz wie möglich.

b) Elektrische Kaffeemühle. — Beschreiben Sie den Gegenstand, ohne ihn
   zu nennen. Die Teilnehmer sollen Ihrer Beschreibung entnehmen, um
   welchen Gegenstand es sich handelt.

c) Traute (7. Schuljahr) hat zum ersten Mal mit anderen Schülern in der
   Gruppe zusammengearbeitet, ohne daß es zu Streit kam. Verstärken Sie
   ihr Verhalten. Verstärken Sie das Verhalten der Gruppe. Vermeiden Sie
   dabei möglichst Lob. Versuchen Sie, mehrere Möglichkeiten der Verstärkung zu finden.

d) Warum müssen wir in Musik immer so Opern und sowas hören? Schlager sind viel besser. — Akzeptieren Sie die Schülermeinung, bevor Sie
   antworten.

Beim Skill-Training sollten alle Aufgaben vom gleichen Typ sein. Die folgenden Reize können zum Training des Skills „Kurze, einfache und genaue
Beantwortung von Schülerfragen" dienen. (Es ist nicht immer sinnvoll,
Fragen an die Schüler zurück- oder weiterzugeben, z.B. wenn es eigentlich
um ein ganz anderes Thema geht und es sich um eine Verständnisfrage han-

delt; wenn die Schüler die Frage beim besten Willen nicht selbst beantworten können usw.):

— Warum kann man einen Regenwurm in 10 Teile teilen, und er lebt weiter?
— Haben die Bäume, wenn sie klein sind, auch schon Wurzeln?
— Was bedeutet „Interesse"?
— Wie schlafen die Vögel? In ihrem Nest?
— Ist es wahr, daß Heu von selbst brennen kann?
— Was bedeutet „Scheitel"?
— Warum ist Glas durchsichtig?
— Wie wird Strom gemacht?
— Wie entstehen eigentlich Inseln?

Wie können Lehrer sonst noch auf diese Fragen reagieren?

10. Kodierte Trainingsaufgaben

a) Ein Schüler sagt zu Ihnen: „Immer Aufsätze schreiben! Wozu eigentlich?" Sie antworten: 5a — 1 — 1 — 4 — bzw. 5c — 1 — 1 — 3. (Die Ziffern sind hier wieder VICS-Kategorien.)

b) Planen Sie eine Trainingssituation (SSST), in der die folgenden Verhaltensweisen auftreten und geübt werden können:

3 — 7a — 4 — 7b usw.
4 — 7b — 5a — 4 — 7b — 5a — 4 — usw.

c) Machen Sie ein Rollenspiel: Ein Lehrer spricht unter vier Augen mit einem Schüler, der etwas Schlimmes angestellt hat (denken Sie an einen Fall aus Ihrer eigenen Schulzeit oder aus Ihrer Schule).
Einmal verwendet der Lehrer hauptsächlich die Verhaltensweisen 3, 2, 1.
Beim zweiten Mal: 5c, 5a, 4, 1.

d) Eine Gruppe mit 4 Teilnehmern überlegt sich ein Unterrichtsthema. Es soll jetzt trainiert werden, zu diesem Thema verschiedenartige Fragen zu stellen. Das Training soll so laufen:

Im ersten Durchgang äußert jeder Teilnehmer einmal das Verhalten 4a, worauf ein anderer (oder mehrere) mit 8 antworten. Im zweiten Durchgang wird dann das Verhalten 4b geübt, dann 4c usw. (Hier sind die Kategorien des modifizierten FIAC gemeint; vgl. Seite 51 f.)

11. Lernhilfe-Training

Eine Aufgabe soll von den Schülern wie folgt gelöst werden:

352 : 8 =		352 : 8 =	
400 : 8 = 50	oder	320 : 8 = 40	
− 48 : 8 = 6		+ 32 : 8 = 4	
352 : 8 = 44		352 : 8 = 44	

Ein Schüler des 3. Schuljahrs hat in seinem Heft die Aufgabe so gerechnet:

```
  352 : 8 = 44
  380 : 8 = 47
−  28 : 8 =  3
```

Der Lehrer merkt, daß der Schüler die Aufgabe nicht versteht und sich ängstlich bemüht, dies zu verbergen.

Diagnoseaufgaben:

Wo liegt der Fehler?
Wie versteht der Lernende das Problem?
Was ist an seiner Auffassung falsch?
Welche Merkmale der Aufgabe verführen ihn zu der falschen Auffassung?

Therapieaufgaben:

Wie kann der Lehrer Lernhilfen geben?
In welchen Schritten kann er vorgehen?
Wie kann er den Schüler zu Äußerungen und Verhaltensweisen anregen, die besser erkennen lassen, wo die Schwierigkeiten für ihn liegen?
Wie kann der Lehrer die Aufgabe kurz und verständlich auf mehrere verschiedene Weisen erklären?

Wie kann er verhindern, daß der Schüler in Abwehr erstarrt und plötzlich ein noch dickeres „Brett vorm Kopf" hat?
Welche Aufgaben kann er dem Schüler stellen, um ihn in kleinen Schritten zum Verstehen der Aufgabe zu führen?
Wie kann er den Schüler ermutigen, die richtigen Fragen zu stellen? usw.

Diese Trainingsaufgabe wird für viele Lehrer recht schwierig sein. Geeignete Lernhilfen zu geben, ist in vielen Fällen schon deswegen fast unmöglich, weil im vorherrschenden Frontalunterricht dafür keine Zeit vorhanden ist. Wir werden darum nach einigen erfolglosen Versuchen oft ungehalten, wodurch der Schüler noch mehr eingeschüchtert wird.

Spielen Sie die angegebene Situation einmal mit verteilten Rollen durch. Lassen Sie den „Schüler" dabei sehr zurückhaltend reagieren, ihn nur auf sehr einfache und ganz klare Fragen antworten und nur das tun, was der Lehrer ihm unmißverständlich vorschreibt. Wenn es etwas schwieriger ist, schaut er den Lehrer nur mit großen Augen an. In dem Moment, wo er die Aufgabe nach einem Erklärungsversuch des Lehrers selbständig lösen soll, macht er immer wieder den Fehler, für die Zwischenrechnung eine Zahl zu wählen, in der an zweiter Stelle der Divisor steht; also zum Beispiel: bei der Aufgabe $153 : 3 = \ldots$ will er $130 : 3 = \ldots$ rechnen.

Obwohl Sie sich in diesem Rollenspiel als Lehrer bemühen, keine Ungeduld zu zeigen, freundlich und verstärkend zu bleiben, immer neue Strategien zu probieren und obwohl es sich um ein Spiel handelt, bei dem Sie nicht unter Zeitdruck stehen, wie im Unterricht, werden Sie meist bald anfangen, sich über den Schüler zu ärgern.

Lernhilfen zu geben, ist eine der wichtigsten Aufgaben von Lehrern. Lernhemmungen sind keine ärgerlichen Störungen, die man in jedem Fall durch optimierte didaktische Organisation des Unterrichts vermeiden könnte, sondern Ereignisse, die — weil sie immer wieder auftreten — vielleicht das Hauptproblem der Pädagogik sind (vgl. *Loch*, 1971/72). Wenn es keine Lernhemmungen gäbe, brauchten wir eigentlich auch keine Lehrer.

12. Übersetzen von Lehreräußerungen

Jede Äußerung kann viele verschiedene Bedeutungen transportieren. Oft meinen wir etwas ganz anderes als der Wortlaut unserer Äußerung erkennen läßt. Schüler können Lehreräußerungen anders verstehen, als sie vom Lehrer gemeint sind. Wenn Lehrer sich die Vielfalt möglicher Bedeutungen von

Verbaläußerungen vorstellen können, wird es ihnen eher gelingen, sich präziser, eindeutiger, glaubwürdiger und weniger verschlüsselt auszudrücken.

Beispiel:

Ein Schüler liest einen Absatz aus dem Lesebuch vor. Der Lehrer sagt: „Das war ja schon ganz gut."
Mögliche Übersetzungen:

— Ich weiß nicht, was ich dazu sagen soll.
— So gut war das eigentlich nicht.
— Du hättest es etwas besser machen können.
— Ich bin enttäuscht.
— Ich hätte dich gar nicht erst drannehmen sollen.
— Wenn du so liest, versteht man den Sinn gar nicht.
— Für dich war das schon eine ganz gute Leistung.
— Streng dich doch endlich mal an.
— Du hast wieder nicht geübt usw.

Übungsbeispiel:

Bei der Stillarbeit sagt der Lehrer: „Wolfgang, hast du gar nichts zu tun?"
Wie könnte der Lehrer diesen Satz gemeint haben?
Wie könnte der Schüler ihn verstehen?
Wie könnte man diesen Satz übersetzen? Finden Sie möglichst viele verschiedenartige Übersetzungen.
Probieren Sie die verschiedenen Möglichkeiten aus, wie der Satz ausgesprochen werden könnte.
Beobachten Sie dabei auch das nichtverbale Verhalten.
Übersetzen Sie jedesmal den gesprochenen Satz.
Wie könnte der Schüler auf die Lehreräußerung antworten? Was konnte er tun?

Watzlawick et al. (1969, 53 ff.) unterscheiden bei Mitteilungen einen Inhalts- und einen Beziehungsaspekt. Wenn ich zur Klasse sage: „Los, los! Zum Kreis setzen!", drücke ich eine andere Beziehung zu den Schülern aus, als wenn ich sage: „Bitte setzt euch in einem Kreis zusammen." Die in einer

Äußerung ausgedrückte Beziehung kann zum Inhalt der Äußerung in Widerspruch stehen. Den Satz „Das hast du ja prima gemacht" kann ich so aussprechen, daß er wie eine Beleidigung wirkt.

Beispiel:

Als ein Schüler einen Gedanken formuliert, der schon vor einigen Minuten abgehandelt worden ist, sagt der Lehrer: „Guten Morgen, Hans."
Welche inhaltliche(n) Bedeutung(en) hat dieser Satz?
Was teilt der Lehrer dem Schüler (und der Klasse) auf der Beziehungsebene mit?

Man kann den nichtverbalen und paralinguistischen Ausdruck einer Äußerung auch übersetzen, indem man nach einer inhaltlichen Aussage sucht, die zum Tonfall der Äußerung paßt.

Beispiel:

Ein Schüler sagt dem Lehrer: „Ich konnte die Rechenaufgaben nicht, die wir aufhatten." Der Lehrer antwortet: „Du bist froh, daß du mir das gesagt hast." Die übrigen Teilnehmer könnten jetzt Feedback geben:
Sie haben das so gesagt, als wäre der Inhalt Ihrer Äußerung:

— Warum hast du die Fensterscheibe zerschlagen?
— Du bist ganz erleichtert, daß du das los bist.
— Das Wetter ist ja heute ganz gut.
— Ich sammel auch Briefmarken.

Diese Art der Übersetzung mag albern wirken, sie kann jedoch oft ein nützliches Feedback sein und regt zu Diskussionen an, die zu tieferen Einsichten über das eigene Verhalten führen.

Aufgabe:

Beobachten Sie, mit welchen unterschiedlichen Bedeutungen Lehrer im Unterricht bestimmte wiederkehrende Floskeln („Ja" — „Gut" — „Richtig"

— „Aha" — „Hm" — „Fein" — „So, ..." — „Prima" usw.) verwenden.
Formulieren Sie die verschiedenen Bedeutungen als inhaltliche Aussagen.
(Welche Informationen transportiert das „Ja"?)

13. Feedback-Diskussion

Eine Diskussion über das Verhalten eines Lehrers in einer Unterrichtsstunde, in einer Simulation, einem Microteaching-Versuch o. ä. wird nach folgenden Kategorien beobachtet:

1. Wird über Lehrer*verhalten* gesprochen oder
2. über andere Aspekte des Unterrichts (z. B. Thema, Lernziele, Medien, Schülermerkmale und -eigenschaften, Sozialschichten, Absichten)?

(Der Beobachter entscheidet alle drei Sekunden, bei welcher der beiden Kategorien er einen Strich machen muß.)

Der zweite Beobachter verwendet 4 Kategorien:

1. positiv anerkennendes Feedback,
2. negativ kritisierendes Feedback,
3. neutral beschreibendes Feedback,
4. Vorschläge, was anders oder besser gemacht werden könnte.

Die Beobachtungsergebnisse werden graphisch an der Tafel dargestellt und diskutiert.
Man verabredet Regeln für die nächste Feedback-Diskussion, z. B. daß man mehr über das Verhalten des Lehrers sprechen will („Sie haben die Schüler, die etwas sagten, immer angeschaut.") als über andere Aspekte („Das Lernziel war für ein drittes Schuljahr zu einfach."). Oder daß man seltener negativ kritisieren und dafür häufiger die drei übrigen Verhaltenskategorien gebrauchen will. (Erfahrungsgemäß besteht selbst dann nicht die Gefahr, daß *zu wenig* kritisiert wird, wenn man die Regel „Gar nicht kritisieren" zu befolgen versucht.)
Nach der zweiten Feedback-Diskussion überprüft man, wie weit die Regeln eingehalten wurden und wie sich dies auf die Diskussion ausgewirkt hat. Die Regeln können dann weiter verändert werden.

14. Zusammenfassen von Gesprächsbeiträgen

Was das Allereinfachste zu sein scheint, erweist sich manchmal als ziemlich schwierig. Das ist beim Zuhören der Fall. Genaues Zuhören ist immer dann besonders schwierig, wenn man in einem Gespräch einen eigenen Plan verfolgt und darauf erpicht ist, bestimmte Gedanken anzubringen. Fleißige und verantwortungsbewußte Lehrer haben gewöhnlich einen recht detaillierten Plan, ihre Unterrichtsvorbereitung, und je mehr sie sich darauf konzentrieren, diesen Plan zu verwirklichen, desto weniger sind sie fähig, unerwartete Beiträge von Schülern wahrzunehmen und angemessen auf sie zu reagieren.

Bei der Besprechung einer Kurzgeschichte kommt es nicht selten vor, daß der Lehrer die Schüler zum Nacherzählen auffordert oder durch Fragen überprüft, ob sie die Handlung verstanden haben, während die Schüler schon dabei sind, den Text auf einem viel höheren Niveau zu diskutieren. Der Lehrer bemüht sich dann manchmal eine ganze Unterrichtsstunde hindurch, diese Motivation zu bremsen und bemerkt nicht, daß die Schüler von sich aus Lernziele verfolgen, die wichtiger sind als die Ziele, die er sich für die Stunde ausgedacht hatte.

Manchmal bringen Lehrer ihren Schülern auch etwas bei, was die Schüler schon längst beherrschen und sagen dann am Schluß der Stunde erleichtert: „Die Stunde ist wie geplant verlaufen."

Dies sind Extremfälle. Die Regel ist, daß Lehrer in jeder Stunde viele Schülerbeiträge überhören, die den Unterricht beträchtlich bereichern könnten, wenn sie vom Lehrer oder von anderen Schülern aufgegriffen würden.

Zum Training des Zuhörens (aber auch des präziseren Sprechens) eignet sich die mittelalterliche Disputationstechnik der Paraphrase noch heute: jeder Gesprächsteilnehmer darf erst dann seine eigenen Gedanken vortragen, wenn er zuvor die Gedanken seines Vorredners zusammengefaßt, reflektiert, unverfälscht wiedergegeben hat. Unter verschiedenen Namen (z.B. als „Kontrollierter Dialog", *Antons*, 1973, 87 ff.) ist dies eine der Standardübungen der Gruppendynamik, „eine der durchschlagendsten Übungen überhaupt" (*Antons*, 1973, 87).

Meist wird diese Übung in Dreiergruppen durchgeführt. Zwei Teilnehmer diskutieren ein Thema, wobei sie u.U. gegensätzliche Standpunkte einnehmen, während der dritte Teilnehmer als Beobachter oder Schiedsrichter fungiert und die Einhaltung der Regel überwacht. Die Übung kann aber auch zu zweit oder in größeren Gruppen durchgeführt werden.

Beispiele:

A

Teilnehmer 1: Dieses Zusammenfassen von Gesprächsbeiträgen ist doch eine unsinnige Übung. Was da von den Sprechern verlangt wird, beherrscht ohnehin jeder.

Teilnehmer 2: Sie finden diese Gesprächsübung sinnlos, weil man nichts Neues dabei lernt. Ich stimme nicht mit Ihnen überein. Ich beobachte sehr oft, z. B. bei unseren Lehrerkonferenzen, daß die Sprecher völlig aneinander vorbeireden und sich überhaupt nicht darum kümmern, welche Argumente vorher gebracht worden sind.

Teilnehmer 1: Unter normalen Menschen ist es selbstverständlich, daß man zuhört. Das braucht man nicht extra zu üben.

Beobachter: Sie haben nicht zusammengefaßt, was Ihr Gesprächspartner sagte.

Teilnehmer 1: Sie haben bei Ihren Konferenzen beobachtet, daß aneinander vorbeigeredet wird und Argumente nicht beachtet werden usw.

B

T 1: Dieses Zusammenfassen von Gesprächsbeiträgen ist doch eine unsinnige Übung. Was da von den Sprechern verlangt wird, beherrscht ohnehin jeder.

T 2: Sie lehnen gruppendynamische Übungen grundsätzlich ab.

B: Sie haben nicht richtig wiedergegeben, was Ihr Vorredner sagte.

T 1: Das Zusammenfassen von Gedanken scheint Ihnen sinnlos, weil jeder dieses Verhalten schon beherrscht. Ich glaube nicht, daß Sie damit recht haben usw.

C

T 1: Dieses Zusammenfassen von Gesprächsbeiträgen ist doch eine unsinnige Übung. Was da von den Sprechern verlangt wird, beherrscht ohnehin jeder.

T 2: Ich finde nicht, daß die Übung unsinnig ist.

B: Sie sollten erst dann Ihre Meinung äußern, wenn Sie vorher die Gedanken Ihres Gesprächspartners objektiv wiedergegeben haben. (Vgl. *Amidon/Hunter*, 1967 a, 111—112).

Bei dieser Übung erfahren die Trainierenden meist, daß es ihnen schwerfällt, die Gedanken des Partners zu behalten, wiederzugeben und obendrein noch eigene Gedanken zu äußern, die auf den vorangegangenen Ideen aufbauen. Man kann darum die Übung anfangs vereinfachen, z.B. indem man wenig anspruchsvolle Gesprächsthemen wählt, sich auf kürzere Meinungsäußerungen beschränkt u. ä. Später kann die Übung kontinuierlich schwieriger gemacht werden. Nach einigen Durchgängen zeigt sich vielleicht, daß die Teilnehmer ihre Zusammenfassung regelmäßig mit den Worten „Sie sind also der Meinung, . . .“ beginnen. Man kann jetzt versuchen, verschiedenartige Formulierungen zu verwenden. Oder die Zusammenfassungen sind zu ausführlich, und es wird jedes Wort wiederholt. Hier könnte man sich das Ziel setzen, die Zusammenfassungen kürzer und prägnanter zu formulieren. Weiter könnte die Regel eingeführt werden, daß jeder 4. Teilnehmer die Beiträge der drei letzten Sprecher zusammenfassen soll usw.

Nach einer solchen Gesprächsübung beobachten die Teilnehmer meist genauer die Alltagsdiskussionen und erkennen oft, wie autistisch viele von ihnen ablaufen. Benutzt man die Paraphrase in einem wirklichen Gespräch, so werden dadurch viele Wiederholungen vermieden, das Gespräch wird stringenter. — Die Übung „Zusammenfassen von Gesprächsbeiträgen“ kann auch im Unterricht eingesetzt werden, wenn Schüler lernen sollen, miteinander zu reden, statt nur dem Lehrer Fragen zu beantworten.

15. Bewußtmachen und Training nichtverbalen Verhaltens

a) In einem Gespräch übt ein Teilnehmer, bestimmte Informationen durch nichtverbale Signale zu übermitteln. Z.B. „Ich hab nicht verstanden“ — „Sprich weiter!“ — „Das ist mir neu“ — „Du möchtest etwas dazu sagen?“.

b) Bei einem Unterrichtsversuch wird das nichtverbale Verhalten beobachtet, und der Unterrichtende erhält nur hierüber Feedback.

c) Bei einer Diskussion dürfen sich einzelne Teilnehmer auf ein bestimmtes Signal hin nicht mehr bewegen. Die anderen geben Rückmeldung, wie der unbewegte Ausdruck auf sie wirkt. (Hierbei wird die Hypothese von *Watzlawick* et al. [1969, 50 ff.] überprüft, daß es unmöglich sei, nicht zu kommunizieren. Selbst wenn ich nur so herumsitze und gar nichts tue, gebe ich an Beobachter Signale weiter. Welche das sind, weiß ich als Sender meist am wenigsten.)

d) Eine Rollenspielszene wird daraufhin untersucht, wieweit nichtverbale und verbale Mitteilungen übereinstimmen.

e) Man beobachtet das proxemische Verhalten (vgl. Seite 44) eines Lehrers im Unterricht und diskutiert es.

— An welchen Stellen des Klassenraums hält sich der Lehrer bevorzugt auf?

— Welche Blickrichtung hält er meist ein?

— Welches sind die „Wechsel", die er immer wieder abschreitet?

— Wie oft wechselt er seinen Platz in der Klasse?

Bei solchen Beobachtungen entdeckt man oft Zusammenhänge, die einem sonst vollständig entgehen. So kann man finden, daß ein Lehrer das Fehlverhalten eines Schülers dadurch verstärkt, daß er sich dem Schüler immer dann nähert, wenn das störende Verhalten beginnt. (Der Lehrer verfolgt damit wahrscheinlich — bewußt oder unbewußt — die Absicht, den Schüler vom Stören abzuhalten. Tatsächlich bewirkt sein Verhalten das Gegenteil.) Oder man stellt fest, daß ein mehr oder weniger großer Teil der Klasse vom Lehrer weitgehend ignoriert wird.

f) Die Trainierenden unterhalten sich pantomimisch und übersetzen anschließend die Gesten in Worte. Oder man erteilt pantomimisch Anweisungen, die befolgt werden müssen, ohne daß vorher nachgefragt werden darf, ob man richtig verstanden hat. Solche Übungen können das Lehrerverhalten lebendiger machen.

16. Einige Skills

a) Schüler zeigen Lehrern oft Zeichnungen, Aufsätze, freiwillige Hausarbeiten u. ä. und möchten dann vom Lehrer beachtet werden. Viele Lehrer wissen nicht so recht, wie sie auf solche Annäherungsversuche reagieren können. Sie bemühen sich dann, irgend etwas Freundliches zu sagen, auch wenn ihnen die Leistung im Grunde mißfällt (etwa wenn die Schüler Zeichnungen im Modepuppen- oder Mickey-Mouse-Stil stolz vorzeigen); oft geben sie ein wenig ernst gemeintes, flüchtiges Lob, das den Schüler weder überzeugt noch ihm gerecht wird. Eine Verhaltensmöglichkeit (unter vielen anderen) ist die folgende: Der Lehrer schaut sich die Arbeit des Schülers genau an und äußert einfach, was er beobachtet hat (z.B. was der Schüler gemacht hat, welche Technik er benutzte, was seine Arbeit vom Üblichen unterscheidet):

— Du hast den Elefanten blau gemalt.
— Aha, du beschreibst deinen Zoobesuch in dem Aufsatz.
— Du hast alle Wörter selbst noch einmal abgeschrieben.

Wie könnten solche Äußerungen auf Schüler wirken? Wie könnten Schüler antworten?
Probieren Sie das Verhalten mit dem untenstehenden Bild. (Swantje, 1. Schj.)

Was könnten Sie sagen?

1.

2.

3.

4.

5.

Verwenden Sie das Verhalten in Ihrer Klasse.

b) Die Schule ist ein Ort, wo nach den Fehlern gesucht wird. Wenn Schüler ihre Arbeiten zeigen, bekommen sie oft Antworten wie diese zu hören: „Du hast ja einen sehr schönen Aufsatz geschrieben, *aber* die Schrift ist unmöglich, außerdem hast du schon wieder keine Absätze gemacht und viele Wörter wiederholt. Und ich hatte dir doch gesagt, daß du die wörtliche Rede gebrauchen solltest."
Die Schule könnte ein Ort sein, wo nach positiven Leistungen gesucht

wird. In einer solchen Schule hätte der Lehrer vielleicht gesagt: „Du hast ja einen sehr schönen Aufsatz geschrieben. Besonders treffend sind viele Ausdrücke: kroch, seufzte, entsetzt zum Beispiel. Du hast auch viele Dinge weggelassen, die der Leser sich selbst denken kann, dadurch ist deine Geschichte an keiner Stelle langweilig. Wenn du wieder einen Aufsatz schreibst, kannst du einmal versuchen, Absätze zu machen." Sammeln Sie Schülerarbeiten mit positiven und negativen Merkmalen, um sie als Trainingsreize zu benutzen. Versuchen Sie möglichst viele lobenswerte Merkmale zu nennen. Zum Schluß dürfen Sie einen (*einen*!) Verbesserungsvorschlag machen. (Bei Aufsätzen ist auch ein völlig anderes Lehrer-Feedback möglich. Statt auf die formalen Aspekte zu reagieren, könnte ein Lehrer auf die Inhalte des Aufsatzes eingehen, sich mit den Argumenten des Schreibers auseinandersetzen und ihm dazu eine Antwort geben[12].)

Wie können Lehrer sich außerdem verhalten, wenn sie „Hervorragend-*aber*-Antworten" vermeiden möchten?

c) Anweisungen erzeugen manchmal eher Verwirrung als Klarheit. „Mach das anständig!" sagt nichts darüber, was unter „anständig" zu verstehen ist. Der Schüler kann darum selbst schlecht kontrollieren, ob seine Ausführung den Anforderungen entspricht, und Lehrer werden, wenn sie nur wollen, immer noch etwas finden, was nicht „anständig" ist.

Wie können Lehrer trainieren, Anweisungen so zu formulieren, daß Schüler wissen, was sie tun sollen?

d) Lehrer müssen manchmal einordnen können, was Schüler sagen. Sie müssen erkennen können, zu welchem Unterthema eine Äußerung gehört, ob ein neues Thema angesprochen oder das Thema ganz verlassen wird. Manchmal sind Lehreräußerungen sinnvoll wie:

— Eben habt ihr über die Nahrung des Fuchses gesprochen. Jetzt sprechen wir davon, wie sich der Fuchs vor seinen Feinden schützt.
— Diese Gründe sprechen alle *dafür*.
— Gehört das noch zu der ersten Frage?
— Du bringst jetzt ein ganz neues Problem in die Diskussion, nämlich die Frage, warum die Gastarbeiter ihr Heimatland überhaupt verlassen.

---

12 Lehrer könnten auf Aufsätze so reagieren, als beantworteten sie einen Brief von einem Freund.

Oft muß der Lehrer nur wissen, wie ein Schülerbeitrag eingeordnet werden kann. Wichtig ist in diesem Zusammenhang auch, daß jedes Sachgebiet und jedes Gesprächsthema auf viele verschiedene Weisen gegliedert werden können.

Training:

Mehrere Schüleräußerungen zu einer Frage oder einem Thema wurden als Trainingsreize gesammelt. Jeder Trainierende gliedert sich das Gebiet in mehrere Unterthemen auf. Nach der Darbietung eines Reizes (Vorlesen, Tonbandaufnahme, Rollenspiel) notiert oder spricht jeder Teilnehmer eine zuordnende Äußerung. Die verschiedenen Ordnungskriterien werden diskutiert.

e) Beim Drannehmen können Lehrer verschiedene Gesichtspunkte beachten. In einer simulierten Unterrichtsstunde spielen die Schüler drei Rollen:

1. Schüler, die sich oft melden und viel sagen,
2. Schüler, die sich nicht melden,
3. Schüler, die einfach dazwischenrufen.

Der Lehrer hat die Aufgabe, Schülern der ersten Gruppe neutral-sachlich zu antworten, Zwischenrufe zu ignorieren und die schweigsamen Schüler durch geeignete Äußerungen zur Beteiligung zu ermutigen. Dazu sucht er sich solche Momente aus, in denen er nichtverbale Signale wahrnimmt, die darauf hindeuten, daß der schweigsame Schüler interessiert, nachdenklich, aufmerksam ist oder mit der Äußerung eines Mitschülers nicht übereinstimmt. Der Lehrer sagt dann etwa:

— Du hast eine andere Meinung darüber.
— Du möchtest etwas dazu sagen.
— Ich weiß nicht, ob alle das so sehen.

17. Lehrerverhalten in Standardsituationen

Für wiederkehrende Probleme entwickeln Lehrer gewöhnlich Routine-Reaktionen, angemessene wie unangemessene, die oft nur wenig oder gar nicht bewußt zu sein scheinen. Dieses Routine-Verhalten kann man sich bewußt machen und mit dem anderer Lehrer vergleichen. Was sage und tue ich gewöhnlich,

— wenn ich die Schüler vor dem Unterricht begrüße?
— wenn ich die Hausaufgaben kontrolliere?
— wenn ich für Ruhe sorge?
— wenn die Schüler die Klasse verlassen sollen?
— wenn die Schüler mit einer neuen Tätigkeit beginnen sollen?
— wenn die Schüler bei der Stillarbeit sind?
— wenn Schüler petzen?
— wenn ein Schüler früher als die anderen mit seiner Arbeit fertig ist?
— wenn ich Hausaufgaben aufgebe?
— wenn jemand seine Hausaufgaben vergessen hat? usw.

Die Teilnehmer notieren so genau wie möglich ihr Verhalten in einigen dieser Situationen. Man vergleicht die verschiedenen Verhaltensweisen, untersucht, welche Erziehungsziele sich in ihnen verstecken und ob sie mit den beabsichtigten Zielen übereinstimmen.

18. Analysieren von Interaktionsstörungen

Einzelne Teilnehmer schildern Interaktionsstörungen, die sie öfter im Unterricht erleben:

Ein Problem, das mir immer wieder zu schaffen macht, ist . . .
Ich fühle mich unsicher in einer Klasse, wenn . . .
Ich möchte gern lernen, wie man als Lehrer . . .
Ich traue mir nicht so recht zu, . . .
Es regt mich immer wieder auf, wenn . . .

Die anderen stellen Fragen, um Informationslücken aufzudecken und zum Sammeln wichtiger Informationen anzuregen. Die Informationen werden etwa nach den folgenden Gesichtspunkten geordnet und diskutiert:

1. Wie verhält sich der Lehrer?
2. Wie verhalten sich die Schüler?
3. Welche Absichten hat der Lehrer?

4. Welche Absichten werden in seinem Verhalten sichtbar?
5. Welche Absichten wären angemessener?
6. Welche Wertvorstellungen hat der Lehrer?
7. Wie könnte der Lehrer sich verhalten?

In solchen Diskussionen werden nicht nur Vorschläge für ein anderes Verhalten erarbeitet, sondern oft verändert sich auch die Beurteilung der Situation. Vielleicht erkennt man, daß man die eigenen Wertvorstellungen ändern müßte oder man beginnt, Verhaltensweisen von Schülern, die man bisher kurzerhand als abweichend klassifizierte, als verständliche Reaktionen auf bestimmte Faktoren der Schulumwelt zu begreifen und findet heraus, an welcher Stelle der Teufelskreis unterbrochen werden kann. Um ein einfaches Beispiel zu nehmen: Lehrer, die sich täglich darüber ärgern, daß immer einige Schüler ihre Hausaufgaben nicht oder schlecht gemacht haben, könnten darauf kommen, den Hausaufgabenzwang abzuschaffen.
Weitere Fragen für die Diskussion konkreter Konfliktsituationen:

1. Welche Erwartungen hat der Lehrer in bezug auf das Verhalten der Schüler?
2. Ist das Verhalten des Lehrers in der Konfliktsituation pädagogisch begründet oder dient es vorwiegend dazu, Bedürfnisse des Lehrers (nach Ordnung, Ruhe, Sauberkeit, Abreaktion von Ärger, Enttäuschung u. ä.) zu befriedigen?
3. Hat das Verhalten des Lehrers in der Konfliktsituation mehr die Funktion, den einzelnen Schülern zu helfen, die den Konflikt ausgelöst haben, oder sind die Lehrermaßnahmen mehr darauf gerichtet, den Fortgang des Unterrichts sicherzustellen?
4. Welche kurzfristigen und langfristigen Auswirkungen könnte das Verhalten des Lehrers haben?
5. Wie würde der Lehrer sich verhalten, wenn er es mit Erwachsenen und nicht mit Schülern zu tun hätte?
6. Wie würden die Schüler in der Konfliktsituation reagieren, wenn sie Erwachsene wären?
7. Welches sind die affektiv-emotionalen Reaktionen von Lehrern auf wiederkehrende Konfliktsituationen (ein Schüler macht nie Hausaufgaben; Schüler wackeln dauernd mit ihrem Stuhl; Schüler verprügeln Mitschüler; im Diktat werden lauter Wörter falsch geschrieben, die vorher im Unterricht geübt worden sind usw.)?

19. Falldiskussion

Ein Konflikt zwischen Lehrer und Schüler

Klasse: V8   Fach: Deutsch   Thema: Besprechung von Hausaufsätzen

1. Bericht des Lehrers

Die Schüler sind heute mal wieder recht unaufmerksam und laut. Gerade habe ich den Schülern erklärt, was ich von ihnen erwarte: daß sie von sich aus leise sein sollen und daß ich keine Lust hätte, sie durch irgendwelche Strafmaßnahmen dazu zu zwingen. Schüler, die nur dann still sein könnten, wenn sie den Stock sehen, würden heute nicht gebraucht.
Nach einer Weile: Ingo kriecht schon das dritte Mal, mehrere Nachbarn störend, unter dem Nebentisch herum. Die ersten Male habe ich versucht, ihm mit Blicken zu zeigen, daß er damit aufhören soll. Das bewirkt also nichts.
Ich gehe zu seinem Tisch und fordere ihn scharf auf: „Komm bitte nach vorn!" Er schaut mich einfach an und tut, als habe er nicht verstanden. Es sieht aus, als sei er belustigt.
Eine Weile schaue ich ihn an und warte: er kann meine Aufforderung nicht überhört haben. Aber er kommt nicht nach vorn.
Da packe ich ihn an Arm und Schulter und reiße ihn von seinem Platz weg nach vorn. Er fliegt fast gegen die Wand. Ich sage: „Erzähl mir, warum du unter dem Tisch herumgekrochen bist!"
Er antwortet nicht oder murmelt irgendetwas wie „Weiß ich doch nicht."
Da gebe ich ihm eine Ohrfeige, daß sein Kopf gegen die Wand schlägt. Er versucht, aus der Klasse zu laufen. Ich halte ihn fest und führe ihn zu seinem Platz. Drohend sage ich: „Bleib ja da sitzen!"
Ich versuche weiter zu unterrichten. In der Klasse ist es ungewöhnlich still, niemand schwatzt mit seinem Nachbarn.
Am Schluß der Stunde sage ich, es wäre mir unangenehm, ich hätte mich nicht richtig verhalten, aber Ingo auch nicht. Ich wäre gegen Ohrfeigen. Ohrfeigen seien außerdem verboten. Ingo könne den Vorfall vor Gericht bringen. Wenn er das wolle, würde ich gleich alles dem Rektor berichten und Schüler als Zeugen holen. (Das ist ein kleiner Einschüchterungsversuch.) Ich wolle Ingo nicht daran hindern, sich zu wehren. Er könne mich anzeigen, wenn er wolle.

Ingo sitzt da und weint. Ich frage die Klasse: „Wer meint, daß Ingo zu frech war?" Fast die ganze Klasse meldet sich.

Zwei Unterrichtsstunden später bin ich wieder in der V 8. Ich sage: Ich wäre mit mir selbst unzufrieden, daß ich aus der Haut gefahren sei. Ich hoffte, daß mir das nicht noch einmal passiert. Aber ich hoffte auch, daß Ingo sowas nicht noch einmal passiert. — Wollen wir uns wieder vertragen? — Ja. — Ich gebe Ingo Kaugummi und zwei Bonbons, die ich von Schülern bekommen hatte.

In der Pause auf dem Schulhof höre ich, wie Albert aus der V 8 sagt: „Da kommt der Schläger vom Dienst". Ich stelle ihn am Beginn der nächsten Stunde zur Rede und erkläre ihm, daß ich das nicht gut von ihm finde.

Ich bitte einige Schüler, freiwillig den Vorfall zu beschreiben und ihre persönliche Meinung dazu wiederzugeben. Jeder soll aus seiner Sicht berichten.

2. Bericht des „Opfers"

Es fing damit an, das Birte eine tüte mit Bonbon an die Erde fiel. Ich wollte sie aufheben. Hans Dieter hatte sie mit dem Fuß weggestoßen. Da habe ich sie einzeln aufgehoben und sie in die Tasche gesteckt. Da haben sie (= Lehrer) mir gerufen. Und als ich nich gekommen bin haben sie mich noch vorne hingeschleppt und als ich nichts sagte, haben sie mir eine geschalert so das ich mit dem Kopf an die Wand stieß. Ich wollte abhauen aber sie haben mir die Tür zugemacht. Ich ging auf meinen Platz.

3. Berichte von Mitschülern

a) Die Ausgerutschte Backpfeife
Ingo weigerte sich nach einer hoflichen aufforderung des Lehrers nach forne zu kommen. Der Lehrer warnte im drei mal. Dan holte er Ingo mit Gewalt nach forn. Dann fragte ihm: „Was has du unterm Tisch zu suchen." Ingo antwortete nicht. Da schlug Lehrer so hart zu, das Ingo mit dem Kopf gegen die Wand schlug. Ich finde, Ingo ist einerseitz im Recht weil der Lehrer Ingo ohne grund schlug, und dazu noch so hart daß er mit dem Kopf gegen die Wand schlug. Aber der Lehrer ist auch im Recht, weil Ingo sich weigerte nach forn zu kommen, und den Lehrer dadurch in Wut brachte.

b) Herr W. fragte Ingo was er da andauernd unter dem Tisch krabbelte, er gab keine Antwort. Herr W. wurde wüdten, weil er keine Antwort gab und zog ihn von sein Stuhl, so daß er gegen die Wand feil, Herr W. fragte noch mal er sagte ergend was. Er wurd anscheint wütenter und schlug Ingo eine runter. Ingo rannte zur Tur und wollte wahrscheinlich zum Rektor. Herr W. zog Ingo zurück und sagte Jetzt reicht es mir und Ingo schrei mir auch. Herr W. schafte es Ingo ins Klassenzimmer zurück zu bekommen. Ingo ging zu seinen Platz und stezte sich und warf sein Ringheft zu warf die Kreide zu boden. Als die Stunde zu Ende war erklärte Herr W. Ingo daß er Ingo zum Rektor gehen könnte und Zugen (= Zeugen) mitnehmen könnte. Herr W. entschuldigte sich und sagte das es ihm Leid tat.

c) Ich finde der Lehrer hat recht, mit dem was da passiert ist. Birte hatte ausversehen Bonbon an der Erde geschmissen. Ingo wollte sie aufheben und ging dabei unter dem Tisch. Das tat er aber nicht nur einmal, sondern mehrere male. Das erste und zweite mal sagte Herr W. nichts, aber das dritte mal wurde Herrn W. es zu bund, und sagte: „Ingo, komm mal nach vorne". Doch Ingo rührte sich nicht, sondern lachte nur. „Ingo, komm bitte nach vorne". sagte Herr W. etwas schärfer. Aber Ingo kam nicht. Da wurde Herr W. wütend und riß Ingo nach vorn. Dann wurde Herr W. wieder ruhiger, und fragte: „Was hast du unter dem Tisch gemacht?" „Garnichts" war die Antwort. „Warum warst du unter dem Tisch?" „Darum" sagte Ingo. Da wurde Herr W. wieder wütend und schlug Ingo ins Gesicht. Ingo schlug mit dem Kopf gegen die Wand. Ingo fing an zu weinen und wollte hinaus laufen, doch Herr W. hielt ihn zurück. Ingo riß sich los und wollte hinaus laufen, doch Herr W. ergriff ihn wieder und sagte, daß er wieder sich auf seinen Platz setzen soll. Nach einer Weile setzte Ingo sich wieder hin. Dann hatten sie sich beide wieder beruhigt. Am Ende der Stunde entschuldigte sich Herr W. freundlich.

4. Fragen

1. Ist das Verhalten des Lehrers verständlich? Ist das Verhalten des Schülers verständlich?
2. Wie hätten Sie sich als Lehrer (Schüler) verhalten?
3. Worin unterscheiden sich Lehrer- und Schülerberichte?
4. Wie beurteilen Sie den Vorfall?

5. Welche Einstellungen hat der Lehrer? Welche Erziehungsziele strebt er an?
6. Welche Erwartungen hat er an das Verhalten der Schüler? Sind diese Erwartungen zumutbar?
7. Wie interpretiert der Lehrer das Verhalten des Schülers?
8. Kann man etwas darüber aussagen, welchen „Erziehungsstil" der Lehrer hat?
9. Welche Fehler macht der Lehrer?
10. Was könnte der Lehrer aus dem Vorfall lernen?
11. Glauben Sie, daß der Lehrer aus diesem Vorfall eine Ideologie machen wird?
12. Wie könnte vermieden werden, daß sich solche Vorfälle wiederholen?

20. Wahrnehmen erwünschter Verhaltensweisen

a) Welche Verhaltensweisen wünschen Sie sich von Schülern, wenn Sie
   — die Klasse betreten,
   — die Hausaufgaben kontrollieren,
   — den Unterrichtsstoff wiederholen,
   — etwas Neues erklären,
   — die Klasse Stillarbeit machen soll,
   — die Schüler in Gruppen arbeiten.
   Versuchen Sie, die erwünschten Verhaltensweisen im Unterricht zu beachten und zu verstärken. Überlegen Sie, ob alle Verhaltensweisen, die Sie sich wünschen, auch aus der Sicht der Schüler wünschenswert sind und ob das, was Sie sich als Schülerverhalten wünschen, mit Ihren wichtigsten Erziehungszielen übereinstimmt. Möchten Sie bei sich selbst Schüler sein?

b) Üben Sie, verbale Verhaltensweisen wahrzunehmen, die verstärkt werden können. Machen Sie sich eine Liste der Verhaltensweisen, auf die Sie achten wollen (z. B. die Schüler stellen Fragen; die Schüler gehen auf Beiträge anderer Schüler ein; Schüler begründen eine Aussage). Initiieren Sie in einer Gruppe eine Diskussion. Unterbrechen Sie die Diskussion, wenn Sie ein Verhalten wahrnehmen, das Sie sich zum Verstärken notiert hatten und sagen Sie: „Sie haben eine Begründung gegeben" oder „Sie haben eine Frage gestellt" usw.
Sie können die Verhaltensweisen auch interaktionsanalytisch beobachten und Ihr Ergebnis mit dem eines anderen Beobachters vergleichen.

21. Simuliertes Verstärkungstraining

1. Die Gruppe sammelt Äußerungen, über die Schüler einer gedachten Klasse sich freuen würden. Man versucht, möglichst viele verschiedenartige Äußerungen zu finden.
2. Die Teilnehmer überlegen sich, welche Verhaltensweisen sie verstärken möchten (z.B. Selbständigkeit, Hilfsbereitschaft, Kritikfähigkeit).
3. Man einigt sich auf ein Unterrichtsthema (z.B. „Die Großstadt und ihre Probleme, am Beispiel New York").
4. Die Teilnehmer notieren sich Schülerverhaltensweisen, die in der Stunde auftreten können:
   — „Ich hab ein Bild von New York mitgebracht."
   — „Sollen wir das abschreiben, was an der Tafel steht?"
   — „Das stimmt aber nicht, was Sie da sagen. In meinem Lexikon steht, New York hat 16 Millionen Einwohner."
   — Ein Schüler weint: „Ich kann den Plan nicht abzeichnen."
   — „Soll ich Ihnen die Landkarte so lange festhalten?"
   — „Ich kann zu Hause nachsehen. Wir haben ein Buch über New York."
   — „Können wir nicht mal über Tokio sprechen? Ich hab was im Fernsehn davon gesehn." usw.
5. Der Lehrer versucht, solche Verhaltensweisen zu verstärken, die den Zielen entsprechen.
6. Es wird diskutiert, ob die einzelnen Verhaltensweisen richtig beurteilt wurden, ob sie als selbständig, hilfsbereit, kritisch gelten können oder nicht.

22. Simulation von Unterrichtsgesprächen

a) In einem simulierten Unterrichtsgespräch versucht der Lehrer,
   1. das Gespräch durch weite Fragen anzuregen,
   2. nachdem 2 bis 3 Schüler gesprochen haben, ihre Beiträge zusammenzufassen und
   3. eine neue weite Frage zu stellen.
b) In einem simulierten Unterrichtsgespräch versucht der Lehrer,
   1. möglichst wenig zu sprechen,
   2. sich immer erst dann zu äußern, wenn mindestens zwei Schüler vorher gesprochen haben,

3. möglichst kurze informierende Äußerungen zu geben und das Gespräch
4. durch präzise Impulse zu lenken.

Die Gespräche werden mit einem besonderen Kategoriensystem beobachtet, das nur so viele Kategorien enthält, wie zur Überprüfung des Plans notwendig sind.

23. Schreiben von Unterrichtssequenzen

a) Schreiben Sie wörtlich auf
— was Sie an wichtigen Stellen einer geplanten Unterrichtsstunde sagen wollen (am besten mehrere Fassungen),
— welche Schüleräußerungen Sie erwarten,
— was Sie auf die Schüleräußerungen antworten können.
Vergleichen Sie den Verlauf, den Sie sich vorgestellt haben, mit dem tatsächlichen Verlauf der Stunde, wie er von einem Beobachter geschildert, von Ihnen selbst erinnert oder von einer Tonbandaufnahme wiedergegeben wird.

b) Schreiben Sie Unterrichtssequenzen, die ein bestimmtes Verhaltensproblem illustrieren. Verwenden Sie die Sequenz, um sie mit einer Trainingsgruppe zu analysieren.

c) Versuchen Sie in einer konstruierten Unterrichtssequenz neue Verhaltenskategorien (Skills) zu finden.

d) Benutzen Sie eine erdachte Unterrichtssequenz zum Kodierungstraining (z. B. Vorlesen der Sequenz mit verteilten Rollen, auf Tonband sprechen).

e) Schreiben Sie eine gelungene Unterrichtsstunde. Diskutieren Sie Ihre Vorstellung von einer gelungenen Stunde mit einer Gruppe. Geben Sie den Text einem Kollegen, der ihn verbessern und kommentieren soll.

f) Schreiben Sie das Gespräch auf, das Sie nach der Stunde mit einem Schüler führen wollen, der sich abweichend verhalten hat. Vergleichen Sie das ausgedachte Gespräch mit wirklichen Gesprächen, die Sie in ähnlichen Situationen führen oder führten.

g) Schreiben Sie eine Diskussion mit Schülern über ein Unterrichtsthema. Das Gespräch soll nur wenige Minuten dauern, damit der Text nicht zu lang wird. Führen Sie nun diese Diskussion mit einer kleinen Schülergruppe durch und machen Sie eine Tonbandaufnahme. Vergleichen Sie die beiden Fassungen.

h) Schreiben Sie einen Unterrichtsausschnitt, bei dem Sie bevorzugt bestimmte Verhaltenskategorien verwenden wollen.

24. Microteaching-Unterrichtsversuche

Schüler erwarten von Lehrern, daß sie „gut erklären" können. Gemeint ist damit, daß Lehrer Informationen so darbieten können, daß Schüler sie verstehen und behalten. Diese Lehrerfunktion kann in Microteaching-Versuchen trainiert werden. Ziel des ersten Versuchs: Erklären eines Begriffs oder Sachverhalts. Die Schüler sollen anschließend fähig sein, den Begriff oder Sachverhalt mündlich oder schriftlich zu erklären, ein eigenes Beispiel zu nennen oder den Begriff anzuwenden. Während des Erklärungsversuchs sollen die Schüler sich nicht äußern, sondern nur zuhören, zuschauen. Die Erklärung muß aus diesem Grund klar genug sein, daß Schüler sie verstehen, ohne weitere Fragen stellen zu müssen. Die Teilnehmer wählen sich ein Thema für ihren ersten Versuch, z. B.:

— Wie Schlangen ihre Beute verzehren
— Was sind Geysire?
— Warum soll man sich die Zähne putzen?
— Was bedeutet „Imperatives Mandat"?

(Wird der Versuch mit Erwachsenen durchgeführt, so wählt man am besten Begriffe oder Probleme, die wahrscheinlich un- oder höchstens halbbekannt sind. Beispielsweise: „Kontaktmetamorphose", „Attributionstheorie", „kognitive Dissonanz", „Caudillismus", „falsches Bewußtsein", „pluralistische Ignoranz", „Metakommunikation", „Sozialdarwinismus", „Kontrastgruppenanalyse".)

Beispiel:

1 Ich möchte euch einen Begriff erklären, der in der Biologie sehr wichtig ist.
2 (Schreibt an die Tafel) Ökologische Nische.
3 Was ist eine „ökologische Nische"?

4 Man kann die ökologische Nische eines Lebewesens mit den Berufen der Menschen vergleichen.

5 Wenn in einem Dorf mit 200 Einwohnern 50 Kaufleute lebten, dann müßten sie wahrscheinlich verhungern, weil die Konkurrenz zu groß ist.

6 Die meisten Kaufleute müßten in einen anderen Beruf gehen.

7 Vielleicht bleiben dann nur drei Kaufleute übrig, und die würden sich spezialisieren:

8 der eine verkauft Nahrungsmittel, der andere Werkzeuge und Geräte für den Haushalt und der dritte spezialisiert sich auf den Verkauf von Kleidung.

9 So verdient jeder genug, um leben zu können.

10 Auch die Tiere können nicht alle vom gleichen Beruf leben.

11 Was für die Menschen die Berufe sind, das sind für die Tiere die ökologischen Nischen.

12 Jedes Tier ist für eine besondere ökologische Nische spezialisiert.

13 Ich will euch einige Beispiele nennen:

14 In Afrika gibt es zwei Nashornarten: Breitmaulnashörner und Spitzmaulnashörner.

15 Wenn beide die gleiche ökologische Nische, den gleichen Beruf, hätten, könnten sie sich gegenseitig die Nahrung wegnehmen und würden sich um den Lebensraum streiten.

16 Das tun sie aber nicht, denn das Breitmaulnashorn ißt nur Gras, und das Spitzmaulnashorn weidet Blätter und Zweige von Büschen ab.

17 (Schreibt an) *Breitmaulnashorn — Spitzmaulnashorn*: verschiedene Nahrung.

18 Die Berufe der Tiere unterscheiden sich aber auch in anderer Hinsicht:

19 die Schwalben und die Fledermäuse zum Beispiel müßten sich gegenseitig stören, denn beide fangen Insekten aus der Luft.

20 Sie stören sich aber nicht, weil die Schwalben ihre Beute am Tag fangen und die Fledermäuse nur nachts jagen.

21 (Schreibt an) *Fledermäuse — Schwalben*: unterschiedliche Jagdzeiten.

22 So sind die ökologischen Nischen durch die Jagdzeiten verschieden, und die Tiere stehen nicht in Konkurrenz zueinander usw.

Nach dem Unterrichtsversuch (der nur wenige Minuten dauert, damit er überschaubar bleibt) schreiben die Schüler auf, was sie gelernt haben. Sie lesen ihre Texte vor, und es wird entschieden, ob sie die Erklärung

verstanden		richtig
nur zum Teil verstanden	oder	falsch
nicht verstanden		gar nicht verstanden

haben. Der Unterrichtende erhält so Feedback über den Erfolg seiner Bemühung. (Das Überprüfen des Verständnisses nach einer Instruktion erfordert besondere Fertigkeiten vom Lehrer. Der Lehrer kann sich dazu geeignete Fragen ausdenken, Aufgaben stellen, die zur Anwendung des Gelernten auffordern, einen „Test" entwerfen u. a. In unserem Beispiel könnten etwa die folgenden Aufgaben und Fragen benutzt werden:

a) Schreib auf, was „ökologische Nische" bedeutet.
b) Denk an ein Tier, dessen Lebensbedürfnisse Du kennst. Schildere in Stichworten die ökologische Nische, die es einnimmt.
c) Beschreibe kurz die ökologische Nische der unten genannten Tiere: Zebra — Löwe; Geier — Adler; Biene — Fliege.
d) Suche diejenigen Aussagen heraus, in denen Informationen über ökologische Nischen gegeben werden. Begründe Deine Entscheidung.
   — Der Fuchs hat einen langen Schwanz.
   — Der Hai jagt Fische im Salzwasser.
   — Paviane leben meist in großen Verbänden.
   — Igel sind durch ihr Stachelkleid gut geschützt.
   — Geparden sind darauf spezialisiert, schnelle Beutetiere zu verfolgen.
   — Koalas ernähren sich ausschließlich von Eukalyptus-Blättern.
   — Zebras sind Wildpferde. Sie leben in Afrika.
   — Zwergflamingos filtern Algen aus dem Wasser, Rosaflamingos fangen Kleinkrebse.
e) Gibt es ökologische Nischen auch bei Pflanzen?
f) Beschreibe die ökologischen Nischen von Kakteen, Meeres-Tangen, Pilzen.)

Wie ein Microteaching-Versuch ausgewertet wird, hängt von seiner Funktion ab. Nehmen wir an, dieser Versuch diente dazu, Verhaltensweisen und Strategien zu entdecken, die Lehrer beim Erklären verwenden können, dann wird man Fragen wie diese besprechen:

— Welche Verhaltensweisen verwendete der Lehrer in seinem Versuch?
— Welche Verhaltensweisen verwendete er nicht?
— In welcher Reihenfolge traten die Verhaltensweisen auf?
— Welche Reihenfolge wäre günstiger gewesen?
— Welche Medien wurden (außer der Sprache) eingesetzt? Welche Medien hätten sinnvoll eingesetzt werden können?

Man versucht, einzelne Verhaltensweisen des Erklärens zu benennen:

— einleitende Übersichts-Bemerkung („... gehört in das Gebiet ..." —
„... wird gebraucht, um ..." — „... hat zu tun mit ..." usw.)
— Zielangabe
— problematisierende Frage oder Aussage
— Schildern eines „diskrepanten" Sachverhalts
— Definition
— Aufzählung von Merkmalen oder Kennzeichen
— Beispiel(e)
— Vergleich, Analogie
— Erläuterung von Beispielen, Vergleichen, Analogien
— Anwendung der Definition auf ein Beispiel
— Verbindung mit Bekanntem
— Zusammenfassung
— Anregung zur Anwendung des Gelernten
— Aufforderung zur Bewertung
— Wiederholung wichtiger Einzelheiten
— Zeichnungen, Schemata (Tafel)
— Tafeltexte: Stichwörter, Merktexte usw.
— Bilder, Filme, Modelle, Karten usw.
— dramatisieren der Erklärung (z.B. durch Einbetten in eine Handlung)
— humorvolle Bemerkungen oder Beispiele
— Demonstration (z.B. einer Bewegung)
— aufmerksamkeitszentrierende Bemerkungen („Und jetzt paßt auf, jetzt
kommt das Merkwürdigste!") usw.

Aufgabe:

Welche dieser Kategorien sind in dem oben zitierten Beispiel zu finden? (Die
Kategorien schließen sich z.T. gegenseitig nicht aus, es können also in einer
Äußerung mehrere Kategorien verwirklicht sein. Manche Kategorien bezie-
hen sich auch auf eine Verhaltenssequenz.)

Untersucht man verschiedene Beispiele, so bekommt man eine Übersicht
über die Skills, die Lehrer beim Erklären anwenden können. So erarbeitet
man Voraussetzungen für ein gezieltes Skill-Training.
Dient der Microteaching-Versuch zum Skill-Training, so wird die Auswertung auf das Verhalten des Trainierenden konzentriert sein:

— Hat er zu schnell (zu langsam) gesprochen?
— War seine Erklärung zu knapp (zu ausführlich)?
— War die Erklärung genügend redundant oder hatte sie eine zu hohe Gedankendichte?
— Sollte der Trainierende bei seinem zweiten Versuch die Reihenfolge der einzelnen Skills ändern (z. B. nicht mit der Definition beginnen, um dann Beispiele zu bringen, sondern umgekehrt)?
— Welche Skills sollte er in seine zweite Erklärungsstrategie neu einfügen?
— Was könnte er an die Tafel schreiben?
— Welches Schema, welche Zeichnung hätte die Erklärung einprägsamer gemacht? usw.

Weitere Microteaching-Versuche zur Lehrerfunktion „Erklären" können die folgenden Probleme behandeln:

— Mit welchen Verhaltensweisen kann das Interesse der Schüler geweckt und erhalten werden?
— Wie können Informationen über den Begriff oder Sachverhalt zusammen mit den Schülern erarbeitet werden?
— Wie kann der Lehrer während der Informationsvermittlung herausfinden, welche spezifischen Informationen die Schüler brauchen?
— Wie kann er Schüler anregen, Fragen zu stellen?
— Welche nichtverbalen und paralinguistischen Verhaltensweisen kann der Lehrer trainieren, um den Schülern das Zuhören zu erleichtern?

25. Diskussion über Ziele

Verhaltenstrainingsaktivitäten müssen fortlaufend daraufhin überprüft werden, ob sie mit den Zielen in Übereinstimmung sind, die sich die Trainierenden gesetzt haben. Aber auch die Ziele selbst sind immer wieder zu überprüfen. Deswegen gehört die Diskussion von Zielen in allen Phasen des Trainingsprozesses dazu.
Welches sind meine wichtigsten Erziehungsziele?
Wie kann ich begründen, daß ich diese Ziele in dieser Gesellschaft anstrebe?
Welche Ziele stecken in dem Verhalten, das ich trainiere?
Wie können die übergeordneten Ziele bis auf die Ebene des konkreten Verhaltens verfolgt werden?

26. Diskussionen über Prinzipien, Hypothesen und optimistische Theorien

Unsere Einstellungen, Wertvorstellungen und Überzeugungen entwickeln sich oft ohne bewußte Kontrolle. Wir lernen die eigene Vorstellungswelt, unser Alltagswissen, besser kennen, wenn wir in Gruppen über Prinzipien diskutieren und unsere Ansichten dazu formulieren und vielleicht verteidigen müssen. Vielleicht ändern wir nach solchen Diskussionen rigide Einstellungen, wenn sie nicht begründet werden können, oder wir machen uns die optimistischen Versionen von Theorien zu eigen, wenn es für diese gute Argumente gibt.

Einige Prinzipien und Hypothesen, über die ich persönlich gern diskutieren möchte, sind:

— Es ist besser, die Schüler zu überfordern als sie zu unterfordern. (Ich meine das ernsthaft: Es ist immer eine Überforderung — jedenfalls in unserer Gesellschaft — wenn man Selbständigkeit erwartet.)
— Etwas selbst zu machen, ist besser als auf Anweisungen und nach Anleitung zu arbeiten.
— Fragen sind wichtiger als Antworten.
— Lehrer sind weitgehend überflüssig.
— In einer Unterrichtsstunde lernt jeder Schüler etwas anderes.
— Es sind immer *einzelne* Schüler, die lernen. Eine Klasse lernt nie im Gleichschritt.
— Schüler wollen lernen und geben sich Mühe.
— Lernen heißt: Bedeutungen herstellen. Diese Aufgabe kann kein Lehrer einem Schüler abnehmen.
— „Das Problem der immanenten Unwahrheit der Pädagogik ist wohl, daß die Sache, die man betreibt, auf die Rezipierenden zugeschnitten wird, keine rein sachliche Arbeit um der Sache willen ist. Diese wird vielmehr pädagogisiert. Dadurch allein schon dürften die Kinder unbewußt sich betrogen fühlen." (*Adorno*, 1969, 73.)
— Gehorsamsverweigerung muß man lernen. Gehorchen kann man meist sowieso schon gut genug.

Ich kann in solchen Diskussionen meine Überzeugungen entdecken, überprüfen und weiterentwickeln.

27. Erforschen der eigenen beruflichen Mentalität

Die Angehörigen einer Berufsgruppe identifizieren sich mehr oder weniger stark mit einer Berufsmentalität. Lehrer können dazu neigen, die Wirklichkeit durch eine „Lehrerbrille" zu sehen, in Diskussionen mit Lehrerargumenten zu streiten und für Fehler und Schwierigkeiten Lehrerausreden zu gebrauchen (vgl. *Combe*, 1971; *Waller*, 1967). Die Berufsmentalität stabilisiert die herrschende Wirklichkeitsinterpretation und wirkt hemmend auf alle Versuche, die Schulwirklichkeit zu verändern. Ich muß die Grenzen meiner Berufsmentalität überschreiten können, wenn ich mich als Lehrer verändern will. Um mich von dieser Mentalität aber kritisch distanzieren zu können, muß ich sie erst kennenlernen. Das kann durch Lesen geschehen[13]. Dadurch wird aber oft der Blinde Fleck nicht erhellt. Meiner eigenen Mentalität mit ihren Schwächen komme ich eher auf die Spur, wenn ich etwa meine Erfahrungen und Begründungen, meine Halb- und Pseudoargumente, meine Killer-Phrasen erforsche und ebenso die Ausreden meiner Kollegen sammele, um sie bei mir selbst wiederzuerkennen.

Beispiele aus der Ausreden-Sammlung:

— Leistung muß sein. Wir leben nun mal in einer Leistungsgesellschaft.
— Die Schüler sind heute ganz anders als früher.
— In dieser Klasse kann man eben nicht demokratisch unterrichten.
— Die anderen Kollegen sind alle autoritär. Kein Wunder, daß die Klasse sich bei mir austoben will.
— Ich hab die Stoffpläne nicht erfunden. Ich muß nur sehen, daß der Stoff geschafft wird.
— Ich *mußte* ihm eine Sechs geben.
— Die Schüler wollen ja selbst gern Zensuren hören.
— Die Eltern steigen auf die Barrikaden, wenn ich keine Hausaufgaben mehr aufgebe.
— Solange die Ursachen nicht behoben worden sind, kann ich als Lehrer gar nichts machen.

---

13 Einige Literaturhinweise hierzu, die nur die Richtung illustrieren sollen: *Liebel/ Wellendorf*, 1969; *Frister/Jochimsen*, 1972; *Jørgensen*, 1973; *Lehmann*, 1971; *Andersen* et al. 1970.

— Wie ich mich als Lehrer verhalte, spielt im Grunde überhaupt keine Rolle, wenn die Produktionsverhältnisse die gleichen bleiben.
— Zur Gruppenarbeit braucht man viel zu viel Zeit. Dafür lernen die Schüler mir dabei zu wenig.

28. Lehrererwartungen sammeln

Wie alle Menschen haben Lehrer bestimmte Erwartungen über das voraussichtliche Verhalten der Personen, mit denen sie interagieren. Ohne daß es uns immer bewußt ist und ohne daß wir es wollen, teilen wir unsere Erwartungen oft durch unser Verhalten den anderen mit. In manchen Fällen führt dies dazu, daß unsere Erwartungen eintreffen (vgl. *Rosenthal/Jacobsen*, 1971; *Elashoff/Snow*, 1972; *Good/Brophy*, 1973; *Baker/Crist*, 1972; *Schusser*, 1972; *Erlemeier*, 1973; *Journal of Educational Research*, 1972).

Beispiel:

Erwartung des Lehrers: „Die Schüler hören überhaupt nicht zu, wenn man was sagt. Wenn ich z. B. etwas erkläre, hat es hinterher immer nur die Hälfte mitbekommen." Verhalten des Lehrers, das aus dieser Erwartung folgt: Der Lehrer wiederholt sich laufend, manche Anweisungen bis zu fünfmal.
Ergebnis: Die Schüler lernen: „Man braucht nicht zuzuhören, wenn er etwas sagt, weil ja doch alles mehrmals wiederholt wird."
Diesen Teufelskreis beobachtet man in vielen Klassen. Es ist nicht leicht zu entscheiden, ob er mit dem Wiederholungsverhalten oder mit der Erwartung begonnen hat. Auf jeden Fall stützen sich Erwartung und das ihr entsprechende Verhalten des Lehrers gegenseitig.
Um diesen Zirkel zu unterbrechen, braucht der Lehrer nur seine Erwartung zu ändern und jede Anweisung nur einmal zu geben. Am besten teilt er der Klasse diesen Vorsatz mit und begründet ihn. Die Erwartungs-Verhaltensänderung wird die Klasse nicht von einer Stunde zur anderen in eine artige Zuhörerschaft verwandeln; meist treten solche Mechanismen nämlich serienweise auf. Aber der Lehrer hat immerhin *einen* Selbstbehinderungsmechanismus abgestellt.
Was können Lehrer tun, um sich ihre Erwartungen (und die mit ihnen verbundenen Verhaltensweisen) bewußt zu machen?

Sie können Beobachter bitten, sie auf Erwartungen aufmerksam zu machen, und sie können selbst bei anderen Lehrern auf Erwartungen achten. So sammeln sie Informationen zu Fragen wie

— Welche Erwartungen sind mir bewußt?
— Welche Erwartungen äußere ich in Gesprächen über Schüler und Unterricht?
— Welche Erwartungen drücken sich in meinen Äußerungen im Unterricht aus?
— Welche Erwartungen sind in Regeln, Schulordnungen und gängigen Ritualen des Schulalltags enthalten? (Durch rigide Regeln werden Schüler oft geradezu herausgefordert, sich regelwidrig zu verhalten. Ausführliche Beschreibungen der Dinge, die man nicht tun darf, sind immer gleichzeitig Vorschläge dafür, was man alles machen kann.)

Beispiele aus der Erwartungen-Sammlung:

— Die Schüler werden dieses Thema bestimmt langweilig finden.
— Alle Schüler wollen sich drücken.
— Wenn sie nicht kontrolliert werden, tun die Schüler nichts.
— Stillarbeit machen die Schüler ungern. Sie geben sich keine Mühe dabei.
— Er könnte, wenn er nur wollte. Aber er will ja nicht.
— Lernen ist überhaupt lästig und macht keinen Spaß.
— Ingrid ist verlogen. Ich glaube, sie stiehlt auch.
— Der wird später mal kriminell.

Welche Erwartungen drücken sich in den folgenden Lehreräußerungen, Verhaltensweisen und Ritualen aus? Was lernen die Schüler über die Ansichten des Lehrers?

1. Bei Klassenarbeiten werden die Schüler aufgefordert, voneinander abzurücken.
2. Die Verteilung von Arbeitsmitteln u. ä. übernimmt der Lehrer grundsätzlich selbst.
3. „Holt eure Sachen raus. Aber bitte leise, daß ihr die andern nicht stört."
4. „Das ist heute ein trockenes Thema, was wir behandeln müssen."
5. Nach jeder Pause müssen die Schüler auf dem Schulhof antreten und werden dann vom Lehrer in die Klasse geführt.

6. „Wir haben das Thema ‚Post' jetzt lange genug durchgekaut."
7. „Weil ihr heute so gut mitgemacht habt, bekommt ihr zu morgen nichts auf."
8. „Mit dieser Klasse hat es nicht viel Zweck. Solange sie noch nicht einmal aufpassen können, kann ich nichts Interessantes im Unterricht machen. Unterrichtsgänge oder Sachkunde-Experimente in dieser Klasse — das würde ein schreckliches Durcheinander geben."

29. Absichten erforschen

Unsere Absichten zu erläutern, fällt uns leichter, als diese Absichten in der Interaktion dem Interaktionspartner zu kommunizieren. Ich kann nicht zu einem Schüler sagen „Ich möchte dich jetzt freundlich ansehen", sondern ich muß es tun, und es hilft nicht viel, wenn ich Schülern erkläre „Ich bin ein sehr verständnisvoller Lehrer", wenn ich dies nicht tatsächlich in meinem Verhalten verwirkliche.

Werden Lehrer mit Äußerungen konfrontiert, die sie während des Unterrichts taten, dann sagen sie oft: „So hab ich das ja gar nicht gemeint." Diese Auskunft ist ehrlich und zeigt, daß Lehrer lernen müssen, sich verbal und nichtverbal so auszudrücken, wie sie es meinen.

Trainingsmöglichkeiten:

a) Ein Lehrer, der erforschen möchte, wie weit er seine Absichten durch sein Verhalten kommuniziert, kann so vorgehen:
   Er übergibt der Gruppe, mit der er zusammenarbeitet, eine Auswahl eigener Verhaltensproben (wörtliche Äußerungen, kurze Beschreibungen des nichtverbalen Verhaltens und der dazugehörenden Situationen). Die Teilnehmer „raten", welche Absichten der Lehrer jeweils verfolgt haben könnte und notieren sich, was ihnen dazu einfällt. Der Lehrer notiert sich, welche Absichten er hatte (oder welche Absichten er nachträglich in seinem Verhalten sieht). Über dieses Material wird dann diskutiert. Man versucht, gegebenenfalls Verhaltensweisen zu finden, die die Absichten besser ausdrücken können und kritisiert auch die Absichten selbst.

b) Die Trainierenden führen simulierte Unterrichtsgespräche, Einstiege u. ä. durch. Nach jedem Versuch machen sich alle Teilnehmer Notizen über die von ihnen wahrgenommenen Absichten. Interessant ist, daß man bei solchen Aktivitäten öfter auf Verhaltensweisen stößt, bei denen es schwerfällt, überhaupt Absichten zu entdecken. Manche dieser Verhaltensweisen wären tatsächlich entbehrlich.

30. Funktionen, Skills und Strategien für den Unterrichtsbeginn

Die Teilnehmer der Trainingsgruppe überlegen sich einige Äußerungen und Verhaltensweisen, mit denen sie eine Unterrichtsstunde beginnen wollen.

Beispiel:

„So, wir haben jetzt Deutsch. Ich habe euch zwei Gedichte vervielfältigt. Lest sie euch leise durch. Wir wollen die Gedichte dann vergleichen."
Jeder Teilnehmer spielt seinen Unterrichtsbeginn als Mini-Rollenspiel vor.
Anschließend sammelt man an einer Tafel die beobachteten Funktionen, Skills und Strategien und stellt eine Tabelle zusammen:

Funktionen	Skills	Strategien
Lernziele bekanntgeben den Schülern sagen, was sie tun sollen Interesse wecken usw.		

Das Wichtige hierbei ist, daß man Ideen bekommt, welche Funktionen, Skills und Strategien fehlen. Die Teilnehmer werden angeregt, bei einem zweiten Versuch neue Verhaltensweisen einzufügen. Man kann sich Alternativen zu den Einstiegen vorspielen und diese diskutieren. Wahrscheinlich entdeckt man Skills, die zu trainieren sich lohnt (z. B. „Lernziele begründen und Schüler zur Diskussion über diese Begründungen anregen").
Ähnlich kann mit vielen anderen Problemen verfahren werden:

— gemeinsam mit Schülern eine Unterrichtseinheit planen,
— interessante und wichtige Diskussionsthemen vorschlagen,
— Schülern Feedback zu bestimmten Leistungen geben u. v. a.

31. Probleme beschreiben und Lösungsideen sammeln

Bevor man ein Problem lösen kann, muß man wissen, um was für ein Problem es sich handelt. Diffuses Unbehagen ist schlecht heilbar. Die Probleme, die Lehrer haben, sind oft nicht identisch mit den Themen, die sie im Studium und in den Seminaren der 2. Phase behandeln. Lehrer müssen lernen, ihre Probleme genauer zu beschreiben, damit sie beginnen können, nach Lösungen zu suchen.

Worin bestehen meine Disziplinprobleme eigentlich?

Wieso ist mein Unterricht für die Schüler langweilig?

Warum finde ich zu diesen drei Schülern keinen Kontakt?

Ist ein Problem genauer formuliert und in verschiedene Unterprobleme aufgeteilt, dann kann man darangehen, möglichst viele Ideen zu entwickeln, was getan werden könnte. Hierbei helfen Diskussionen mit Kollegen.

Beispiel:

In Ihrer Klasse gibt es einen oder mehrere Schüler, die von den meisten anderen abgelehnt werden. Sammeln Sie Informationen, die geeignet sind, das Problem genauer zu definieren. Tragen Sie dann möglichst viele Ideen zusammen, die dem Schüler helfen könnten, von den Mitschülern mehr akzeptiert zu werden. Einige Ideen, die das Lehrerverhalten betreffen:

— Ich spreche den abgelehnten Schüler während des Unterrichts immer mit seinem Vornamen an.
— Ich nehme ihn bevorzugt dran, wenn mehrere Schüler sich melden.
— Ich lasse ihn Aktivitäten ausführen, die der Klasse nützen.
— Ich demonstriere ihm bestimmte soziale Skills.
— Ich verstärke ihn, wenn er soziale Skills ausführt.
— Ich benutze jede Möglichkeit, sein Verhalten zu akzeptieren.
— Ich verstärke Mitschüler, die mit ihm interagieren.
— Ich sorge für Interaktionsmöglichkeiten mit Mitschülern usw.

Ebenso überlege ich, welche Verhaltensweisen ich vermeiden kann.

32. Keine Angst vor Experimenten

Versuchen Sie manchmal, den Unterricht anders als üblich zu machen:

— Machen Sie manchmal keine Vorbereitung. Sagen Sie einfach zu den Schülern: „In dieser Stunde können wir mal über Dinge sprechen, die euch interessieren."
— Wenn Ihnen das zu gefährlich ist, stellen Sie ein etwas engeres Thema, z. B. „Jeder Mensch hat manchmal Angst oder ärgert sich über etwas. Das geht euch auch oft so. Ihr habt bestimmte Erlebnisse oder ihr seht etwas im Fernsehen. Über solche Dinge können wir uns in dieser Stunde unterhalten."
Warten Sie einfach ab, was geschieht. Erklären Sie den Schülern nur etwas, wenn Sie dazu aufgefordert werden.
— Lassen Sie die Schüler nach der Stunde (auch nach anderen Stunden) öfter mündlich oder schriftlich die Frage beantworten „Was habe ich in dieser Stunde gelernt?"
— Beantworten Sie diese Frage auch für sich selbst. Notieren Sie sich, welche Interessen Schüler zum Ausdruck bringen. Machen Sie daraus Themen, die Sie Schülern für die Behandlung im Unterricht vorschlagen und mit ihnen diskutieren.
— Lassen Sie sich manchmal durch Schüler prüfen. Bitten Sie die Schüler, in Gruppen Fragen auszuarbeiten, die behandelte Unterrichtsthemen betreffen.
Lassen Sie sich auch in Fächern prüfen, die Sie nicht selbst unterrichten.
— Lassen Sie manchmal die Schüler unterrichten. Setzen Sie sich auf einen Schülerplatz und greifen Sie nicht sofort ein, wenn die Schüler nicht so wie Sie unterrichten. Machen Sie sich während solcher Stunden Notizen. Sagen Sie nur etwas, wenn Sie sich vorher gemeldet haben und drangenommen wurden.
— Lassen Sie jede Woche einen Schüler Ihrer Klasse einen Bericht über die wichtigsten politischen Ereignisse geben. Die anderen Schüler stellen dem Berichterstatter Fragen und ergänzen seine Ausführungen. Versuchen Sie nicht, jede Fehlinformation oder jede „unreife" Meinung, die geäußert wird, zu berichtigen oder klarzustellen. Sehr oft tun das Schüler später von selbst. Geben Sie nur in Ausnahmefällen Informationen.
— Fragen Sie die Schüler, ob sie die Sitzordnung in der Klasse verändern möchten. Lassen Sie die Schüler selbst umbauen.
— Setzen Sie sich manchmal mit der Klasse zu einem Kreis zusammen,

auch dann, wenn durch das Umsetzen 5 oder 7 Minuten der Unterrichtszeit verlorengehen.

— Lassen Sie manchmal eine Schülergruppe draußen auf dem Flur arbeiten. Sie können die Klassentür dabei geöffnet lassen.

— Unterrichten Sie überhaupt öfter mit geöffneter Klassentür.

— Erlauben Sie den Schülern, ihre Plätze zu tauschen, wann und wie oft sie wollen.

— Machen Sie für die Schüler Arbeitspapiere, bei denen nicht jeder Schüler die gleiche Aufgabe lösen muß. Fragen Sie die Schüler, was man mit dem Arbeitspapier noch alles machen könnte. (Einige Schüler werden die „richtigen" Wörter aus dem Wortfeld „gehen" einsetzen wollen, die unten stehen. Andere werden den unteren Rand umknicken, um sich die passenden Wörter selbst zu überlegen und nachher die eigenen Lösungen mit den vorgeschlagenen Lösungen zu vergleichen. Noch andere werden versuchen, nicht-passende „gehen-Wörter" einzusetzen: „Klaus stampfte leise die Treppe hoch.")

— Geben Sie den Schülern die Lernziele für eine Stunde schriftlich und lassen Sie die Schüler ganz allein lernen. Bitten Sie sie, daß sie erst zwei Mitschüler um Hilfe fragen, wenn ein Problem auftritt und erst zum Lehrer kommen, wenn das nichts hilft. Setzen Sie sich an einen Tisch und arbeiten Sie.

— Sagen Sie zu Ihren Schülern: „Jeder von euch muß etwas anderes üben, deswegen müßte ich jedem von euch eine andere Hausaufgabe geben. Einige brauchen auch gar nichts zu üben, weil sie es schon in der Schule können. Die könnten zu Hause schon etwas Neues lernen. Überleg dir bitte, was du heute nachmittag zu Hause arbeiten könntest. Morgen sprechen wir darüber, welche Ideen ihr hattet."

— Geben Sie ab heute niemals mehr allen Schülern die gleichen Hausaufgaben auf. Besprechen Sie mit einzelnen Schülern, welche Hausaufgaben sie machen können.

— Machen Sie in Ihren schriftlichen Vorbereitungen eine neue Spalte auf: „Lernhilfen und Anregungen für einzelne Schüler". Hier können Sie Dinge notieren wie: Herbert in der Pause über sein Hobby (Angeln) ausfragen. — Petra das Buch „Das Tier — ein unbekanntes Wesen" (V. Dröscher) und Kosmos-Hefte leihen. — Egon fragen, ob er die Sendung im 3. Programm sieht. Wie findet er sie? — Karl drei einfache Fragen in Geschichte stellen, die er beantworten kann: Verstärken! — Monika fragen, wie weit sie mit ihrem Bericht über Honkong ist. — Will die Klassensprecherin von der gestrigen Konferenz berichten? — Mit Gernot die Aufgaben durchrechnen. Welche Schwierigkeiten hat er dabei?

— Lassen Sie einen Schüler als Diskussionsleiter wählen. Melden Sie sich, wenn Sie etwas sagen wollen.

— Nehmen Sie eine Unterrichtsstunde auf Tonband auf. Spielen Sie den Schülern die Aufnahme vor und diskutieren Sie die Geräusche.

— Bestimmen Sie mit der Klasse am Ende einer Stunde, welcher Schüler in der folgenden Stunde einen Wiederholungsbericht gibt. Lassen Sie den Schüler berichten, ohne ihn zu unterbrechen, und mischen Sie sich auch nicht ein, wenn die anderen Schüler über diesen Bericht sprechen. Nach dieser Wiederholung durch die Schüler haben Sie das Recht, genau 10 Sätze zu sagen. (Zwei Schüler zählen mit.)

— Erlauben Sie Schülern, die mit einer Arbeit fertig sind, sich selbst zu beschäftigen. In der Klasse sollten dazu Spiele, Bücher usw. vorhanden sein. Sagen Sie nie zu einem Schüler, der seine Arbeit fertig hat: „Dann fang schon mit den nächsten 10 Aufgaben an."

— Behandeln Sie im Unterricht manchmal Themen, die nicht in den Richtlinien stehen.

— Sprechen Sie im Unterricht öfter über Fernsehsendungen, Comics, Schlager, Politik usw.

— Wenn Sie beim Sprechen Halsschmerzen haben, der Arzt Sie aber nicht krankgeschrieben hat, können Sie zu den Schülern sagen: „Ich kann heut leider nicht so richtig sprechen. Ihr müßt heute ganz alleine lernen." Schreiben Sie den Schülern einige Dinge an, die sie tun können. Flüstern Sie nur in Ausnahmefällen mit einzelnen Schülern. Wenn Sie diese Art des Unterrichts einige Male *mit* Halsschmerzen geübt haben, gelingt sie Ihnen vielleicht auch ohne Halsschmerzen manchmal.

— Laden Sie nachmittags 5 Schüler Ihrer Klasse ein und zensieren Sie mit ihnen zusammen die Aufsätze.

— Lassen Sie die Fragen für eine Zettelarbeit oder einen informellen Test von den Schülern zusammenstellen. Die Schüler können die Arbeiten auch selbst beurteilen.

— Verraten Sie den Schülern nicht, welche Experimente im Sachkundeunterricht oder in Physik/Chemie/Biologie gemacht werden sollen. Fordern Sie die Schüler auf, sich selbst Experimente auszudenken.

— Diskutieren Sie häufiger mit Schülern die Zensuren, die sie im Zeugnis vermutlich bekommen werden. Verraten Sie den Schülern, wie sie von 4 auf 3, von 3 auf 2 usw. kommen können. Sagen Sie nie „Ich mußte ihm eine 5 geben". (Dieses Experiment entfällt, sobald die Zensuren abgeschafft worden sind.)

— Denken Sie nicht mehr, daß eine Unterrichtsstunde 45 Minuten dauern

muß. Machen Sie auch Unterrichtsstunden von 5, 10, 20 oder 127 Minuten.
— Denken Sie sich selbst Experimente aus. Damit Sie auf gute Ideen kommen, können Sie sich einen anregenden Spruch an die Wand hängen. Z.B. „Schüler können eigentlich fast alles" oder „Lehrer sind sehr wichtig und sehr unwichtig" oder „Man kann es so machen, aber man kann es auch anders machen".

33. Verhaltenstendenzen entdecken

Bei Unterrichtsbeobachtungen findet man meist, daß sich in den Verhaltensweisen des Lehrers bestimmte Tendenzen wiederholen, günstige und ungünstige.

a) Ein Lehrer äußert sich häufig so:
   — Ich möchte wissen . . .
   — Ich interessiere mich jetzt für . . .
   — Ich bin enttäuscht . . .
   — Ich habe noch was anderes mit euch vor.
   Es hat den Anschein, als ob alles, was im Unterricht geschieht, für den Lehrer geschehen soll. Wie könnte der Lehrer sich ausdrücken, wenn er diese Dressur auf die eigene Person nicht länger mitmachen will?
b) Ein Lehrer verwendet oft Sätze wie diese:
   — War denn Deutschland wirklich so aggressiv, wie es immer gesagt wird?
   — Ist doch klar, daß der Druck unter der Erde ungeheuer stark ist.
   — Das (Gedicht) klang ein bißchen anders als das von *Biermann*, oder?
   — Das ist doch ein Mitreißen. Oder findet ihr nicht?
   — Du glaubst doch nicht im Ernst, daß eine Demokratie wie die USA einer Diktatur Geld gibt!?
   Versucht dieser Lehrer, den Schülern die eigenen Ansichten aufzudrängen? Will er sie übertölpeln oder sogar einschüchtern? Wie könnte er seine Fragen und Meinungen formulieren, wenn er solche Wirkungen vermeiden möchte?
c) Einige Verhaltenstendenzen, die man oft beobachten kann:
   — Schülerfragen werden vom Lehrer sofort und ein für alle mal beantwortet (So ist das und nicht anders, merk dir das endlich!).
   — Schülern werden Gedanken erklärt, die sie nur selbst finden können

(Gerade sehr wichtige Gedanken sind oft sehr einfach in der Formulierung und sehr schwer zu begreifen. Solche Gedanken lassen sich kaum durch Erklärungen mitteilen. Es ist ähnlich wie mit Witzen: meist führt es nicht zu einem großen Gelächter, wenn man einen Witz erklärt.)

— Fragen und Probleme werden durch eine Definition „erledigt".
— Die Schüler müssen raten, worum es im Unterricht geht.
— Forderungen, Kritik, Lob usw. werden vom Lehrer nicht begründet.
— Stereotype Redewendungen werden oft wiederholt. („Wer möchte mal . . . Wer möchte mal . . . Wer möchte mal . . .?)
— Das Tempo ist zu schnell (zu langsam).
— Der Lehrer kommuniziert durch sein nichtverbales Verhalten Langeweile, Interesselosigkeit, Gleichgültigkeit.
— Der Lehrer ist übertrieben „kindgemäß".
— Der Lehrer spricht für die Kinder (z. B. indem er seine eigenen Fragen beantwortet und die Anweisungen selbst ausführt.)
— Der Lehrer stichelt und mäkelt. Wenn er Schüler lobt, versieht er dieses Lob immer gleich mit einem Vorwurf oder einer Drohung. (Sehr häufig!)
— Der Lehrer fragt dauernd: „Habt ihr das verstanden?" — „Ist das soweit klar?" Was sollen Schüler auf diese Fragen antworten?

34. Kleinere Vorschläge

a) Team-Teaching-Training (TTT): wenn Sie gemeinsam mit einem oder mehreren Kollegen eine Klasse oder Großgruppe unterrichten, können Sie viele Trainingsmöglichkeiten einbauen. Ihr Kollege kann Sie einige Zeit beobachten, dann tauschen Sie. Der Kollege gibt Ihnen jedesmal ein Zeichen, wenn ein Verhalten auftritt, das Sie verstärken wollten.

b) Training im Alltag (TiA): viele Verhaltensweisen sind im Unterricht ebenso nützlich wie in den alltäglichen Interaktionen in der Familie, im Bekanntenkreis, beim Erziehen der eigenen Kinder, beim Einkaufen usw. Sie können jederzeit und überall Ihr Verhalten trainieren und beobachten. Merke: Nur wer schläft, trainiert nicht.

c) Fernseh-Radio-Training (FRT): eine sehr moderne Trainingsrichtung. Im Zeitalter der audiovisuellen Massenmedien ist niemand mehr ohne Trainingspartner. Sie können sich in die Fernseh- oder Radio-Interaktionen einschalten, indem Sie großen Politikern, Journalisten aus

5 Ländern und vielen anderen den Ton abschalten und anschließend die Gedanken des Vorredners zusammenfassen, seine Gefühle verbalisieren oder ihm eine Frage stellen. Oder Sie beobachten das nichtverbale Verhalten tonloser Sprecher, das paralinguistische Verhalten unsichtbarer Sprecher usw. Es gibt hier sehr viele Möglichkeiten. Falls Ihnen der Gedanke an FRT lächerlich vorkommen sollte, möchte ich Sie daran erinnern, daß Journalisten gute Modelle für bestimmte verbale Verhaltensweisen sein können („Darf ich da mal ‚Stop' sagen und Herrn E. etwas fragen?"). Die gelegentliche Orientierung an der Sprechweise Erwachsener kann überdies dazu beitragen, daß die Sprache im Unterricht nicht vollständig zur Schulsprache degeneriert. (Während ich dies schreibe, läuft im Radio eine Quizveranstaltung. Eine lampenfiebrige Kandidatin sagt: „Ich bin nur eine ganz kleine Verkäuferin." Was könnte ich alles zu ihr sagen?)

d) Film-und-Foto-Training (FFT): Beim „Institut für Film und Bild in Wissenschaft und Unterricht" gibt es Filme, die man immerhin zum Beobachtungstraining, zum Entdecken von Verhaltenstendenzen u. ä. benutzen kann. Als Modelle für experimentellen Unterricht sind die meisten dieser Filme — jedenfalls die, die ich kenne — weniger geeignet. Lichtbilderserien (z.B. „Ausdrucksverlauf beim Lösen einer Rechenaufgabe", R 599 oder „Eine pädagogische Episode in Ausdrucksbildern", R 896) aber auch eigene Fotosammlungen kann man dazu verwenden, die Sensibilität für nichtverbalen Ausdruck von Kindern zu erweitern. Gerade weil unbewegte Fotos keine eindeutigen Informationen über Stimmungen und Gefühle vermitteln können, ist man frei, sich viele mögliche Interpretationen zu machen und braucht nicht nach einer richtigen Deutung zu suchen.

Literaturverzeichnis

Ich habe auch einige Titel aufgenommen, die im Text nicht zitiert sind. Bei Titeln, die ich für besonders interessant oder nützlich halte, habe ich den Verfasser kursiv drucken lassen. Viele weitere Literaturhinweise finden Sie überall, besonders aber bei *Döring,* 1971.

Ackermann, J. M. (1972), Operant Conditioning Techniques for the Classroom Teacher. Glenview, Illinois-London: Scott, Foresman and Company.

Adams, R. S. (1972), Observational Studies of Teacher Role. In: Flanders/Nuthall: The Classroom Behavior of Teachers, S. 440—458.

Adorno, Th. W. (1969), Tabus über dem Lehrberuf. In: Adorno: Stichworte, Frankfurt a. M. (zuerst in: Neue Sammlung, 5. Jg., 1965, S. 487—498).

Adorno, Th. W. (1973), Studien zum autoritären Charakter. Frankfurt a. M.

Allen, D./Ryan, K. (1969), Microteaching. London: Addison-Wesley (dt.: Microteaching. Weinheim-Basel, 1972).

Allen, K. E./Hart, B. M./Buell, J. S./Harris, F. R./Wolf, M. (1965), Effects of Social Reinforcement on Isolate Behavior of a Nursery School Child. In: Ullman/Krasner: Case Studies in Behavior Modification, S. 307—312.

Allport, G. W. (1958), The Nature of Prejudice. New York: Anchor Books (gekürzte Taschenbuch-Ausgabe. Dt.: Die Natur des Vorurteils).

Amidon, E./Flanders, N. (1967), Interaction Analysis as a Feedback System. In: Amidon/Hough: Interaction Analysis, S. 121—140.

Amidon, E./Giammatteo, M. (1967), The Verbal Behavior of Superior Elementary Teachers. In: Amidon/Hough: Interaction Analysis, S. 186—188.

Amidon, E. J./Hough, J. B. (Eds.) (1967), Interaction Analysis. Theory, Research and Application. Reading, Mass.: Addison-Wesley.

Amidon, E./Hunter, E. (1967a), Improving Teaching. The Analysis of Classroom Verbal Interaction. New York: Holt, Rinehart and Winston.

Amidon, E./Hunter, E. (1967b), Verbal Interaction in the Classroom: The Verbal Interaction Category System. In: Amidon/Hough: Interaction Analysis, S. 141—149.

Amidon, E./Hunter, E. (1967c), Interaction Analysis: Recent Developments. In: Amidon/Hough: Interaction Analysis, S. 388—391.

Andersen, B. D./Hansen, S./Jensen, J. (1970), Das kleine rote schülerbuch. Frankfurt a. M.

Anderson, H. H. (1939), The Measurement of Domination and of Socially Integrative Behavior in Teachers' Contacts with Children. In: Amidon/Hough: Interaction Analysis (1967), S. 4—23.

Anderson, R. C. (1959), Learning in Discussions: A Resume of the Authoritarian-Democratic Studies. In: Clarizio/Craig/Mehrens: Contemporary Issues in Educational Psychology (1970), S. 606—619.
Annett, J. (1969), Feedback and human behaviour. Harmondsworth.
Antons, K. (1973), Praxis der Gruppendynamik. Göttingen: Hogrefe.
Argyle, M. (1967), The Psychology of Interpersonal Behaviour. Harmondsworth.
Argyle, M. (1969a), Social Interaction. London (dt.: Soziale Interaktion, Köln: Kiepenheuer & Witsch, 1972).
Argyle, M. (1969b), Social Skills Training in Education. In: Paedagogica Europaea, S. 72—79.
Argyle, M. (Ed.) (1973), Social Encounters. Readings in Social Interaction. Harmondsworth.
Atteslander, P. (1969), Methoden der empirischen Sozialforschung. Berlin.
Ausubel, D. P. (1968), Educational Psychology. A cognitive View. New York: Holt, Rinehart and Winston.
Axline, V. M. (1969), Play Therapy. New York: Ballantine Books.

Bachmann, C. H. (Hrsg.) (1972), Psychoanalyse und Verhaltenstherapie. Frankfurt a. M.
Baker, J. P./Crist, J. L. (1972), Lehrererwartungen — Ein Literaturbericht. In: Elashoff/Snow: Pygmalion auf dem Prüfstand, S. 66—84.
Bandura, A. (1969), Principles of Behavior Modification. London, New York: Holt, Rinehart and Winston.
Bandura, A./Walters, R. H. (1963), Social Learning and Personality Development. London, New York: Holt, Rinehart and Winston.
Banks, O. (1971), The Sociology of Education. 2 London.
Barnes, D. (1969), Language in the Secondary Classroom. In: Barnes, D./Britton, J./Rosen, H./L. A. T. E. (1969), Language, the Learner and the School. Harmondsworth, S. 9—77.
Barnes, D. L. (1970), Using Remedial Activities to Cope with Classroom Behavior Problems. In: Fargo/Behrns/Nolen: Behavior Modification in the Classroom, S. 141—142.
Batten, T. R. (1967), The non-directive approach in group and community work. London: Oxford University Press.
Beck, J. (1970), Gruß und Pfiff und Ordnung muß sein — Über Schulrituale. In: alternative 74, 13. Jg., S. 178—184.
Beck, J. (1973), Teilen und Herrschen. Über den Charakter schulischer Lernarbeit. In: päd. extra, Null-Nr. 15.9.73, S. 9—16.
Becker, G. (1971), Microteaching: Training des Frageverhaltens. In: Programmiertes Lernen, Unterrichtstechnologie und Unterrichtsforschung, 8. Jg., S. 174—183.
Becker, G. (1973), Optimierung schulischer Gruppenprozesse durch situatives Lehrtraining. Heidelberg.
Beckman, L. (1973), Auswirkungen von schulischen Leistungen auf die Kausalattribuierung von lehrenden und beobachtenden Personen. In: Hofer, M./Weinert, F. E. (Hrsg.): Pädagogische Psychologie 2. Lernen und Instruktion. Frankfurt a. M., S. 164—176.
Beere, C. A. (1973), Development of a group instrument to measure young children's attitudes toward school. In: Psychology in the Schools, Vol. X, Nr. 3, S. 308—315.

Bellack, A. A. (1972), Methoden zur Beobachtung des Unterrichtsverhaltens von Lehrern und Schülern. In: Wulf: Evaluation. S. 211—238.

Bellack, A. A./Davitz, J. R. (1972), The Language of the Classroom. In: Morrison/ McIntyre: The Social Psychology of Teaching, S. 99—114.

Belschner, W./Hoffmann, D. (1972), Über den Zusammenhang von Lehrerverhalten im Unterricht und dem soziometrischen Status von Schülern. In: Schule und Psychologie, 19. Jg., S. 277—285.

Belschner, W./Hoffmann, M./Schott, F./Schulze, C. (1973), Verhaltenstherapie in Erziehung und Unterricht. Stuttgart: Kohlhammer.

Berger, P./Luckmann, T. (1969), Die gesellschaftliche Konstruktion der Wirklichkeit. Frankfurt a. M.

Bergström-Walan, M.-B. u. a. (1970), Modellfall Skandinavien? Sexualität und Sexualpolitik in Dänemark und Schweden. Reinbek bei Hamburg.

Betzen, K./Nipkow, K. E. (Hrsg.) (1971), Der Lehrer in Schule und Gesellschaft. München.

Biddle, B. J./Ellena, W. J. (Eds.) (1964), Contemporary Research on Teacher Effectiveness. New York: Holt, Rinehart and Winston.

Bittner, G. (1973), Psychoanalyse und das Handeln des Erziehers. In: Zeitschrift für Pädagogik, Jg. 19, S. 77—89.

Bittner, G./Rehm, W. (1966), Psychoanalyse und Erziehung. München.

Bligh, D. A. (1972), What's the use of lectures? Harmondsworth.

Borg, W. R./Langer, P./Kelley, M. L. (1972), The minicourse: a new tool for the education of teachers. In: Stones/Morris (Eds.): Teaching practice, S. 220—230.

Bradford, L. P./Gibb, J. R./Benne, K. D. (Eds.) (1967), T-Group Theory and Laboratory Method. New York: John Wiley.

Brocher, T. (1967), Gruppendynamik und Erwachsenenbildung. Braunschweig.

Brown, P./Elliot, R. (1965), Control of aggression in a nursery school class. In: Journal of Experimental Child Psychology, 2, S. 103—107 (zit. nach: Whitman/ Whitman, 1971).

Bruder, K.-J. (1971), Taylorisierung des Unterrichts. Zur Kritik der Instruktionspsychologie. In: Kursbuch 24, S. 113—130.

Brunner, R. (1972), Nichtverbales Lehrerverhalten im Unterricht. In: Schule und Psychologie, 19. Jg., S. 286—300.

Bryan, J. D./Walbek, N. (1969), Words and deeds about sacrifice: Their impact upon children's judgement and behavior. Paper presented at the Biennial meeting of the Society for Research in Child Development, Santa Monica. (Zit. nach: Lück, 1970, S. 389.)

Bryan, J./Walbek, N. (1970), Preaching and practicing generosity: children's actions and reactions. In: Child Development, 41, 329—353. (Vgl. Good/Brophy, 1973, 116).

Buckley, N. K./Walker, H. M. (1970), Modifying Classroom Behavior. Champaign, Illinois (4. Aufl. 1972).

Campbell, W. J. (1972), The Teacher's View of Teaching Behavior. In: Flanders/ Nuthall: The Classroom Behavior of Teachers, S. 540—546.

Cantor, N. (1955), The Teaching-Learning Process. New York: Dryden. (Zit. nach: Flanders, 1970).

Cartwright, D./Zander, A. (1968), Group Dynamics. ³ New York, Evanston, London: Harper & Row.

Chiout, H./Steffens, W. (1971), Unterrichtsvorbereitung und Unterrichtsbeurtei-
lung. ² Frankfurt a. M.
Clarizio, H. F./Craig, R. C./Mehrens, W. A. (Eds.) (1970), Contemporary Issues in
Educational Psychology. Boston: Allyn and Bacon.
Clarizio, H. F./Yelon, S. L. (1970), Learning Theory Approaches to Classroom
Management: Rationale and Intervention Techniques. In: Clarizio/Craig/Meh-
rens: Contemporary Issues in Educational Psychology, S. 647—654.
Cogan, M. L. (1967), Theory and Design of a Study of Teacher-Pupil Interaction.
In: Amidon/Hough: Interaction Analysis, S. 65—88.
Cohn, R. C. (1970), Das Thema als Mittelpunkt interaktioneller Gruppen. In:
Gruppenpsychotherapie und Gruppendynamik, 3. Jg., S. 251—259.
Combe, A. (1971), Kritik der Lehrerrolle. München.
Cooper, J. M. (1968), Developing Specific Teaching Skills Through Micro-Teaching.
In: Stanford University: Micro-Teaching: A Description.
Correll, W. (1971), Lernen und Verhalten. Frankfurt a. M.
Cronbach, L. J. (1971), Einführung in die Pädagogische Psychologie. Weinheim.

Daley, M. F. (1969), The „Reinforcement Menu": Finding Effective Reinforcers. In:
Krumboltz/Thoresen: Behavioral Counseling, S. 42—45.
Daw, R. W./Gage, N. L. (1971), Effects of Feedback from Teachers to Principals.
In: Yee: Social Interaction in Educational Settings, S. 321—330.
De Landsheere, G. (1971), Einführung in die pädagogische Forschung. ² Wein-
heim.
Dietrich, W. (1967), Der junge Lehrer und die Schulzucht. Hannover.
Dinoff, M./Rickard, H. C. (1969), Learning that Privileges Entail Responsibilities.
In: Krumboltz/Thoresen: Behavioral Counseling, S. 124—129.
Division on Child Development and Teacher Personnel, Commission on Teacher
Education (1945), Helping Teachers Understand Children. Washington: Ameri-
can Council on Education.
Dohmen, G. (Hrsg.) (1971), Forschungstechniken für die Hochschuldidaktik.
München.
Döring, K. W. (1971), Lehrerverhalten und Lehrerberuf. ² Weinheim.
Dreikurs, R. (1967), Psychologie im Klassenzimmer. Stuttgart.
Dreikurs, R. (1970), Ermutigung als Lernhilfe. Stuttgart.
Düker, H./Tausch, R. (1970), Über die Wirkung der Veranschaulichung von Unter-
richtsstoffen auf das Behalten. In: Weinert, F. (Hrsg.): Pädagogische Psycholo-
gie ⁵. Köln-Berlin, S. 201—215.
Dunkin, M. J. (1972), Rezension von „Adams, R. S./Biddle, B. J., Realities of
Teaching: Explorations with Video Tape. New York: Holt, Rinehart and Win-
ston, 1970." In: Flanders/Nuthall: The Classroom Behavior of Teachers, S. 569
bis 571.

Ebel, R. L. (1967), Some Limitations of Basic Research in Education. In: Clarizio/
Craig/Mehrens: Contemporary Issues in Educational Psychology, Boston 1971.
S. 46—55.
Eckert, A./Issing, L. J. (1971), Lehrergesteuerter versus schülergesteuerter Unter-
richt. In: Programmiertes Lernen, Unterrichtstechnologie und Unterrichts-
forschung. 8. Jg., S. 202—206.

Elashoff, J. D./Snow, R. E. (1972), Pygmalion auf dem Prüfstand. München.

Elms, A. C. (Ed.) (1969), Role Playing, Reward, and Attitude Change. New York: Van Nostrand Reinhold Company.

Emmer, E. T. (1971), Transfer of Instructional Behavior and Performance Acquired in Simulated Teaching. In: The Journal of Educational Research, Vol. 65, Number 4, S. 178—182.

Emmer, E. T./Millett, G. B. (1973), Lehren lernen durch Experimente. Stuttgart.

Erlemeier, N. (1973), Zur Frage der Wirkungen von Lehrererwartungen auf das Schülerverhalten. In: Zeitschrift für Pädagogik, Jg. 19, S. 537—552.

Fargo, G. A./Behrns, C./Nolen, P. (Eds.) (1970), Behavior Modification in the Classroom. Belmont, California: Wadsworth.

Feinäugle, N./Fischer, H. (1973), Vorschlag für ein Schema zur Unterrichtsbeurteilung. In: Die Schulwarte, 26. Jg., H. 3, S. 56—61.

Feldmann-Duda, S./Feldmann, K. (1972), Emotionale Erziehung in der Schule. In: Westermanns Pädagogische Beiträge, 24. Jg., S. 19—27.

Festinger, L./Carlsmith, J. M. (1969), Cognitive Consequences of Forced Compliance. In: Elms: Role Playing, Reward, and Attitude Change, S. 18—32.

Fikenscher, F. (1963), Unterrichtskunst und Unterrichtserfolg. Ein Buch der Erfahrungen. [3] Ansbach.

Fišer, J. (1972), The Quality of the Teacher-Pupil Relationship — An Essay on Pedagogical Tact. In: Flanders/Nuthall: The Classroom Behavior of Teachers, S. 467—472.

Fishbein, M. (1971), Attitude and the Prediction of Behaviour. In: Thomas: Attitudes and Behaviour, S. 52—83.

Flanders, N. A. (1967), Introduction. In: Amidon/Hough: Interaction Analysis, S. VII—IX.

Flanders, N. A. (1967), Teacher Influence in the Classroom. In: Amidon/Hough: Interaction Analysis, S. 103—116.

Flanders, N. A. (1967), The Problems of Observer Training and Reliability. In: Amidon/Hunter: Interaction Analysis, S. 158—166.

Flanders, N. A. (1967), Intent, Action, and Feedback: A Preparation for Teaching. In: Amidon/Hough: Interaction Analysis, S. 283—294.

Flanders, N. A. (1970), Analyzing Teaching Behavior. Reading, Mass.: Addison-Wesley.

Flanders, N. A. (1971), Künftige Entwicklungen bei der Analyse der verbalen Kommunikation in der Klasse. In: Programmiertes Lernen, Unterrichtstechnologie und Unterrichtsforschung, 8. Jg., S. 133—148.

Flanders, N. A./Nuthall, G. (Eds.) (1972), The Classroom Behavior of Teachers. Internationale Zeitschrift für Erziehungswissenschaft, No. 4, Vol. XVIII.

Flitner, A. (1970), Diskussionsbemerkungen zu den Kindergarten-Untersuchungen und zu der Einstellungsskala von Anne-Marie Tausch. In: Zeitschrift für Pädagogik, 16. Jg., S. 243—246.

Florin, I./Tunner, W. (1970), Behandlung kindlicher Verhaltensstörungen. München.

Frech, H.-W. (1971), Kontrollierte Beobachtung verbaler Verhaltensweisen von Lehrern und Schülern. In: Neue Sammlung, 11. Jg., S. 87—108.

Frech, H.-W. (1972), Vorbemerkung zum Arbeitskreis. In: Philologen-Verband Nordrhein-Westfalen: Sozialisation und Erziehung. Bottrop.

Freud, A. (o. J.), Das Ich und die Abwehrmechanismen. München: Kindler.

Friedrich, W. (1968), Pädagogische Schlußfolgerungen für die ideologische Erziehung Jugendlicher. In: Kittler, G./Dowe, G./Göbel, R./Krüger, H. (Hrsg.): Psychologische Studientexte. Berlin: Volk und Wissen, S. 304—316.

Friedrichs, J. (1973), Methoden empirischer Sozialforschung. Reinbek bei Hamburg.

Friedrichs, J./Lüdtke, H. (1971), Teilnehmende Beobachtung. Weinheim.

Frister, E./Jochimsen, L. (Hrsg.) (1972), Wie links dürfen Lehrer sein? Reinbek bei Hamburg.

Fuchs, R./Kessel, W./Mühlhausen, A. (1970), Untersuchungen zu berufsrelevanten Einstellungen bei Lehrerstudenten und Lehrern. In: Pädagogik, 3. Beiheft, S. 28—45.

Furst, N. (1967), The Effects of Training in Interaction Analysis on the Behavior of Student Teachers in Secondary Schools. In: Amidon/Hough: Interaction Analysis, S. 315—328.

Fürstenau, P. (1964), Zur Psychoanalyse der Schule als Institution. In: Das Argument, 29, 6. Jg., H. 2, S. 65—78.

Fürstenau, P. (1968), Neuere Entwicklungen der Bürokratieforschung und das Schulwesen. In: Zifreund, W. (Hrsg.): Schulmodelle, Programmierte Instruktion und Technische Medien. München, S. 30—46.

Gage, N. L. (1968), An Analytical Approach to Research on Instructional Methods. In: Yee: Social Interaction in Educational Settings (1971). (Auch in: Clarizio/Craig/Mehrens, 1970; Morrison/McIntyre, 1972.)

Gage, N. L. (1972), Teacher Effectiveness and Teacher Education. Palo Alto: Pacific Books.

Gage, N. L./Runkel, P. J./Chatterjee, B. B. (1973), Changing Teacher Behavior through Feedback from Pupils. In: Argyle: Social Encounters, S. 371—382.

Gallagher, J. J./Nuthall, G. A./Rosenshine, B. (1970), Classroom Observation. Chicago.

Galloway, C. (1971), Noverbal Communication. In: Hass, G./Wiles, K./Cooper, J./Michalak, D. (Eds.): Readings in Elementary Teaching. Boston, S. 277—288.

Gerner, B. (Hrsg.) (1969), Der Lehrer und Erzieher. Bad Heilbrunn/Obb. (veränderte Neuauflage 1973).

Gerner, B. (1972), Der Lehrer — Verhalten und Wirkung. Darmstadt: Wissenschaftliche Buchgesellschaft.

Goldhammer, R. (1969), Clinical Supervision. Special Methods for the Supervision of Teachers. New York: Holt, Rinehart and Winston.

Good, T. L./Brophy, J. E. (1973), Looking in Classrooms. New York-London: Harper & Row.

Gorman, A. H. (1969), Teachers and Learners. The Interactive Process of Education. Boston: Allyn and Bacon.

Grell, J. (1970), Die sogenannte „Erfahrung". In: betrifft: erziehung, 3. Jg., H. 8, S. 17—19.

Grell, J. (1970), Der Lehrer-Schüler-Konflikt. In: Die Schleswig-Holsteinische Schule, 24. Jg., S. 140—145.

Guskin, A. E./Guskin, S. L. (1970), A Social Psychology of Education. Reading, Mass.: Addison-Wesley.

Hall, E. T. (1969), The Hidden Dimension. New York: Anchor Books.

Hanke, B./Mandl, H./Prell, S. (1973), Soziale Interaktion im Unterricht. München.

Hansen, H. T. (1972), Ein Vorschlag zur Unterrichtsbeobachtung, -analyse und -beurteilung. In: Die Schleswig-Holsteinische Schule, 26. Jg., S. 15—18.

Hargreaves, D. H. (1972), Interpersonal Relations in Education. London and Boston: Routledge & Kegan Paul.

Heger, H. K. (1969), Verbal and Nonverbal Classroom Communication: The Development of an Observational Instrument. Dissertation. The Ohio State University and Miami University. Ph. D.

Heigl-Evers, A./Heigl, F. (1973), Die themenzentrierte interaktionelle Gruppenmethode (R. C. Cohn): Erfahrungen, Überlegungen, Modifikationen. In: Neue Sammlung, 13. Jg., S. 514—532.

Hielscher, H. (1970), Unterrichtsdifferenzierung und Lehrerverhalten. In: Westermanns Pädagogische Beiträge, 22. Jg., S. 621—629.

Hofmann, W. (1970), Stalinismus und Antikommunismus. [4] Frankfurt a. M.

Höhn, E. (1967), Der schlechte Schüler. München.

Homans, G. C. (1960), Theorie der sozialen Gruppe. Köln und Opladen.

Homfeldt, H. G. (1972), Stigma und Schule. Dissertation. Kiel.

Homfeldt, H. G. (1973), Wie deviante Karrieren in der Schule konstruiert werden. In: Die Sonderschule in Schleswig-Holstein, 2. Jg., H. 1, S. 22—32.

Horn, K. (Hrsg.) (1972), Gruppendynamik und der „subjektive Faktor". Frankfurt a. M.

Hosford, R. E. (1969), Teaching Teachers to Reinforce Student Participation. In: Krumboltz/Thoresen: Behavioral Counseling, S. 152—154.

Hough, J. B. (1967), An observational system for the analysis of classroom instruction. In: Amidon/Hough: Interaction Analysis, S. 150—157.

Hough, J. B./Amidon, E. (1967), Behavioral Change in Student Teachers. In: Amidon/Hough: Interaction Analysis, S. 307—314.

Hough, J. B./Ober, R. (1967), The Effect of Training in Interaction Analysis on the Verbal Teaching Behavior of Pre-Service Teachers. In: Amidon/Hough: Interaction Analysis, S. 329—345.

Hoy, W. K. (1972), The Influence of Experience on the Beginning Teacher. In: Morrison/McIntyre: The Social Psychology of Teaching, S. 156—167.

Hübner, H./Rauh, C. (1970), Soziale Faktoren des Unterrichtsprozesses. In: Handbuch der Unterrichtsforschung II. Weinheim.

Immisch, P. (1972), Ein Versuch zur Verminderung von Angst bei Kindern während des Schulunterrichts. In: Schule und Psychologie, 19. Jg., S. 300—309.

Jackson, P. W. (1968), Life in Classrooms. New York: Holt, Rinehart and Winston.

Jackson, P. W./Lahaderne, H. M. (1972), Inequalities of Teacher-Pupil Contacts. In: Morrison/McIntyre: The Social Psychology of Teaching, S. 265—276.

Jecker, J. D./Maccoby, N./Breitrose, H. S. (1972), Improving Accuracy in Interpreting Non-Verbal Cues of Comprehension. In: Morrison/McIntyre: The Social Psychology of Teaching, S. 126—137.

Jenkins, J. R./Deno, S. L. (1969), Influence of student behavior on teacher's self-evaluation. Journal of Educational Psychology, 60, S. 439—442. (Zit. nach:

Zeitschrift für Entwicklungspsychologie und Pädagogische Psychologie, 1971, Bd. III, S. 67.)

Jochimsen, L. (1971), Hinterhöfe der Nation. Die deutsche Grundschulmisere. Reinbek bei Hamburg.

Johnson, L. V./Bany, M. A. (1970), Classroom Management. Theory and Skill Training. New York: Macmillan.

Jørgensen, M. (1973), Schuldemokratie — keine Utopie. Reinbek bei Hamburg.

The Journal of Educational Research, Vol. 66, 1972, Nr. 2 (verschiedene Artikel zum Thema „Self-Fulfilling Prophecy Reexamined").

Keil, H. (1971), Grundschulpraktikum 1970. In: Aus Politik und Zeitgeschehen, Beilage zur Wochenzeitung Das Parlament, 30. 1. 1971.

Keirsey, D. W. (1969), Systematic Exclusion: Eliminating Chronic Classroom Disruptions. In: Krumboltz/Thoresen: Behavioral Counseling, S. 89—114.

Kelman, H. C. (1970), Manipulation of Human Behavior: An Ethical Dilemma. In: Fargo/Behrns/Nolen: Behavior Modification in the Classroom, S. 47—51.

Kessel, W. (1970), Sozialer Führungsstil und Entwicklung sozialistischer Verhaltensweisen der Schüler. In: Pädagogik, 1. Beiheft.

Kintz, B. L. et al. (1970), The Experimenter Effect. In: Mills, T. M./Rosenberg, S.: Readings on the Sociology of Small Groups. Englewood Cliffs: Prentice-Hall, S. 103—115.

Kirsten, R. E. (1973), Lehrerverhalten. Stuttgart.

Klausmeier, H. J./Ripple, R. E. (1971), Learning and Human Abilities [3] New York: Harper & Row.

Klein, J. (1966), Working with Groups. London: Hutchinson University Library.

Kliebard, H. M. (1971), The Observation of Classroom Behavior. In: Yee: Social Interaction in Educational Settings, S. 373—393.

Klose, P. (1971), Das Rollenkonzept als Untersuchungsansatz für die Berufssituation des Lehrers. In: Kölner Zeitschrift für Soziologie und Sozialpsychologie, 23. Jg., S. 78—97.

Koch, J.-J./Peifer, H. (1971), Sozialpsychologische Aspekte einer Reform der zweiten Phase der Lehrerbildung. In: Die Deutsche Schule, 63. Jg., S. 435—449.

Köhler, G./Reuter, E. (Hrsg.) (1973), Was sollen Schüler lernen? Frankfurt a. M.

Korn, C. V. (1969), Refusing Reinforcement. In: Krumboltz/Thoresen: Behavioral Counseling, S. 45—48.

Kösel, E. (1973), Sozialformen des Unterrichts. Workshop Schulpädagogik. Ravensburg.

Koskenniemi, M. (1971), Elemente der Unterrichtstheorie. München.

Kounin, J. S. (1970), Discipline and Group Management in Classrooms. New York: Holt, Rinehart and Winston.

Kounin, J. S. (1972), An Analysis of Teacher's Managerial Techniques. In: Morrison/McIntyre: The Social Psychology of Teaching, S. 230—239.

Krech, D./Crutchfield, R. S./Ballachey, E. L. (1962), Individual in Society. New York: McGraw-Hill.

Krüger, R. (1967), Beteiligung am Unterricht: Fehlanzeige oder: Unterrichtsforschung im Lichte der Unterrichtserfahrung. In: Lebendige Schule, 22. Jg., S. 133—144.

Krumboltz, J. D./Thoresen, C. E. (Eds.) (1969), Behavioral Counseling: Cases and Techniques. New York: Holt, Rinehart and Winston.

320

Lange, D. N. (1971), An Application of Social Learning Theory in Affecting Change in a Group of Student Teachers Using Video Modeling Techniques. In: The Journal of Educational Research, Vol. 65, Nr. 4, S. 151—154.

Lauer, K. (1972), Verstärkung — ein Weg zur aktiveren Mitarbeit — dargestellt am Beispiel einer Schülerin meiner dritten Klasse. Prüfungsarbeit zur Zweiten Lehrerprüfung für das Lehramt an Grund- und Hauptschulen. Itzehoe (Schreibmaschinenmanuskript).

Laver, J./Hutcheson, S. (Eds.) (1972), Communication in Face to Face Interaction. Harmondsworth.

Lehmann, L. (1971), Klagen über Lehrer F. und andere Schul-Beispiele von autoritärer Tradition. Frankfurt a. M.

Lehrerkolleg Unterrichtsanalyse, Teil I und II (1972) Hrsg. Bayerischer Rundfunk und Institut für Unterrichtsmitschau und didaktische Forschung. München.

Lewin, K./Lippitt, R./White, R. K. (1939), Patterns of Aggressive Behavior in Experimentally Created „Social Climates". In: Amidon/Hough: Interaction Analysis, S. 24—46.

Liebel, M./Wellendorf, F. (1969), Schülerselbstbefreiung. Frankfurt a. M.

Lifton, W. M. (1972), Groups: Facilitating Individual Growth and Societal Change. New York: John Wiley & Sons.

Lindgren, H. C. (1962), Educational Psychology in the Classroom ². New York: John Wiley & Sons.

Lippitt, R./Fox, R./Schaible, L. (1969), The Teacher's Role in Social Science Investigation. Chicago: Science Research Associates.

Loch, W. (1971/72), Ausarbeitung eines Forschungsprojekts zur Behebung von Lernhemmungen. Institut für Pädagogik der Universität Kiel (vervielfältigtes Seminarpapier).

Lohman, E. E./Ober, R./Hough, J. B. (1967), A Study of the Effect of Pre-Service Training in Interaction Analysis on the Verbal Behavior of Student Teachers. In: Amidon/Hough: Interaction Analysis, S. 346—359.

Loree, M. R./Koch, M. B. (1964), Use of Verbal Reinforcement in Developing Group Discussion Skills. In: Ripple, R. E. (Ed.): Readings in Learning and Human Abilities. New York: Harper and Row, S. 225—232.

Loser, F. (1973), Zur Einführung. In: Bildung und Erziehung, 26. Jg., S. 1—2.

Lück, H. E. (1970), Experimentelle Studien zur Hilfeleistung. In: Gruppendynamik, 1. Jg., S. 380—394.

Luft, J. (1971), Einführung in die Gruppendynamik. Stuttgart.

Lutz, M./Ronellenfitsch, W. (1971), Gruppendynamisches Training in der Lehrerbildung. Ulm (Donau).

Madsen, C. H./Becker, W. C./Thomas, D. R. (1972), Rules, Praise and Ignoring: Elements of Elementary Classroom Control. In. Morrison/McIntyre: The Social Psychology of Teaching, S. 240—261.

Mager, R. F. (1967), Schüler-kontrollierter Unterricht. In: Issing, L. J. (Hrsg.): Der Programmierte Unterricht in den USA heute. Weinheim und Berlin, S. 21—27.

Mager, R. F. (1969), Lernziele und programmierter Unterricht. ³ Weinheim-Berlin-Basel.

Mager, R. F. (1970), Motivation und Lernerfolg. Weinheim-Berlin-Basel.

Maier, H. (1966), Zur Beobachtung und Beschreibung von Unterricht. In: Westermanns Pädagogische Beiträge, 18. Jg., S. 491—493.

Maler-Sieber, G. (1971), Wirksam kommunizieren. In: BP Kurier, XXIII. Jg., S. 19—21.
Mayntz, R./Holm, K./Hübner, P. (1969), Einführung in die Methoden der empirischen Soziologie. Köln und Opladen.
McKnight, P. C. (1972), Microteaching in Teacher Training: A Review of Research. In: Morrison/McIntyre: The Social Psychology of Teaching, S. 138—155.
Measel, W./Mood, D. W. (1972), Teacher Verbal Behavior and Teacher and Pupil Thinking in Elementary School. In: The Journal of Educational Research, Vol. 66, Nr. 3, S. 99—102.
Merton, R. K. (1967), Die Eigendynamik gesellschaftlicher Voraussagen. In: Topitsch, E. (Hrsg.): Logik der Sozialwissenschaften ⁴ Köln-Berlin, S. 144—161.
Metzger, W. (1965), Stimmung und Leistung. ³ Münster Westfalen.
Meyer, E. (o. J.), Unterrichtsvorbereitung in Beispielen. ¹¹ Bochum.
Meyer, V./Chesser, E. S. (1971), Verhaltenstherapie in der klinischen Psychiatrie. Stuttgart.
Miles, M. B. (Ed.) (1964), Innovation in Education. New York: Teachers College Press.
Minsel, W.-R. (1970), Positive Verstärkungen im Unterricht. In: betrifft: erziehung, 3. Jg., H. 7, S. 26—29.
Minsel, B./Fittkau, B. (1971), Konstruktion eines Fragebogens zum Elternverhalten und Versuch einer Validierung. In: Zeitschrift für Entwicklungspsychologie und Pädagogische Psychologie, Bd. III, S. 73—88.
Moritz, K. (1973), Kriterien für die Beurteilung von Unterrichtsstunden in den naturwissenschaftlichen Fächern. In: Die Schulwarte, 26. Jg., H. 2, S. 53—64.
Morrison, A./McIntyre, D. (1969), Teachers and teaching. Harmondsworth.
Morrison, A./McIntyre, D. (Eds.) (1972), The Social Psychology of Teaching. Harmondsworth.
Mucchielli, R. (o. J.), Das nicht-direktive Beratungsgespräch. Salzburg.

Neill, A. S. (1969), Theorie und Praxis der antiautoritären Erziehung. Reinbek bei Hamburg.
Nicklis, W. S. (1972), Die Schulpraktika im pädagogischen Grundstudium. Bad Heilbrunn, Obb.
Niessen, M. (1973), Bemerkungen zur Diskussion über Microteaching. In: Zeitschrift für Pädagogik. 19. Jg., S. 297—302.
Nuthall, G. A. (1972), Ausgewählte neuere Untersuchungen zur Unterrichtsinteraktion und zum Lehrverhalten. In: Wulf: Evaluation, S. 239—263.
Nuthall, G./Church, J. (1972), Observation Systems Used With Recording Media. In: Flanders/Nuthall: The Classroom Behavior of Teachers, S. 491—507.

Oeser, O. A. (Ed.) (1966), Teacher, Pupil, and Task. London.
Olivero, J. L./Brunner, R. (1973), Micro-Teaching — ein neues Verfahren zum Training des Lehrverhaltens. München-Basel.
Osterloh, H./Roland, D. (1970), Zu einigen Problemen des Lehrer-Schüler-Verhältnisses. In: Pädagogik, 1. Beiheft, S. 18—32.

Paedagogica Europaea (1969), Band V, Der Rollenwandel des Lehrers. Braunschweig.

Paschen, H. (1973), Pädagogische Kommunikation und optimale Verständigung. In: Bildung und Erziehung. 26. Jg., S. 144—159.

Peters, O. (1970), Soziale Interaktion in der Schulklasse. In: Handbuch der Unterrichtsforschung II. Weinheim-Berlin-Basel.

Petzold, H. (Hrsg.) (1972), Angewandtes Psychodrama in Therapie, Pädagogik, Theater und Wirtschaft. Paderborn.

Plock, H. (1967), Gedanken zur Unterrichtsbeurteilung. In: Westermanns Pädagogische Beiträge. 19. Jg., S. 529—532.

Polzin, G. (1970), Beziehungen zwischen Führungsverhalten und Disziplinverhalten. In: Pädagogik, 2. Beiheft, S. 32—35.

Popham, W. J. (1969), Validation results: performance tests of teaching proficiency in vocational education. Paper presented to the annual conference of the American Educational Research Association (mimeo) (Zit. nach: Stones/Morris: Teaching Practice, S. 4).

Popham, W. J./Baker, E. L. (1968), Validation results: a performance test of teaching proficiency. Paper presented at the annual conference of the American Educational Research Association (mimeo) (Zit. nach: Stones/Morris: Teaching Practice, S. 4).

Postman, N./Weingartner, C. (1972), Fragen und Lernen. Die Schule als kritische Anstalt. Frankfurt a. M.

Prose, F. (1972), Gruppendynamisches Training für Lehrer an Gesamtschulen. In: Gruppendynamik, Jg. 3, S. 275—296.

Quay, H. C./Werry, J. S./McQueen, M./Sprague, R. L. (1970), Remediation of the Conduct Problem Child in the Special Class. In: Fargo/Behrns/Nolen: Behavior Modification in the Classroom, S. 201—210.

Rauscher, H. (1966), Leitfragen zur Unterrichtsbeurteilung und Nachbesinnung. In: Westermanns Pädagogische Beiträge, 18. Jg., S. 285—286.

Rave-Schwank, M./Kallinke, D. (1973), Das Rollenspiel in der Ausbildung von Schwestern und Pflegern. In: Gruppendynamik, 4. Jg., S. 35—41.

Redl, F. (1971), Erziehung schwieriger Kinder. München.

Reinhardt, S. (1972), Zum Professionalisierungsprozeß des Lehrers. Frankfurt a. M.

Reiß, J. (1969), Der Einsatz soziometrischer Erhebungen zum Versuch einer Verbesserung des sozialen Ranges und der Schulleistungen von Außenseitern einer Klasse. In: Schule und Psychologie, 16. Jg., S. 65—84.

Richter, H.-E. (1967), Eltern, Kind und Neurose [2] Leck/Schleswig.

Robinsohn, S. B (1972), Innovation im Erziehungswesen und ein Curriculum für Lehrerbildung. In: Bildung und Erziehung, 25. Jg., S. 3—17.

Robinson, W. P. (1972), Language and Social Behaviour. Harmondsworth.

Rogers, C. R. (1965), Client-Centered Therapy. Boston: Houghton Mifflin Company. (Dt.: Rogers: Die klient-bezogene Gesprächstherapie. München 1973).

Rogers, C. R. (1969a), Freedom to Learn. Columbus: Charles E. Merrill.

Rogers, C. R. (1969b), The Facilitation of Significant Learning. In: Sprinthall, R. C./Sprinthall, N. A. (Eds.): Educational Psychology. New York: Van Nostrand Reinhold Company, S. 172—182.

Rogers, C. R. (1970), Carl Rogers on Encounter Groups. New York: Harper & Row.

Rogers, J. (1971), Adults learning. Harmondsworth.

Rohr, C. (Hrsg.) (1972), Verhaltensänderung. München.

Rosenshine, B. (1970), Enthusiastic Teaching: A Research Review. In: Morrison/ McIntyre: The Social Psychology of Teaching, S. 277—292.

Rosenthal, R./Jacobson, L. (1971), Pygmalion im Unterricht. Weinheim-Berlin-Basel.

Roth, L. (Hrsg.) (1969), Beiträge zur empirischen Unterrichtsforschung. Hannover.

Ruddock, R. (1969), Roles and Relationships. London: Routledge & Kegan Paul.

Ruhloff, J. (1970), Ein Schulkonflikt wird durchgespielt. Heidelberg.

Rumpf, H. (1969), Der Unterrichtsbeamte. In: Frankfurter Hefte, 24. Jg., S. 429 —440.

Rumpf, H./Messner, R. (1971), Anatomie einer empirischen Untersuchung. In: Zeitschrift für Pädagogik, 17. Jg., S. 483—505.

Sader, M./Clemens-Lodde, B./Keil-Specht, H./Weingarten, A. (1970), Kleine Fibel zum Hochschulunterricht. München.

Scherer, K. R. (1972), Non-verbale Kommunikation ² Hamburg.

Schlee, J. (1971), Emotionale Erziehung in der Vorschule. In: Royl, W. (Hrsg.): Vorschulerziehung und Primarstufe (Schule und Hochschule 1971) Berlin, S. 65 —72.

Schmidbauer, W. (1973), Sensitivitätstraining und analytische Gruppendynamik. München.

Schmitt, G. (1973), Beruf und Rolle des Lehrers. Workshop Schulpädagogik. Ravensburg.

Schröder, H. (1969), Inzidentelles Lernen und Lernauftrag — Effekt in der Schule. In: Schule und Psychologie, 16. Jg., S. 137—144.

Schuller, A. (Hrsg.) (1971), Lehrerrolle im Wandel. Weinheim-Berlin-Basel.

Schultz, C. B. (1972), A System of Cognitive Stimulation in Instructional Strategies. In: Instructional Science, Vol. 1, No. 3, S. 313—342.

Schulz, W. (1967), Soziologische Beiträge zum Lehren und Lernen in der Schule. In: Schulz, W./Thomas, H.: Schulorganisation und Unterricht. Heidelberg, S. 51—99.

Schulz, W./Teschner, W. P./Voigt, J. (1970), Verhalten im Unterricht. Seine Erfassung durch Beobachtungsverfahren. In: Handbuch der Unterrichtsforschung, Teil I, Weinheim-Berlin-Basel.

Schulz von Thun, F./Langer, I./Tausch, R. (1972), Trainingsprogramm für Pädagogen zur Förderung der Verständlichkeit bei der Wissensvermittlung. Hrsg. Landesverband der Volkshochschulen Schleswig-Holsteins e. V. Kiel.

Schusser, G. (1972), Lehrererwartungen. München.

Scoresby, A. L. (1969), Improving Academic Performance. In: Krumboltz/Thoresen: Behavioral Counseling, S. 64—69.

Shaftel, F. R./Shaftel, G. (1973), Rollenspiel als soziales Entscheidungstraining. München.

Shier, D. A. (1969), Applying Systematic Exclusion to a Case of Bizarre Behavior. In: Krumboltz/Thoresen: Behavioral Counseling, S. 114—123.

Simons, H. (1971), Forschung im Bereich des College und der Universität. In: Handbuch der Unterrichtsforschung, Teil III, Weinheim-Berlin-Basel.

Smith, B. O. (Ed.) (1971), Research in Teacher Education. Englewood Cliffs: Prentice-Hall.
Smith, B. O. (1972), An approach to systematic training. In: Stones/Morris: Teaching Practice, S. 231—244.
Smith, L. M./Hudgins, B. B. (1971), Pädagogische Psychologie. Stuttgart.
Soar, R. S. (1972), Teacher Behavior Related to Pupil Growth. In: Flanders/Nuthall: The Classroom Behavior of Teachers, S. 508—526.
Spangenberg, K. (1969), Chancen der Gruppenpädagogik. Weinheim-Berlin-Basel.
Spanhel, D. (1971), Die Sprache des Lehrers. Düsseldorf.
Spanhel, D. (1972), Schülersprache und Lernhilfe. In: Die Grundschule, 4. Jg., S. 254—264.
Stanford University (1968), Micro-Teaching: A Description.
Stanislawskij, K. S. (1958), Theater, Regie und Schauspieler. Hamburg.
Steinkamp, G. (1968), Lehrer voller Vorurteile? In: Die Deutsche Schule, 60. Jg., S. 802—816.
Stolurow, L. M. (1972), Model the master teacher or master the teaching model. In: Stones/Morris: Teaching Practice, S. 165—171.
Stones, E./Morris, S. (1972), Teaching Practice: Problems and Perspectives. London: Methuen.

Taba, H. (1966), Teaching Strategies and Cognitive Functioning. San Francisco State College.
Tausch, A.-M. (1971), Anatomie einer empirischen Untersuchung. Bemerkungen zu H. Rumpf/R. Messner. In: Zeitschrift für Pädagogik, 17. Jg., S. 709—710.
Tausch, A.-M./Aban, P./Barthel, A./Fittkau, B. (1970), „Förderung der Unselbständigkeit/Selbständigkeit bei Kindern" durch Sprachäußerungen ihrer Erzieher. In: Zeitschrift für Pädagogik, Jg. 16, S. 39—49.
Tausch, A.-M./Fittkau, B. (1970), Zur Situation empirischer Erforschung des Erzieherverhaltens. In: Zeitschrift für Pädagogik, 16. Jg., S. 710—713.
Tausch, A.-M./Langer, I./Bingel, R./Schick, A./Orendi, B. (1970), Entwicklung, Erprobung und Anwendung einer Einschätzungsskala mit Beurteilertests zur Erfassung ermutigender/entmutigender Erzieheräußerungen gegenüber Kindern-Jugendlichen. In: Die Deutsche Schule, 62. Jg., S. 728—740.
Tausch, A.-M./Tausch, R./Fittkau, B. (1972), Das Erzieherverhalten. In: Westermanns Pädagogische Beiträge, 24. Jg., S. 13—18.
Tausch, R. (1968), Gesprächspsychotherapie [2]. Göttingen.
Tausch, R. (1972), Dimensionen der sprachlichen Darstellung von Lehr- und Informationsinhalten durch Lehrer-Dozenten und Auswirkungen auf Schüler-Studierende. In: Die Deutsche Schule, 64. Jg., S. 18—25.
Tausch, R./Köhler, H./Bommert, H./Schulz von Thun, F. (1972), Zur Charakterisierung des Lehrer- und Schülerverhaltens im Unterricht. In: Westermanns Pädagogische Beiträge, 24. Jg., S. 119—128.
Tausch, R./Tausch, A.-M. (1965; 1968; 1970), Erziehungspsychologie [2] [3] [5] Göttingen.
Tausch, R./Tausch, A.-M. (1970), Effektive Verhaltensformen in Konfliktsituationen. In: Weinert, F. (Hrsg.): Pädagogische Psychologie. [5] Köln-Berlin, S. 307 bis 322.
Taylor, J. L./Walford, R. (1972), Simulation in the classroom. Harmondsworth.

Teegen, F./Kranz, D. (1972), Erfahrungen und Effekte eines Selbsterfahrungstrainings mit Lehrern. In: Schule und Psychologie, 19. Jg., S. 370—379.

Tent, L. (1970), Schätzverfahren in der Unterrichtsforschung. In: Handbuch der Unterrichtsforschung, Teil I, Weinheim-Berlin-Basel.

Thiersch, H. (1969), Protokollskizze zum Ferienseminar „Lehrerverhaltenstraining" (vervielfältigtes Papier, PH Kiel).

Thomas, K. (Ed.) (1971), Attitudes and behaviour. Harmondsworth.

Timaeus, E./Lück, H. E. (1973), Aspekte nichtverbaler Kommunikation in der Therapie. In: Gruppendynamik, 4. Jg., S. 31—34.

Trow, W. C./Zander, A./Morse, W./Jenkins, D. (1970), Psychologie des Gruppenverhaltens: Die Klasse als Gruppe. In: Weinert, F. (Hrsg.): Pädagogische Psychologie [5] Köln-Berlin, S. 285—294.

Ulich, D. (1971), Gruppendynamik in der Schulklasse. München.

Ullmann, L. P./Krasner, L. (Eds.) (1965), Case Studies in Behavior Modification. New York: Holt, Rinehart and Winston.

Ulshöfer, R./Rebel, K. (Hrsg.) (1968), Gymnasium und Sozialwissenschaften. Heidelberg.

Varenhorst, B. B. (1969), Reinforcement that backfired. In: Krumboltz/Thoresen: Behavioral Counseling, S. 49—51.

Verduin, J. R. (1972), Teaching Strategies for Cognitive Growth (The Work of Hilda Taba). In: Stones/Morris: Teaching Practice, S. 187—199.

Vorwerg, M. (Hrsg.) (1971), Psychologische Probleme der Einstellungs- und Verhaltensänderung. Berlin.

Wagner, A. (1973), Mikroanalyse statt Microteaching. In: Zeitschrift für Pädagogik, 19. Jg., S. 303—308.

Waller, W. (1967), The Sociology of Teaching [3] New York: John Wiley & Sons.

Walter, H. (1973), Neue Wege zum optimalen Unterricht. Beobachtung und Beurteilung von Schüler- und Lehrerverhalten. München.

Walters, R. H./Cheyne, J. A./Banks, R. K. (Eds.) (1972), Punishment. Harmondsworth.

Walz, U. (1969), Unterrichts- und Erziehungsstile. In: Meyer, E. (Hrsg.): Neuer Stil in Schule und Unterricht. Stuttgart, S. 28—39.

Watzlawick, P./Beavin, J. H./Jackson, D. D. (1969), Menschliche Kommunikation. Bern-Stuttgart.

Weber, A. (1972), Verbales Verhalten im Schulunterricht. Neue pädagogische Bemühungen, Band 54. Essen.

Weber, A. (1973), Effektives Lehrerverhalten: Ein Forschungsprogramm ohne Konsequenz für schulpädagogische Praxis? In: Die Deutsche Schule, 65. Jg., S. 291—304.

Weinert, F. (1970), Analyse und Untersuchung von Lehrmethoden. In: Handbuch der Unterrichtsforschung, Teil II. Weinheim-Berlin-Basel.

Wellendorf, F. (1973), Schulische Sozialisation und Identität. Weinheim-Basel.

Wertenbroch, W. (1973), Trainingsmöglichkeiten von Lehrerverhalten in der zweiten Ausbildungsphase. In: Psychologie in Erziehung und Unterricht, 20. Jg., S. 244—248.

Westbury, I./Bellack, A. (Eds.) (1971), Research into Classroom Processes. New York: Teachers College Press.

Whitman, M./Whitman, J. (1971), Behavior Modification in the Classroom. In: Psychology in the Schools, Vol. VIII, No. 2, S. 176—186.

Winnefeld, F. (1967), Pädagogischer Kontakt und Pädagogisches Feld. [4] München-Basel.

Wright, C. J./Nuthall, G. (1972), The Relationships between Teacher Behaviors and Pupil Achievement in Three Experimental Elementary Science Lessons. In: Morrison/McIntyre: The Social Psychology of Teaching, S. 293—309.

Wulf, C. (Hrsg.) (1972), Evaluation. München.

Wünsche, K. (1972), Die Wirklichkeit des Hauptschülers. Köln.

Yee, A. H. (Ed.) (1971), Social Interaction in Educational Settings. Englewood Cliffs: Prentice-Hall.

Young, D. B./Young, D. A. (1972), The model in use (microteaching). In: Stones/Morris: Teaching Practice, S. 212—219.

Zehrfeld, K./Zinnecker, J. (1973), Acht Minuten heimlicher Lehrplan bei Herrn Tausch. In: betrifft: erziehung, 6. Jg., Nr. 5, S. 33—40.

Zifreund, U. (1971), Improvisationsübungen im Rahmen des Microteaching als Beispiel für kompensatorische Lernorganisation. In: Programmiertes Lernen, Unterrichtstechnologie und Unterrichtsforschung. 8. Jg., S. 101—115.

Zifreund, W. (1966), Konzept für ein Training des Lehrverhaltens mit Fernseh-Aufzeichnungen in Kleingruppen-Seminaren. Berlin-Bielefeld.

Zifreund, W. (1968a), Training des Lehrerverhaltens und Micro-Teaching: individualisierende Verwendungsmöglichkeiten des Fernsehens in Kleingruppen. In: Zifreund, W. (Hrsg.): Schulmodelle, Programmierte Instruktion und Technische Medien. München, S. 415—435.

Zifreund, W. (1968b), Micro-Teaching: Berufsbezogenes Verhaltenstraining in der Lehrerausbildung. In: Ulshöfer/Rebel: Gymnasium und Sozialwissenschaften, S. 209—229.

Zifreund, W. (1971), Verlaufsdarstellungen der Interaktionsanalyse als Instrument für unterrichtliches Verhaltenstraining und zur Präzisierung von Unterrichtsmethoden überhaupt. In: Programmiertes Lernen, Unterrichtstechnologie und Unterrichtsforschung, 8. Jg., S. 129—132.

Zifreund, W. (1973), Möglichkeiten selbständiger Gruppenaktivitäten im Rahmen eines unterrichtlichen Verhaltenstrainings mit Fernsehaufzeichnungen (Microteaching). In: Meyer, E. (Hrsg.), Gruppenaktivität durch Medien, Heidelberg, S. 103—114.

Zimbardo, P./Ebbesen, E. B. (1970), Influencing Attitudes and Changing Behavior. Reading, Mass.: Addison-Wesley.

Zulliger, H. (1969), Die Angst unserer Kinder. Frankfurt a.M.-Hamburg.

Das Gedicht auf Seite 69 stammt aus: A. Cullum, Die Geranie auf der Fensterbank ist eben gestorben, aber Sie reden einfach weiter, Fräulein Schmitt. (Ein Insel-Bilderbuch, dt. von Elisabeth Borchers) Frankfurt a. M. 1972.

Namenregister

Sachregister

Zielorientiert handeln

Jochen Grell · Monika Grell

PÄDAGOGIK

Unterrichtsrezepte

BELTZ Taschenbuch

Theoretisch schwer befrachtet und mit ehrgeizigen Zielen gehen künftige Lehrer in die zweite Phase ihrer Ausbildung. Dann stehen sie vor der Klasse und müssen sich fragen, wie das *kleine* Ziel aussehen könnte – der gute, erfolgreiche Unterricht hier und heute. So erleben sie den Unterschied zwischen Theorie und Praxis. Monika und Jochen Grell haben in ihren »Unterrichtsrezepten« einen wichtigen Schritt getan, um diese Spannung zu lösen. Ihr Ansatz: das eigene Verhalten analysieren, reflektieren und, falls nötig, ändern. Ihr Ziel: Lehrerinnen und Lehrer in die Lage zu versetzen, im komplexen Unterrichtsgeschehen zielorientiert und sinnvoll zu handeln.

Die »Unterrichtsrezepte« sind seit vielen Jahren ein Standardwerk in der Lehrerausbildung.

Jochen Grell / Monika Grell
Unterrichtsrezepte
Beltz Taschenbuch 8, 330 Seiten
ISBN 3 407 22008 1

BELTZ Taschenbuch

Praxiserprobte Tipps

Reinhold Miller

PÄDAGOGIK

Sich in der Schule wohlfühlen

Wege für Lehrerinnen und Lehrer zur Entlastung im Schulalltag

BELTZ
Taschenbuch

Sich in der Schule wohlfühlen: dazu gehört gern hingehen, gern in seiner Klasse sein, mit anderen zusammen viel erleben, sich herausgefordert zu fühlen durch Schüler und Kollegen, seine Gefühle äußern zu dürfen, das sagen zu können, was man meint. Aber die Belastungen in der Schule in persönlichen, zwischenmenschlichen, didaktisch-methodischen und strukturellen Bereichen nehmen ständig zu. Wie können Lehrerinnen und Lehrer im Schulalltag Entlastung finden? Reinhold Miller beschreibt anschaulich, wie man Belastungen wahrnehmen und abbauen, sich im Kollegium und im Klassenzimmer wohlfühlen und so selber Entlastungen ermöglichen kann. Ein Praxisbuch mit vielen wertvollen Handlungsanleitungen und Tipps, eine »Pflichtlektüre« für jeden Lehrer.

Reinhold Miller
Sich in der Schule wohlfühlen
Wege für Lehrerinnen und Lehrer zur Entlastung
im Schulalltag
Beltz Taschenbuch 71
320 Seiten
ISBN 3 407 22071 5

BELTZ
Taschenbuch

Cary Cherniss

Jenseits
von Burnout und
Praxisschock

SOZIALARBEIT

Hilfen für Menschen in lehrenden,
helfenden und beratenden Berufen

BELTZ
Taschenbuch

Wenn der Traumberuf zum Albtraum wird

Dem Idealismus »professioneller Helfer« beim Berufseintritt folgt oft schnell der Praxisschock, machmal mit gravierenden Folgen: Verzweiflung, Depression: ein früher »Burnout«. Aber Burnout ist kein unvermeidbares Schicksal: es gibt Strategien, den Praxisschock zu überwinden und Burnout-Effekte zu mildern oder zu vermeiden. Cherniss schildert an vielen Beispielen, wie sich professionelle Helfer von ihrem frühen Burnout erholt und zum alten Engagement zurückgefunden haben: durch eine Verbesserung der Arbeitsplatzsituation, der Einstellung gegenüber den Schülern, Klienten und Patienten, aber auch der Zusammenarbeit mit den Kollegen und Institutionen.

Cary Cherniss
Jenseits von Burnout und Praxisschock
Hilfen für Menschen in lehrenden, helfenden und beratenden Berufen
Aus dem Amerikanischen von C. Wolfgang Müller
Beltz Taschenbuch 41, 229 Seiten
ISBN 3 407 22041 3

BELTZ
Taschenbuch

Handeln mit System

Georg E. Becker

Lehrer lösen Konflikte

Ein Studien- und Arbeitsbuch

BELTZ
Taschenbuch

Dieses erfolgreiche Studien- und Übungsbuch wendet sich an Studenten und Referendare ebenso wie an erfahrene Lehrer. Angehende Lehrer können sich auf Konfliktsituationen vorbereiten, die sie eines Tages zu bewältigen haben. Im Beruf stehende Lehrer erhalten Anregungen, die ihnen helfen werden, Konflikte des Berufsalltags angemessen zu lösen. Das breite Konfliktspektrum aus Schule und Unterricht ist in 300 Beschreibungen dargestellt und in 25 Problemkreise geordnet. Aus rund 2000 angebotenen Handlungsmöglichkeiten kann der Leser Anregungen für sein individuelles Handeln ableiten.

Georg E. Becker
Lehrer lösen Konflikte
Ein Studien- und Arbeitsbuch
Beltz Taschenbuch 69
455 Seiten
ISBN 3 407 22069 3

BELTZ Taschenbuch